高等學校文科教材

濮之珍 著

中國語言學史

圖書在版編目（CIP）數據

中國語言學史／濮之珍著.—上海：上海古籍出版社，
2017.6（2023.7重印）
（高等學校文科教材）
ISBN 978-7-5325-8358-4

Ⅰ.①中… Ⅱ.①濮… Ⅲ.①漢語史—高等學校—教材
Ⅳ.①H1-09

中國版本圖書館 CIP 數據核字（2017）第 038583 號

高等學校文科教材

中國語言學史

濮之珍　著

出版發行 | 上海世紀出版股份有限公司　上海古籍出版社
　　　　　　上海世紀出版股份有限公司發行中心發行經銷
　　　　　　（上海市闵行区号景路159弄1-5号A座5F　邮政编码 201101）

　　　　　（1）網址：www.guji.com.cn
　　　　　（2）E-mail：guji1@guji.com.cn
　　　　　（3）易文網網址：www.ewen.co

印　　刷 | 上海惠敦印務有限公司
　　　　　　（如發現印裝質量問題，請與印刷廠聯繫調換）
開　　本 | 890mm×1240mm　1/32
印　　張 | 16.5　插頁2
字　　數 | 442 千字
版　　次 | 1987 年 10 月 1 版 1 次
　　　　　　2017 年 6 月第 2 版　　2023 年 7 月第 5 次印刷
書　　號 | ISBN 978-7-5325-8358-4/H·172
印　　數 | 6,801-7,900

定　　價 | 58.00 元

濮之珍，女，1922 年 12 月 22 日生於安徽蕪湖。復旦大學中文系教授。
1945 年畢業於國立女子師範學院（四川白沙）中文系。1948 年考取前中
央大學（後改為南京大學）中文系研究生。研究生畢業後，於 1951 年應
聘至復旦大學中文系任教。1987 年榮獲上海市巾幗獎。1992 年榮獲國務
院高等教育突出貢獻獎，享受國務院特殊津貼。曾任上海市語文學會會長，
上海市社會科學聯合會常務理事，上海市政協副秘書長、常委，中國農工
民主黨中央教育委員會副主任，中國農工民主黨上海市委副主委。代表專
著有《語言》（上海新知識出版社，1956 年初版）、《中國語言學史》（上
海古籍出版社，1987 年初版）、《濮之珍語言學論文集》（復旦大學出版社，
2017 年初版），主編有《中國歷代語言學家評傳》（復旦大學出版社，
1992 年初版）、《社會科學爭鳴大系（語言卷）》（上海人民出版社，
1993 年初版）等。2016 年 9 月，以其在語言學研究領域取得的卓著成就，
榮獲"第一屆上海市語言學研究終身成就獎"。

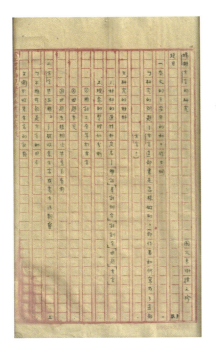

作者《揚雄〈方言〉的研究》手稿

方言一書目皆博採故錄以表學者毋忘其為子雲方言地陽用紙

之作所蒐採即訓詁之為探研訓詁此固從事我國語文學科

研究者之師意與訣求注跡戎博稚以詞醇以休案商權

戴東原既懲戎徵引舊稿明能指稱之所以如某定後子音未嘗

新言戎事體俱而本書中不遠密如之說發生訟論可確說本足能目振缽而加以

探究討論料者言即明確徵引方言研究之言評論諸說

懷其特別貢獻於古言學史一特別諸題

歷史與古方言貢獻如某毋一京首閣詁文字

方言本書作者規戎問題而未有各觀論謂其統從詁言學主楊班以

整理惟有林詁室擇作前漢方言區域考而已本京蕢據起而為下列

各書之例述

「方言全書編著之擇例

二語言義類之案攷

三俞雅方言兩書話糊之凡數

特惜未及一一發揮第一第已說明矣

二維示第二章之一個頁六、八十四、五十九字為第三章之例於其所

以俞雅俞雅方字言以及俞雜其本文已詢及又第四第未解釋其故則頁十八初述為方言

唱如更求全本方言之例準之然付諸闕如北本文墓述為研究應

区域分用三種標準之術以然付諸闕如此比本文墓述為研究應

质之業判質全書中之方言地圖史也

而戎方言書中之方言地統設其餘各章最閣相關之情實想

綜上所述遂以作者兩案時料環境條件衡之成就如此實

難為為月未可寄蘄先友書注之少數如戎

等戎　甲

分數　90

中華民國廿四年閏廬日　魏建功

魏建功先生評《揚雄〈方言〉的研究》

目　　録

第一章　緒　　論

一、中國語言學史研究的對象和任務

中國語言學史研究的對象是中國語言學發展的歷史，即研究各個歷史時期的語言學家、語言學著作和各個歷史時期的語言學。我國研究漢語的歷史很悠久，研究的成果也很豐富，這是祖國文化遺產中一個重要的方面。

國內外學者，對語言學史進行研究，取得不少成績。在我國，早期有胡樸安的《中國文字學史》和《中國訓詁學史》、張世祿的《中國音韻學史》等。這些著作受了傳統"小學"的影響，把我國語言學史，分成文字學史、音韻學史、訓詁學史三個方面來寫，自有其方便之處，對中國語言學史的研究也有貢獻。

解放後，1958年科學出版社出版了岑麒祥的《語言學史概要》。《中國語文》雜誌從1963年第3期至1964年第2期，連載了王力的《中國語言學史》(現已由山西人民出版社出版)。另外，《中國語文》雜誌從1956年開始，先後發表了多篇"中國語言學史話"的文章。國內各種社會科學雜誌、文科學報上，也陸續發表了一些有關我國語言學家、語言學著作評介的文章。以上這些研究成果，對中國語言學史的進一步討論、研究，都是很有價值的。

國外研究語言學史的著作,已翻譯的有:丹麥語言學家湯姆遜(V. Tomsen,1842—1927 年)的《十九世紀末以前的語言學史》(黃振華譯,科學出版社,1960 年版)和丹麥語言學家裴特生(H. Pedersen)的《十九世紀歐洲語言學史》(錢晉華譯,科學出版社,1958 年版)。又 1977 年《語言學動態》第 2 期上,刊登了趙世開譯述的《羅賓斯:語言學簡史》(現已出版)。這些外國語言學史的研究成果,對中國語言學史的研究也有啓發和參考的作用。

語言學既是一門古老的學科,也是一門世界性的學科。我國語言學歷史悠久,歷代語言學家衆多,語言學著作非常豐富,我們語言學界面對祖國這份語言學遺產,如何運用馬克思主義理論進行分析研究,繼承發揚,又如何把我國語言學史中傑出的語言學家和他們的科學研究的成果向世界語言學界介紹,這其中有許多工作需要我們認真研究,并努力去做的。

在西方語言學家的語言學史著作中,是只有西方的語言學史,而没有中國語言學史的。原因在于:一方面漢字難學難認,文字的障礙很大,使得外國語言學家很少也很難研究中國的語言學史;另一方面,我國語言學家研究語言學史的也很少,向國外介紹中國語言學史的研究成果的就更少了。因此,長期以來,歐洲語言學界有一個相當普遍的看法,即認爲語言科學建立于歐洲十九世紀初。因爲十九世紀初,在歐洲産生了歷史比較語言學,由此又産生了普通語言學,對語言科學起了很大的作用。於是西方語言學界就認爲,在這以前的語言研究,特別是東方民族的語言研究,是所謂"科學前"的語言學,或"語文學"。這種看法,也影響了我國語言學界。

我國歷來對語言學的重視是不够的。例如,歷代史書中的儒林傳,就很少有語言學家的傳記。《漢書》中有《揚雄傳》,《後漢書》中有《許慎傳》,那是因爲揚雄是辭賦家,許慎是經學家的緣故。由於不够重視語言學,從事語言學研究的人又少,直到現在還有一些問題得不到澄清。其中有一個大問題,就是我國古代到底有沒有語言學? 岑麒祥先生在《語言學史概要》一書中認爲,只有十九世紀以後的語言研究才是科學的;王力先生在《中國語言學史》的"前言"中説:"中國在'五四'以前所作的語言研究,大致是屬于語文學的範圍。"又説:"在鴉片戰争以前,中國的語言學,基本上就是語文學;……語文學在中國語言研究中佔統治地位共歷二千年。"當然,這還是他們二位過去的一些看法。在六十年代《中國語文》上也曾發表過不同意見的討論文章。可是後來又没有繼續再討論下去。那麼,中國古代的語言研究,到底是語言學? 還是語文學呢? 總不是那麼明確。"語言學"和"語文學"雖然只有一字之差,但是,這是帶有褒貶性的兩個概念,"語文學(Philology)和語言學(Linguistics)是有區別的。前者是文字或書面語言的研究,特別着重在文獻資料的考證和故訓的尋求,這種研究比較零碎缺乏系統性;後者的研究對象則是語言的本身,研究的結果可以得出科學的、系統的、細緻的、全面的語言理論"。① 由於語言學、語文學之分,是對祖國幾千年來的語言研究工作和研究成果的總看法、總估價,所以,這個問題很重要,是應該再討論再認識的。

認爲中國古代只有語文學而没有語言學,主要有以下三點理由:一是中國古代語言學研究的對象是文字,不是語言;二是中國古代語言學是爲解經服務的;三是這種語言研究的成果比較零碎,缺乏系統性。但這幾點理由,似是而非,是不能令人信服的。

首先,在文字産生以前,那時只有口語;文字産生以後,就有了書面語。這樣,語言便以口語和書面語兩種存在形式而爲人民、社會服務。我國古代語言學研究的對象主要是文字,也就是研究書面語,怎麼能因此認爲没有研究語言本身呢? 況且書面語比口語更加規範。在古代,由於科學條件限制,口語一發即逝,以書面語——文字爲研究對象,又有什麼不

---

① 見王力《中國語言學史·前言》。

對呢？就是在科學發達的今天，我們即使可以借助録音機之類的儀器來研究語言，但儀器的作用也只在于記録口語，從某種角度説，它的作用和文字是相似的。可見提出"文字和書面語"來和"語言本身"對立，是不妥當的，因爲兩者實際上是分不開的，不應該對立的。對有文字的語言進行研究，是不可能拋開文字和書面語的；而對于没有文字的語言，我們也要想方設法把語言記録下來才能進行研究。可見，我們不能因爲中國古代語言學研究對象是文字和書面語，就把中國古代語言學排斥在語言科學之外。何况外國古代語言學，也是以文字和書面語作爲研究對象的。

另外，從我國古代語言學研究的事實來看，也難以用這個標準來劃分我國古代語言研究是語文學，或是語言學的。王力先生一面説："語文學"統治了中國語言學兩千年。另一方面，他也不得不承認：揚雄的《方言》"是漢語方言學的第一部著作"，聲訓"已經超出語文學範圍，而進入了語言學的範圍"，《切韻》"實際上已經超過了這種（適應詩賦）需要的範圍，而進入了語言學的領域"，等等。可見，不能認爲我國古代没有語言學。

其次，認爲我國古代語言學是爲解經服務，是經學的附庸，因此只能是語文學，而不是語言學。我國古代語言學研究的興起，是爲解經服務，這是事實。但是，任何一門學科的興起，總是有它的目的，語言學也不例外。這種情况不僅在中國古代是這樣，在外國古代也是這樣。外國的語言研究，最初興起也是爲閱讀古典文獻服務的。羅賓斯在《語言學簡史》一書中也講到這一點，在第三章介紹羅馬語言學時，他説：本期特點：即爲古典文獻注釋不注重口語。在第四章中説到中世紀西方語言學，他説：本期爲教拉丁語和翻譯聖經做了工作，重要發展爲"純理語法"（Speculative Grammar），句法研究有創造。

各國的語言不同，各國的社會發展具體情况也有所不同，因而語言學的興起發展的道路也就不同。我國古代先秦時期，語言異聲、文字異形。秦漢統一以後，做了"書同文"的工作，因而古代語言學的發展首先是字書的興起。由于漢字是表意文字，漢代有今文經和古文經的問題，因此，在學習古典文獻、講解儒家經典方面有許多問題,于是訓詁學和文字學就最早發展起來。古代印度和希臘的語言學的興起,首先在語法研究方面,這是因爲他們的語言結構和漢語不同,而爲閱讀古典文獻服務,這種最初的研究目的却是一致的。我國古代語言學的研究,開始是爲解經服務,是爲了解決語言的實際問題,這種聯繫實際的研究,應該説是對的。

對語言研究爲解經服務,爲什麽會産生不好的看法呢?這是因爲受了西方語言學家的某些看法的影響。如瑞士語言學家索緒爾(Ferdinand de Saussure)就提出了"爲語言研究而語言研究"的口號,有些人接受了他的看法。其實,任何學科都不可能"爲研究而研究"的,它總是爲一定的目的服務。當然,索緒爾提出"爲語言研究而語言研究"的看法,在當時,對語言科學的獨立研究有積極意義;不過,把這個看法絶對化,又反倒給語言研究帶來不好的影響,即導致多年來語言研究的脱離實際。

第三,説中國古代語言研究比較零碎,缺乏系統性,因而只能是語文學,稱不上語言學。這種看法也是不符合中國古代語言研究實際的。

我國語言研究有悠久的歷史,與世界上其他語言研究相比,毫不遜色。例如,先秦時期,荀子對語言的社會本質的闡述,就是很科學的。到了漢代,我國就已經出現了傑出的語言學家揚雄、許慎及其語言學著作《方言》、《説文解字》等。揚雄的《方言》就是以活語言爲對象,運用調查研究的方法來收集各地方言,并結合時地進行研究,反映出漢代共同語和方言的基本情況。在公元初,揚雄就能寫出這樣的語言學著作,是了不起的。在世界語言學史上,揚雄《方言》是第一個提出"通語"和"方言"的概念,并能指出通語和方言之間複雜的發展變化關係。而歐洲是直到十八世紀末才有方言詞典的。在中國古代語言學史上,從《爾雅》、《方言》到《説文解字》是一個大發展。《爾雅》只講字義,而《説文解字》除字義以外還講字形和字音。《爾雅》只是材料的收集和排比,而《説文解字》則對漢字進行科學研究,研究出漢字的結構規律,構成了一個科學體系,成爲我國古代第一部字典。這部書即使放到世界語言學史上去看,也是一部輝煌的語言學著作。

由于漢字是表意文字,漢字本身不表音,使我國古代語言學研究方面,受到一定局限。但是,即以語音研究而言,在世界語言學史上,我國古代語音研究也是比較早的,而且是有成績的。從漢末、魏晉南北朝時期起,由于佛教的傳入,梵文的影響,我國興起了語音的研究。我國古代語音學家接受了外來影響,聯繫了漢語的實際,創造性地分析出漢語的聲母、韻母和聲調系統,又研究出《切韻》音系、“三十六字母”、“等韻”和《中原音韻》等語音方面的優秀成果。又如清代語言學家顧炎武、戴震、段玉裁、王念孫、王引之和江有誥等,他們的研究方法比較科學,成績也是十分傑出的。他們對漢代語言學進行整理發揚,又使清代語言學開拓了新領域,他們在先秦古音研究方面有驚人的成績。如果説中國古代“小學”是“經學附庸”的話,到了清代已經是“蔚爲大國”了。

總之,我國語言學有悠久的歷史,輝煌的成績。只是由于社會發展不同,語言特點不同,我國古代語言學史有自己發展的道路。我國古代語言學家是以漢語、漢字作爲研究對象,以研究出漢語、漢字的一些客觀規律作爲研究任務。科學的任務就在于揭示客觀事物的本質,發現并認識客觀事物本身的發展規律。面對祖國這份豐富的語言學遺産,我們有什麽理由説我國古代没有“語言學”而只有“語文學”呢!

中國語言學史研究的對象和任務,就是要研究中國語言學的歷史發展,研究各個歷史時期的語言學家、語言學著作和各個歷史時期的語言學。我國語言學的歷史發展不是孤立的。我們要聯繫社會發展的歷史,以及使用漢語的人民的歷史來進行研究。各個時期的政治狀況、哲學思想、社會思潮和文學的發展,對語言學的發展也是有一定影響的。例如,先秦諸子的“名實之爭”就關係到對語言社會本質的認識;魏晉南北朝時期,我國古代語言學興起了語音研究,這是和當時佛教傳入,梵文影響,以及當時文學上講究聲律有關係的。“五四”運動對我國現代語言學的形成和發展、影響也是較大的。我們研究語言學的歷史發展,要注意這些方面。

當然,要想寫出一部比較系統的、科學的中國語言學史,并不是一件容易的事。不過,這樣的著作是非常需要的。王力先生已經第一個作出貢獻,爲我們開路奠基。我們要繼續努力對中國語言學史進行研究,繼續發揚中國古代語言學的優良傳統,建立起具有中國自己民族特色和氣派的語言學科學體系。這就必須科學地揭示中國自古以來語言學歷史發展規律,從而做到古爲今用,否則還是"言必稱希臘",單是引證西方語言學如何如何,那還是不行的。因此,我們要努力去打開中國古代語言學的寶庫。

二、正確對待語言學史中的繼承問題

人類文化之所以能不斷發展,其中重要的一點是善于繼承。歷史上優秀的學者之所以能取得很大的成就,除了他們的創造精神外,重要的一點是他們能正確并善于繼承前人的優秀的文化遺產。例如,許慎創造性地寫出了《説文解字》這部了不起的語言學著作,那是因爲在他之前已經有許多字書,如李斯《倉頡篇》、趙高《爰歷篇》、胡毋敬《博學篇》,以及揚雄《訓纂篇》、史游《急就篇》等字書。這些字書先後共收録了五千多字。另外,還有《方言》、《爾雅》等語言學著作。許慎就是在前人基礎上,將漢字增收到九千三百五十三個。他不僅在數量方面比前人多收了漢字,并能進一步解釋漢字的形、音、義,總結出漢字的一些結構規律,從而使《説文解字》成爲我國語言學史上極有價值的一部著作。許慎在《説文解字序》中也説自己"博采通人"。可見,繼承前人的優秀文化遺產是十分重要的。揚雄在《答劉歆書》中也説他寫《方言》一書,參考了嚴君平收録的一千多字和林閭翁孺收集的方言。陸法言作《切韻》也是繼承了六朝時代各家韻書,在集體討論時,又多尊重顏之推、蕭該的主張編集而成。陸法言在《切韻序》中明白指出:"取諸家音韻,古今字書。"又説:"蕭、顏多所決定。"由以上可知,在一門學科發展中,正確對待文化遺産,善于繼承文化遺産是十分重要的。

在繼承問題上,有兩種不同的態度:一是有繼承,有發展;另一種是只繼承、不發展,或不敢有所發展。後一種態度是不利于學科的發展的。例如《説文解字》和《切韻》這兩部書在中國語言學史上,可以説是兩部權威性著作。後世有的語言學,就墨守這兩部書,不敢有所觸動。比如許慎寫《説文解字》的時代是漢代,字體是以小篆爲標準。漢字隨着社會的發展而發展變化,已經由篆書變成隸書,變成楷書、行書了。但是,過去有的人寫字還要以《説文》的小篆爲標準,甚至對後世出土的甲骨文,也不予承認。又如《切韻》一書記載的是中古音系,漢語語音隨着社會發展也發生了很大的變化,已變化得和《切韻》所代表的中古音系不一樣了。但是,過去也有人墨守《切韻》系韻書而不敢突破。而周德清的可貴之處,就在于他不但能繼承歷代韻書中合理部分,而且敢于按照當時的語言實際,寫出和《切韻》系韻書不同的新韻書《中原音韻》來,在漢語言學史上,作出了傑出貢獻。周德清的這種既能善于繼承前人文化遺産,又能聯繫語言實際并有所發展的科學態度,是值得我們學習的。

繼承貴在創造,這在我國語言學史上,也是有傳統的。王國維在《觀堂集林》中,就很推崇晉代郭璞的《爾雅注》和《方言注》二書。郭璞精通音義和訓詁,他不僅給古書作注釋,而且有創造發展。他在《爾雅注》中不僅用今語來注古語,而且運用了揚雄《方言》和晉代活的方言材料。在《方言注》中,他能聯繫當時晉代方言與之比較,并指出漢代語言發展到了晉代,哪些仍舊保留着,哪些已經有了發展變化;又有哪些漢代方言,到了晉代已發展變化成爲通語了。這樣,可以看到漢語從漢代到晉代的發展變化,爲後世的語言研究,提供了寶貴的資料。

例如:

《爾雅·釋鳥》:鳲鳩、鴶鵴。注曰:今之布穀也。江東呼爲穋穀。

　　《方言》卷一：剴、薄，勉也。秦晉曰剴，或曰薄。故其鄙語曰薄努，猶勉努也。注曰：如今人言努力也。

"布穀"、"努力"至今仍用。把以上郭璞的注與現代漢語進行比較，可以知道現代漢語的一些詞匯來源和發展情况。

　　以近代言，具有現代語言學特徵的"切音字"以及標志漢語語法學建立的《馬氏文通》等，也無一不是在我國傳統語言學的基礎上有所繼承發展的。清末語言學家盧戇章創制"中國切音新字"，王照編撰"官話合聲字母"，他們的語文改革思想，一方面受西學東漸的影響，另一方面源于表音文字易于表意文字的理論認識，也是繼承前人的。自宋、明以來，認爲漢字繁難的看法已屢見不鮮。宋朝鄧肅已有"外文巧、中文繁"的認識。他説："外國之巧，在文書簡，故速；中國之患，在文書繁，故遲。"明朝方以智更從語文關係上作出理論上的解説，他説："字之紛也即緣通與假耳，若事屬一字，各字一義，如遠西因事乃合音，因音而成字，不重不共，不尤愈乎？"至于他們研制的"切音字"體系，採用聲韻雙拼制，也是傳統反切的繼承和運用。

　　清末語文改革理論，在傳統語言學的基礎上又前進了一大步。他們除了贊成拼音外，又明確提出"統一語言"和"文話相通"的主張。盧戇章既主張"正字"，又要求"正音"。對于"切音新字"，他也提出："當以一腔爲主腦……爲通行之正字，爲各省之正音，則十九省語言文字既從一律……中國之大，猶如一家。"王照還提出以"京話"爲統一語言的標準。他説："語言必歸劃一，宜取京話。因此北至黑龍江，西逾太行宛路，南距揚子江，東傅于海，縱橫數千里，百餘兆人，皆解京話。"可見清末的"切音字"不僅在拼寫體制和推行實踐方面，爲後人提供了寶貴的經驗和教訓；即在語言理論上，亦爲我們留下了可供借鑑的遺産。

　　再從《馬氏文通》看，馬建忠雖在自序中説"此書係仿葛朗瑪而作"，但我們能否就認爲這樣一部中國語法學史上的空前著作,只接受了西方語法學的影響,而對我國傳統語法研究没有繼承呢? 事實不是這樣。如馬氏的"字分虛實"就是沿用我國傳統的詞類分類法的。"實字"、"虛字"這兩個術語,早在宋代就有應用;至于"虛實"概念的産生,則可上推到漢代。從《詩毛傳》、《説文解字》等經典古籍中,已經看到將用于句首和句末的助字,解釋爲無實義的"辭"或"詞"。早在《馬氏文通》以前,就有《語助》、《虛字説》、《助字辨略》等研究虛字的專著。這些著作,不僅爲《馬氏文通》提供了大量材料,而且對于虛字的解析方面也有啓發。

在句法方面,《馬氏文通》也没有完全因襲印歐語法,而是注意漢語特點的。《文通》的"句讀論"就是聯繫了漢語實際立論的。該書"例言"開宗明義宣稱:"是書本旨專論句讀;而句讀集字所成者也。惟字之在句讀也必有其所,而字之相配必從其類;類別而後進夫句讀焉。"《文通》從漢語實際出發,强調"位"和"詞",對于句法的作用,也就是"詞序"和"虛詞"的作用,他説:"華文之動字無變,故惟以動字之位之先後,以爲句讀之別。若泰西古今文字,其動字有變,故遇此種句法,率以動字之變同乎静字者爲讀,而句讀判然矣。"這無疑是看到了漢語語法的特點的。

可見,《馬氏文通》的成就,一方面是受西方語法研究的啓發,而另一方面是傳統語法的繼承和發展。馬建忠説:"此書爲古往今來特創之書。凡事屬創見者,未可徒託空言,必確有憑證,而後能見信于人。"這正是《馬氏文通》成爲我國系統語法學開創性著作之可貴精神,也正是我們研究語言學史所需要繼承的優良傳統。

三、研究語言學史要以馬克思 主義爲理論指導

研究中國語言學史,要以馬克思主義爲理論指導。我們要學習運用馬克思主義的觀點、方法,來正確研究中國古代語言學以及西方語言學。

　　外國語言學家寫的語言學史著作中,既没有專論我國語言學史的部分,又認爲十九世紀以前的語言研究不够科學。這種看法對我國語言學界是有影響的。我國語言學家中有的也同意以"十九世紀"劃綫,這條綫一劃,就把我國古代語言學全劃到"不科學"的範圍中去了。

　　這種輕視中國古代語言學的態度,是有其社會思想根源的。自清末以來近百年,舊中國淪爲半封建半殖民地,使得一些人看不起我國傳統文化,而過份推崇西洋文化,反映在語言科學上也是如此。胡適就說過:高本漢幾年的成就,可以推倒顧炎武以來三百年中國學者的紙上功夫。當然,像高本漢這樣著名的漢學家,我們也要實事求是地分析,高本漢對中國音韻學的研究確有成績;但他的成就也是在中國學者研究的基礎上,進一步運用音標進行分析研究而取得的。不過,也要看到他過去對漢語有不正確的看法,如他把漢語看成是單音節孤立語,是一種落後的語言。這種錯誤的看法,過去在西方語言學界也曾起過不好的影響。

　　當然,任何一門學科,都應該重視國際交流,而不應該閉關自守。事實上,文化交流有利于學科的發展。如我國古代語音研究的興起以及清末語法研究的興起,文化交流起了積極作用。又如"五四"時期,引進西方普通語音學的理論和方法,來考察發音的生理基礎、物理基礎,并運用科學實驗方法分析研究語音,這樣就推進了我國語音研究向着科學化、精密化方向發展。總之,我們要以馬克思主義理論爲指導,分析研究外國語言學,主要學習他們的研究方法,而不應當把它們當作評價我們研究中國語言學史的得失標準。

　　對待我國古代語言學,持虛無主義態度固然不對,若過份推崇,那也是不恰當的。例如,清代語言研究的成績是很大的,尤其是乾嘉學派的實事求是、一絲不苟的治學方法,值得我們努力學習。但是,也不能說他們就没有缺點了,比如有些過份繁瑣的考證也就不足爲訓。再以《馬氏文通》來說,我們肯定了它的歷史地位,不是說這部書就没有缺點,僅就其思想體系言,其是古非今的傾向就是錯誤的。《馬氏文通》的語例都是古文,他在"自序"中説:"取《四書》、《三傳》、《史》、《漢》、韓文,爲歷代文詞升降之文宗。"又説:"今所取爲憑證者,至韓愈氏而止。"又説:"爲文之道古人遠勝今人。"他認爲文章是愈古愈好,韓愈之後就没有好文章了。這種以古爲正的復古主義思想傾向就是錯誤的。可見,對前人的研究成果,我們要學習運用馬克思主義的觀點、方法,唯物地、歷史地去衡量前人的得失,去其糟粕,取其精華。我們研究中國語言學史,掌握其發展規律,爲的就是更好地發展我國現代語言學。

總之,中國語言學史有悠久的歷史,有豐富的遺産,它是我們中華民族所創造的光輝燦爛的歷史文化遺産的一個重要組成部分。我們要用馬克思主義的觀點、方法加以分析研究,要求達到:(一)瞭解中國語言學歷史發展概況;(二)認識我國語言學各時期的成就和局限;(三)正確對待語言學史中的繼承和批判。

第二章　先秦時期的語言研究

一、概　　述

　　毛澤東同志説:"我們中國是世界上最大國家之一,它的領土和整個歐洲的面積差不多相等。在這個廣大的領土之上,有廣大的肥田沃土,給我們以衣食之源;有縱橫全國的大小山脈,給我們生長了廣大的森林,貯藏了豐富的礦産;有很多的江河湖澤,給我們以舟楫和灌漑之利;有很長的海岸綫,給我們以交通海外各民族的方便。從很早的古代起,我們中華民族的祖先就勞動、生息、繁殖在這塊廣大的土地之上。"①

1. 漢語的起源和發展

　　人類是從一種古猿轉變而成的,從古猿類過渡到人類經過了漫長的地質年代,人類社會的歷史至少有一百多萬年。我國是人類發源地之一,是人類發展的重要地區,有着悠久的歷史和文化。1956 年至 1957 年,在我國雲南省開遠小龍潭發現了十枚古猿的牙齒化石,據考古研究距今約有一千多萬年。大約從一百萬年以前起,遠古的人類就已經勞動、生息、

―――――――――――

① 《中國革命和中國共産黨》,見《毛澤東選集》合訂本第 584 頁。

繁衍在祖國的土地上。在雲南元謀，在陝西藍田，在北京周口店，在山西
芮城，在貴州黔西觀音洞，在河南三門峽和湖北大冶等地，已經多次發現
了遠古時代人類的遺骸和遺物。這些發現逐步揭開了我國歷史發展的
序幕。

　　漢語是我國遠古時代祖先在勞動實踐中創造，并隨着社會的發展而
日漸發展豐富起來的。人類在原始時代就是羣居的。恩格斯說：勞動創
造世界，也創造了人的本身。勞動創造了工具，也發展了人的器官，發展
了人的思維。這些原始人類，已經到了彼此間有什麼東西非說不可了。
這樣，就產生了語言。人類有了語言，可以相互交際和交流思想，這樣就
對人類的進步和社會的發展，起着巨大的推動作用。

中國境内的原始人

　　北京猿人——1929 年，在北京西南房山縣周口店山洞裏發現生存在
約五十萬年前的猿人頭骨、牙齒、下顎骨和軀幹骨化石。他們已經知道選
取礫石等石塊，打擊成爲有稜角的石片，當作武器或生產工具來使用。這
種猿人被命名爲“中國猿人北京種”（一般叫做“北京猿人”）。按照人類
漫長的進化過程，周口店發現的“北京猿人”屬于世界上已知的較原始的
人類。他們已經轉化成了人類，但某些方面還帶有不少原始性。北京猿
人大約是幾十人結成一羣——原始人羣。這种羣體是他們的社會組織，
基本的社會單位，也就是早期的人類社會。

　　丁村人——1954 年，山西襄汾縣發現三個牙齒和大量石器。這種人
被命名爲“丁村人”。丁村人比北京人有了相當大的進步。從體質上看，
他們比北京猿人已經有了相當的發展，已經到了古人階段。猿人屬于原
始人羣，古人是從原始人羣到氏族制度的過渡階段。我國屬于古人階段
的原始人類，除丁村人外，還有廣東韶關馬壩圩的馬壩人，湖北長陽的長
陽人。從石器的製作上看，丁村人也比北京猿人已經有了相當大的提高。
他們的社會組織大體上已脫離了原始羣居的亂婚狀況，進入血族羣婚的

階段,這種婚姻關係是他們的社會組織的基礎,也是從原始人羣過渡到氏族制度的一個重要環節。氏族制度在這一時期就逐漸萌芽了。

古人進化到新人,到新人階段,開始形成氏族制度。我國屬于新人階段的原始人類,在華南,有廣西柳江通天岩的柳江人;在西南,有四川資陽黃鱔溪的資陽人;在華北,有北京周口店龍骨山的山頂洞人;在内蒙古自治區和寧夏自治區的河套地區有河套人。

河套人——在内蒙古自治區,薩拉烏蘇河與甘肅省水洞溝等地,發現過約二十萬年前的人類門齒一枚及許多舊石器。這些舊石器中有尖狀器、砍砸器和各種刮削器,考古學上稱它爲"河套文化"。這時候的人,身體上的結構和現代的人類很相接近。石器也已進到舊石器中期。

山頂洞人——在周口店猿人洞穴的山頂上洞穴裏,發掘出約有十萬年前的人骨化石、石器、骨器和裝飾品。骨器中有獸骨磨成的骨針,看來已能用獸皮之類縫製簡單的衣服了。裝飾品中有穿孔的獸齒、魚骨、介壳和海蚶壳,還有赤鐵礦染紅的石珠,看來似乎已有愛美的觀念。山頂洞人比河套人又前進了一步。山頂洞人過着母系氏族公社的社會生活,他們住在周口店龍骨山山頂東北部的一個自然山洞裏,因而被稱爲山頂洞人。洞長約 12 米,寬約 9 米,面積爲 90 多平方米,可容十幾個人到幾十个人。洞裏自然分爲上室和下室。上室在洞口處,是他們的公共住室;下室在洞的深處,是他們的公共墓地。山頂洞周圍的廣闊地區是供他們狩獵、捕魚、採集的生活基地。山頂洞人身體上的結構,可以説已經到了現代人的階段,石器已進到舊石器晚期。

總之,根據考古的發掘、研究,我們知道在中國境内的西北、華北、東北、西南等地,都已經發現舊石器及其逐漸進化的遺跡。雖然材料還不夠多,有待於今後考古學者的繼續發現,但有一點是可以肯定的,就是中國境内,四五十萬年以來,即有人居住,他們在各自的勞動實踐中,與自然界作鬥爭,并開始創造着自己的語言和自己的文化。

根據研究,"北京猿人"的腦髓,已經遠比現代猿類大而完善,腦容量平均約爲 1 075 毫升,比現代猿類的平均腦容量 415 毫升大一倍半以上。在六個比較完整的頭骨中,最大腦容量爲 1 225 毫升,已接近于現代人的平均腦容量 1 400 毫升。他們腦部結構複雜和完善的程度,更是現代猿類所不能比擬的。由于在長期的體質形成過程中,右手比左手更多地使用,大腦的左邊也比右邊略大一些。柳江人、山頂洞人的頭骨,已具備了現代人頭骨的基本特徵。從他們腦子的發達程度來看,他們已經有了語言。語言是從勞動中并和勞動一起產生出來的。正如恩格斯所説的:"首先是勞動,然後是語言和勞動一起,成了兩個主要的推動力,在它們的影響下,猿的腦髓就逐漸地變成人的腦髓……腦髓和爲它服務的感官,愈來愈清楚的意識,以及抽象能力和推理能力的發展,又反過來對勞動和語言起作用,爲二者的進一步發展提供愈來愈新的推動力。"①

傳説中的中國遠古居民

遠古時代,在中國領域内,居住着許多不同祖先的氏族和部落,他們各自有着自己的氏族語言和文化,隨着社會的發展,他們彼此間經過長時期的相互影響和相互鬥爭有些逐漸融合了,有些發展起來了。從傳説和神話裏,推測遠古居民分布的一般情況如下:

居住在東方的人,被統稱爲"夷族",太皞是其中一族的著名酋長。太皞姓風,神話裏説他是人頭蛇身,可能是以蛇爲圖騰的一族。夏朝時期,山東還有任、宿、須句、顓臾四個小國,説是太皞的后裔。相傳伏犧畫八卦,出于太皞或太皞族。八卦是以"—"(陽性)和"- -"(陰性)兩種綫形組成"☰"(乾)、"☷"(坤)等八個卦形,每一個卦代表同一屬性的若干事物。這種記事方法,比傳説中的"結繩記事"進了一步。可見當時語言已隨着社會的發展有較大的發展,在勞動實踐、與自然界鬥爭以及社會鬥爭中,他們已感到語言的不足,因而産生對文字的朦朧的要求。後來,傳説

---

① 《自然辯證法》,引自《馬克思恩格斯全集》第 20 卷,513 頁。

中的黃帝族就創造發明了象形文字。而八卦就變成了卜筮的符號,失去了原來作爲記事符號的意義了。

居住在北方、西方的人統被稱爲"狄族"、"戎族"。

居住在南方的人統被稱爲"蠻族"。其中九黎族最早進入中部地區。九黎當是九個部落聯盟,蚩尤是九黎的酋長。

炎帝族居住在中部地區。炎帝姓姜,是西戎羌族的一支,自西方遊牧先入中部,與九黎族發生過長期的部落間衝突,最後被迫逃到涿鹿,得黃帝族幫助,攻殺蚩尤。

黃帝族原先居住在西北方,據傳說,黃帝曾居住在涿鹿地方的山灣裏,過着遊牧生活,曾幫助炎帝族打敗蚩尤。後來,炎黃兩族在阪泉(據說阪泉在河北懷來縣)發生三次大衝突,黃帝"與炎帝戰于阪泉之野,三戰,然後得其志"[1],這次戰後,傳說中的黃帝后裔即向南大發展,進居黃河流域,後來又到了江、漢流域。在南遷過程中,又打了許多仗,據說"五十二戰而天下咸服"。

黃帝姬姓,號軒轅氏,又號有熊氏。古書中有關黃帝的傳說特別多。如用玉(堅石)作兵器,造舟車弓矢,染五色衣裳,黃帝妻螺祖養蠶,倉頡造文字,大撓作干支,伶倫作樂器等。虞、夏二代尊黃帝爲始祖。這些傳說多出于戰國、秦漢時學者的附會。但有一點是可以理解的,即古代學者承認黃帝爲華族始祖,因此有關一切文物制度,都推源到黃帝了。

氏族制度時代,各個氏族都有着自己的語言和文化。隨着氏族間在經濟上、文化上相互影響,和在政治上、軍事上的戰爭兼并,語言也隨着社會的發展而發展變化了。氏族分化,語言也分化;氏族統一了,語言也統一了。

傳說中的黃帝,先幫助炎帝族打敗了九黎族的首領蚩尤,又統率各族打敗了炎帝族,進入中部地區。黃帝族由于軍事上勝利地兼并了許多氏

---

[1]《史記·五帝本紀》。

族,政治上統一了中部地區,其語言必然佔優勢,對各氏族語言起着統一的作用。黃帝史官倉頡造文字的傳說,可能正是由于社會發展,語言發展到一定階段,人們需要文字的一種反映。荀子在《解蔽篇》中説:"好書者衆矣,而倉頡獨傳者壹也。"正好具體説明了這種情況。

華夏族文化

在通向華夏族形成的道路上,傳說有三次大規模的部落戰爭。第一次是炎帝族共工氏和蚩尤的戰爭;第二次是黃帝和蚩尤之間的戰爭;第三次是黃帝和炎帝三戰于阪泉之野。這次戰後,傳說中的黃帝后裔即向南大發展。這些氏族部落南遷之後,不僅推動了那裏原有的氏族部落發生分化和改組,而且也帶來了他們本身的分化和改組。原來各不相同的氏族部落之間,不僅交錯居住,互相通婚,而且有時爲了需要結爲聯盟。這一切,就打破了他們原來的氏族部落的界綫,跨出了形成民族的第一步。自此以後,他們開始互相融合爲華夏族。

《尚書》有《堯典》等篇,敍述堯、舜、禹禪讓的故事。春秋戰國時,尤其是儒、墨兩大學派,都推崇効法這三位古帝。堯號陶唐氏,都平陽(今山西臨汾縣),居住在西方。舜號有虞氏,生于諸馮(今山東諸城縣),居地在東方。禹原住陽城(今河南登封縣),後都翟(今河南禹縣)。他們先都是部落酋長,後來被推選爲部落聯盟的大酋長。黃帝以下諸帝以攻黎、攻苗爲主要事業。禹做大酋長時,對苗戰爭獲得勝利,苗族被迫退到長江流域。禹後來建都陽翟,阻止苗族再北上進入黃河流域。從此,華夏族在中原地區的地位就愈益鞏固了。華夏族佔有了中原地區(主要是黃河中游兩岸),孕育了後來發展起來的、偉大燦爛的華夏文化。

河南省澠池縣仰韶村,發現新石器時代晚期的遺址。遺址中器物有磨製的石器、骨器、陶器多件。石器有刀、斧、杵和紡織用的石製紡輪等,骨器有縫紉用的針,陶器有缽、鼎等。考古學命名爲仰韶文化。

現已發現仰韶文化大量遺址,散布在廣大西北地區,以關中、豫西、晉南一帶爲中心。據測定,西安半坡仰韶文化遺址距今約 6 080—5 600 年。從這些遺址和出土的石器等遺物中,可以推想當時人們的生活狀况:(1) 各遺址多有石斧的發現;石斧當時是用來進行農業生產的一種工具。遺址又多在河谷地帶,土地肥沃,便于種植,可見當時農業在生產中佔有重要地位。(2) 仰韶文化遺址中發現有許多猪、馬、牛的骨骼,其中猪骨最多。猪的大量飼養,說明居住已相當安定,畜牧業也是重要的生產部門。(3) 紡輪骨針以及大量陶片的發現,說明已有普遍的手工業。(4) 在甘肅地區各遺址中,還發現玉片、海貝,據推測,玉可能從新疆來,貝從沿海地區來,想見當時在甘肅的居民與沿海地區已經有了交換關係。(5) 弓箭已普遍使用。(6) 仰韶文化遺址中的陶器,一般是美觀的。

　　仰韶文化是中國古代先民所創造的重要文化之一,約爲公元前5000—前3000 年。據傳說,神農氏時代以後,黄帝、堯、舜相繼而起,製作衣裳,"刳木爲舟,剡木爲楫","斷木爲杵,掘地爲臼","弦木爲弧,剡木爲矢"①。這些傳說在仰韶文化遺址中大致有跡象可尋。因此,推想仰韶文化當是華夏族文化。

　　總之,我國歷史自商代以前,未發現有文字記載,研究起來比較困難。但是,由于遺址的發掘,考古學家的研究,再參考有關古代的傳說,大致可以說:第一,自黄帝族進入中原地區,又經過堯、舜、禹三代的不斷發展,在經濟生活、軍事武功、文物制度等方面,都有了很大的進步。仰韶文化就是很好的證明,并且從這裏孕育了後來發展起來的偉大燦爛的華夏文化。第二,自黄帝族入主中原地區以後,在長期發展中,先後與炎帝族、夷族以及苗族的一部分,逐漸融合起來,形成了春秋時稱爲華族、漢以後稱爲漢族的初步基礎。第三,表現在語言方面的情况是:遠古時代的語言,到了氏族社會,隨着氏族社會的分化而分化,也隨着氏族的兼并而融合。不過,總的說來,在氏族社會中,氏族以分化獨立爲主;因此表現在語言

---

　　① 見《易經·繫辭傳》。

上,也是以分化佔優勢。自黃帝入主中原以後,先後兼并了許多其他氏族;因此,黃帝族的語言,也先後融合了許多其他氏族的語言,從而成爲當時部落聯盟的共同語。《墨子·兼愛篇》記載禹伐苗誓辭:"濟濟有衆,咸聽朕言,非惟小子,敢行稱亂,蠢茲有苗,用天之罰,若予既率爾羣對諸羣,以征有苗。"禹是當時部落聯盟大酋長,他率領了各族去打苗族,沒有共同的語言是不行的。可見黃帝族語言發展到了夏禹時,已由氏族共同語逐漸發展成爲部落聯盟的共同語;并且成爲春秋時稱爲"雅言"(夏言)、漢以後稱爲漢語的初步基礎和源頭。

2. 漢語是從漢藏語系中分化獨立發展起來的

歷史比較語言學運用歷史比較法,即通過幾種親屬語言和方言的歷史比較,揭示出語音的對應規律,構擬出母語的系統,以説明親屬語言和方言的歷史發展,從而把世界上的語言按親屬關係分爲若干語系。漢語,是從漢藏語系中分化獨立發展起來的。

歷史比較語言學運用歷史比較法,把世界語言進行系譜分類,對語言科學的推動和發展起一定作用。但也有局限性,如用于研究無親屬關係的語言,就沒有什麽效果。也不能説明語言統一的過程。由于西方語言學家主要研究印歐系語言,對其它一些語系的研究還不够深入,因此在某些語系的分合上,還存在着爭論。

現將有關漢藏系語言的情況,敍述于下。

漢藏語系的地域,西起印度的克什米爾,中經西藏高原,沿着亞洲大陸南部,一直延伸到我國東部的太平洋海岸。漢藏語系分四個語族:

漢語族　　漢語是漢族人民的語言,是我國的主要語言,也是世界上使用人數最多、最發達、最豐富的語言之一。漢語在距今六千多年前,就有了文字。西安半坡出土彩陶上有刻劃的記號,山東泰安大汶口出土陶器文字是我國最早的意符文字,漢字的歷史可以上溯到六千年前。近代發現出土的商代甲骨文已有三千多年歷史,那已經是一種有規律的、相當發達的文字。漢語在語言系譜分類上屬漢藏語系,同我國境内的壯語、傣語、侗語、黎語、藏語、夷語、苗語、瑶語等,以及我國境外的泰語、緬語等都是親屬語言。漢語的主要方言分爲: 北方方言、吳方言、湘方言、贛方言、閩北方言、閩南方言、粤方言、客家話八大方言區。現代漢語的民族共同語是以北京語音爲標準音,以北方話爲基礎方言,以典範的現代白話文著作爲語法規範的普通話。

我國境内屬漢藏語系的語言,除漢語外,還有三個語族。

侗傣語族　　主要分布在廣西、雲南、貴州、湖南諸省區和廣東省的海南島。它又可分爲三個語支:

壯傣語支　　包括壯語、布依語、儂語、沙語、傣語。

侗支語支　　包括侗語、水家語。

黎語支　　黎語。

藏緬語族　　主要分布在西藏、西康、四川、雲南、貴州、青海、甘肅、湖南諸省區。它又可分爲四個語支:

藏語支　　包括藏語、嘉戎語、羌語、西蕃語、俅語、怒語。

彝語支　　包括彝語、傈僳語、納西語、哈尼語、拉祜語、白語等。

景頗語支　　包括景頗語。

緬語支　　包括緬語、載瓦語、臘訖語等。

苗瑶語族　　主要分布在貴州、湖南、廣西、雲南、廣東等省區。它又可分爲兩個語支:

苗語支　　苗語。

瑶語支　　瑶語。

漢藏語系的語言特點

有聲調——就是每個音節上有固定的聲調。聲調的數目一般從三個到八個。在同一種語言的不同方言間,聲調數目也有差別。大致地説來,藏緬語族語言的聲調數目比侗傣語族和苗瑶語族各語言的聲調數目少。

大部分的詞以單音節的詞根爲基礎——這并不是説這些語言裏的詞都是單音節的,有些語言也有好些多音節的詞;但是這些多音節的詞,大多數是兩個或更多的是單音節詞根,或一兩個單音節的詞根和一個附加成分結合而成的。也有些多音節的詞根,但爲數不多。

附加成分的作用是有限制的——雖然也有些附加成分,但許多在阿爾泰語系和印歐語系裏用附加成分所表示的語法範疇,在漢藏語系往往用詞的位置、助詞或别的詞來表示。

有類别詞——如漢語"這個人"、"兩匹馬"的"個"、"匹"叫做類别詞(又稱量詞)。在藏緬語族的語言裏,除個别語言(如藏語、景頗語)不大用類别詞以外,一般都有豐富的類别詞。類别詞的位置在各語族不一致。

詞序很重要,詞的次序比較固定——一般地説,詞的次序是比較固定的。

3. 文字的産生和語言、文字問題的初步出現

比起語言,文字的産生要晚得多,但是,文字産生以後,語言就不再受時間和空間的限制,它不僅能傳到遠方還能留存於後世。文字對各民族政治、經濟和文化的發展,對保存歷史文獻典籍,對豐富人類文化寶庫,有着不可磨滅的功績。

漢字是漢族人民用來記録漢語的,它是漢族人民的祖先在長期的勞動實踐中創造出來的。漢字是世界上歷史最悠久、最古老的文字之一。漢字産生的年代目前雖然不能明確斷定,但從大汶口陶器文字,以及西安半坡村石器時代的遺址出土文物來看,漢字的歷史可能要遠溯至六千年前。根據考古研究,石器時代的半坡村人已經能造簡單的屋子,已知道養狗,已能用植物纖維編織成布,已能製作數種不同形式的陶器,陶器上有繪畫,還有刻劃的記號。據考古研究,這些刻劃的記號,已發現幾百個,已屬于文字的萌芽階段。

山東大汶口出土的陶器文字,一共是六個:一個是莽字(音忽),像花

朵形,用紅色顏料寫在灰陶壺背上,出土于大汶口遺址。另外五個都刻在灰陶壺的口上,其中四個出土于莒縣陵陽河遺址,一個是斤字,像錛;一個是戉字,像殺人用的大斧;一個是昺(音熱),上面是太陽,中間有火,下面是山,反映出在烈日下山上起火的情形;還有一個炅字,是昺字的簡體,省去了山形;還有出土于諸城縣前寨的一個陶缸殘片,上面刻的也正是昺字,值得注意的是和莒縣出土的,筆畫結構,完全相同。這種文字的發現儘管還不多,但第一,它們和後來的商周銅器銘文、甲骨卜辭以及陶器、玉器、石器等上的文字是一脈相承的,是我國文字的遠祖,是我國在目前所見到的最早的民族文字;第二,它們已經是經過統一整理的文字,整齊而合規範,有些像後來秦朝所定的小篆、唐朝所定的楷書;并已經有了簡體,說明不是最初期剛創造的文字;第三,它們是在廣大地區內已經通用的文字。大汶口文化遺址是以山東省大汶口和曲阜、兗州一帶爲中心,遍布于古代黃河下游的南岸和淮河北岸之間,其區域約有十幾萬平方公里。曲阜是少昊之虛,即少昊國家的故都,因此,大汶口文化應該是少昊文化①。

　　總之,大汶口文化與陶器文字的發現,其意義遠在八十年前發現安陽甲骨文之上,證實了我國歷史不只四千多年而是六千多年了;不只是從夏王朝開始而應該從黃帝時代開始。大汶口陶器文字,要比殷虛文字早一千五六百年乃至兩千年左右,這是目前我們能看到我國最早的意符文字,并已經是很進步的文字,不只是剛在創造的原始文字了。

　　商代的甲骨文,是三千多年前的古文字,并且已具有一定結構規律,是相當發達的文字了。甲骨文是殷商後期刻寫在龜甲獸骨上的一種文字,一八九九年在河南安陽小屯村出土發現,因爲發現的地點是殷商故都廢墟所在,所以也叫"殷虛文字",又因其文辭內容大部分是當時統治者的占卜,所以也叫"卜辭"。甲骨文出土後,引起學者們的注意,著錄考釋的

---

① 參考唐蘭《中國有六千多年的文明史——論大汶口文化是少昊文化》。

書刊也日漸問世。幾十年來,前後發掘出土了共約十六七萬片,單字總數在三千五百字左右,文字已經考釋出來的有一千七百多字。這種字體,因爲刻寫在甲骨片上,筆畫纖細,字跡較小,方筆居多,圓筆很少。文字結構不僅由單體趨向合體,而且有了不少形聲字。漢字的幾種構造方法,即"六書"的原則,在甲骨文中已初步具備了。從字體數量和結構方式來看,可以説甲骨文已經是一種經過長時期的歷史發展、具有一定結構規律的、相當進步的文字了。但是,在甲骨文中,多數字的筆畫,結構部位還没有定型。

漢字,刻在龜甲、獸骨上的文字,人們稱爲甲骨文;鑄刻在鐘鼎銅器上的文字,人們稱爲金文或鐘鼎文;後來漢字又書寫在竹帛上。由于社會發展的需要,漢字的字體也逐漸演變,趨繁爲簡,又由大篆發展爲小篆,由小篆發展爲隸書,後來又發展成楷書,同時還出現了行書體和草書體。

有了語言,有了文字,有了書籍典册,就必然會出現一些語言、文字上的問題。

原始的歷史文獻,商代有甲骨文,周代有青銅器銘文留存下來。商王朝崇尚迷信,凡祭祀、征伐、田獵、出入、年成、風雨、疾病等,常用龜甲來占卜吉凶,并在其上銘刻占卜時日、占卜者名字、所占卜的事情和占卜結果等等。甲骨文多數是占卜文字,間有少數記事文字。西周的社會發展了,語言、文字也隨着社會的發展而發展。西周的青銅器銘文,内容廣泛,字數增多。如周宣王時的"毛公鼎"銘文,就長達四百九十七字,不亞于當時一篇文獻。這時的青銅器不僅銘記功德,有的如"召鼎"、"矢人盤"等,還作爲法律上的契約。商周時代,統治者身邊有史官,專門負責爲統治者"記言"和"記事"。"記言"的結果,保存下來的就是《尚書》。"記事"的成果則爲編年大事紀,保存下來的有《春秋》和《竹書記年》等。

《尚書》是我國古代的一部歷史文獻匯編,其所記年代大體上相當于奴隸制時代。"尚"是上代的意思,"書"就是歷史簡册,用現代話説,"尚書"就是上古的史書。例如,從《尚書》裏看到,當商朝滅亡後,商遺民心中不服周,周公就對他們說:"惟爾知,惟殷先人有冊有典,殷革夏命。"周公以此來說服殷遺民,説明周革殷命是有殷革夏命的先例可援的,因而殷人用不着怨恨周人。這也説明了商湯革掉夏命的事,是原原本本記在商王朝的"冊"和"典"裏的。

竹簡易腐爛,經過幾十年或上百年就傳不下去了。如《春秋》本來是魯國歷史,應當從伯禽封魯開始。可是,現在看到的《春秋》,却是從一個進入春秋時代已經四十八年後才在位的魯隱公開始記載,顯然是在魯哀公之後整理這些資料時,魯隱公以前的竹簡已經斷爛而毀滅了;就是隱公以後的竹簡也已到了殘損的程度。例如:

> 《桓公十四年》云:"夏,五……"
> 《莊公二十四年》云:"冬,郭公……"

這分明是殘缺的文字。

春秋戰國之世,百家爭鳴,是我國學術思想開始繁榮的時期,當時各家都想用自己的學說來説服國君和時人,説服的方法往往是拿古代的歷史來做證據。因而,各家都盡量搜集古代文獻史料。例如,《左傳》引《尚書》五十三次,列十八篇;《墨子》引《尚書》篇名二十二,儒家的《論語》、《孟子》、《荀子》,法家的《管子》、《韓非子》,史書《國語》、《國策》,雜家的《呂氏春秋》,都紛紛征引《尚書》,共舉篇名四十餘篇。其中在伏生所傳殘存的秦博士本二十八篇以外的,大約近三十篇。這三十篇《尚書》,戰國時尚存在,後來又失傳了。

在戰國時人所引各篇中,彼此分歧也很大。例如,儒家的本子中有《甘誓》,《墨子·明鬼下》中也有《甘誓》,兩篇所引的中心内容,完全相同,但是文句方面却有很大的出入。即使《墨子》一家所引同一篇書,也互有分歧,如,《非命》上、中、下三篇都引了《仲虺之誥》,而文字却各有出入。又《天志》中及《非命》上、中、下篇都引了《太誓》,文句也有很大分歧。這是由于各家傳抄竹簡，既容易有錯簡、脱簡，又容易有錯字、脱字、增字、誤寫字等自然出現的分歧，也就是自然出現的有關語言、文字的一些問題。因此，《春秋》就被人譏爲"斷爛朝報"。後世講解《春秋》出現了三傳：《左傳》、《公羊傳》、《穀梁傳》。《左傳》多從史實闡釋，《公羊傳》和《穀梁傳》則開始有了關於詞義和語法方面研究的萌芽。不過，由于這二傳目的在于解疑釋難，沒有能綜合各種語文現象加以分析歸納研究。

西周是我國奴隸社會的全盛時期。在這個時期裏，奴隸制經濟比商代有了更大發展，呈現出繁榮的景象。在政治、武功方面，武王征伐四方，攻滅了許多方國部落，抓了一批批俘虜。《逸周書·世俘》上記載説，武王滅掉九十九國，斬獲首級十七萬多，俘虜三百多萬，降服六百五十二方國部落。這些數字不一定正確，但反映了周初東征俘獲和掠奪財富的規模，也反映了周王朝政治上統一；從而在語言和文字的發展上，起促進統一的作用。

周王朝統一後，把土地、奴隸分封給諸侯。周代的等級劃分很清楚，一般劃分爲六等，即天子、諸侯、卿、大夫、士和庶人、工、商。士屬自由平民，在士以上爲奴隸主階級，以下則爲奴隸階級。庶人、工、商屬于生產奴隸。周初時對手工業比較重視，《尚書·酒誥》中對俘獲了手工業奴隸的態度是"毋庸殺之，姑惟教之"。廣大奴隸羣衆，用自己的智慧和雙手，通過艱辛勞動，推動着西周的農業和手工業的不斷發展，創造了大量社會財富。

由于生產工具的進步，再加上井田制的溝洫系統，田間排水等田間管理，農業生產得到較大發展。如：

《詩經·小雅·甫田》：

曾孫之稼，如茨如梁；曾孫之庾，如坻如京。乃求千斯倉，乃求萬斯箱；黍稷稻粱，農夫之慶。報以介福，萬壽無疆。

《詩經·周頌·豐年》：

　　豐年，多黍多稌，亦有高廩，萬億及秭。爲酒爲醴，烝畀祖妣；以洽百禮，降福孔皆。

　　這兩首詩，反映了當時農產品的豐富。奴隸主剝削來的各種糧食多到數不清、裝不完，到處是高大的倉廩。奴隸主用奴隸們的血汗種來的糧食釀成美酒，奉祀祖先，祈求永遠降福。

　　由於青銅器的出現，農業發展，又由于手工業的發展，商業成了不可缺少的社會經濟部門。西周的商賈和當時百工一樣，是屬于奴隸主貴族的。"工商食官"主要替貴族經營①。由于商品交換日繁，在都市中出現市場。《周禮·質人》上記載："質人掌成市之貨賄，人民、牛馬、兵器、珍異，凡賣儥者質劑焉。"質人的職務就是管理市場，由他制發買賣的契卷。

　　到了東周，天子衰微，春秋戰國先後出現五霸七雄等的分裂割據局面。奴隸不斷起來反抗奴隸主階級的殘酷統治。文化上也出現了官學向私學發展；從此學習、教育不再只是屬于國子和貴族，也普及到了民間。《論語》中記載了孔子和他的門徒冉有這樣一段對話，孔子看到衛國人民多，說："庶矣哉！"冉有問："既庶矣，又何加焉？"曰："富之。"曰："既富矣，又何加焉？"曰："教之。"可見孔子對文化教育的重視。

　　又如《孟子·滕文公下》彭更（孟子弟子）問曰："後車數十乘，從者數百人，傳食于諸侯，不亦泰乎？"（泰，甚也。）可見當時文化的普及，教育的發展。孔子有三千門弟子，其中大多是平民。由於廣大平民也有了學習和受教育的機會，文化發展迅速，語言文字便發生了大的解放與進步，從《尚書》、《春秋》到《論語》、《孟子》，古代漢語書面語的發展豐富，是十分明顯的。教育普及、文化提高，反映在學術思想上，是春秋戰國時代的百

---

　　① 見《國語·晉語四》。

家爭鳴,出現了我國歷史上第一個文化高潮。在這樣學術思想活躍、社會發展繁榮的情況下,作爲交際、交流思想工具的語言、文字,必然成爲學習、研究的對象,於是,我國古代語言學研究開始萌芽。

4. "小學"的興起

社會發展了,語言和文字也發展了,就需要學習、教育,於是"小學"興起來了。"小學"初見于《大戴禮記》。《大戴禮記·保傅篇》上説:"及太子少長知妃色則入于小學,小學者所學之宫也。……古者八歲而就外舍,學小藝焉,履小節焉。"西周是奴隸社會的全盛時期,人分等級,當時能够接受教育的只是貴族。關于小藝,《周禮·保氏》上説:"保氏掌諫王惡而養國子之道,乃教之六藝:一曰五禮,二曰六樂,三曰五射,四曰五馭,五曰六書,六曰九數。"又:"乃教之六儀:一曰祀祭之容,二曰賓客之容,三曰朝廷之容,四曰喪紀之容,五曰軍旅之容,六曰車馬之容。"可見,在周代教育制度中,小學本指學習六藝(小藝)和六儀(小節),後來小學含義逐漸縮小,僅指六藝之一"書"了,即專指關于語言文字的學習。東漢崔寔《四民月令》上記載:

> 正月:農事未起,命成童以上入太學,學五經,不見冰釋,命幼童入小學學篇章。
>
> 八月:暑退,命幼童入小學如正月焉。
>
> 十月:農事畢,命成童入太學如正月焉。
>
> 十一月:硯冰凍,命幼童讀《孝經》、《論語》篇章入小學。

"小學"含文字之義始于此。可見古代"小學"是指語言文字方面的學習。如《漢書·藝文志》中"小學類"只收字書。遠在春秋戰國時代,就有《史籀篇》,那是秦國人教學童識字的書,現已亡佚。到了秦代及西漢時,則有李斯《倉頡篇》、趙高《爰歷篇》、胡毋敬《博學篇》、司馬相如《凡將篇》、史游《急就篇》、李長《元尚篇》、揚雄《訓纂篇》等。

李斯《倉頡篇》、趙高《爰歷篇》、胡毋敬《博學篇》這三部書到了漢代合稱《倉頡篇》，又稱"三倉"，共收三千三百字。到了揚雄的《訓纂篇》，連同《倉頡篇》增加到五千三百四十字。漢和帝時（公元 89—105 年）賈魴又寫了《滂喜篇》。後人以《倉頡篇》爲上，《訓纂篇》爲中，《滂喜篇》爲下，也稱"三倉"。以上這八部書，《急就篇》流傳下來了，《倉頡篇》還有殘簡（見王國維《流沙墜簡》），其他都亡佚了。不過，原書雖然亡佚，部分還散見於他書的引文中，如《説文解字》中就引用了《倉頡篇》中"幼子承詔"一句。清朝孫星衍把這些散見於各書中引文的材料，收集起來，編成《倉頡篇》三卷，續一卷，補二卷。

二、先秦諸子關于語言、文字問題的討論

1. 語言、文字研究的萌芽

《論語・顏淵》敍季康子問政于孔子，孔子回答："政者，正也。子帥而正，孰敢不正？"意思就是説：政就是正，你帶頭端正自己，誰還敢不端正呢？《孟子・滕文公上》敍述夏、商、周三代田賦名稱不同，夏叫貢，商叫助，周叫徹。孟子解釋説："徹者，徹也；助者，藉也。"孟子以"徹"解"徹"，這是本字爲訓的辦法。徹，常用義通也。"助"是"耰藉"的意思，即公家耰藉人民力量來耕種公有土地。在同一篇中，孟子又敍述夏、商、周三代的學校名稱不同，夏叫校，殷商叫序，周叫庠。孟子解釋説："庠者，養也；校者，教也；序者，射也。"古人"教""養"不分，如《周禮・地官・保氏》："而養國子之道"，"養"就是"教"的意思。"射"是六藝之一。這裏代表了學校裏傳授的一切知識和技能。

上面所舉的有關字義的訓詁解釋，發展到後代就是"聲訓"。所謂"聲訓"就是採用同音字，或雙聲疊韻字來解釋字義的一種方法。"政者，

正也"是同音爲訓。"庠者,養也;校者,教也;序者,射也",就是採用了疊
韻爲訓,聲母也相近。當然,孔子、孟子如此來解釋字義,主要是爲了表達
他們的政治思想,但也反映了古代有關語言、字義研究的萌芽。

又如《左傳》文公七年敍述荀林父勸先蔑不要出使秦國,他說他和先
蔑同寮,所以知無不言。先蔑不聽他的話,他就朗誦了《詩·大雅·板》第
三章來奉勸,先蔑仍舊不聽他的勸告。詩中有一句"我雖異事,及爾同
寮",因爲"寮"字不通俗,荀林父說:"同官爲寮。"這實際上是解釋《詩經》
中的字義。又如《孟子·梁惠王下》講到齊景公命太師作君臣相悅的樂
章,名爲《徵招》、《角招》,其中有一句是"畜君何尤"。孟子想到齊宣王可
能聽不懂"畜君"是什麼意思,所以他就加以解釋說:"畜君者,好君也。"
"好君"就是"悅君",也就是君臣相悅,全句的意思是"臣子使君王歡樂有
什麼罪過呢?"

以上一些例子都説明了,由于語言、文字是人們交流思想的工具,社
會發展了,語言也發展了。由于社會交際實踐的需要,有關語言、文字研
究,就逐步興起來了。

2. 關于文字起源的問題

春秋戰國時代,我國許多哲學家、思想家對語言、文字問題進行了討
論研究,并提出了比較科學的認識。

關於文字起源的問題,最古的記載,見于《易經·繫辭傳》:"包羲氏
之王天下也,仰則觀象於天,俯則觀法於地,觀鳥獸之文與地之宜,近取諸
身,遠取諸物,於是作八卦,以通神明之理,以類萬物之情。……上古結繩
而治,後世聖人易之以書契,百官以治,萬民以察。"據《史記·周本紀》記
載,《周易》這部書起源於殷周之際,伏羲作八卦之説,未必可信,但文王演
爲六十四卦是西漢以前學術界公認的説法。我國有些少數民族地區,過
去常用鳥獸骨頭占卜事情的吉凶,方法是用正面、反面來判定可行或不可
行。這和《周易》用"--"(陰),"一"(陽)兩個符號的意義相似。《易經·

繫辭》："近取諸身"指的是男女兩性的差異;"遠取諸物"則指的是人類以外的晝夜、寒暑、牝牡、生死等自然現象和社會現象。《易經》從複雜的自然、社會現象中,抽象出陰(－－)陽(－)兩個基本範疇,認爲世界就是這兩種對抗性物質勢力(陰、陽)的運動、發展。

《易經·繫辭》的這一段記載,關于文字的起源問題,有兩點值得注意:

第一,文字不是突然產生,創造文字需要經歷一定的過程。人類自從有了語言以後,語言對人類社會的發展起了很大的促進作用。但是,語言有一個缺點,即一發即逝,不能傳于異地,留于異時。因此,人類社會發展到一定的階段,就產生了文字。但是文字不是一下子就能創造出來的,人類祖先爲了創造文字,經歷了一段辛苦過程。當然,漢字產生以前,是否像《易經·繫辭傳》中所記載的那樣,經過八卦、結繩的階段,尚待研究。不過在文字產生以前,人們是有過利用實物來幫助記憶,協助交際的事實。例如,南美洲祕魯人,曾用各種顏色的大小繩子,作成各種樣式,來記錄事情和發布命令。我國少數民族獨龍族,過去沒有文字時,也曾用結繩刻木來記事。可見《易經·繫辭傳》上記載的在文字創造以前,人们用過結繩八卦來記事。人類祖先爲了要想創造文字,是經過一段過程的。這種看法比較符合文字發展的客觀規律。

第二,《易經·繫辭傳》上指出創造文字的是"聖人"而沒有明指是某一個人。因爲語言、文字是一種社會現象,是人們交際、交流思想的工具,所以人類語言、文字的起源,不能也不可能由某一個人創造出來的。《易經·繫辭》文中泛指"後世聖人易之以書契",這種看法是比較正確的。我國民間流傳一句話:"眾人是聖人",文字是人民羣眾創造的。

另外,談到漢字起源,我國古代傳說是"倉頡造字"。許慎在《說文解字序》中說:"黃帝之史倉頡,見鳥獸蹄迒之跡,知分理之可相別異,初造書契。"《易經》的時代比許慎要早得多,《易經·繫辭》中對漢字起源只是泛指"後世聖人易之以書契",那麼東漢時代的許慎又怎麼知道是倉頡造字

呢？其實早在戰國時代，荀子在《解蔽篇》中就指出："好書者衆矣，倉頡
獨傳者壹也。"文字由人民羣衆創造，你造我造，有時不免混亂，影響交際。
因此，文字發展到一定階段，就需要有人加以研究整理，進行規範化工作。
倉頡也有可能是古代參加整理文字的人。荀子的看法比較科學。

3. 關于名、實問題的討論

　　在春秋戰國時期，舊的奴隸制度逐漸崩潰了，新的封建社會秩序又處
在不斷建立的過程中。在這樣一個激烈的變革時代，好些事物舊有的
"名"已經不能適應新的內容"實"了，而各種新起的名又還沒有得到社會
上的公認。這種情況，在社會生活領域內表現得特別突出，而在意識形態
上便形成了"名""實"之爭。先秦時期一些重要的思想家，幾乎都提出了
所謂"正名"的問題。他們爲了在思想鬥爭中戰勝對方，因而使名實問題
的爭論，逐漸發展到關于認識論和邏輯學的探討，并逐漸成爲當時哲學中
的一個重要問題，到了戰國時期，形成了名辯的思潮。

　　孔子對"名""實"的看法：

　　孔子名丘，字仲尼，生于公元前551年（周靈王二十一年），死于公元
前479年（周敬王四十一年）。他一生的主要活動在魯國。"周禮盡在
魯"，魯國是春秋時代的文化中心，有豐富的文物典籍。孔子激烈反對違
反周禮的行爲。例如：周禮規定只有天子能用八佾的樂舞（每佾八個
人），諸侯六佾，大夫四佾，士人只能用二佾。魯國季氏是大夫，竟用了八
佾。孔子說："是可忍也，孰不可忍也！"意思是說，季氏連天子的樂舞儀仗
都忍心僭越，還有什麼事不忍心，幹不出來呢？

　　孔子提出正名的主張，其政治涵義是以周禮爲尺度來正名分。他對
齊景公說："君君、臣臣、父父、子子。"這就是正名的主要內容。郭沫若在
《十批判書》中認爲孔子的正名不僅限于名分，已經有了名辯思想。孔子
的正名主要是從政治上講名分；但是，從他對政治的看法中，也透露出他
對客觀事物（即"實"）與概念（即"名"）之間關係的看法。他認爲政治的

混亂是由于“名”的不正而引起的。他把“名”看成第一性的東西,認爲現實世界的“實”違反了周公所制定的“名”才引起許多反常現象,他爲了挽救周禮崩壞的殘局,強調對于“名”要有正確認識。這是把“名”和“實”的關係倒置了。當然,在一定條件下正名不是毫無作用。明確的概念,對社會實踐是有一定積極意義的。但這種作用不能加以誇大,因爲當時政治上的混亂,不是由于人們的概念不清造成的,而是大量的社會矛盾充分暴露的必然結果。

老子對“名”“實”的看法:

老子即老聃,生卒年不可詳考,約生于公元前 580 年(周簡王六年),約死于公元前 500 年(周敬王二十年)。先秦諸子對“名”“實”問題展開過熱烈的討論,其中最早提出問題的是老子,他在《道德經》中説:

原　　文	今　　譯
名可名,非常名。	可以説得出來的名,并不是經常不變的名。
無名,天地之始; 有名,萬物之母。	無名的東西,是天地的本質; 有名的東西,是萬物的母體。

老子在《道德經》中所説的“常名”是指與客觀事物有本質聯繫的概念;而“可名”則指名稱,即語言中的詞。老子認爲可名(即名稱)與客觀事物沒有本質聯繫,它只是表達概念的符號。語言一開始時,天爲什麼叫天,地爲什麼叫地,名稱和客觀事物是沒有必然的聯繫,所以老子説:“無名,天地之始。”但是,老子并沒有否定“名”的意義和作用,他指出“有名,萬物之母”,是我國歷史上第一個指出“名”“實”不可分的人,也是我國語言學史上第一個比較科學地指出名稱和客觀事物之間的關係的人。他的這種對“名”“實”的看法,對後世有較大的影響,在他以後的一些哲學家、思想家,有的接受了他的看法,有的發展了他的看法。

　　例如,墨子(墨翟,魯國人,約爲戰國初年人),他在《貴義篇》中说:
"瞽不知白黑者,非以其名也,以其取也。"意思是说,瞎子不知道黑白,并
不是由于他們不知道黑白的名稱。

　　楊朱(魏國人,戰國初期哲學家)说:"實無名,名無實,名實偶而已
矣。"意思是说,事物本來是没有名字的,名稱不就是事物,名稱只不過是
假定的符號而已。

　　可見,墨子、楊朱接受了老子的看法,着重指出名稱和客觀事物間没
有本質、必然聯繫的一面。

　　到了公孫龍子(約生于公元前 325 年,卒于公元前 250 年,趙國人),
他對"名""實"的看法又進了一步。他在《名實論》中说:"正其所實者,正
其名也,其名正則唯乎其彼此焉。謂彼而彼,不唯乎彼則彼謂不行。謂此
而此,不唯乎此,則此謂不行。"這段話的意思是说,客觀事物的名稱是人
們定出來的,某一事物在名稱未定之前,可以以此稱彼。例如,在未定名
稱之前,我們可能稱天爲地的;但是,各個事物既定名稱之後,就不可以以
此呼彼了,也就是说天就是天,地就是地,不可以改變,也不能改變了。

　　"名"與"實"的問題,反映在語言學上,就是詞與客觀事物的關係,實
質上是語言的本質問題。這個問題是語言學理論中重要的基礎理論之
一。從古代起就有許多思想家、哲學家注意這個問題。例如古代希腊的
一些哲學家、思想家曾討論詞與物的關係是必然的、還是人爲的。我國古
代先秦諸子各學術派也對"名""實"問題展開過熱烈的討論。

　　詞和客觀事物的關係,在開始的時候,不是必然的。例如桌子爲什麽
叫桌子,椅子爲什麽叫椅子,在一開始的時候,是没有必然的聯繫。西方
語言學中,過去有的學派就片面誇大詞的任意性,说詞是一回事,客觀事
物是另一回事。他們認爲語言是個人行爲的結果,依從说話人的意志,語
言是一種武斷符號。這種看法是不科學的。

　　詞和事物的關係,在一開始雖然不是必然的,但也不是任意的,不是
武斷的。第一,詞和事物的關係,一開始不是必然的,但不能因此说所有

的詞和事物的關係都是假設的、任意的。語言中開始有一部分詞帶有假設性,例如一二三四五六七八九十,開始是帶有假設性;但是,二十、三十、四十、五十……等詞,假設性就少,是論證性的。因爲語言裏任何一個新詞的構成,都要受各種具體語言體系,各個語言要素之間規律性關係的嚴格制約。語言不能也不可能是武斷的符號。第二,詞和事物的關係一開始時沒有必然的聯繫。但是,某一事物有了一定的名稱并得到社會公認後,任何人是不能改變的。關于"名""實"的討論,發展到了戰國時期的荀子,有了進一步、比較科學的認識。荀子在《正名篇》中說得好:"名無固宜,約之以命,約定俗成謂之宜,異於約則謂之不宜。"這段話正確說明了事物和名稱的關係,也指出了語言的社會本質。

三、荀子的語言學思想

荀子名況,戰國末年趙國人,是公元前三世紀我國一位唯物主義的思想家。

先秦時期,語言學還沒有成爲一門獨立的學科,荀子也不是語言學家。不過,他具有進步的唯物的觀點,在討論哲學思想問題時,也談到有關語言的問題,如關於語言的本質、語言與思維、語言的發展等基本語言學理論方面,他的一些看法,即使今天看來,也還是很精闢的。

1. 論詞和概念、語言和思維的關係

荀子認識到語言是人類交際、交流思想的工具,也是思維的工具。他在《正名篇》中說:"形體色理以目異,聲音清濁調竽奇聲以耳異,甘苦鹹淡辛酸奇味以口異,香臭芬鬱腥臊洒酸奇臭以鼻異,疾養凔熱滑鈹輕重以形體異,說故喜怒哀樂愛惡欲以心異。"荀子首先指出:人們是通過視覺等感覺器官來認識客觀世界的;也就是說,人們對客觀世界的認識,是從感性認識開始的。接着他又指出:"心有徵知。徵知,則緣耳而知聲可也,

緣目而知形可也。然而,徵知必將待天官之當簿其類,然後可也。"從這裏有兩點可以指出:第一,荀子認爲人類通過感官獲取感性認識以後,"心有徵知",即對感性認識要進行思考,加以分別取捨。也就是説,人類是先有感性認識然後才有理性認識的。第二,荀子又指出理性認識是以感性認識爲基礎的。大腦要進行思考,必須首先通過聽覺知道聲音,通過視覺知道形狀;因爲理性認識的思考,是必須在各種感覺器官各自接觸外物的基礎上進行。即"徵知,必將待天官之當簿其類,然後可也"。

荀子所説的"心有徵知",是指大腦進行思考、形成概念的認識階段。人們對豐富複雜的客觀事物,進行抽象概括以形成概念,然後又用詞語來表達概念。荀子在其《正名篇》中指出:"然後隨而命之,同則同之,異則異之。單足以喻則單,單不足以喻則兼。單與兼無所相避則共,雖共不爲害矣。知異實者之異名也,故使異實者莫不異名也,不可亂也。……故萬物雖衆,有時而欲徧舉之,故謂之物。物也者,大共名也。推而共之,共則有共,至于無共然後止。有時而欲徧舉之,故謂之鳥獸。鳥獸也者,大別名也。推而別之,別則有別,至于無別然後止。"在這一段文字中,荀子指出,客觀事物是豐富複雜的,人們在感性認識基礎上,對于豐富複雜的客觀事物加以抽象概括,即"同則同之,異則異之"來形成概念。概念是在語詞的基礎上形成的,"單足以喻則單,單不足以喻則兼","知異實者之異名也"。也就是説人們在抽象概括,形成概念,定下名稱時,是分別取捨的,同類則同名,異類則異名;不同的事物,形成不同的概念,取不同的名稱;單名可以表達用單名,單名不够表達用復名。《荀子集解》王先謙注曰:"喻其物,則謂之馬。喻其毛色則謂之白馬、黃馬之比也。"

人們具有抽象的語言思維,就可以用概念、判斷、推理的形式,來認識自然界和社會的規律。"故萬物雖衆,有時而欲徧舉之,則謂之物。物也者,大共名也。"由于抽象、概括的範圍、程度、大小不同,荀子在這裏細緻地指出:有"物"這樣的大共名,還有"鳥獸"這樣的大別名。從而科學地指出詞語和概念的關係,語言和思維的關係;并揭示了詞語的概括性。荀子這兩點認識是非常重要的。從語言和思維的關係來看,語言是人類抽象思維的工具,人類是通過語言進行抽象思維來認識客觀世界的。如果沒有語言,任何知識的代代相傳,任何思維的發展,都是不可能的。馬克思主義語言學指出:"有聲語言在人類歷史上是幫助人們脱出動物界、結成社會、發展自己的思維、組織社會生產,同自然力量作勝利的鬥爭,并取得我們今天的進步力量之一。"①

另外,荀子所説的"同則同之,異則異之",指出了概念是抽象概括了客觀事物的本質屬性,概念是用詞語來表達的,因此,語言中的詞語具有抽象概括性。這一點認識也是很重要的。

2. 論語言的社會約定性

關于"名""實"問題的討論,荀子在諸子的基礎上,進一步分析研究,提出了科學的看法。可以説,荀子在我國語言學史上,第一個揭示了語言的社會本質,并指出了"名"和"實"的關係。他在《正名篇》中説:"名無固宜,約之以命,約定俗成謂之宜,異于約則謂之不宜。"這一段話對"名"和"實"的關係,也就是名稱和客觀事物的關係,説得非常透徹,解決了古希臘哲學家幾百年來爭論未決的問題,也對我國古代先秦諸子的"名""實"之爭,進行了小結。

荀子指出"名無固宜",就是説名稱和客觀事物之間的關係,在一開始時,是没有本質聯繫、必然關係的,否則世界上各種語言就都應該一樣。事實上各種不同的語言,是用各種不同的詞語形式來表達同一客觀事物的。可見,名稱不過是人類社會爲了表達客觀事物而假定的各種符號,即"約之以命"。但是,這個假定并不是個人意志的武斷的假定,而是人類社會的"約定俗成"。事物的名稱,一旦經人類社會"約定俗成"以後,任何人就不可以也不可能隨便改變了,正如荀子所指出"異于約,則謂之不

---

① 斯大林:《馬克思主義與語言學問題》。

宜"。因爲語言是人類社會交際、交流思想的工具,個人是無法隨便改變語言的。在這裏,荀子深刻地揭示了"名"和"實"的辯證關係,"名"對于"實"既不是本質聯繫,也不是個人意志的武斷符號。客觀事物一旦經人類社會"約定俗成"定下名稱以後,就具有客觀内容和社會内容,而不再是什麼假定的符號了。這就是語言的社會本質。

3. 論方言和共同語的關係

春秋戰國時代,漢語方言比較複雜,其中主要有南北兩系:南系有楚語、越語;北系爲夏語。荀子在《儒效篇》中説:"居楚而楚,居越而越,居夏而夏。"荀子在《榮辱篇》中又説:"越人安越,楚人安楚,君子安雅。"這一段文字原義是講風俗習慣的,按荀子的意思,語言也屬於風俗習慣。從語言的社會本質來看,荀子的這種看法,也是有一定道理的。荀子一生活動面很廣,他南到楚國,北到燕國,東到齊魯,西到秦隴,語言實踐豐富。他對當時豐富複雜的語言現象,進行觀察、分析,認識到當時漢語中有的是地域方言,即"居楚而楚","居越而越",而另外,還有一種超越地域方言的"雅言"(即"夏言"),也就是當時通行地域較廣的漢語共同語。這種分析和認識是符合漢語語言實際的。漢語自古以來就有共同語和方言兩種形式。過去,有的西方語言學家,對漢語研究不夠,片面地強調漢語方言分歧,而否認漢語有共同語,這一看法是錯誤的。漢語自古以來就有共同語,現代漢語的民族共同語,源遠流長,它就是在北方方言基礎上發展起來的"普通話"。

荀子還以發展的觀點看到語言的發展變化。他説:"若有王者起,必將有循于舊名,有作于新名。"楊倞注曰:"名之善者循之,不善者作之。"這就是説當社會、政治發生較大變革時,語言也隨着社會的發展變化而發展變化。語言是由語音、語法、詞匯三要素組成的,其中,隨着社會的發展而發展變化的,表現得最明顯的是詞匯。有新詞的産生,有舊詞的消失,還有許多基本詞匯的繼續使用。荀子對豐富複雜的語言現象進行觀察、分析後,一方面指出語言是隨着社會的發展變化而發展變化的,另一方面又指出語言富有其繼承性和穩固性。他的這種看法是符合語言實際的。

　　總之,早在紀元前三世紀,我國戰國時代的荀子,不僅是一個傑出的唯物主義的思想家,而且在語言學思想方面,對語言與思維、語言的社會本質以及語言的發展等語言學的基本理論問題,他的認識也是十分卓越的、科學的,在世界語言學史上也是罕見的。

荀子·正名(節錄)

後王之成名[1]：刑名從商，爵名從周[2]，文名從《禮》[3]；散名之加於萬物者，則從諸夏之成俗曲期，遠方異俗之鄉則因之而爲通[4]。散名之在人者：生之所以然者謂之性[5]。性之和所生，精合感應，不事而自然謂之性[6]。性之好、惡、喜、怒、哀、樂謂之情。情然而心爲之擇，謂之慮，心慮而能爲之動，謂之僞[7]。慮積焉，能習焉，而後成，謂之僞。正利而爲謂之事，正義而爲謂之行[8]。所以知之在人者謂之知，知有所合謂之智[9]，智所以能之在人者謂之能。能有所合謂之能[10]。性傷謂之病，節遇謂之命[11]。是散名之在人者也，是後王之成名也。

故王者之制名，名定而實辨，道行而志通，則慎率民而一焉。故析辭擅作名以亂正名，使民疑惑，人多辨訟，則謂之大姦；其罪猶爲符節度量之罪也[12]。故其民莫敢託爲奇辭以亂正名，故其民慤[13]；慤則易使，易使則公[14]。其民莫敢託爲奇辭以亂正名，故壹於道法而謹於循令矣[15]，如是則其迹長矣[16]。迹長功成，治之極也，是謹於守名約之功也[17]。

今聖王沒，名守慢，奇辭起，名實亂，是非之形不明，則雖守法之吏，誦數之儒[18]，亦皆亂也。若有王者起，必將有循於舊名，有作於新名。然則所爲有名[19]，與所緣以同異，與制名之樞要，不可不察也。

異形離心交喻，異物名實玄紐，貴賤不明，同異不別[20]，如是，則志必有不喻之患[21]，而事必有困廢之禍。故知者爲之分別，制名以指實，上以明貴賤，下以辨同異。貴賤明，同異別，如是則志無不喻之患，事無困廢之禍，此所爲有名也。

然則何緣而以同異？曰緣天官[22]。凡同類同情者，其天官之意物也同，故比方之疑似而通[23]，是所以共其約名以相期也[24]。形體色理以目異，聲音清濁調竽奇聲以耳異[25]，甘苦鹹淡辛酸奇味以口異，香臭芬鬱腥臊洒酸奇臭以鼻異[26]，疾養凔熱滑鈹輕重以形體異[27]，說故喜怒哀樂愛惡欲以心異[28]。心有徵知[29]，徵知則緣耳而知聲可也，緣目而知形可也。然而徵知必將待天官之當簿其類然後可也[30]。五官簿之而不知,心徵之而無説,則人莫不然謂之不知,此所緣而以同異也。

　　然後隨而命之:同則同之,異則異之;單足以喻則單,單不足以喻則兼[31];單與兼無所相避,則共;雖共,不爲害矣。知異實者之異名也,故使異實者莫不異名也,不可亂也,猶使異實者莫不同名也[32]。故萬物雖衆,有時而欲徧舉之,故謂之物。物也者,大共名也。推而共之,共則有共,至于無共然後止,有時而欲徧舉之[33],故謂之鳥獸。鳥獸也者,大別名也。推而別之,別則有別,至于無別然後止。名無固宜,約之以命,約定俗成謂之宜,異於約則謂之不宜[34]。名無固實,約之以命實,約定俗成謂之實名[35]。名有固善,徑易而不拂,謂之善名[36]。物有同狀而異所者,有異狀而同所者,可別也。狀同而爲異所者,雖可合,謂之二實。狀變而實無別而爲異者,謂之化;有化而無別,謂之一實。此事之所以稽實定數也[37]。此制名之樞要也;後王之成名,不可不察也。

注:

[1] 後王:楊倞注《非相》云"近時之王",是也。名:古人的"名"相當於現代的"詞"。後王之成名:指近代事物的定名。

[2] 爵名:爵位、官職的名稱。

[3] 文名:指禮儀節文。《禮》:指周代《儀禮》。

[4] 散名:指一般事物的詞語。諸夏:此處謂夏聲,即通語,猶後世所説的官話。曲:同《曲禮》之曲,細散之意。期:互相通曉,解釋語義。此處"曲期"承"散名"而言,意即散名的各個涵義。

[5] 性:指天賦的本質。

[6] 精合感應:指精神和事物相接觸。全句意思是:人的感官接觸事物引起心理上感應的本能,這種本能是不學而能的自然現象。

[7] 擇:選擇。慮:思慮。能:本能。僞:作爲。

[8] 正:對準。行:德行。

[9] 知:指知的本能。合:指知的本能和外物接觸。智:指對事物的認識。

[10] 能:才能。

[11] 節:節,適也。節遇:偶遇。

[12] 擅作名:私造詞語。爲:指僞造。全句意思指擅作名和僞造符節度量同樣犯罪。

[13] 愨:音 què,誠實。

[14] 公：《讀書雜志·荀子補遺》引顧千里説，公讀爲功。

[15] 道法：猶言政教。

[16] 迹長：指政令推行得很遠。

[17] 名約：指制名的社會約定性。

[18] 數：名數。誦數之儒，猶言習記誦之學的人。

[19] 所爲有名：爲什麼要有名稱。

[20] 交喻：交相共喻也。玄：王念孫校作"互"。互細，錯亂也。全句意思是：事物名實不同，如無名稱，則表達混亂。

[21] 志不喻：思想認識表達不清。

[22] 天官：指人的感覺器官。

[23] 疑：擬也。

[24] 約名：約定之名。期：相期的意思，指交流思想。

[25] 調竽：劉師培云："調竽"即"窕槬"二字異文。《左傳》昭公二十一年：小者不窕，大者不槬，窕槬者表樂器之寬狹大小也。器寬狹大小不同，聲就不同，故曰以耳異。

[26] 鬱：草腐臭。洒酸：乃"漏瘎"之誤。馬臭曰漏，牛臭曰瘎。瘎音yóu，亦爲朽木臭。

[27] 養：同痒。滄：寒也。鈹：當爲鈒，同澀。

[28] 説：心之開釋。故：當爲固，錮也，心之鬱結。

[29] 徵知：理解。

[30] 簿：郭嵩燾云：猶記録。當簿其類，五官各當其類的記録。全句是説明心的徵知作用和感官接觸外界事物的關係，從而辨別事物同異而爲之立名的依據。

[31] 單：單名。兼：復名。

[32] 猶：仍也。異：王念孫校："異"爲"同"之誤。

[33] 徧：俞樾云："此徧字乃偏字之誤。上云徧舉之，乃普徧之義，故曰大共名；此云徧舉之，乃一偏之義，故曰大別名。"

[34] 名無固宜：這幾句話的意思指用什麼名稱表達某一事物，二者沒有必然關係；社會對某一事物用某名稱，成了習慣就合適，不合社會習慣就不合適。唐代楊倞説："若約爲天，則人皆謂之天矣。"

[35] 實：概念。

[36] 徑易：平直，即明確無歧義。拂：違也。按荀子論述名實關係，名無固易，名無固實，約定俗成。正確地論述了語言的社會本質。又指出明確無歧義即是善名。

[37] 稽：考也。方孝博云："這幾句説明名的數和實的數之間的關係。所以説'稽實定數'。實同則名同，實異則名異，名的數與實的數可以不相合。"按這一段説明概括與分類；語言的社會本質；及其和名、實、數三者的關係。

第三章　秦漢魏晉時期的語言研究

一、概　　述

秦漢時期(公元前221—公元220年)是我國語言學史上的一個光輝時期。在這個時期内,出現了大批傑出的人物,如文學家司馬相如,史學家司馬遷,數學家張蒼,天文學家張衡,醫學家張仲景、華佗等。而在語言學方面,也出現了語言學家揚雄、許慎、劉熙等。

在先秦時期,我國古代語言學,還處於萌芽階段,没有語言學家,也没有語言學方面的專門著作。發展到了秦漢時代,語言學逐步興起。西漢時,有《爾雅》和揚雄《方言》;東漢時,有許慎《説文解字》和劉熙《釋名》等語言方面專門著作和一些傑出的語言學家。可以説,漢代語言學的成就標志着我國古代語言科學的建立。我國古代語言學在漢代興起和建立,這是和當時漢語的發展以及社會的發展有着密切的關係。

1. 秦漢時期已具備"民族"的四大特徵

秦漢時期,中國已形成以漢族爲主體的統一國家,已具備"民族"的四方面特徵,即:共同的語言、共同的地域、共同的經濟生活和共同的心理狀態。

共同的語言 秦始皇統一中國後,建立了中央集權的統一國家。在秦以前,"田疇異畝、車塗異軌、律令異法、衣冠異制、言語異聲、文字異形"。秦始皇採取了一系列的統一措施。其中在語言、文字方面的重大措施是"書同文"就是統一全國的文字。

周代的文字爲大篆,又稱籀文,這種字體筆畫很繁;春秋戰國時通行於六國的文字,筆畫較大篆省略。秦代通行的文字,在籀文基礎上發展形成,字體較籀文簡化,稱爲"小篆",也叫"秦篆"。秦始皇統一中國後,採取李斯的意見,推行統一文字的政策,以小篆爲正字,淘汰通行於其他地區的異體字。同時還編寫學童識字課本,有李斯的《倉頡篇》、趙高的《爰歷篇》、胡毋敬的《博學篇》。這些字書也都是用小篆書寫的。以上這些措施,對當時推行統一文字和漢字規範化起了很大作用。

隸書開始於秦,普遍使用於漢、魏。晉衛恒《四體書勢》上記載:"秦既用篆,奏事繁多,篆字難成,即令隸人(指胥吏)佐書,曰隸字。"程邈將當時這種書寫體加以搜集整理,後世遂有程邈創隸書的傳說。隸書的結構,打破了六書的傳統,奠定了楷書的基礎,提高了書面語言書寫的效率。它的産生標志着漢字演進史上一個轉折點。

從周秦到兩漢間漢語發展的情況來看,一是從春秋戰國時代起,在黄河流域一帶已經有了區域較廣的共同語;到了漢代,這種共同語逐漸發展成爲全民的語言。另一是在語言逐漸趨於一致的過程中,方言分歧仍然存在。

春秋戰國時代,是列國爭霸的局面。由於政治、經濟、文化各方面的影響和戰爭的頻繁不斷,黄河流域一帶,華夏諸族的語言已經日益接近融合,而形成一種區域性的共同語。《論語·述而篇》上説:"子所雅言,《詩》、《書》、執禮皆雅言也。""雅言"就是正言的意思。清人研究認爲雅言就是當時流行的"官話"。我們可以從一些歷史事實來看,孔子可以周遊列國,晉國的公子重耳可以糊口四方,墨子可以止楚攻宋,蘇秦、張儀可以遊説各國等。這些事實表明當時地域接近的各國,在語言上已經有很大的一致性。尤其在書面語方面更是如此。但是,各國仍有自己的方言存在,如《孟子》:"有楚人欲其子之齊語也。"《戰國策·秦策》:"鄭人謂玉未理者曰璞,周人謂鼠未臘者曰樸。"可見各地語言在詞匯、語音上是有差別的。《禮記·曲禮下》也説:"五方之民,言語異聲。"經過秦漢統一,中國成爲中央集權的封建大國,漢語的共同語統一性加強了。由於秦漢以來推行統一文字的政策,書面語在語法、詞匯方面所表現的統一性更加強。由於漢字是表意文字,有了統一的文字,方言在語音上的分歧,在書面語上反而緩和。不同地域的人,説不同方言的人們,可以通過使用漢字、書面語進行交際和交流思想,這樣對共同語言的形成和發展,有很大促進和推廣的作用。

共同的地域　　從秦開始,漢民族有着比較固定的共同地域。秦朝的疆域,東至海,南至五嶺(大庚、騎田、都龐、萌渚、越城),西北自臨洮起(今甘肅岷縣)大體循秦、趙、燕舊長城至東北遼東爲止。這是當時確定了的中國疆域,疆域以內的居民,基本上是漢族。

共同的經濟生活　　秦始皇統一中國後,在經濟方面製訂了以下的一些措施,以促進共同的經濟生活。首先,以咸陽爲中心向全國修築馳道,實行車同軌,改善了交通,加強了全國的統一;在經濟上也促進了各地物資交流,繁榮了經濟生活。其次,通水路。《史記·河渠書》和《漢書·溝洫志》上記載,秦漢時代,長江、淮水、黃河等我國主要大河流已經貫通,這對經濟物資流通是起很大作用的。第三,秦統一後,大量移民,如初滅六國時,遷天下豪富十二萬到咸陽,其中一部份豪富遷散到巴蜀等地。又蒙恬將軍率大軍三十萬人擊走匈奴,遷移內地居民去住,在今甘肅省黃河以南河套等地建四十四縣城。這對傳播文化,發展生產、流通經濟等方面都起了積極的作用。

促進共同文化上的共同心理狀態——行同倫　　在漢族文化地區,秦漢時代逐步形成代表人們的共同心理狀態的,主要是孔孟正統派的儒家思想,如崇拜祖先、主張孝道等。

　　由上可知,秦漢時期,漢民族的發展已經具備了民族形成的四項條件,漢民族已經形成,漢民族共同語也已經形成并得到發展。

　　秦朝的時間很短,繼之而興的兩漢,統治的時間都是很長的。兩漢在秦的基礎上,在經濟基礎和上層建築的各個領域中,都有積極的建樹。這個時期,國家更加統一,政治、經濟、文化等方面,都得到進一步發展。

　　漢武帝即位,中國已經進入了封建制和大一統的鞏固時期。鞏固政權,要有雄厚的經濟力量爲基礎,因而漢武帝即位後不久,就着手製定一套適合封建專制主義中央集權的財政措施。如統一管理了全國的鹽鐵,統一貨幣,統一管理全國粮食等。同時,商品經濟相當活躍,官營商業的規模相當巨大,各地貨物,大量流通。《鹽鐵論·通有篇》上記載:"均有無而通萬物。"可見各郡國之間的經濟聯繫也大大加強了。

　　由於經濟發展,商業活躍,漢代的城市十分繁榮。據班固《兩都賦》、張衡《西京賦》及《三輔黃圖》記載,長安有九市,六市在西,三市在東;另外還有槐市,在太學附近,是文物市場。東漢時的市上還有書肆,王充經常在書肆看書,因而博學。《史記·貨殖列傳》上記載,除長安外,當時重要城市有十九個,其中有洛陽、邯鄲、臨淄、宛、江陵、吳、合肥、番禺、成都等。漢代以中原地區和關中地區爲基礎,聯繫全國各大小城市,有利於全國人民共同的經濟生活,有助於全國政治力量的統一,也有利於全國語言的交流、統一與發展。

　　漢武帝是中國歷史上第一個重視對外貿易的皇帝,他派赴外國的使者每批從百餘人到幾百人,遠至安息(今伊朗)、奄蔡(在里海東北)、條支(今阿拉伯)、身毒(今印度)、黎軒(羅馬帝國)等。每年總有五六批到十餘批,出國時間短的幾年,長的達八九年。出國使者一般都有對外貿易的任務。中國當時出口商品主要是絲織品,於是對外貿易的陸路通道就被稱爲"絲綢之路",一直傳頌至今。西漢在首都長安,東漢在首都洛陽都設有"蠻夷邸",供外國使者、商人居住。西漢設有大鴻臚,司外交商務,專門接待外國使者和商人。大鴻臚下有行人(出使外國的)、譯官、別火(掌刑獄)及郡邸(各郡會館)。東漢時,"商胡販客日款於塞下",説明來中國經商的外國商人已有相當數量。

在文化方面,秦漢時期也有了高度的發展,反映在語言學方面,主要是重視識字教育和隨着"經今古文"之爭而興起的訓詁學的發展。

2. 重視識字教育促進了文字研究

從周代起,就有"小學","小學"就是識字教育。如《漢書·藝文志》小學類著録童蒙識字課本。秦始皇統一中國後,實行"書同文"政策,并有李斯《倉頡篇》、趙高《爰歷篇》、胡毋敬《博學篇》作爲學童的識字課本和字體規範。到了漢代,這三本書合稱《倉頡篇》,又稱"三倉",共計收字三千三百個。漢代統一中國後,是十分重視識字教育的。在識字課本方面,除了繼承秦代留下的"三倉"外,新的識字課本有司馬相如的《凡將篇》、揚雄的《訓纂篇》、史游的《急就篇》、李長的《元尚篇》等。從《倉頡篇》到《訓纂篇》,收字已增加到五千三百四十字。到了漢和帝時代(公元89—105年)賈魴又寫了《滂喜篇》。以上這八部字書中《急就篇》現有傳本,《倉頡篇》還有殘簡,其餘都亡佚了。

現在,將《急就篇》簡介於下,以便對秦漢時代的字書有所瞭解。

《急就篇》一名《急就章》,西漢史游著。史游,漢元帝時任黃門令。《急就篇》今本三十四章,按姓名、衣服、飲食、器用等分類編成韻語,多數爲七字句,以教學童識字。取首句"急就"二字作爲篇名。宋代晁公武《郡齋讀書志》説:"急就者,謂字之難知者,緩急可就而求焉。"

《急就篇》共二千零十六字,起首五句,説明編這本字書的目的宗旨:

急就奇觚與衆異,羅列諸物名姓字,分別部居不雜廁,用日約少誠快意,勉力務之必有喜。

"急就"就是速成的意思。"觚"是學習識字用的木板。"奇觚"顏師古注："奇好之瓶。"全句的大意是説，這本速成的奇妙的識字課本，與衆不同。第二句、第三句説這本書的體例是按姓名、衣物等分類編排的。第四句中的"約"即少也。"用日約少"就是指所費的時間不多，也就是"速成"的意思，説明他編的這本《急就篇》是一本速成的識字課本，只要好好學習則"必有喜"。

《急就篇》第一部份，列舉了一百三十二個姓，每姓加二字，複姓加一字成三字句，如：

> 宋延年、鄭子方、衛益壽、史步昌、周千秋、趙孺卿、爰展世、高辟兵、鄧萬歲、秦眇房、郝利親、馮漢強、戴護郡、景君明、董奉德、桓賢良……

上述這些姓名并非真有這些人，史游是把一些抽象名詞、動詞、形容詞編成姓名形式，三字一句，便于學童識字學習。

《急就篇》的第二部份是關於各類事物的名稱。如：

> 錦繡縵旄離雲爵，乘風縣鐘華洞樂，豹首落莫兔雙鶴，春草鷄翹鳧翁濯。……貰貸賣買販肆便，資賃市贏匹幅全。……稻黍秫稷粟麻秔，餅餌麥飯甘豆羹，葵韭蔥薤蓼蘇薑，蕪荑鹽豉醯酢醬。……梨柿奈桃待露霜，棗杏瓜棣饊飴餳，園菜果蓏助米糧。……

都是七字一句，有韻，讀起來琅琅順口，依次敘述了錦綉、飲食、衣服、臣民、器物、蟲魚、服飾、音樂、形體、兵器、車馬、宮室、植物、動物、疾病、藥品、喪葬等各方面的字詞。

《急就篇》的第三部份是"五官"方面。如：

> 宦學諷詩孝經論，春秋尚書律令文，治禮掌故砥厲身，智能通達

多見閒。名顯絕殊異等倫，抽擢推舉白黑分，迹行上究爲貴人，丞相御史郎中君。……

最後全書以四字句歌頌漢代的盛世而結束。這就是從漢代留傳下來的一本完整的識字課本，其中很多字、詞一直沿用至今，説明漢語源遠流長，現代漢語是從古代漢語發展而來，也爲漢語詞匯研究提供了寶貴資料。

漢興，重視識字教育。《漢書·藝文志》上説："古者八歲入小學，故《周官》保氏掌養國子，教之六書，謂象形、象事、象意、象聲、轉注、假借，造字之本也。漢興，蕭何草律，亦著其法，曰：'太史試學童，能諷書九千字以上，乃得爲史。又以六體試之，課最者以爲尚書御史史書令史。吏民上書，字或不正，輒舉劾。'六體者，古文、奇字、篆書、隸書、繆篆、蟲書，皆所以通知古今文字，摹印章，書幡信也。"許慎《説文解字序》也説："學僮十七以上始試諷籀書九千字，乃得爲史。又以八體試之，即移太史并課最者以爲尚書史，書或不正，輒舉劾之。"從以上記載可以知道，漢代重視識字教育，學童十七以上，經考試能"諷籀書"九千字就可以擔任官職。又考試"八體"，(八體見《説文解字序》，指大篆、小篆、刻符、蟲書、摹印、署書、殳書、隸書。)優良者可官尚書史。另一方面，官吏上書給皇帝，寫了錯字，經揭發出來就要受處罰、判罪。可見，漢代對"識字"賞罰很重，識字已提高爲取士的準則，所以在漢代"通小學"是非同小可的。

《漢書·藝文志》上記載："《蒼頡》多古字，俗師失其讀，宣帝時徵齊人能正讀者，張敞從受之，傳至外孫之子杜林，爲作訓詁，并列焉。"這是説，由於《蒼頡篇》上寫的多是古文，漢代的教師有時要讀錯，漢宣帝時(公元前73—前49年)特地徵召能"正讀"的齊國人來朗讀，再由張敞傳受下來。到了元始年間(公元1—5年)又徵召全國通小學者一百多人，讓他們在朝廷把所認得的字記下來。可見國家對識字教育是很重視的，"小學家"也是很受尊重的。《漢書·揚雄傳》上記載：揚雄認爲《經》莫大于《易》，作《太玄》；《傳》莫大于《論語》，作《法言》；史篇莫善於《倉頡》，作

《訓纂》。因此《揚雄傳贊》説,揚雄是把《訓纂》與《太玄》、《法言》等同樣看成是不朽的事業。由于識字教育,對文字進行研究,在漢代受到十分重視,從而展開了"經"今古文的爭論,興起了中國古代語學的研究。

3. "經"今古文之爭對語言研究的促進

漢代統一以後,在文化思想方面的措施主要有三點,即獨尊儒家、發動民間獻書,立五經博士。

漢初,面對長期的戰爭破壞,首要任務在於恢復社會生產發展,統治者採取了休養生息的政策。到了漢武帝時,統治已經穩固,社會經濟有了發展,爲了適應大一統的需要,便採用了董仲舒的建議"罷黜百家,獨尊儒術"。漢武帝即位後首先舉行的一件大事,就是召集全國文士,親自出題考試,并且親自閲卷,選取了公羊大師董仲舒、公孫弘爲首列,非儒學的諸子百家一概被罷斥,儒學從此取得了獨尊的地位。既要崇尚儒術,就需有儒家的經典,但由于秦始皇時,焚書坑儒,許多書籍都散失了。於是,漢武帝時發動民間獻書,成帝時又派人到各郡國收集書籍,據劉歆《七略》記載:"百年之間,書積如山。"成帝還指派劉歆的父親劉向校録宮廷藏書中的經、傳、諸子、詩、賦等,劉向先後校録了近二十年。後來,劉歆繼承其父遺業完成了《七略》。《七略》是我國第一部圖書分類目録,分類爲六藝略、諸子略、詩賦略、兵書略、術數略、方技略。班固撰《漢書·藝文志》即據《七略》爲藍本。《七略》原書後失佚,清代洪頤煊、馬國翰、姚振宗有輯本。

儒家的經典主要是《詩》、《尚書》、《易》、《禮》、《樂》、《春秋》,稱爲"六藝"。後來《樂》亡佚了,實際上是"五經"。漢代收集儒家經典,主要是這五部經書。由于書寫經書的字體不同,出現了"經"今古文的問題。先秦時期,文字異形,語言異聲,秦初李斯提出"書同文",説明當時語言、文字複雜情況。這種情況,到了漢代,首先集中而突出地表現在"經"今古文之爭上。

　　先秦儒家經典，經過秦火後大都焚毀散失，漢初只好由一些儒生口授，用當時的文字——隸書記錄下來，這就是今文經。例如《尚書》這部經書是我國上古時代一部歷史文獻匯編，主要是商周奴隸制王朝統治者的一些文告，其中又主要是講話的記錄，還有東周、戰國時代根據一些往古傳說，加工編造的虞、夏史實記載。漢代所得到的《尚書》是秦博士濟南人伏生所傳下來的。秦末天下大亂，他把《尚書》藏在牆壁裏，到漢惠帝時除挾書律，他便把它拿出來，可惜這些竹簡已經斷爛了不少，他拼拼湊湊只存得二十八篇，就用來在齊、魯之間傳授門徒。

　　他的門徒幾經傳授後，形成西漢《尚書》學的三家，即歐陽高開創的"歐陽氏學"，夏侯勝開創的"大夏侯氏學"，夏侯建開創的"小夏侯氏學"。《尚書》學三家，在漢武帝到宣帝時都立于學官，所教的是伏生二十八篇和武帝時民間所獻《太誓》（僞）共二十九篇。（歐陽氏把《盤庚》分爲三篇，共爲三十一篇。）

　　伏生所傳的《尚書》本子，是用秦朝通行的小篆寫的。門徒傳到西漢形成三家，這時的《尚書》已改用了漢代通行的隸書寫了。待到《尚書》古文本子出現後，便稱"隸書"本《尚書》爲今文，這三家也就被稱爲是《尚書》今文三家了。《尚書》中周初各篇是用歧周方言寫的，到了漢代，懂的人就很少了。如司馬遷《史記》中只引了一些好懂的句子，對殷周誥文引用，有的往往改寫了。漢代統治者所以收集儒家經典，獨尊儒術，立五經博士，其目的在於鞏固統治，博士解經不是爲解經而解經，而是爲漢代的統治服務。因此，有些今文經經師，對先秦《尚書》等經典，強不知以爲知，主觀臆說爲統治者服務，以獲取官職厚祿。

　　今文經學　　董仲舒是西漢今文經學的創始人，他把儒學加工爲陰陽五行化的西漢今文經學。今文經學對"五經"講究其中微言大義，加以引申比附爲統治者服務。如董仲舒所講的《春秋》大一統之義，就是直接爲漢王朝統治服務的，所以立於學官。漢武帝時立五經博士，朝廷在首都設立太學，教授五經，凡是"五經"講解好的，授予博士稱號。每一"經"收十人，“五經”共五十人，稱爲博士弟子。博士弟子一年一考，成績上等、中等者，授予官職，下等的則勒令退學。漢昭帝時，博士弟子增加到一百名，宣帝時增爲二百名，元帝時增爲一千名，成帝時增爲三千名之多。當時皇帝下詔和吏民上書都要引用“經文”，可見“經學”之盛。這樣一來儒學和仕途結合起來，不僅朝廷辦學，地方也辦學，從而較廣泛地促進了對語言、文字的研究。

東漢劉秀即帝位後，用符讖來加強統治，其孫漢章帝進一步將讖緯之說和儒家經典結合起來，他曾大會諸儒於白虎觀，以考釋諸經的同異。現存《白虎通》一書，即當時討論的總結。《白虎通》多用“聲訓”釋義，對劉熙著《釋名》有一定影響。今文經學一方面陰陽五行化，結合讖緯迷信思想，另一方面經師解經，又走向繁瑣，例如，《書經》大師秦延君，用十多萬字解釋“堯典”二字，用三萬餘字解釋“曰若稽古”四字。總之，今文經學雖曾盛極一時，由於不實事求是，繁瑣龐雜，終因古文經學的興起，而逐漸趨向衰落。

古文經學　　古文本指書寫經書的字體，是指先秦時代用大篆或籀書字體寫下的儒家經書。漢代離先秦不遠，先秦時代用大篆寫的古文經書時有發現，漢代初年發動民間獻書時，古文《尚書》就出現過。伏生講授的《尚書》本來就是古文寫的。據顧頡剛先生研究，就古文《尚書》來説，就先後出現過六次。《漢書·楚元王傳》上記載，孔安國獻上魯恭王壞孔子宅所得的“壁中古文”《尚書》，劉歆請立於學官，遭到今文經學家的反對，由此引起了經今古文之爭。《漢書·景十三王傳》記載，東漢初年傳說河間獻王得到《古文尚書》。後來杜林又得漆書古文《尚書》，這部古文《尚書》先後由衛宏、賈逵、馬融、鄭玄以及王肅等做了傳注。這些傳注，多從文字、訓詁、名物以及制度等方面下功夫，因此大顯於世。古文經學雖然是私學，產生了不少著名的學者大師。如《易經》方面有鄭衆、馬融等，《尚書》方面有杜林、賈逵等，《詩經》方面有衛宏、鄭衆等，《禮記》方面有賈逵、馬融等，《春秋》方面有服虔等。《後漢書·賈逵傳》説：“鄭、賈之學,行乎數百年中,遂爲諸儒宗。"賈逵是許慎的老師,許慎後來撰《説文解字》是受其影響的。

古文經學,保持樸學傳統,着重研究文字、訓詁,按照字義解釋經義,與繁瑣龐雜的今文經學不同。例如:古籍中一字多義常見,如齊:篆文作鹵,金文最初形體作𝗠,或作𝗠。許慎《説文解字》:"禾麥吐穗上平也。象形。"這是齊字的本義。引申爲正直,《毛詩·小宛》:"人之齊聖。"傳云:"齊,正也。"又引申爲同,《春秋》襄公二十二年《左氏傳》:"以受齊盟。"杜注:齊,同也。又引申爲適中,《爾雅·釋地》:距齊州以南。郭注:齊,中也。又引申爲平等,《莊子·漁父》:"以化於齊明。"注云:齊,等也。

古書中假借字也常見,仍以"齊"爲例,有時借爲齋戒的"齋",《論語》:"必齊如也。"孔注:齊,嚴敬貌。有時假借爲分稭的"稭",《周禮·亨人》:"以節水火之齊。"鄭注:齊,多少之量也。有時又假借爲調劑之"劑",《禮記·少儀》:"有涪者不以齊。"鄭注:齊,和也。有時又假借爲腹臍之"臍",《春秋》莊公六年《左氏傳》:"後君噬齊。"杜注:若齧腹臍。關於古籍中一字多義,以及假借等常見現象,鄭玄説:"其始書之也,倉卒無其字,或以音類比方假借爲之,趣於近之而已。"[1]

可見古文經學保持樸學傳統,着重研究文字訓詁,按照字義解釋經義,與繁瑣龐雜的今文經學不同;古文經學是把儒家經書看成歷史著作,如講解《春秋》的《左傳》主要是鋪叙事實,保存一些先秦時期的學術觀,與今文經學《公羊傳》只講微言大義,引申比附爲統治者服務不一樣;古文經學解經時,排斥迷信,或迷信成份極少,與陰陽五行化的今文經學不同;古文經學是少數儒生私家自相傳授,與迎合世務的博士學今文經也不一樣。漢王莽時,立《左氏春秋》、《毛詩》、《周禮》、《古文尚書》四個經學博士。這樣一來,經今古文不僅是書寫的字體不同,更重要的是内容和篇章

① 見陸德明《經典釋文·叙錄》引鄭氏説。

也有差異,對古代人物和制度的看法也不同。以《詩經》來説,今文經學有
齊、魯、韓三家,古文經學則爲"毛詩"。《尚書》今文經學有歐陽、大小夏
侯,古文經學則有孔安國《尚書》。所以,經今古文兩派旗幟鮮明,壁壘
森嚴。

　　經學從西漢開始,兩千年來書籍甚多,可以説是汗牛充棟,歸納起來,
主要是三派,即西漢今文經學、東漢古文經學、宋學。

　　總之,由于社會的發展,經濟的繁榮,學術思想上的爭論,尤其是漢代
崇尚經學,興起了對語言、文字的研究。中國古代的語言學,可以説從漢
代開始,出現了語言學家和語言學著作,其中首先興起的是訓詁學。而訓
詁學的首先興起、《爾雅》一書的出現,都是和漢代崇尚經學分不開的。

二、我國古代第一部語言學專著《爾雅》

　　漢代先後出現了四部重要的語言學著作,即《爾雅》、《方言》、《説文
解字》、《釋名》。這四部書是中國古代語言學中極重要的著作,也是現存
古代語言學最早的、流傳最悠久的著作,内容豐富,體制各有創新,爲後世
語言學在研究文字學、詞匯學、音韻學、訓詁學等方面,作了奠基和開路的
工作,影響是很大的。

1.《爾雅》名稱的由來

　　漢代崇尚經學,"訓詁"由此興起。《説文》:"詁,訓故言也。""故言"
就是舊言,也就是前人傳下來的關於經義的解釋。漢代立《詩》、《書》、
《禮》、《易》、《春秋》於學官,定爲五經。學官就是學校,在學校裏講授經
書,不是可以隨便講的。《漢書·藝文志》説:"古文讀應爾雅,故解古今
語可知也。""爾"是近的意思,"雅"是正的意思,"讀應爾雅"就是講解應
該正確。那麼怎樣才算是"爾雅"(近正)呢? 那就祇有依照故訓了。《爾
雅》的書名正是由此而來的。

2.《爾雅》的作者

《漢書·藝文志》没有指出《爾雅》的編者是誰。晉郭璞《爾雅序》也只説《爾雅》"蓋興於中古,隆於漢氏"(中古是指周代),也没有説明編者是何人。歷代對《爾雅》的作者是誰,其説頗多。

劉歆《西京雜記》説:"郭偉字文偉,茂陵人也。好讀書,以爲《爾雅》周公所製。而《爾雅》有張仲孝友,孝友,宣王時人,非周公之製明矣。余嘗以問揚子雲,子雲曰:孔子門徒,游、夏之儔,所記以解釋六藝者也。家君(指劉向)以爲《外戚傳》史佚教其子以《爾雅》,《爾雅》,小學者。又記言孔子教魯哀公言《爾雅》,《爾雅》之出遠矣。舊傳學者云周公所記也,張仲孝友之類,後人所記耳。"

鄭康成《五經異義》:"某之聞也,《爾雅》者孔子門人所作。以釋六藝之旨,蓋不誤也。"又答張逸云:"《爾雅》之文雜,非一家之著,則孔子門人所作,亦非一人。"

魏張揖《上廣雅表》:"臣聞昔在周公,續述唐虞,宗翼文武,剋定四海,勤相成王……六年制禮以導天下。著《爾雅》一篇以釋其意義。今俗所傳三篇《爾雅》,或言仲尼所增,或言子夏所益,或言叔孫通所補,或言沛郡梁文所考,皆解家所説,先師口傳,既無正諗,聖人所言,是故疑不能明也。"

陸德明《經典釋文》:"《爾雅》所以訓釋五經,辨章同異,多識草木鳥獸之名,博覽而不惑者也。爾,近也。雅,正也。言可近而取正也。《釋詁》一篇蓋周公所作,《釋言》以下,或言仲尼所增,子夏所足,叔孫通所益,梁文所補,張揖論之詳矣。"

宋歐陽修《詩本義》説《爾雅》"考其文理,乃是秦漢間之學《詩》者,纂集説《詩》博士解詁"之書。

日本内藤虎次郎在其《爾雅新研究》中,對《爾雅》各篇製作年代的考釋較爲詳盡。他説:"在《爾雅》中之《釋詁篇》,殆作於距七十子不遠之時代,或製作於七十子之晚年乎!迨後戰國初年,有種種附益。而《釋言篇》乃七十子時代之作品,即製成於孔子爲素王之時代,殆稷下學問興盛之時有所附益。《釋訓篇》尤含有各種之時代,與《釋言篇》大體亘於漢初,隨時有所附益。《釋親》以下至於《釋天》各篇,《公羊春秋》發達,《禮》學盛行之時代,即從荀子前後,至於漢后倉、高堂生之時所製作也。《釋地》以下,至於《釋水》各篇,亦從戰國之末,至漢初而成也。自《釋草》至《釋獸》各篇,或因解《詩》之故而自古時已存在者,然製成迨在漢初之時焉。最後《釋畜篇》想是從漢文、景之時所製成。"①

梁啓超《古書真僞及其年代》認爲《爾雅》所釋多《詩經》之語,則其年代當在《詩經》之後。《釋地》解九州、五岳及漢初地理,則不但非周公時書,也不是孔子以前之作,而應該是漢儒抄錄過去及同時代人對于古書的訓詁,以便檢查者。《爾雅》原是叔孫通所編《禮記》中的一部份,至劉歆徵募能通《爾雅》者千餘人,叫各人把材料記載下來,《爾雅》或者就在這時才變成龐然大物。

張心澂《僞書通考》上説:"《爾雅》一書,當係漢及漢以前之字典,陸續有增益,非成于一手,故《漢志》亦無主名。"

郭沫若《甲骨文字研究》説:"《爾雅》雖號稱爲周公所作,然實周秦之際之所纂集,其中且多秦漢人語。"

綜上所述,可知從西漢開始,對《爾雅》的作者問題就已經有爭論了。這些意見,主要可以歸納爲兩類,一類是明確指出編著《爾雅》的具體的人,如周公、孔子、孔子門人子游、子夏等,還有叔孫通、劉歆等;另一類則没有指出具體的人。現在看來,説《爾雅》的編者是誰,是有困難的,因爲《漢書·藝文志》對《爾雅》的編者尚且不明。以後的人來考證《爾雅》的編者則更困難了。我們從《爾雅》本文來看,如《釋詁》:

---

① 見江俠庵編《先秦經籍考》。

舒、業、順，敘也。舒、業、順、敘，緒也。

粵、于、爰，曰也。爰、粵，于也。

亮、介、尚，右也。左右，亮也。

遘、逢，遇也。遘、逢、遇，逆也。遘、逢、遇、逆，見也。

希、寡、鮮，罕也。鮮，寡也。

伊，維也。伊、雜，侯也。

《釋言》：

潛，深也。潛、深，測也。

葵，揆也。揆，度也。

　　這並不是什麼"互訓"或"遞訓"，而是發現了某些同義詞或意義有關的詞，就收了進來，編在裏面，後來又發現另一些詞，又編進去，因此有重複現象，若説《爾雅》成於一時一人之手，這些現象就不好解釋了。此外，從《爾雅》一書内容的前後矛盾，體例的不統一以及古書的引文，也可以看出它不成於一時一人之手。如《釋山》既説："河南華、河西嶽、河東岱、河北恒、河南衡。"又説："泰山爲東嶽，華山爲西嶽，霍山爲南嶽，恒山爲北嶽，嵩山爲中嶽。"又如，解釋重言詞是《釋訓》的體例，但又見於《釋詁》。如《釋詁》下："關關、噰噰，音聲和也"等。

　　可見今本《爾雅》，是成於衆人之手，而且不是同一個時代的人所編的。現在一般都相信《爾雅》乃周秦之間的人所編，不過自東漢以後至東晉初郭璞注《爾雅》以前，仍然有所補充。《爾雅》的編著是和漢代經學興盛、經生解經分不開的。可以説《爾雅》是一部訓詁匯編，《爾雅》中的訓詁，往往可以從古人的傳注中得到證明①。例如：

---

① 參考王力《中國語言學史》。

《爾雅·釋詁》：儼、恪、祗、翼、諲、恭、欽、寅、熯，敬也。

儼，《離騷》："湯禹儼而求合兮。"王逸注：儼，敬也。

恪，《詩·商頌·那》："執事有恪。"毛傳："恪，敬也。"

祗，《詩·商頌·長發》："上帝是祗。"鄭箋："祗，敬也。"

翼，《詩·小雅·六月》："有嚴有翼。"毛傳："翼，敬也。"

諲，同禋，《詩·大雅·生民》："克禋克祀。"毛傳："禋，敬。"

恭，《漢書·賈誼傳》："恭承嘉惠兮。"師古注："恭，敬也。"

欽，《書·堯典》："欽若昊天。"《史記》作"敬順昊天"。

寅，《逸周書·祭公篇》："寅哉、寅哉。"孔晁注："寅，敬也。"

熯，《詩·小雅·楚茨》："我孔熯矣。"毛傳："熯，敬也。"

　　中國古代語言學，首先興起的是訓詁學，第一部語言學著作是《爾雅》，這不是偶然的，是和當時社會發展、文化發展對語言、文字提出實際要求分不開的。

3.《爾雅》的内容和體例

　　《爾雅》成書至少應在漢武帝時代以前（即公元二世紀前），因爲在漢武帝時代已經有犍爲文學的《爾雅注》了。（犍爲，郡名；文學，官名。作者姓名不可考。書已佚）。

　　《爾雅》共分爲十九篇：

釋詁第一	釋言第二	釋訓第三
釋親第四	釋宮第五	釋器第六
釋樂第七	釋天第八	釋地第九
釋丘第十	釋山第十一	釋水第十二
釋草第十三	釋木第十四	釋蟲第十五
釋魚第十六	釋鳥第十七	釋獸第十八

釋畜第十九

全書十九篇,所收詞語和專用名詞計有二千零九十一條,共四千三百多個詞。其中常用詞語共收六百二十三條,二千多個詞,分列於《釋詁》、《釋言》、《釋訓》三篇内,詞的總數約佔全書之半。這些詞語的來源,其一爲經典常用的詞語;其二爲常語通言;其三爲方俗異語。其中除方俗異語外,資料大多取於當時經典各書,如《易經》、《詩經》、《尚書》、《春秋》三傳、《國語》、《論語》等。

《釋詁》、《釋言》、《釋訓》收詞較複雜,有名詞、動詞、形容詞、副詞。這三篇在體例上的區別,大致説來:《釋詁》是列舉古人所用的同義詞,最後用一個詞來加以解釋。如:

初、哉、首、基、肇、祖、元、胎、俶、落、權輿,始也。
林、烝、天、帝、皇、王、后、辟、公、侯,君也。

語言隨着社會的發展而發展,語言因古今、地域而有差異。上面所舉的兩例:“初”以下訓“始”,“林、烝”以下訓“君”,我們今天來看,其中有的字、詞還有“始”、“君”的含義;而有的已完全看不出有“始”、“君”的含義了。參考郝懿行《爾雅義疏》,我們理解了“初”以下諸字、詞爲何訓“始”,“林、烝”以下諸字、詞爲何訓“君”,就能認識到《爾雅》一書保存了古義、故訓。這對漢語詞義研究是很有價值的。

《釋言》一篇多數是常用詞,被解釋的往往只有一個單詞,至多不過兩三個詞。如:

還、復,返也。
告、謁,請也。
格、懷,來也。

貿、賈，市也。

《釋訓》一篇所收的詞，着重在描寫事物的情貌，被釋的詞多數是疊字。例如：

明明、斤斤，察也。
條條、秩秩，智也。
穆穆、肅肅，敬也。
諸諸、便便，辯也。

卷四《釋親》以下，收的是專用名詞。如《釋親》計收九十六條，一百一十個專名，分“宗族”、“母黨”、“妻黨”、“婚姻”四類。例如：

父爲考，母爲妣。
男子先生爲兄，後生爲弟。
男子謂女子先生爲姊，後生爲妹。
父之姊妹爲姑。

又如《釋草》一篇共收二百五十二條，計四百六十多詞，指出何是雅名，何是俗名，或同一物而名稱不同，或同一物而只從它的某一部份來命名，都一一舉出。例如：

蒮，山韭。茖，山葱。蒚，山蠪。蒚，山蒜。
果臝之實，栝樓。（郭注：今齊人呼之爲天瓜。）
戎叔謂之荏菽。（郭注：即胡豆也。）
筍，竹萌。（郭注：初生者。）

　　總之,《爾雅》的訓詁,是以當代常用詞的常用意義來作解釋的,王國維《爾雅草木蟲魚鳥獸釋例》一文中指出《爾雅》是"釋雅以俗,釋古以今"①,這樣才能起訓詁的作用。假設以僻詞僻義作爲解釋,那就不合適了。

　　《爾雅》是我國古代語言學第一部訓詁學專著,也就是第一部研究字義、詞義的語言學專著。語言是一種社會現象,它隨着社會的發展而發展,其中反映較快的往往是表現在詞匯、詞義上。《爾雅》一書把古代字義、詞義相同相近的收集在一起,用當時常用詞來加以訓解,這就在保存古義,以及詞義的發展變化等方面,爲我們提供了極爲寶貴的資料。歷代學者對《爾雅》進行了分析研究,如陳玉樹《爾雅釋例》五卷研究出《爾雅》釋例共計四十五例,極爲周密。胡樸安《中國訓詁學史》把《爾雅》釋例概括爲以下八類:

　　1. 文同訓異。言同一文字所用之訓雖異,而義仍同也。如"幠"、"厖",大也;"幠"、"厖",有也。"幠"、"厖"之文同,一訓爲大,一訓爲有,是其訓異也。《爾雅義疏》云:"幠、厖既訓大又訓有者,有、大義近,《易·雜卦》云:大有,衆也。有與大皆豐厚之意。故其義相成矣。"此外,如"績",業也;"績",功也。"康",静也;"康",安也。皆如是矣。

　　2. 文異訓同。文雖相異而訓則相同。如"皇"、"王"訓君。皇即王字。《洪範·五行傳》:"建用王極",或作皇極。"嘏"、"假"訓大。嘏即假字。"京"、"景"訓大。京即景字。《史記·高祖功臣表》:高京侯周成。《漢書》作高景侯。"漠"、"謨"訓謀。《詩·巧言》:聖人莫之。《釋文》:又作漠,一本作謨。此例極多。

　　3. 訓同義異。如:"治"、"肆"、"古",故也。"治"、"古"爲久故之故。"肆"爲語詞之故。"載"、"謨"、"食"、"詐",僞也。"載"、"謨"訓僞,僞者爲也。"食"、"詐"訓僞,僞者欺也。

---

　　① 見《觀堂集林》卷五。

4. 訓異義同。如《釋詁》："俶","始也；"俶",作也。一釋始,一釋作,不同。作亦釋始。《詩·駉》傳及《廣雅》並曰："作,始也。"義仍同也。"烝",衆也；"烝",君也。一釋君,一釋衆,不同。君亦釋衆,《白虎通》及《廣雅》並曰："君,羣也。"羣即衆也。義仍同也。"介",大也；"介",善也。一釋大,一釋善,不同。善亦釋大。《詩·桑柔》箋："善猶大也。"義仍同也。

5. 相反爲訓。"哉",始也；"在",終也。"在"即"哉"。始終相反爲義。"落",始也；"落",死也。生死相反爲義。"愉",樂也；"愉",勞也。勞苦與快樂相反爲義。

6. 同字爲訓。如《釋詁》："于",於也。段玉裁云：凡《詩》、《書》用于字,《論語》作於字。"于"、"於"古今字。《釋詁》以今字釋古字也。依此推之,"迺",乃也。《列子》、《釋文》：迺,古乃字。"賡",續也。《説文》以賡爲古文續字。"遹",述也。《釋文》：遹,古述字也。此皆以今字釋古字。

7. 同聲爲訓。"錫",賜也。《釋文》：錫,徐音賜。"係",繼也。即讀係爲繼。《後漢書·李固傳》："羣下繼望",即係望。"盡",進也。即讀盡爲進。

8. 輾轉爲訓。"遹"、"遵"、"率"、"循"訓自。"遹"、"遵"、"率"、"自"又訓循。郝懿行所謂輾轉相訓也。法、則、刑、範、矩、律訓常。刑、範、律、矩、則、常又訓法。如此輾轉相訓文字之用廣矣。

4. 《爾雅》的貢獻

《爾雅》是我國第一部語言學專著,它是古代典籍詞語的總匯。《漢書·藝文志》指出："古文讀應《爾雅》,故解古今語而可知也。"漢代曾經把《爾雅》和《論語》、《孟子》、《孝經》同列於學官,作爲學習閱讀古代文獻的基本書。郭璞在《爾雅序》上説："夫《爾雅》者,所以通訓詁之指歸,敍詩人之興咏,揔絕代之離詞,辨同實而殊號者也。誠九流之津涉,六藝之鈐鍵,學覽者之潭奧,摘翰者之華苑也。若乃可以博物不惑,多識於鳥獸草木之名,莫近於《爾雅》。"這一番話説出了《爾雅》一書在古代語言學各方面的應用、所起的作用和重要的貢獻。

《爾雅》對古代漢語的詞匯,加以類聚羣分,編成專書,這便爲古代漢語詞匯的研究,勾畫出大的輪廓。惟其如此,這就使《爾雅》由服務于古代文獻的閱讀爲目的的著作,進而成爲獨立研究詞匯這一學科開端的著作。《爾雅》一書不是一些詞匯材料不聯貫的堆積,而是始創分類,爲同時代詞書樹立規範,成爲最早一部研究古漢語詞匯、規模初具的著作。可以説,《爾雅》是我國古代語言學從萌芽到建立的標志。

《爾雅》一書的出現,標志了古代漢語文學語言的形成發展已達到相當成熟的階段。《爾雅》所收集的詞語共有二〇九一條,包括通用詞和專用詞兩大部份,收詞總數約四千三百多,其中通用詞語條目是六百二十三個,詞數共二千多,約佔全書總詞數的一半。全書分爲十九篇,實有了通用詞典和百科名詞辭典的規模,對後世的辭書有啓導作用。

《爾雅》一書的編排和訓詁,已反映出在詞匯研究上已能區分通用詞和專用詞,基本詞匯和一般詞匯。如《釋詁》一百九十一個條目,每個條目都用一個詞來解釋這一條内所類聚的各個詞。這個有資格作爲解釋的詞,它的詞義必然爲人們所瞭解,習用,然後才能去解釋别的詞,如第一條的"始"。這些被挑選出來擔任解釋的詞,比其他類聚的詞更常用,更基本,類似現在的基本詞匯。而各條目中所類聚的詞,有的是常用詞,有的不大常用,有的發展變化了,可進一步深入研究。

《爾雅》一書反映了古代社會文物制度和古代人對客觀事物的認識。如《釋親》部份反映了古代封建家族宗法社會制度。如釋草、木、蟲、魚部份,由于異名多,就用釋雅以俗、釋古以今的方法。在《釋獸》、《釋畜》部份,由于異名少,則從其形體特徵加以區别。又如分列《釋獸》和《釋畜》,把馬、牛、羊、狗、鷄、彘爲六畜,反映了牲畜飼養到了先秦時代已嚴格分别家畜、野獸了。可見《爾雅》不僅爲經典作訓詁,也注意到總結我國古代勞動人民的日常生活用語,不僅僅限於經典文獻。

　　《爾雅》由於時代久遠,編著者又非出於一人之手,因此也有不足之處。例如書中同義詞、近義詞的排列就不科學。例如《釋詁》:"育、孟、耆、艾、正、伯,長也。"郭璞注:"育養亦爲長,正伯皆官長。""長"和"官長"是兩個不同的詞義,合放在一起就不對了。

　　後世有些研究《爾雅》的人,用什麼"二義不嫌同條"或"一訓兩義"等說法,來彌補《爾雅》編纂上的缺點,其實是不必要的。因爲《爾雅》的編纂不是一個人,可能各代有所增益,反映出編排上有的不够科學,體例上有的紊亂。又因爲漢代經師墨守成規,不加改動;后世有的學者迷信《爾雅》、《説文》,視若神明經典,因此看不到,也不敢看到體例上的缺點和不合理處,反而用種種理由來加以説明。當然,即使《爾雅》有一些不足之處,有一些編纂上的缺點,但是《爾雅》仍然是我國古代語言學史上第一部有價值的專著。

5.《爾雅》的注釋

　　《爾雅》原文解釋簡略,不易讀懂,自東漢至晉代,注釋者有劉歆、樊光、李巡、孫炎等十餘家,而能留傳至今者只有晉郭璞(公元276—324年)的《爾雅注》。郭璞《爾雅注》一方面引證羣書,注釋《爾雅》的訓詁;另一方面又用當時口語方言訓釋先秦古語,留下了大批晉代語詞,其中有通語、也有方言,又以江東(長江以南,以今南京爲中心的地區)方言爲最多。例如:

　　　　《釋詁》:㥶、憐、惠、愛也。郭注:今江東通呼爲憐。
　　　　果蠃之實栝樓。郭注:今齊人呼之爲天瓜。

郭注是研究漢語史和漢語方言的可貴材料。宋代的邢昺著有《爾雅疏》。
　　清代研究《爾雅》的人較多,其中最重要的是邵晉涵和郝懿行兩位。

邵晉涵(公元 1742—1796 年)著有《爾雅正義》,着重校正文字,採録古注,以古書證《爾雅》,對郭璞的注和邢昺疏有所補正。郝懿行(公元 1757—1825 年)著有《爾雅義疏》,着重以聲音貫串訓詁,用"因聲求義,音近義通"的方法,破除文字的障礙,以探求詞源,成績超越了前人。另外,王念孫的《爾雅郭注刊誤》亦可參看。

6.《爾雅》的影響

《爾雅》一書在我國古代語言學的研究中,影響是很大的。秦漢以來,不少語言學著作受到《爾雅》的影響。僅以"雅"爲書名的,就有《小爾雅》、《廣雅》、《埤雅》、《駢雅》、《通雅》等,成爲我國古代語言學中的"雅學"。如《小爾雅》一書,現今保存在《孔叢子》中。内分《廣詁》、《廣言》、《廣訓》等十三章。其中除度、量、衡三章外,都是補充《爾雅》的。體例也仿《爾雅》。據清戴震等考證,《小爾雅》是後人纂集而成。《小爾雅》有《廣義》、《廣名》、《廣服》、《廣物》各篇,不僅補《爾雅》分類之所未及,而且顯示出詞匯獨立研究的趨向。清胡承珙有《小爾雅義證》,宋翔鳳有《小爾雅訓纂》,葛其仁有《小爾雅疏證》。

《廣雅》,三國時代魏張揖著。篇目次序依據《爾雅》,博採漢人箋注、"三蒼"、《説文》、《方言》諸書,增廣《爾雅》所未備,故名《廣雅》。内容上對《爾雅》有補充,如《釋詁》一篇所補不見於《爾雅》的詞義就有三百多條。《釋親》部分,人之初生、人體名稱就增補了四十餘條。《釋天》部分,《廣雅》增設了小類,如"年紀"、"九天"、"天度"、"宿度"等。可見雅學一類書,随着社會發展、時代推進,及時地記録了新的詞語,這對漢語詞匯發展的研究是極爲重要的資料。《廣雅》一書,清王念孫有《廣雅疏證》,訂譌補缺,由音求義,甚爲精審。

《通雅》,明方以智著。辨證詞語訓詁,取材于先秦諸子、史籍、方志、小説、考證古音古義,論及方言俗語,分門別類,加以訓釋。引書都注明出處,體例謹嚴,爲研究古漢語、探討詞源的重要參考書。

　　總之,《爾雅》是我國古代語言學最早解釋詞義的專著。由漢初學者綴緝周漢諸書舊文,遞相增益而成。今本十九篇。首三篇《釋詁》、《釋言》、《釋訓》所收爲一般詞語,將古書中同義詞分別歸并爲各條,每條用一個通用詞作解釋。《釋親》、《釋官》、《釋器》以下各篇是關於各種名物的解釋。《爾雅》一書爲我國古代典籍詞匯的總匯,爲考證詞義和古代名物的重要資料。後世經學家都是根據《爾雅》來解釋儒家經典的。唐、宋時,《爾雅》爲"十三經"之一。注釋《爾雅》的,以晉郭璞注,宋邢昺疏的《十三經注疏》本最通行。清邵晉涵的《爾雅正義》、郝懿行《爾雅義疏》較爲詳密。

　　《爾雅》是我國古代語言學第一部專著,是我國古代訓詁學的第一部專著,在我國古代語言學研究中,影響很大,不僅形成"雅學"一類,就是《方言》、《説文》、《釋名》也受《爾雅》的影響。不過,《方言》、《説文》、《釋名》雖受《爾雅》的影響,但又各自發展,別開途徑,開拓了中國古代語言學研究的新領域,和《爾雅》一同成爲我國古代語言學中四大重要著作,并形成發展爲中國古代語言學的四大派別,爲後來的研究文字學、詞匯學、音韻學、訓詁學者作了開路的工作。

爾 雅 注 序
郭 璞

夫爾雅者,所以通詁訓之指歸[1],敍詩人之興詠[2],捴絶代之離詞[3],辯同實而殊號者也[4]。誠九流之津涉[5],六藝之鈐鍵[6]。學覽者之潭奥[7],摛翰者之華苑也[8]。若乃可以博物不惑,多識於鳥獸草木之名者,莫近於《爾雅》。《爾雅》者,蓋興於中古,隆於漢氏。豹鼠既辨[9],其業亦顯。英儒贍聞之士,洪筆麗藻之客,靡不欽玩耽味爲之義訓。璞不揆檮昧[10],少而習焉,沈研鑽極二九載矣。雖注者十餘,然猶未詳備,並多紛謬,有所漏略,是以復綴集異聞,薈稡舊説,考方國之語,採謡俗之志,錯綜樊孫[11],博關羣言,剟其瑕礫[12],搴其蕭稂[13],事有隱滯,援據徵之;其所易了,闕而不論,别爲音圖,用祛未寤[14],輒復擁篲清道[15],企望塵躅者[16],以將來君子爲亦有涉乎此也。

注:

[1]指:本旨也。
[2]興:詩六義之一。詩之先言他物以引起所詠之事者曰興。詠:歌也,長言也。《詩》序云:“言之不足故嗟嘆之,嗟嘆之不足故永(同詠)歌之。”據統計《爾雅》所收《詩經》詞語,約佔全書十分之一。
[3]捴,同總。絶代:指古代。離詞:離,分散也。近曰離,遠曰别。此處指《爾雅》收集的荒遠古代、分散各地的詞語。
[4]辯同實而殊號:指《爾雅》中“文異訓同”。如皇、王訓君,碬、假訓大。
[5]九流:《漢書·藝文志》:儒家者流、道家者流、陰陽家者流、法家者流、名家者流、墨家者流、縱横家者流、雜家者流、農家者流,是爲九家。此處是指諸子百家的古代典籍。全句是説:《爾雅》是學習古代典籍重要參考書,猶如過河要擺渡一般。
[6]六藝:六經,指《詩》《書》《易》《禮》《春秋》《樂》六經。鈐:鎖。鍵:鑰。指《爾雅》是學習六經的重要參考書,猶如開鎖之鑰一般。
[7]潭奥:潭,深也。潭奥,猶言深奥也。
[8]摛翰者:摛翰,猶言作文也。摛翰者指作文者。
[9]豹鼠既辨:《爾雅·釋獸》:豹文鼮鼠。郭注:鼠文彩如豹者,漢武帝時得此鼠,孝廉郎終軍知之,賜絹百匹。
[10]揆,度也。檮昧:檮音濤,無知貌。此處是郭璞自謙之詞。
[11]樊孫:指樊光、孫炎。

[12] 剢：音 duō，割也。瑕：玉上斑點。礫：小石、碎石。全句是說砍除疵瑕雜質。

[13] 搴：音 qiān，拔去。蕭：草名，蒿也。稂：音 láng，即狼尾草。

[14] 祛：音 jū，除去。寤：悟也，理解、明白之意。

[15] 簹：帚也。

[16] 塵：踪迹。躅：足迹。

三、揚雄的語言觀及其《方言》一書的成就

1. 揚雄和《方言》

　　揚雄(公元前53—公元18年)，西漢文學家、哲學家、語言學家，字子雲，蜀郡成都(今屬四川省)人。成帝時爲給事黃門郎。王莽時，校書天禄閣，升爲大夫。爲人口吃，訥於言辭，以文章名世。早年愛好詞賦，在形式上模仿司馬相如的《子虛》、《上林》等賦，創作《長楊賦》、《甘泉賦》，與之齊名。但後來從儒家思想出發，以爲"詞賦非賢人君子詩賦之正"，遂薄詞賦爲"雕蟲篆刻，壯夫不爲"；轉而研究哲學，仿《論語》作《法言》，仿《易經》作《太玄》。在語言學方面，他仿《爾雅》體例，而又別開途徑，創著我國古代語言學重要著作《方言》一書，記述西漢時代各地方言，又繼《蒼頡篇》編成《訓纂篇》。揚雄的著作原有集，已散佚，明人輯有《揚子雲集》，至清代嚴可均重編，最爲詳備。

　　《方言》全書名爲《輶軒使者絕代語釋別國方言》，原爲十五卷，今本十三卷。西漢揚雄著，晉郭璞注，清代戴震作《方言疏證》，錢繹作《方言箋疏》有整理闡發之功。今人周祖謨《方言校箋》，以四部叢刊影印南宋李文授本爲底本，參考戴震、盧文弨、劉台拱、王念孫、錢繹各本，旁及其他著作三十餘種，寫成校箋，是現在較好的本子。書後吳曉鈴編的《通檢》，是綜合《方言》及郭璞注中字詞編成的索引。

　　揚雄《方言》是我國漢語方言學的第一部著作，他吸收了前人成果，但主要還是自己的創造。應劭在《風俗通》序中說，周秦時代，曾經有過一種制度，每年秋收以後農閑季節，統治者就派遣一些使臣，乘着輶軒車，搖着木鐸，到各地農村去採集詩歌、民謠和各地方言。這些採集來的資料，由鄉送到邑，由邑送到國，最後集中送呈給周天子。統治者藉此瞭解風俗民情，達到"不出户牖，盡知天下"的效果。這些資料逐年採集積累起來，都

保存在朝廷的祕室裏。可惜在秦朝滅亡時,這類藏於朝廷祕室的資料,幾乎完全都散失了。不過漢興以後,方言之學興起,蜀郡人嚴君平"財有千言",揚雄的老師林閭翁孺也有了整理方言的"梗概之法",揚雄在前人的基礎上進行了漢代的方言調查。

從《漢書・揚雄傳》和《劉歆與揚雄書》、《揚雄答劉歆書》、郭璞《方言・序》等材料可以知道,在周秦時代,已經進行過方言的採集工作,秦亡後一度中斷,漢代又重新開始方言的採集。做過方言收集工作的,有蜀人嚴君平、臨邛林閭翁孺以及劉向、劉歆、揚雄等五人。漢代注意收集方言的工作是與當時的朝廷提倡有關係的。《劉歆與揚雄書》説:

> 今聖朝留心典誥,發精于殊語,欲以驗考四方之事,不勞戎馬高車之使,坐知偨俗;適子雲攘意之秋也。

《漢書・食貨志》也指出其目的在於"王者不窺牖户而知天下",也就是説,統治者想通過收集方言來瞭解各地情況,以便加強政治上的統治。因此,在《漢書》本紀中時常有派遣大臣巡行天下,覽觀風俗的記載。例如《漢書・宣帝紀》:"遣大中大夫彊等十二人循行天下,存問鰥寡,覽觀風俗,察吏治得失,舉茂材異倫之士。"又《漢書・平帝紀》:"遣太僕王惲等八人置副、假節,分行天下,覽觀風俗。"所謂"覽觀風俗",實際上就是採風,同時也做採集方言的工作。清代王先謙指出:"前古採風使者方行列國,匪獨陳其詩篇而已,其於異俗殊言,必將備其聲音訓詁,隨以上進。"

另外一方面,秦漢兩代,成爲中央集權大國以後,由於社會的發展,經濟、文化的發展,也促進了語言的發展。全國各地語言的交流、融合,使共同語的統一性加強。這樣豐富複雜的語言實踐,爲當時語言學家揚雄等提供了研究語言的資料。揚雄四十三歲時,即公元前 11 年,在長安任黄門侍郎。他上書給漢成帝,要求給他三年薪俸,擺脱公務,安心研究學問。漢成帝答應了他的要求,薪俸照舊,還賞賜他錢六萬。特許他到宮内藏古代典籍處看書。從此,他開始收集全國各地的方言詞匯。他帶着筆和上過油的絹,親自調查、記錄各地方言。揚雄調查的對象有到京城來的官吏、貢舉的孝廉和輪流守衛京城的士兵。他記錄這些來自不同地域、不同階層、不同職業的各方人士所提供的方言,又把它歸屬于各個細目。在《答劉歆書》中記載了他收集方言的情況:

> "故天下上計孝廉及内郡衛卒會者,雄常把三寸弱翰,齎油素四尺,以問其異語,歸即以鉛摘次之於槧,二十七歲於今矣。"

《西京雜記》中也記載了揚雄收集方言的情形:

> 揚子雲好事,常懷鉛提槧,從諸計吏,訪殊方絶域四方之語,以爲裨補輶軒所載。

揚雄堅持調查方言二十七年,到他七十歲那年(公元 17 年),當時王莽的"國師"劉歆寫信向他要這部書觀看,因爲劉歆正在編纂一部圖書總目提要性質的《七略》,想將揚雄這部書録入。揚雄在《答劉歆書》中談到著作這部書的動機和經過,又説因爲還没有寫定,不願意拿出來給別人看,假如劉歆憑藉威勢或使用武力硬逼他交出這部書的話,他就要"縊死以從命"。大約因此劉歆只好斷了求書的念頭;而揚雄在第二年也就去世了。

揚雄爲什麽死也不肯給劉歆觀看他這部《方言》,而且口氣那樣激動呢? 可能當時還有一些其他原因,因無記載不能斷定,但由此可見他對《方言》這部書是十分珍視的。因此,劉歆《七略》(已佚)就没有著録揚雄《方言》這部書。根據《七略》編寫的《漢書·藝文志》,著録了揚雄的著作,其中單單没有《方言》這部書;《漢書·揚雄傳》中,甚至没有關于揚雄著作《方言》的記載。因此對《方言》這部書是否是揚雄著作的,過去就有過爭論。

2.《方言》的作者問題

東漢的私人著作裏也沒有提到過揚雄作《方言》或《方言》這部書名，但是許慎的《説文解字》裏解説方言的句子和今本《方言》有很多相同，這就足以證明《方言》已經有一個最初的底本。東漢末年應劭作《風俗通義》和常璩的《華陽國志》都説《方言》是揚雄所作。只是因爲《漢書·藝文志》和《揚雄傳》裏都沒有説到揚雄作《方言》，所以宋朝人便開始懷疑起來，以爲屬之揚雄，可能出於依托。關於《方言》一書是否揚雄所作，《四庫全書總目提要》認爲，"反復推求，其真僞皆無顯據"。根據有關材料，我們知道有《方言》這部書，并且普遍流傳起來，則是東漢和帝以後的事。

首先，從王充《論衡》來看，他在書中稱贊揚雄的文章和《太玄》、《法言》兩部書的地方很多，可就是沒有提到《方言》。但是，在《齊世篇》説："揚子雲作《太玄》，造《法言》，張伯松不肯壹觀；與之并肩，故賤其言。使子雲在伯松前，伯松以爲金匱矣。"這一段話和揚雄《答劉歆書》中所説："張伯松嘗爲雄道，言其父及其先君喜典訓，屬雄以此篇目頗示其成者，伯松曰：是懸日月不刊之書也。又言恐雄爲《太玄經》，由鼠坻之與牛場也。"很相符合。但是王充沒有一字提到《方言》這部書。其次，許慎的《説文解字》裏，用方言解釋字義的和今本《方言》詞句相同的很多。不過，他既沒有説到揚雄作《方言》，也沒有説到《方言》的書名。許慎的《説文解字》是漢和帝永元十二年（公元 100 年）開始作的，到建光元年（公元 121 年）才完成。從以上兩點來看，在漢和帝的時候，還沒有一部叫做《方言》的書是很清楚的事情。

直到漢靈帝、漢獻帝的時候，應劭在《漢書集解》裏開始明白引用《方言》，而且稱爲"揚雄《方言》"；他又在《風俗通義·序》裏，更詳細地引用揚雄《答劉歆書》的原文，而且説《方言》"凡九千字"。由此推測，《方言》

一書在漢末應劭時代,已經普遍流傳起來了。魏孫炎注《爾雅》是引用《方言》的,張揖作《廣雅》也把《方言》的語詞大量收集在內,這都是很好的明證。

關於《方言》的作者是不是揚雄,一直是有爭論的。宋代洪邁認爲不是揚雄作,清朝的戴震、盧文弨、錢繹、王先謙等人都舉出很多理由肯定《方言》一書的作者是揚雄。而《四庫全書總目提要》卻認爲,"反復推求,其真僞皆無顯據"。直到 1956 年 9 月出版的《方言校箋及通檢》一書,周祖謨在《自序》中還説:"《方言》是不是揚雄所作,很不容易斷定。"我們同意羅常培對這個問題的看法。他在《方言校箋及通檢》序文中説:

> 《方言》是中國的第一部比較方言詞匯。它的著者是不是揚雄,洪邁和戴震有正相反的説法,後來盧文弨、錢繹、王先謙都贊成戴説,認爲《方言》是揚雄所作。……我自己卻很相信應劭的話,……咱們可以推斷:《方言》並不是一個人作的,它是從周秦到西漢末年民間語言的可靠的記錄。揚雄以前,莊遵(就是嚴君平)和林閭翁孺或者保存了一部份資料,或者擬定了整理的提綱。到了揚雄本身,也願意繼承前人的旨趣,加以"注續"。他"注續"的資料不是憑空杜撰的,而是從羣衆中來的,他雖然沒有坐着輕便的輶軒車到各處去調查方言殊語,可是他利用各方人民集中都市的方便,記錄了當時知識分子(孝廉)兵士(衛卒),其他平民乃至少數民族語言。他所用的調查方言法是"常把三寸弱翰,油素四尺,以問其異語;歸即以鉛摘次之於槧"(《答劉歆書》,並參閲《西京雜記》)。這簡直是現代語言工作者在田野調查時,記錄卡片和立刻排比整理的功夫。這正是中國語言史上一部"懸之日月不刊"的奇書,因爲它是開始以人民口裏的活語言作對象而不以有文字記載的語言作對象的。

總之,我們同意《方言》是揚雄作的。這部書包括了西漢、東漢之間許多方言的材料,是十分寶貴的。《方言》是中國古代語言學史上第一部比較方言詞匯的專著,也是世界語言學史上第一部比較方言詞匯的專著,是一部"懸日月不刊"的奇書。

3.《方言》的内容和體例

今本《方言》,凡十三卷,與《隋書·經籍志》和《新唐書·藝文志》著録的卷數相同。但是劉歆和揚雄往來的信裏説是十五卷,郭璞的《方言注序》裏也説是"三五之篇",卷數和今本不同。這變動當發生在六朝時期。至於字數,應劭的《風俗通義序》説是九千字,但據戴震的統計,現在郭注本有一萬一千九百多字,比應劭所見的本子多出將近三千字。這些字在什麼時候增添出來,已經無從考訂,估計是郭璞以前增添的。因爲大凡一種古書有了個好的注本以後,就不易有什麼改動了。以郭注《方言》而論,我們能考查出來的佚文爲數很少,就是很好的明證。

《方言》今本凡十三卷,卷一、卷二、卷三、卷六、卷七、卷十、卷十二、卷十三釋語詞,卷四釋服制,卷五釋器物,卷八釋獸,卷九釋兵器,卷十一釋蟲。《方言》在體例上仿《爾雅》,但《爾雅》只是詁訓字的羅列,而《方言》調查活的方言口語,是一部比較方言詞匯的專著。例如:

黨、曉、哲,知也。楚謂之黨,或曰曉,齊、宋之間謂之哲。(卷一)

豬,北燕、朝鮮之間謂之豭,關東西或謂之彘,或謂之豕,南楚謂之豨,其子或謂之豚,或謂之貕,吳揚之間謂之豬子,其檻及蓐曰橧。(卷八)

布穀,自關東西、梁楚之間謂之結誥,周魏之間謂之擊穀,自關而西或謂之布穀。(卷八)

崽者,子也。湘沅之會,凡言是子者謂之崽,若東齊言子矣。(卷十)

可見《方言》和《爾雅》不同，《爾雅》只是將同義詞或近義詞放在一起，而《方言》則能進一步指出，這些詞匯，有的是不同地點的方言，有的是通語，有的是古語，並指出這些詞匯到了西漢有哪些發展變化。早在紀元之初，揚雄就能對豐富複雜的語言現象進行分析，能區別出通語、方言、古語，確實是不容易的。現分別說明如下：

通語——或稱凡語、凡通語、通名，四方之通名。這是指沒有地域限制、在西漢時通行地域較廣的共同語。例如：

膠、譎，詐也。涼州西南之間曰膠，自關而東西或曰譎，或曰膠。詐，通語也。（卷三）

嫁、逝、徂、適，往也。自家而出謂之嫁，由女而出爲嫁也。逝，秦晉語也。徂，齊語也。適，宋魯語也。往，凡語也。（卷一）

釥、嫽，好也，青徐、海岱之間曰釥，或謂之嫽。好，凡通語也。（卷二）

某地、某地之間通語——這是通行地區較廣的方言。例如：

亟、憐、憮、㤿，愛也。東齊、海岱之間曰亟，自關而西、秦晉之間凡相敬愛謂之亟，陳、楚、江淮之間曰憐，宋、衛、邠、陶之間曰憮，或曰㤿。（卷一）

逢、逆，迎也。自關而東曰逆，自關而西或曰迎，或曰逢。（卷一）

釗、薄，勉也。秦晉曰釗，或曰薄。故其鄙語曰薄努，猶勉努也。南楚之外曰薄努，自關而東、周鄭之間曰勴釗，齊魯曰勖茲。（卷一）

某地語——通行地區較小的方言。例如：

㕚、惏，殘也。陳、楚曰惏。（卷二）

　　憑、齘、苛，怒也。楚曰憑，小怒曰齘，陳謂之苛。（卷二）

　　捆、梗、爽，猛也。晉、魏之間曰捆，韓、趙之間曰梗，齊、晉曰爽。
（卷二）

古今語，或稱古雅之別語。例如：

　　假、洛、懷、摧、詹、戾、艐，至也。邠、唐、冀、兗之間曰假，或曰洛。
齊、楚之會郊或曰懷。摧、詹、戾，楚語也。艐，宋語也。皆古雅之別
語也，今則或同。（卷一）

　　敦、豐、龐、夯、憮、般、嘏、奕、戎、京、奘、將，大也。凡物之大貌曰
豐。龐，深之大也。東齊、海岱之間曰夯，或曰憮。宋、魯、陳、衛之間
謂之嘏，或曰戎。秦晉之間凡物壯大謂之嘏，或曰夏。秦晉之間凡人
之大謂之奘，或謂之壯。燕之北鄙、齊楚之郊或曰京或曰將。皆古今
語也，初別國不相往來之言也，今或同。而舊書雅記故俗語，不失其
方，而後人不知，故爲之作釋也。（卷一）

　　我國自古就是一個多民族國家，語言異聲，文字異形。經過列國的爭
霸，七雄的角逐，秦代的一統天下，各地語言經過相互影響、交流、融合、統
一，到了漢代，便逐漸形成一種共同語。這種共同語是在一種方言的基礎
上發展形成的。揚雄經過調查研究，在《方言》這部書裏如實地反映了當
時語言的實際情況，即既有方言，也有通語。

　　《方言》中所舉的地域，大都是好幾個地名同時並舉，如"秦晉"、"齊
魯"、"燕代"、"自關而東"、"自關而西"等等。這些同時並舉的地域，在語
言系統上是有密切關係的。同時從並舉某地域的方言多少上，也反映了
當時語言的一些情況。仔細觀察，方言地域的出現頻率是不相等的，有時
某卷引某地方言特別多。如卷一、卷二就列舉秦晉方言最多。卷一舉秦
方言二十二次，晉方言二十二次；卷二列舉秦方言二十一次，晉方言二十

四次。而卷五中秦方言只引用了兩次，晉方言一次也沒有引用。而引用了楚地方言二十三次，魏方言二十五次。是否每卷方言有所側重，還可進一步研究。

另外，《方言》一書所記以秦晉語爲最多，而且在語義上説明也最細，有時甚至以秦晉語爲中心來講四方的方言。例如：

> 娃、嫷、窕、艷，美也。吴、楚、衡、淮之間曰娃，南楚之外曰嫷，宋、衛、晉、鄭之間曰艷，陳、楚、周南之間曰窕。自關而西，秦晉之間凡美色或謂之好，或謂之窕。故吴有館娃之宫，秦有榛娥之臺。秦晉之間美貌謂之娥，美狀爲窕，美色爲艷，美心爲窈。（卷二）

由此可見，秦晉方言很可能是漢代共同語的基礎方言。也就是説，漢代共同語很可能是在秦晉方言基礎上發展形成起來的。我們知道，早在春秋時代就有一種“雅言”。《論語·述而篇》：“子所雅言，《詩》、《書》、執禮皆雅言也。”“雅言”漢人解釋爲“正言”。鄭玄説：“讀先王典法必正言其音，然後義全。①”從“雅”字的訓詁來看，漢人這種解釋應當是正確的。《論語》特別指出孔子在誦《詩》讀《書》或者贊禮的時候要説雅言，可見雅言必然是比較正規的讀書的語言。

清人對于雅言又曾經有進一步的解釋，以爲雅言就是“夏言”。《荀子·榮辱篇》説：“越人安越，楚人安楚，君子安雅。非知能材性然也，是注錯習俗之節異也。”又同書《儒效篇》説：“居楚而楚，居越而越，居夏而夏。是非天性也，積靡使然也。”這裏“君子安雅”和“居夏而夏”是一個意思。雅與夏同義，夏即中夏，所以與楚越對稱。夏是黄河中部一帶的地方，因此劉端臨以爲雅言就是“王都之言”②，劉寶楠以爲雅言就是

---

① 見何晏《論語集解》引。
② 見《論語駢枝》。

當時的"官話"①。這樣,雅言就是當時的共同語了。

夏言是以晉語爲主的,因爲晉國立國在夏的舊邑,而且是一時的霸主。晉語在當時政治、文化生活中是很重要的,因而在各地方言中,晉語可能佔優勢。後來,秦人強大起來,統一中夏以後,秦語和晉語相互交融,成爲有影響的大方言區。到了秦漢兩代成爲中央集權的封建大國以後,語言的統一性更加強了。所以西漢末揚雄作《方言》,書中出現了"通語"、"凡語"的名稱。"通語"、"凡語"就是當時的共同語。而西漢建都長安,使當時的"通語"在過去秦晉方言基礎上發展起來。另外,我們看到漢代的一般著作和戰國時代的書面語是一線相承的,沒有多大的變化。如司馬遷的《史記》、王充的《論衡》、應劭的《風俗通義》都是能代表漢代文學語言的面貌的。各方面的文獻材料都表現出:漢語發展到了漢代已經形成了一個"獨特的漢民族"的民族共同語了。揚雄《方言》中的通語,就是很好的明證。

《方言》一書中,指稱的方言地域相當複雜,計有:

古國名　如秦、晉、魏、趙、燕、齊、魯、衛、宋、陳、鄭、周、楚、吳、越等。一般説來,指較大地域時指稱"晉";指較小地域時則指稱韓、趙、魏。這些國家在戰國時代,疆域也時有變化,因此,所舉國名,也只能得其大概。

州名　如幽、冀、并、豫、青、兗、徐、揚、荊、雍、涼、梁、益等。漢代改雍州爲涼州,改梁州爲益州。《方言》書中指稱"雍涼之間"、"梁益之間"應作一個地域看待。

郡名　如代、汝南、沛、平原、臨淄、會稽、廣漢、蜀、巴等。

縣名　如曲阜、鉅野、郚等。

水名　如江(長江)、河(黃河)、汾、濟、汝、潁、淮、泗、湘、沅、洌水等。

―――――――――――

① 見《論語正義》。

山名　如岱(泰山)、衡、嵩、九嶷等。

其他國名和民族名　如朝鮮、甌等。

此外，還有一個最大劃分標志，就是函谷關爲界，稱"關東"或"自關而東"；"關西"或"自關而西"。

《方言》一書常以兩個以上地域並舉，如秦晉、趙魏、燕代、齊魯、鄭韓周、東齊海岱之間等，這表明並舉的兩個或兩個以上的地域的方言是比較接近的。

過去有人根據《方言》一書中地域並舉的情況加以研究，將前漢方言地域分成十四個方言區，可以供我們今天進一步研究參考，這十四個方言區是：

1. 秦晉爲一系；

2. 梁及楚之西部爲一系；

3. 趙魏自河以北爲一系；

4. 宋衞及魏之一部爲一系；

5. 鄭韓周自爲一系；

6. 齊魯爲一系；

7. 燕代爲一系；

8. 燕代北鄙、朝鮮洌水爲一系；

9. 東齊海岱之間淮泗(亦名青徐)爲一系(雜入夷語)；

10. 陳汝潁江淮爲一系；

11. 南楚自爲一系(雜入蠻語)；

12. 吳揚越爲一系；

13. 西秦爲一系(雜入羌語)；

14. 秦晉北鄙爲一系(雜入狄語)。

4.《方言》與《爾雅》的關係

《方言》共十三卷六百七十五條。每一條分成兩部份，前面一部份是雅語,後面一部份是方言。方言部份是作者調查研究收集來的,那麼,前面部份是從哪裏來的呢?明朝陳與郊的《方言類聚》,就是以《爾雅》的編排形式,作《方言》內容的分類。關於《方言類聚》這部書,《四庫全書總目提要》上說:

　　《方言類聚》四卷,明陳與郊撰。是編取揚雄原本,依《爾雅》篇目,分爲釋詁、釋言等十六門,別爲編次,使以類相聚。如原本第三卷,"泯,民也"至"根,隨也"數語,移入卷首爲釋詁。其原本卷首"黨,曉也"兩節則列爲釋言,反載于"敦豐厖夯"一節之後。郭璞原注則總付每節後,低一格以別之。間有雙行夾注,爲與郊所考訂者,僅略及音切字畫之異同而已。

　　陳與郊的《方言類聚》是將《爾雅》的分類組織應用到《方言》這部書上去。不過,《方言》仍舊是《方言》,《爾雅》仍舊是《爾雅》,他並沒有注意到《方言》與《爾雅》的真正關係。但是,却因此引起我們對《方言》與《爾雅》關係的注意。例如,《方言》卷一:

黨、曉、哲,知也。楚謂之黨,或曰曉。齊宋之間謂之哲。
羣詁例字　詁訓字即母題　　　方言
　　　　雅詁

　　如果說,前面的雅詁就是從後面方言來的,那爲什麼在有些條文中,前面的雅詁與後面的方言並不相等,不相符合呢?有時方言多於雅詁。例如卷一:

　　娥、嬿,好也。秦曰娥,宋魏之間謂之嬿,秦晉之間凡好而輕者謂之娥。自關而東河濟之間謂之媌,或謂之姣。趙魏燕代之間曰姝,或曰妦。自關而西秦晉之故都曰妍。好,其通語也。

有時又雅詁多於方言：

> 慎、濟、曛、愻、溼、桓，憂也。宋衛或謂之慎或曰曛。陳楚或曰
> 溼，或曰濟。自關而西秦晉之間或曰愻，或曰溼。自關而西秦晉之
> 間，凡志而不得，欲而不獲，高而有墜，得而中亡，謂之溼，或謂之愻。

在卷十二、卷十三中，又大部份條目，沒有方言而僅有雅詁，例如：

> 爰、嗳，哀也。（卷十二）
> 儒、輸，愚也。（卷十二）
> 裔、歷，相也。（卷十三）
> 裔、旅，末也。（卷十三）

我們知道，《方言》是一部未完成的作品，卷十二、卷十三僅有雅詁的現象就遺留下著作過程的痕迹，說明了作者是先有了雅詁，然後根據這些雅詁，再去求方言的。由于《方言》是一部未完成的作品，沒有經過作者重新整理，所以在有些條中，雅詁與方言不相符合，以及卷十二、卷十三出現只有雅詁的現象。那麼，這些雅詁究竟是從哪裏來的呢？我認爲《方言》的雅詁是從《爾雅》中來的。也就是說，《方言》是根據《爾雅》先立下雅詁，然後再去求方言的。我們可以用二書具體內容的排比和對照來加以具體的證明。

（1）雅詁形式的對照

《爾雅》的雅詁編排形式，歸納起來可分爲下列三種：

> 第一式　初、哉、首、基、肇、祖、元、胎、俶、落、權輿，始也。（《釋詁》）
> 　　　　如、適、之、嫁、徂、逝，往也。（《釋詁》）
> 　　　　殷、齊，中也。（《釋言》）

第二式　明明、斤斤,察也。(《釋訓》)

　　　　　倏倏、秩秩,智也。(《釋訓》)

第三式　女為嬡。(《釋訓》)

　　　　　鬼之為言歸也。(《釋訓》)

　　第一式是列舉羣詁例字,以母題作義類的統領,放在一句的最後,並且一定以語助詞"也"作結束。第二式在母題形式方面與第一式一樣;但在羣詁例字方面就不同了,所舉的羣詁例字,都是重言的複合詞。第三式的形式最不整齊,羣詁例字與母題形式都不一定,整個一條,好像是一句話。

　　《方言》的雅詁組織形式,歸納起來,也可分為三種形式:

第一式　黨、曉、哲,知也。(卷一)

　　　　　悵、憮、矜、悼、憐,哀也。(卷一)

第二式　遜遜、屑屑,不安也。(卷十)

第三式　張小使大謂之廓。(卷一)

　　　　　東齊之間壻謂之倩。(卷三)

　　由此看來,《方言》雅詁組織的三種形式,與《爾雅》雅詁的三種形式是相似的。

　　(2)母題相同的對照

　　《爾雅》卷一《釋詁》一百五十條,《釋訓》一百十四條,《釋言》二百七十二條,一共是五百三十六條。《方言》十三卷,取卷一、卷二、卷三、卷六、卷七、卷十、卷十二、卷十三等八卷,總共是五百二十八條。現將《方言》的五百二十八條母題與《爾雅》五百三十六條母題進行對比研究,結果是母題相同的有六十八次,共計二百二十八條。現舉例說明於下:

母題	《爾雅》	條數/卷數	《方言》	條數/卷數			
大	3/一	26/三	12/一	21/一	24/一	95/十二	
				36/十三	131/十三		
勉	33/一	28/三	32/一				
美	41/一	20/三	3/二	124/十三	140/十三		
和	42/一	6/三	107/十三				
病	52/一	44/三	21/三	48/十三			
思	55/一	16/三	11/一				
敬	1/二	3/三	28/六				
危	4/二	10/三	37/六				
止	14/二	15/三	24/十二	25/十二			
作	31/二	19/三	51/六	19/十三			
清	39/二	64/四	18/十二	43/十二			
愛	49/二	21/三	6/一	17/一	26/七		

（3）雅詁內容相比

第一種，雅詁完全相同：

> 烈、栴，餘也。（《爾雅》卷二）
> 烈、栴，餘也。（《方言》卷一）

第二種，雅詁部分相同：

（1）弘、廓、宏、溥、介、純、夏、幠、庬、墳、嘏、丕、奕、洪、誕、戎、駿、假、京、碩、濯、訏、宇、穹、壬、路、淫、甫、景、廢、壯、塚、簡、荝、昄、旺、將、業、蓆，大也。（《爾雅》卷一）

　敦、豐、龐、夯、幠、般、嘏、奕、戎、京、奘、將，大也。（《方言》卷一）

　碩、沈、巨、濯、訏、敦、夏、于，大也。（《方言》卷一）

　坟、地，大也。（《方言》卷一）

（2）逆，迎也。（《爾雅》卷四）

逢、逆，迎也。（《方言》卷一）

（3）迄、臻、極、到、赴、來、吊、艐、格、戾、懷、摧、詹，至也。（《爾雅》卷一）

假、絡、懷、摧、詹、戾、艐，至也。（《方言》卷一）

（4）始、適、之、嫁、徂、逝，往也。（《爾雅》卷一）

嫁、逝、徂、適，往也。（《方言》卷一）

（5）愖、憐、惠，愛也。（《爾雅》卷二）

憮、俺、憐、牟，愛也。（《方言》卷一）

亟、憐、憮、俺，愛也。（《方言》卷一）

　　總之，不論從編排形式來看，或是從母題雅詁對照研究來看，都清楚地說明了《方言》與《爾雅》的關係，即《方言》一書的雅詁本之于《爾雅》。《爾雅》和《方言》是中國古代語言學史上兩部極其重要的著作。歷代學者對二書進行過討論研究，至今還存在一些尚未解決的問題。揚雄是我國語言學史上第一個以語言作為研究對象的語言學家。早在世紀初他就能以人民口頭的活語言作調查研究對象，這在世界語言學史上也是少見的。《方言》一書裏所用的文字有好些只有標音的作用：有時沿用古人已造的字，例如，“儇，慧也”，《說文》“慧，儇也”，《荀子·非相篇》“鄉曲之儇子”；有時遷就音近假借的字，例如，“黨，知也”，“黨”就是現在的“懂”字，又“寇、劍、弩，大也”，這三個字都沒有大的意義；另外還有揚雄自己造的字，例如，“俺”訓“愛”，“悷”訓“哀”，“姟”訓“好”之類。以上所舉的例子中，除第一類還跟意義有關外，實際上都是標音符號。假如當時揚雄有現代的記音工具，那麼，後代就更容易瞭解他重視口頭活語言的深意了。這也反映了揚雄能以“語言”作為研究對象的卓越的語言學思想。另外，前人說《方言》一書多奇字，這是就文字的寫法來講的，如果從語言學的觀點來看，這些奇字實際上不過是語音的代表，也就是說，早在兩千年前，揚

雄調查漢代當時的方言,已能用漢字作音標來用了。這一點在語言學史
上是值得大書特書的。

理解了揚雄把文字作爲注音用字,我們對《方言》中的奇字就能迎刃
而解了。例如:"咺"同"喧","唏"同"欷","愁"同"惄","夰"同"介",
"脅閱"同"脅嚇","踤"同"蹋","絡"同"恪","猦"同"愬","盚"同
"爐","益"同"椮","賀"同"荷"等,都是很明顯的例子。還有一些古今
相同的語言,只是《方言》中寫的字和現在一般所寫的字不同而已。例如:
"少兒泣而不止謂之唴",現在寫成"嗆";"好曰鈔",現在寫成"俏";"獪
曰姑",現在寫成"猾";"甖謂之瓶",現在寫成"缸";"甾謂之梟",現在寫
成"鍬";"斂謂之棓",現在寫成"棒";"火乾曰聚",現在寫成"炒";"裁木
曰鈑",現在寫成"劈";這些字的音義都是一樣的。所以我們不能墨守文
字而忽略了語言,產生《方言》多奇字的看法。所謂奇字,不過是他用來記
錄當時方言的音標符號而已,以現在寫的字來類比,所謂的奇字也就不
奇了。

正因爲《方言》記錄了當時的口頭語言,而語言的本質特性,既有隨着
社會的發展而發展的一面,又有歷千百年不變穩固性的一面。因此,《方
言》一書中所舉的漢代方言,有的在現代方言裏依然還保留着。而且,主
要也保留在口語中。例如,"慧謂之鬼"。在現代口語中,稱一個人機靈、
聰明,就説這個人鬼得很。在這裏,"鬼"字仍保留"慧"的意思。又如,
"憂謂之怒","斂物而細謂之擊","人肥盛曰膔","器破曰披","器破而
未離謂之璺","貪飲食者謂之茹","庸謂之倯","子曰崽","物生而不長
曰㜽","凡相推搏或曰攦","飯簌謂之宵"等,都是大眾口裏流行的話。
如果沒有揚雄在《方言》中記錄下來,我們就無從知道這些口頭語言早在
漢代就有了。還有《方言》中所記錄的一些古語,有些在現代方言中仍舊
保存着。由于語言的發展變化,《方言》中所記古語語音,和現代方言中文
字的讀音不一定完全相同。例如,"知謂之黨"就是現在北方話説的
"懂";"物大謂之奘",現在北方話説"zhuǎng";"眄曰眙"音略,現在北方

説"瞜"lōu;"鷄伏卵而未孚,始化曰譁",現在普通話説"寡"guǎ;"錘,重
也",現在説"秤錘"叫"秤"tó;"絓,持也",現在普通説布上的絲結叫"絓
絲",音 guà;"久熟曰酋",現在普通話説"qiǔ"。諸如此類,也都是古語
之遺。

　　正因爲揚雄具有較科學的語言學觀點,他從當時的語言實際出發,經
過二十七年長時期的調查研究,分析觀察,因而能對豐富複雜的語言現
象,作出科學的分析。正如郭璞《方言注序》上所稱贊的:"考九服之逸
言,標六代之絶語;類離詞之指韻,明乖途而同致;辨章風謡而區分,曲通
萬殊而不雜。"《方言》一方面從橫向的地域方面,調查記録當代的各地方
言;另一方面也不忽略縱向的時間方面,即語言的歷史發展演變。因此,
《方言》一書中所記的語言,包括古方言、今方言和一般流行的通用話。
《方言》一書中,凡説"某地語",或"某地某地之間語"的,都是各地的方
言。凡説"某地某地之間通語"的,是通行區域較廣的大方言區的方言。
凡説"通語"、"凡語"、"凡通語"、"通名"或"四方之通語"的,都是漢代當
時的通用語,即共同語。凡説"古今語"或"古雅之别語"的,那是指古代
的方言。若從所記的方域來看,凡是一個地方單舉的,那是一個地點的方
言區域;若某地和某地常常在一起並舉的,那是指較大的方言區域。由于
揚雄二十七年的方言調查研究,並能分析出方言、通語、古今語,又能舉出
各方言區域,這樣就成爲中國語言學史上第一個描繪出漢代方言區域分
布圖的人。

　　另外,《方言》一書除一般語詞、方言以外,還記録一些專用詞語,這部
分專用詞語,也反映了漢代社會文化的情況。例如卷三"臧、甬、侮、獲,奴
婢賤稱也"一條,就反映了在漢代蓄養奴隸仍然是很普遍的。卷四所記衣
履一類的語詞反映了漢代人衣着的形製。卷五所記養蠶用具在不同地方
方言中有不同的名稱,可以知道在漢代養蠶在南北是很普遍的事了。

　　總之,早在兩千年前,揚雄能以廣大人民的口頭活語言爲研究對象,
歷二十七年調查研究,排比整理,能科學地分析出方言、通語、古今語及其

關係,並能記錄出漢代方言地域分布概況,這種較科學的語言學思想,這些語言學研究成果,在中國古代語言學史上價值是很高的,即使放到世界語言學史上去看,價值也是很高的,這真是中國語言學史上一部"懸諸日月不刊"的奇書。

5.《方言》一書的影響

對揚雄的語言學思想,調查研究方言的方法,晉代郭璞有所體會。他爲《方言》作注,並舉出晉代的方言來和揚雄所記的方言進行比較。郭璞以後,后世有些人雖然表面上沿襲揚雄《方言》的體例來編輯一些近似詞匯比較的著作,但實質上他們没有能體會揚雄以語言作爲研究對象的語言學思想,更没有揚雄那種二十七年堅持調查研究的科學方法。這些著作大體可分爲兩類,一類是專從古書裏面去尋找方言詞匯來續補揚雄的《方言》;另一類是考證常言俗語的來源。前一類的書,例如清朝杭世駿的《續方言》,這本書是輯録唐宋以前經、史、傳、注、音義字書以及其他著作裏所有的古代方言詞匯。其後又有程際盛的《續方言補》,徐乃昌《續方言又補》、程先甲作《廣續方言》、張慎儀作《續方言新校補》等。揚雄是以人民口頭活語言爲研究對象,用調查研究的方法加以記録、排比、整理,記録了漢代語言的實際情況,反映了語言發展的一些規律,而杭世駿等人則只是從古書裏找尋、抄録一些方言詞匯,這樣做當然也有一定成績,但是和揚雄《方言》比起來,就不可以同日而語了。

另外一類書可以説是從唐宋以來筆記體著作裏發展出來的,例如唐朝顔師古的《匡謬正俗》、宋朝王應麟的《困學記聞》、明朝陶宗儀的《輟耕録》、清朝趙翼的《陔餘叢考》等,都零星記録了一些所謂"俗語有所本者"。這方面的著作,明清以來就產生了不少,它又可分爲兩種。一種是考證某一地區的常言俗語的。例如王樹枏的《畿輔方言》、孫錦標的《南通方言疏證》、李實的《蜀語》、張慎儀的《蜀方言》、胡韞玉的《涇縣方言》、胡文英的《吳下方言考》、范寅的《越諺》、毛奇齡的《越語肯綮録》、茹敦和的《越語釋》;關於閩方言有劉家謀的《操風瑣録》;關於粵方言,有詹憲慈的《廣州話本字》、楊恭恒的《客話本子》和近人羅翽雲的《客方言》。此外散見于一般地方志書的不勝列舉。另一種是考證一般常言俗語的。例如,岳元聲的《方言據》、楊慎的《俗言》、錢大昕的《恒言録》、翟灝的《通俗編》、張慎儀的《方言別録》、孫錦標的《通俗常言疏證》和近人謝璿的《方言字考》,此外見於雜纂的單篇也有不少。

從以上看來,歷代還是有不少人關心方言俗語的,並寫了不少這方面的著作。只是可惜他們都沒有能像揚雄那樣以口頭語言作爲研究對象;也不能做到像揚雄那樣從實際調查方言的科學方法。正如羅常培先生在《方言校箋·序》文中所評論的,他們都"始終在文字裏兜圈子,很少曉得從語言出發。能够瞭解並應用《方言》本書的條例、系統、觀點方法的,簡直可以説没有人。可惜從中國語言史上發達最早的詞彙學,從《方言》以後,就這樣黯淡無光,不能使第一世紀左右已經有了逼近語言科學的方法繼續發展"。

章炳麟的《新方言》,運用古今音轉的規律來整理當時的活語言。他對唐宋以來的一些方言著述都不滿意,仿照戴震《轉語》"疑於義者,以聲求之;疑於聲者,以義正之"的辦法作《新方言》。這本書創立了六個條例來解説二十類語詞,運用古今音轉規律來説明現代的某些語詞在歷史上和地域上的交錯演變現象。不過,他也到底没有打破文字的束縛,一定要把"筆札常文所不能悉"的語詞,都到《爾雅》、《説文》裏去求本字,硬要證明"今之殊言不違姬、漢",這就不免有些拘泥固執而没有發展觀點了。例如他説"小乖乖"的"乖"是《説文》中"佳"字的假借,"頑皮"的"皮"是《爾雅》"婆娑,舞也"的"婆"字的音轉,等等。他一定要把每一個方言詞都能從周、秦、兩漢找到根據,有時就不免要失之於傅會了。

6. 郭璞《方言注》

能體會揚雄的語言學思想的,當推郭璞《方言注》。郭璞(公元275—

323 年），聞喜人，《晉書》有傳。郭璞精通音義訓詁，他對古籍的整理和注釋是很有貢獻的。在文學方面，他整理注釋了《楚辭》、《山海經》、《穆天子傳》；在語言學方面，他注釋了《爾雅》、《方言》、《三蒼》。他的《爾雅注》和《方言注》，在解說字義上都用今語來説明古語。他的《爾雅注》常常引用揚雄《方言》和晉代的方言來解釋古語；他的《方言注》更是常常舉出晉代的方言來和揚雄所記的漢代方言相比較。在詞義上，或者證明古今語義相近，或者説明語同而義不同和義同而語不同。在地域上，或者指明某些古語依然在某地保存，或者指出某些古語不在當地保存，而轉在別處遺留；而有的地方方言已進一步發展成爲一般通用語了。這就是郭璞在序文中所説“觸事廣之，演其未及”的意思。王國維在《書郭注方言後二》一文中早已指出郭注這種精神①。也就是説，郭璞能體會揚雄《方言》的精神，突破文字的框框，以口頭活語言作爲研究對象，用晉代語言來注揚雄所記的漢代語言，這就爲漢語的歷史發展留下了一份極爲可貴的語言資料。郭璞的《爾雅注》和《方言注》在語言學方面的貢獻主要表現在下列幾方面：

第一，郭璞以晉代的語言來解釋古代的語詞。這是郭注中最突出的一點。這説明他具有語言學思想，有語言觀點，不爲文字所拘束，看到了語言的發展變化。這樣以當代語言從發展變化、對比研究的角度進行注釋的方法，也是高明的、科學的。這種注釋的方法，在《爾雅》、《方言》二書的草木、鳥獸、蟲魚、器物等專用詞語部份，用得最多，表現得最豐富。郭注中所引用晉代的語言，有的是晉代通語，有的是晉代的方言。例如：

《爾雅·釋鳥》：鳲鳩、鴶鵴。郭注：今之布穀也。江東呼爲穫穀。

《方言》：釗、薄，勉也。秦晉曰釗，或曰薄。故其鄙語曰薄努，猶

---

① 見《觀堂集林》卷五。

勉努也。郭注：如今人言努力也。（卷一）

《方言》：娥、嫷，好也。……趙、魏、燕、代之間曰姝，或曰
妵。……郭注：昌朱反，音株，亦四方通語。（卷一）

在郭注中，凡指明是"通言"、"通語"、"通呼"的都是晉代的通語。
又如郭注以晉代某地方言作注釋：

《爾雅·釋詁》：濟謂之霽。郭注：今南陽人呼雨止爲霽。
《方言》：拌，棄也。楚凡揮棄物謂之拌，或謂之敲。……郭注：
今汝、潁間語亦然。

又郭注中晉代通行區域較廣的大方言。如：

《爾雅·釋詁》：劑、翦，齊也。郭注：南方人呼剪刀爲劑刀。
《爾雅·釋詁》：遷、運，徙也。郭注：今江東通言遷徙。
《方言》：扇，自關而東謂之箑。自關而西謂之扇。郭注：今江東
亦通名扇爲箑。（卷五）

郭璞在《爾雅注》、《方言注》二書中列舉較大的方言地域，計有：荊
楚、關西、河北、齊（或東齊）、江南（指長江中部南岸）、江東等，反映了東
晉時代的方言區域概況。其中舉得最多的是江東方言，在《爾雅注》和
《方言注》兩書中，合計列舉江東方言凡一百七十處。江東，指長江下游南
岸一帶地域，那是東晉政治、經濟、文化中心，也就是郭璞以及北方士族南
渡後居住生活的地方。江東的方言也自成一區，即所謂吳語是也。郭璞
的二書注，在吳語方言歷史發展方面，爲中國語言學提供了極其寶貴的
資料。

第二，《爾雅》、《方言》二書中的某些詞語，由於時代關係，後世不清

楚的郭璞在注中説清楚了。例如：

> 　　《爾雅》：“疆、界、邊、衛、圉，垂也。”郭注：疆埸、境界、邊旁、營
> 衛、守圉，皆在外垂也。
> 　　《方言》：“虔、儇，慧也。”郭注：“謂慧了。”“烈、枿，餘也。”郭注：
> “謂殘餘也。”“孑、藎，餘也。”郭注：“謂遺餘也。”“謫，怒也。”郭注：
> “謂相責怒也。”

凡注中説“謂某某”的大都屬於這一類。説“謂某某”猶如説：“這是指什
麽意思來説的。”這是一種限制的説明。因此，《爾雅》、《方言》二書中，有
些只列單字，而含義又不明確的，經郭璞如此一注，含義就清楚了。

　　第三，爲了説清詞義，郭注中常常用複音詞來解釋《爾雅》、《方言》原
書中的單音詞。例如：

> 　　《爾雅》：苞、蕪、茂，豐也。郭注：苞叢、繁蕪，皆豐盛也。
> 　　《方言》：“閔，盛也。”郭注：“們閔，肥滿也。”“懚，愧也，梁、宋曰
> 懚。”郭注：“敕懚，亦憨貌也。”“偡，行也。”郭注：“偡偕，行貌。”“踂，
> 力也，東齊曰踂。”郭注：“律踂，多力貌。”

　　古代漢語反映在書面語上，單音詞較多，可能古漢語實際如此，也可
能由於古代書寫工具困難，書面語力求簡潔的緣故。隨着社會的發展，書
寫工具的進步，漢語也隨着社會發展而發展，到了魏晉南北朝時期，從《世
説新語》來看，多音詞發展較快，其中主要是雙音詞發展快，這是符合漢語
詞匯發展的實際的，現代漢語中，也是雙音詞佔優勢。郭璞的《爾雅注》、
《方言注》反映了晉代漢語由單音詞向多音詞，主要向雙音詞發展的趨勢。
　　第四，郭注中，有時用通用語詞來解釋方言特殊語詞或特殊的文字。
例如：

> 《方言》:"台,養也。"郭注:"台猶頤也。""鬱悠,思也。晉、宋、
> 衛、魯之間謂之鬱悠。"郭注:"鬱悠猶鬱陶也。""惛,江湘之間謂之頓
> 愍。"郭注:"頓愍猶頓悶也。""南楚愁恚憤毒而不發謂之氏惆。"郭
> 注:"氏惆猶懊懷也。""麋,老也。"郭注:"麋猶眉也。"

郭注中,凡説"猶某某"的大都屬於這一類。可見郭璞也能體會揚雄
《方言》中通語、方言、古今語的區別,並且能以通語釋方言、釋古語。
第五,郭注中對"語轉"加以説明。例如:

> 《方言》:"蔿、譌、譁,化也。"郭注:"皆化聲之轉也。""蘇,草也。"
> 郭注:"蘇猶蘆,語轉也。""甂,燕之東北朝鮮洌水之間謂之䴷。"郭
> 注:"湯料反。此亦鼙聲轉也。"

這些都是説明因聲音的改變而生的"轉語"。還有説明語音不正而生的轉
語的。例如:

> "薄,宋魏陳楚江淮之間謂之苗,或謂之麴。"郭注:"此直語楚聲
> 轉也。""吳越飾貌爲姁,或謂之巧。"郭注:"語楚聲轉耳。"(説"楚"
> 猶如説"傖"。)

總之,《方言》是中國語言學史上一部傑出的著作,又有郭璞精善的注
本,真是相得益彰了。
清朝的漢學家是很重視《方言》這部書的,他們一再爲《方言》一書作
校勘,作疏證。如戴震的《方言疏證》、盧文弨的《重校方言》、劉台拱的
《方言補校》、錢繹的《方言箋疏》、王念孫的《方言疏證補》,都對《方言》
有校訂、闡發的功勞。經過他們的整理、研究,《方言》才有了較好的本子。
周祖謨先生的《方言校箋》是"後出轉精"的定本,吳曉鈴先生又爲《方言》

編了《通檢》,這樣就爲進一步研究《方言》這部書提供了很好的基礎。

　　自從西方語言學對我國語言學産生影響以後,在方言調查研究的方法上,記錄方言的工具上,都有很大的發展和改進,調查方言的規模比以前大得多,成績也是很大的。不過,能早在兩千年前,出現揚雄的《方言》,他的語言學思想,以語言爲研究對象的進步觀點,實地調查的方法,即使今天看來,也還是正確的。這是我國古代語言學史上光榮的一頁,即使放在世界語言學史上去看,也是一部傑出優秀的語言學著作。

方 言 注 序
郭　璞

　　蓋聞方言之作,出乎輶軒之使[1],所以巡遊萬國,採覽異言。車軌之所交,人迹之所蹈,靡不畢載,以爲奏籍。周秦之季,其業墮廢,莫有存者。暨乎揚生[2],沈淡其志,歷載構綴[3],乃就斯文。是以三五之篇著[4],而獨覽之功顯。故可不出戶庭,而坐照四表[5];不勞疇咨[6],而物來能名。考九服之逸言[7],標六代之絕語[8],類離詞之指韻[9],明乖途而同致。辨章風謠而區分,曲通萬殊而不雜;真洽見之奇書,不刊之碩記也。余少玩雅訓,旁味方言,復爲之解,觸事廣之,演其未及,摘其謬漏。庶以燕石之瑜[10],補琬琰之瑕[11],俾後之瞻涉者,可以廣寤多聞爾。

注:

[1] 輶軒之使:輶軒,古代一種輕便車。周秦制度,每年八月秋收後,朝廷派遣使臣乘“輶軒車”,搖着木鐸(木舌鈴鐺),到各地去收集民謠和異語方言,以瞭解民情風俗。

[2] 揚生:指揚雄。

[3] 歷載構綴:揚雄在《答劉歆書》中説,歷時二十七年寫成《方言》一書。歷載,指經過很長時期。構綴,構成也,緝連也,指編著《方言》。

[4] 三五之篇:指《方言》十五卷。今本《方言》爲十三卷。

[5] 四表:指四處遠方。

[6] 疇咨:疇,誰也;咨,詢問也。“不勞疇咨”意思是不必詢問他人,就可以“物來能名”。

[7] 九服:方千里曰王畿。九服,指王畿以外九類地區,每五百里爲一等,分別稱侯服、甸服等。

[8] 六代:指唐、虞、夏、商、周、秦。以上兩句意思是説揚雄《方言》一書,考察了全國各地方言,也收集了自古以來的絕語。

[9] 離詞:猶異詞也,即不同的詞。以上幾句是郭璞稱贊《方言》一書,從橫的方面考察了全國各地方言,又從縱的方面注意到古代語言的歷史演變,並能對豐富複雜的語言現象,劃分地區,辨別通語、方言、轉語等,又能條分縷析,異中求同,同中辨異,首創綜合時地的研究方法。

[10] 燕石之瑜:燕石,一種像玉的石頭。瑜,美玉。

[11] 琬琰:指琬圭和琰圭,是美玉做成的禮器。

揚雄答劉歆書

雄叩頭。賜命謹至,又告以田儀事[1],事窮竟白,案顯出,甚厚甚厚。田儀與雄同鄉里,幼稚爲鄰,長艾[2]相愛,視覦動精采,似不爲非者。故舉至日雄之任也。不意滔迹汙暴於官朝,令[3]舉者懷赧而低眉,任者含聲而宛舌[4]。知人之德,堯猶病諸[5],雄何慙焉!叩頭叩頭。又敕以殊言十五卷,君何由知之?謹歸誠底裏不敢違信。雄少不師章句,亦於五經之訓所不解。常聞先代輶軒之使奏籍之書[6],皆藏於周秦之室;及其破也,遺棄無見之者。獨蜀人有嚴君平[7]、臨邛林閭翁孺者[8]深好訓詁,猶見輶軒之使所奏言。翁孺與雄外家牽連之親。又君平過誤,有以私遇;少而與雄也,君平財[9]有千言耳。翁孺梗概之法略有。翁孺往後數歲死,婦蜀郡掌氏子,無子而去。而雄始能草文,先作《縣邸銘》、《王佴頌》、《階闥銘》及《成都城四隅銘》。蜀人有楊莊者爲郎[10]誦之於成帝[11],成帝好之,以爲似相如[12],雄遂以此得外見。此數者皆都水君[13]嘗見也,故不復奏。雄爲郎之歲,自奏少不得學,而心好沈博絕麗之文,願不受三歲之奉,且休脫直事之縣,得肆心廣意,以自克就。有詔可不奪奉,令尚書賜筆墨錢六萬,得觀書於石室[14]。如是後一歲作《繡補》、《靈節》、《龍骨》之銘詩三章,成帝好之,遂得盡意。故天下上計孝廉及內郡衞卒會者,雄常把三寸弱翰[15],齎油素四尺[16],以問其異語;歸即以鉛摘次之於槧[17],二十七歲於今矣。而語言或交錯相反,方覆論思,詳悉集之,燕其疑[18]。張伯松不好雄賦頌之文[19],然亦有以奇之。常爲雄道言其父及先君喜典訓[20],屬雄以此篇目頗示其成者。伯松曰:"是懸日月不刊之書也。"又言恐雄爲《太玄經》,由鼠坻之與牛場也;如其用,則實五稼,飽邦民;否則,爲紙糞,棄之於道也。而雄般之[21]。伯松與雄獨何德慧,而君與雄獨何譖隙,而當匿乎哉!其不勞戎馬高車,令人君坐幃幕之中,知絕遐異域之語,典流於昆嗣,言列於漢籍,誠雄心所絕極,至精之所想遭也。扶聖朝遠照之明[22],使君寀此[23],如君之意,誠雄散之之會也。死之日,則今之榮也。不敢有貳,不敢有愛[24]。少而不以行立於鄉里,長而不以功顯於縣官[25],著訓於帝籍,但言詞博覽,翰墨爲事,誠欲崇而就之,不可以遺,不可以怠。即君必欲脅之以威,陵之以武[26],欲令入之於此,此又未定,未可以見;今君又終之[27],則縊死以從命也。而可且寬假延期[28],必不敢有愛。雄之所爲,得使君輔貢於明朝,則雄無恨,何敢有匿?唯執事圖之。長監於規繡之,就死以爲小[29]雄敢行之。謹因還使,雄叩頭叩頭。

注:

[1] 田儀事:指劉歆《與揚雄書》中所説的五官郎中田儀犯罪的事。

[2] 艾:《方言》卷六:"俊,艾,長老也。東齊魯衛之間凡尊老謂之俊,或謂之艾"。

[3] 令:原作"今",戴震據文義改。

[4] 宛:原作"冤",盧文弨據《漢書·揚雄傳》:"欲談者宛舌而固聲"改作"宛"。

[5] 諸:之也。

[6] 常:戴本作"嘗"。輶軒之使:應劭《風俗通·序》:"周秦常以歲八月,遣輶軒之使,求異代方言。""輶",音yóu,古代一種輕便車。朝廷遣使乘輶車,故稱輶軒之使。

[7] 嚴君平:西漢時蜀人。

[8] 林閭翁孺:林閭,複姓。臨邛,今四川邛崍縣。

[9] 財:同才。

[10] 郎:皇帝的侍從官。

[11] 成帝:西漢成帝劉驁(音 ào),公元前32年至公元7年在位。

[12] 相如:司馬相如(公元前179—前118年)蜀郡成都人,西漢著名辭賦家。

[13] 都水君:指劉向。《漢書·劉向傳》:"成帝即位召拜爲中郎,使領護三輔都水使者。"

[14] 石室:古代朝廷藏圖書典籍之處。《史記·太史公自序》:"遷爲太史令,紬史記、石室金匱之書。"

[15] 弱翰:筆也。

[16] 齎油素四尺:指用素油漫過的絹,便於書寫記錄方言之用。

[17] 槧:削木爲牘,以書文字者。

[18] 燕:安也,息也,《禮》:燕處則聽雅頌之音。

[19] 張伯松:名竦,張敞孫。

[20] 言其父及先君:言字疑爲衍文。其父指張吉,先君指張敞。憙:同喜。《説文解字·序》:"孝宣皇帝時,召通《倉頡》讀者,張敞從受之。"

[21] 般之:般,蒲官切,樂也。

[22] 扶:夫也。

[23] 宷:求也。

[24] 愛:吝惜也。

[25] 縣官:王畿爲縣。《禮記·王畿》:"天子之縣内。"此處指朝廷。

［26］陵：侵侮也。《中庸》：“在上位不陵下。”

［27］終之：終，極也，盡也。

［28］而：如也，古時而如通用。

［29］長監於規繡之：錢繹《方言箋疏》：“言當長以所規爲監，緝成其書，以死爲輕。”

劉歆與揚雄書[1]

歆叩頭[2]。昨受詔宓五官郎中田儀與官婢陳徵、駱驛等私通盜刷越巾事[3]，即其夕竟歸府。詔問三代周秦軒車使者、遒人使者[4]，以歲八月巡路，宷[5]代語、僮謡、歌戲，欲得其最目[6]。因從事郝隆宷之有日，篇中但有其目，無見文者。歆先君數爲孝成皇帝言：當使諸儒共集訓詁，《爾雅》所及，《五經》所詁，不合《爾雅》者詁籀爲病[7]；及諸經氏之屬，皆無證驗，博士至以窮世之博學者，偶有所見，非徒無主而生是也。會成帝未以爲意，先君又不能獨集。至於歆身，脩軌[8]不暇，何偟[9]更創？屬聞子雲獨採集先代絶言、異國殊語以爲十五卷，其所解略多矣，而不知其目。非子雲澹雅之才，沈鬱之思[10]，不能經年鋭精以成此書，良爲勤矣！歆雖不遘過庭，亦克識先君雅訓，三代之書藴藏於家，直不計耳。今聞此，甚爲子雲嘉之已。今聖朝留心典誥，發精於殊語，欲以驗考四方之事，不勞戎馬高車之使，坐知傜俗；適子雲攘意之秋也。不以是時發倉廩以振贍，殊無爲明；語將何獨挈[11]之寶？上以忠信明於上，下以置恩於罷朽，所謂知蓄積，善布施也。蓋蕭何造律，張蒼推曆，皆成之於帷幕，貢之於王門，功列於漢室，名流於無窮。誠以隆秋之時，收藏不殆，飢春之歲，散之不疑，故至於此也。今謹使密人奉手書，願頗與其最目，得使入籙，令聖朝留明明之典。歆叩頭叩頭。

注：

[1] 本文前有"雄爲郎一歲，作繡補靈節龍骨之銘詩三章，及天下上計孝廉雄問異語紀十五卷。積二十七年，漢成帝時，劉子駿與雄書從取方言曰"五十二字，今依戴震注本删。

[2] 劉歆：西漢時著名經學家和目録學家。生年不詳，卒於公元 23 年。繼其父劉向，完成我國第一部目録專著《七略》。劉歆傳見于《漢書》卷三十六《楚元王傳》中。

[3] 通：戴本作"逋"。逋（音 bū），逃亡。

[4] 遒人使者：盧文弨："《玉海》引《古文苑》'遒人'二字在'軒車使者'上，無下'使者'二字。"

[5] 宷：宷下原注"音求，又於加切"。盧文弨云："案當與'求'音義同。"

[6] 最目：書成總括其旨而爲目録也。

[7] 詁籀：錢繹云："'詁籀'疑詰籀之譌。"詰屈也。

［8］脩軌：盧文弨云："脩軌當是循軌。"案"脩""循"義通。脩即修。

［9］偟：案《釋言》：偟，暇也。

［10］思：盧文弨云：《古文苑》思作志。李善注任昉《王文憲集序》引此亦作志。

［11］挈：原注，一作絜。挈，提也。絜，同潔。

四、許慎的語言觀及其《説文解字》一書的成就

1. 許慎和《説文解字》

許慎(公元 58—147 年)字叔重,汝南郡召陵人(今河南省郾城縣東)。今郾城縣許莊有許慎及其子許沖的墓。關于許慎的生平事迹,范曄《後漢書·儒林傳》裏有簡單的記述:"慎性實篤,少博學經籍,馬融常推敬之。時人爲之語曰:'五經無雙許叔重。'以五經傳説臧否不同,于是撰爲《五經異義》,又作《説文解字》十四篇,皆傳于世。"許沖《上説文解字表》亦有敍述:"臣父故太尉南閣祭酒慎,本從(賈)逵受古學。蓋聖人不空作,皆有依據。今五經之道昭炳光明,而文字者具本所由生。自《周禮》、漢律皆當學六書,貫通其意。恐巧説衺辭,使學者疑。慎博問通人,考之于逵,作《説文解字》,六藝羣書之詁皆訓其意;而天地、鬼神、山川、草木、鳥獸、昆蟲、雜物、奇怪、王制、禮儀、世間人事,莫不畢載。凡十五卷,十三萬三千四百四十一字。"當時的古文經學家馬融對許慎也是很推敬的。同時他又是古文經學大師賈逵的學生。賈逵既通今文經,又精于古文經。他在漢章帝建初四年(公元 79 年)曾與班固、傅毅、博士議郎及諸生諸儒在北宮白虎觀講論五經同異,建初八年(公元 83 年)又奉詔在黄門署爲弟子門生講授《春秋左氏傳》、《穀梁傳》、古文《尚書》和《毛詩》。許慎最初在汝南郡做功曹,後來又被推舉爲孝廉,到洛陽之後就做了太尉府的南閣祭酒。南閣祭酒是太尉府曹屬中的主要人物,所以他能够從賈逵問業。賈逵到漢和帝永元十三年(公元 101 年)才去世,這段時間,許慎也一直在太尉府。他創作《説文解字》一書,和跟從賈逵學習古文經是有很大關係的。《説文解字》的後敍作于永元十二年(公元 100 年),就是賈逵去世的前一年。許慎在漢安帝永初四年(公元 114 年)又曾與馬融、劉珍及博士議郎五十餘人在東觀校五經、諸子和史傳。到建光元年(公元 121

年），許慎因病居家，才叫他的兒子許沖上《説文解字》。此時，距離他寫《説文解字》後敍的時間已經有二十二年了。

許慎的生卒年已無可考。清人根據賈逵的生年——漢光武帝建武六年（公元 30 年）來推斷，認爲許慎可能生于漢明帝永平之初（永平元年，公元 58 年）。至于卒年，則又根據《後漢書·西南夷夜郎傳》上所説："桓帝時郡人尹珍自以生于荒裔，未知禮義，乃從汝南許慎，應奉受經書圖緯。"推斷許慎可能卒于漢桓帝初年（建和元年，公元 147 年）。許慎的著作，還有《五經異義》和《淮南子注》，陳壽祺的《五經異義疏證》輯注較備。

《説文解字》簡稱《説文》，本文十四卷，敍目一卷，今存宋初徐鉉校定本。每卷分上、下，共三十卷。收字九千三百五十三，又重文一千一百六十三。按文字形體及偏旁構造分五百四十部，首創部首編排法。字體以小篆爲主，有古文、籀文等異體則列爲重文。

許慎的《説文解字》是在前人字書的基礎上進一步寫成的。他不是用韻語把許多漢字堆放在一起，而是科學地分析漢字的構造，把許多漢字按照形體的構造來分類，凡形旁相同的類聚在一起，立下部首，部首又按照篆書形體相近與否來編排先後次序。這樣就把紛繁複雜的漢字有機地編排組織起來了，這種方法是前所未有的，是許慎的創造。

許慎在《説文解字》一書中把能够看到的古文字都記載下來了，使《説文解字》一書成爲我國古代語言學中極其重要的著作。如果没有《説文解字》就很難通曉秦漢以前的古文字，所以説《説文解字》對我們研究先秦古文字很有幫助。許慎所以能寫下《説文解字》這部語言學專著，首先是由于他對文字有正確的看法。他説："文字者，經藝之本，王政之始，前人所以垂後，後人所以識古。"他能從語言學觀點認識到文字是交際、交流思想的工具，而且由于文字的記録，把歷史上的政治、經濟、社會各方面情況記載下來，達到前人可以垂後，後人可以識古的重要作用。許慎能從社會作用方面來理解語言、文字，所以他不僅保存記録下古文字，更重要的在于他面對成千上萬漢字加以分析研究，研究出漢字的結構規律。他看到當時語音分歧,看到漢字特點,感到漢字的構造有規律可循,于是創造性地以字形來統率,首創部首,把紛繁衆多的漢字有規律、有組織地編排起來,用了多年的功夫,于公元二世紀初,創造性地編出中國語言學史上第一部字典,也是世界語言學史上最早的字典之一。段玉裁在其注《説文解字序》時指出:

> 此前古未有之書,許君之所獨創,若綱在綱,如裘挈領,討原以納流,執要以説詳,與《史籀篇》、《倉頡篇》、《凡將篇》雜亂無章之體例,不可以道里計。

2. 許慎創作《説文解字》的原因

第一,由于社會發展的需要。前面我們已經説過,漢代重視識字教育,識字與仕途結合,朝廷以字體、識字考試取士,因此,秦漢時代字書較多出現。但是到了東漢時代識字教育鬆弛。有些人對文字解釋很亂,説什麽"馬頭人爲長,人持十爲斗"。對文字有很深研究的許慎看到這種隨便解釋字義、不重視教育的現象,深感識字教育需要有一部很好的字書,因此,他以淵博的文字學知識,説文解字,從而寫出中國語言學史上第一部文字學專著——《説文解字》。

第二,由于漢代經學昌盛,經今古之爭的緣故。經今古文,本來是漢代儒家經典的兩種不同字體的傳本,由于根據不同、解説不同、觀點不同、研究方法不同,發展成爲兩個不同的學術流派。這兩派從建武以後到東漢末一直進行着政治上和學術上的尖銳鬥爭。經古文學家爲了壓倒經今文學,古文學家首先提出古文字學在經學上的崇高地位。當時,和許慎時代相近的一個古文經學家盧植曾經上疏説:

> 古文科斗近于爲實,而厭抑流俗,降在小學。中興以來,通儒達士,班固、賈逵、鄭興父子,并敦悦古文。今《毛詩》、《左氏》、《周禮》

各有傳記，其與《春秋》共相表裏。宜置博士，爲立學官。①

　　盧植的意思是說，古文經家治古文科斗，並不是孤立地研究文字，而是爲了“爲實”。（“爲實”指治理孔子經典。）具體地說，古文經家研究古文科斗是爲了治理《毛詩》、《左傳》、《周禮》，不同于一般的所謂“小學”，不同于漢初的“倉頡讀者”僅爲學童識字的“小學”。流俗把“古文科斗”降爲“小學”是不合理的。所以應當提高這門學科的地位，即“宜置博士，立爲學官”。

　　許慎的兒子許沖在上疏中的一段話也具體地說明了許慎作《說文解字》的宗旨是爲了發揚古文經典，爲了解釋孔子六經。《說文解字》這部書，從今天看來，是一部最古的字典；而從許慎當時看來，則是以字典形式出現的古文家說經的專著。許慎在其《說文解字序》中說得明白：

　　　　文字者，經藝之本，王政之始，前人所以垂後，後人所以識古。故曰：本立而道生，知天下之至賾而不可亂也。今敘篆文，合以古籀，博採通人，至于小大。信而有證，稽譔其說，將以理羣類，解謬誤，曉學者，達神恉，分別部居，不相雜廁也。萬物咸睹，靡不兼載，厥誼不昭，爰明以諭。其稱《易》孟氏、《書》孔氏、《詩》毛氏、《禮》周官、《春秋》左氏、《論語》、《孝經》皆古文也。其於所不知，蓋闕如也。

　　第三，許慎從語言、文字的實際出發，具有較正確的語言學觀點，因此，他才能編寫出《說文解字》這部傑出的語言學著作。許慎的語言學思想主要表現在以下三方面：

　　首先，他對語言文字的看法具有發展的觀點。例如，他對文字的產生提出看法，認爲開始有“八卦”、“結繩”然後才有“書契”。對文字的創作，

────────

① 見《後漢書・盧植傳》。

他指出:"依類象形故謂之文,其後形聲相益即謂之字。字者,言孳乳而浸多也。"①

其次,他對紛繁複雜的漢字分析研究,指出漢字的造字規律,所謂六書是也。"六書"一詞最早見於《周禮·保氏》,對六書的研究則起于兩漢。漢代對"六書"研究有三種説法:

班固《漢書·藝文志》:"古者八歲入小學,故周官保氏掌養國子,教之六書,謂象形、象事、象意、象聲、轉注、假借。造字之本也。"

鄭衆注《周禮·保氏》:"六書:象形、會意、轉注、處事、假借、諧聲也。"

許慎《説文解字·序》:"《周禮》八歲入小學,保氏教國子,先以六書。一曰指事。指事者,視而可識,察而見意,上下是也。二曰象形,象形者,畫成其物,隨體詰詘,日月是也。三曰形聲,形聲者,以事爲名,取譬相成,江河是也。四曰會意,會意者,比類合誼,以見指撝,武信是也。五曰轉注,轉注者,建類一首,同意相授,考老是也。六曰假借,假借者,本無其字,依聲托事,令長是也。"

六書之説,雖不始于許慎,但是許慎六書名稱妥帖,對六書所下定義明確。從此以後,"六書"的研究,在中國古代語言學中,也成爲一項專門研究的課題。

再次,他能聯繫社會實際來看語言文字的問題。例如:他能從社會發展、社會實踐的需要來看漢字形體的發展變化。他在《説文解字序》文中説:

其後諸侯力政不統于王,惡禮義之害己而皆去其典籍,分爲七

---

① 見《説文解字序》。

國。田疇異畝，車涂異軌，律令異法，衣冠異制，言語異聲，文字異形。
秦始皇帝初兼天下，丞相李斯乃奏同之，罷其不與秦文合者，斯作《倉頡篇》，中車府令趙高作《爰歷篇》，太史令胡毋敬作《博學篇》，皆取
史籀大篆或頗省改，所謂小篆者也。是時秦燒滅經書，滌除舊典，大
發隸卒，興役戍，官獄職務繁，初有隸書以趣約易，而古文由此絕矣。

　　許慎在這一段話中，指出語言發展與社會發展的關係。他指出，"言
語異聲"、"文字異形"是由于分裂爲七國的緣故。語言文字的分化是和
社會的分化有關的。秦始皇統一以後，文字也趨向統一了，秦以小篆爲正
統規范文字，罷去與小篆不同的文字。可見文字的統一也和社會統一有
關。許慎認識到語言文字在社會實踐中的重大作用："文字者，經藝之本，
王政之始，前人所以垂後，後人所以識古。"在這裏，許慎有三層意思，其
一，任何"經藝"都是通過書面語文字來表達的，所以"文字者，經藝之
本"。其二，政權機構也要通過語言文字來治理國家，所以說是"王政之
始"。其三，社會發展，文化遺產的保存、繼承，社會實踐經驗的代代相傳，
都離不開語言文字的記載，所以他說："前人所以垂後，後人所以識古。"早
在公元二世紀，許慎能有如此科學的看法，實爲我國語言學史上光彩的
一頁。

　　總之，由于社會發展的需要，由于經今古文之爭，由于許慎具有高明
的語言學的觀點，才在二世紀的中國，出現了光輝的語言學專著《說文解
字》。《說文解字》一書在中國語言學史上的地位是極端重要的。上面我
們說過，《爾雅》是中國古代語言學建立的開端，而《說文解字》則標志着
中國古代語言學成熟地建立。《說文解字》一書對中國古代語言學的歷史
發展影響很大，它的一些研究成果，有的至今仍在發揮作用，如"部首"的
建立和使用。它所闡述的有關漢字的結構規律、對漢字本義的解釋等，至
今仍起着指導作用。這些在世界語言學史上是罕見的。我們應該運用語
言學觀點，對《說文》一書進一步分析研究。

3.《説文解字》的内容和體例

獨體爲文,合體爲字,"説文解字"就是説解文字的意思。《説文解字》全書十五卷,今本每卷分上下卷,則共爲三十卷。共收字九千三百五十三字,古籀異體重文爲一千一百六十三個。

許慎把九千多字按偏旁歸納爲五百四十個部首。部首的排列是從"一"部到"亥"部,即"始一終亥",這是按照漢代陰陽五行家"萬物生于一,畢終于亥"的唯心主義哲學思想安排的。部首的前後次序,大致是"據形系聯",就是把形體相近、相關的排在一起。例如:"頁、百、面、首","又、左、攴"等。每部中把意義相近的字排列在一起,如"言"部:"訕、譏、詆、誹、謗"。"肉"部:"肓、腎、肺、脾、肝、膽、胃"等。但是,其中也有些字的排列,没有明顯規律可循的。不過,總的説來,五百四十部的次序安排,許慎是思考研究過的。他把形體相似或意義相近的部首排在一起,分五百四十部爲若干大類,這樣就有利于讀者更好地認識意符的作用,從而更好地瞭解字義。

《説文》按文字學原則分部,即依照六書體系,只有同一意符的字可以隸屬于同一部首。每一部首内的字,基本上做到以類相從。如木部的次序,大致是先列木名,其次列舉樹木的各個部分。如"木、柢、根、末、果、杈、枝、條、枚"等,其次再列木製品。"水"部大致也是先列水名,後列與水有關的動詞和形容詞。

許慎從文字學原則,從意義出發來安排字的次序,後世則改變成部首檢字法,依筆畫多少來安排次序。從實際使用價值看,以形體檢字,便于使用。并且,由于語言的發展,漢字的一些意符,發展到後世,有的不起意符作用,有的音符也失去表音的作用,因此後世字典從形體部首分類,按筆畫多少安排次序,既便于實際使用,也符合語言文字發展趨勢和規律。

4.《説文解字》的釋字體例

《説文》釋字先分析部首,説明凡屬這個部首的字均從這個部首,它們在意義上也相關聯。例如:

　　一　惟初太始,道立于一,造分天地,化成萬物。凡一之屬皆從一。

　　示　天垂象見吉凶所以示人也。從二(古文"上"字)三垂日月星也,觀乎天文以察時變,示神事也。凡示之屬皆從示。

《説文》對每個字,先釋字義,然後釋字的形體結構,有時也指出字的讀音。現按"六書"舉例于下:

象形者,畫成其物,隨體詰詘,日月是也。

　　日　實也,太陽之精不虧,從口一,象形。凡日之屬皆從日。日古文象形。

　　月　闕也,太陰之精,象形,凡月之屬皆從月。

　　屮　艸木初生也,象丨出形,有枝莖也。古文或以爲艸字,讀若徹。凡屮之屬皆從屮。

　　鳥　長尾禽總名也。象形,鳥之足似匕,從匕,凡鳥之屬皆從鳥。

指事者,視而可識,察而可見,上下是也。

　　二　高也,此古文丁,指事也。凡二之屬皆從二。

　　一　底也,從反二爲一。丁篆文下。

形聲者,以事爲名,取譬相成,江河是也。

江　水出蜀湔氐徼外崏山入海,从水,工聲。

河　水出焞煌塞外昆侖山發原注海,从水,可聲。

瑛　玉光也,从玉,英聲。

椴　木可作牀几,从木叚聲,讀若賈。

楛　木也,从木,苦聲。《詩》曰:榛楛濟濟。

楛　木也,从木,晉聲。《書》曰:竹箭如楛。

會意者,比類合誼,以見指撝,武信是也。

武　楚莊王曰:"夫武,定功戢兵,故止戈爲武。"

信　誠也,从人,从言,會意。

鳴　鳥聲也,从鳥,从口。

休　息止也,从人依木。

轉注者,建類一首,同意相受,考老是也。

老　考也,七十曰老,从人毛匕,言鬚髮變白也,凡老之屬皆從老。

考　老也。从老省,丂聲。

假借者,本無其字,依聲託事,令長是也。

令　發號也,从亼卪。

長　久遠也,从兀从匕,亡聲。兀者,高遠意也,久則變匕。亡者,倒亡也。凡長之屬皆從長。

《説文》對一個字的解釋,一般只釋一個意義,就是這個字的本義。偶爾也記載另一説。例如：

賕　以財物枉法相謝也。从貝，求聲。一曰載質也。

枉法就是違法，違法有罪，以財求贖免就是賕的意思。載質是以物質錢，也就是以物來作抵押。《説文》關於賕的解釋，另一説和本義差不多。而《説文》中有的另一説是表示不同看法。例如：

謅　往來言也。一曰小兒未能正言也。一曰祝也。从言，匋聲。謅或从包。

《説文》一書，本身没有反切，諧聲字从聲符可知讀音梗概，許慎認爲某些字應注明讀音時，則用直音，注爲讀若某。如上例“椵”，讀若賈。讀若的音，有的是同音字，有的可能是近似音。今本《説文解字》的反切，乃是徐鉉據孫愐《唐韻》加注于每字之下，但與漢人讀音不符。許慎時代還没有反切，故注音僅云“讀若某”。

《説文》引經據典，起着舉例作用。例如：

湎　沈於酒也，从水，面聲，《周書》曰：罔敢湎于酒。
琚　瓊琚，从玉，居聲。《詩》曰：報之瓊琚。
玠　大圭也，从玉，介聲。《周書》曰：稱奉介圭。

5. 《説文解字》的材料來源

第一，文字形體方面的材料來源，許慎在《説文解字序》中説：“今敘篆文，合以古籀。”就是把周秦以來久經使用的九千三百五十三個篆文作爲文字的主體規範。此外，把一千一百六十三個古文、籀文、大篆等別體作爲重文。例如：

一　惟初太始，道立於一，造分天地，化成萬物，凡一之屬皆从一。弌，古文一。

旁　溥也。从二闕，方聲。𣃟，古文旁。𣃞，亦古文旁。𣃠，籀文。

禮　履也。所以事神致福也。从示，从豊，豊亦聲。𥙲，古文禮。

第二，《説文解字》一書對每個字的説解的材料來源，許慎在《説文解字序》中説："博采通人，至于小大，信而有證。"根據研究，《説文》在對文字形音義各方面解釋，引了孔子、董仲舒等三十一家解説。一云博士説也有八家。引了漢代所傳古代文獻，如《易孟氏》、《書孔氏》、《詩毛氏》、《禮》、《周官》、《春秋左傳》、《論語》、《孝經》、《老子》、《爾雅》等三十四種文獻古籍。例如：

璠　璵璠，魯之寶玉。从玉，番聲。孔子曰：美哉璵璠，遠而望之奐若也，近而視之瑟若也，一則理勝，二則孚勝。

瑗　大孔璧，人君上除陛以相引。从玉，爰聲。《爾雅》曰："好倍肉謂之瑗，肉倍好謂之璧。"

琥　發兵瑞玉，爲虎文。从玉，虎聲。《春秋傳》曰：賜子家雙琥是。

第三，《説文》中引用方言俗語約有一百七十幾條。其中見于《方言》一書的約有六十幾條。但《説文》所引方言與《方言》一書相比，在文字上互有詳略。《説文》釋文中指明揚雄所説方言有十三條，而這十三條又不見於今本《方言》一書內。可見《説文》所用有關方言的資料，有的和《方言》有共同來源，但不全來自《方言》一書。

另外，《説文解字》所載九千三百五十三字，有不少是常用詞，有的即在兩千年後的今天也還是常用字，可見《説文》一書雖多方參考古籍文獻，其實也是從當時漢語實際出發的。

6.《説文解字》的貢獻

首先,《説文》是中國古代語言學史上又一部輝煌的著作,其成績之大,影響之深,是其他語言學著作所不能相比的。在漢語發展史和中國古代語言學史上佔着非常重要的地位。

(一)《説文》以前,古代典籍中也有過解説文字的記録,如《論語》中孔子説:"政者,正也。"《孟子》中"庠者,養也"。《左傳》宣公十二年:"于文止戈爲武"等。那只是一些零星的解説文字,不成系統。《説文》以前也有過字書,如《史籀篇》、《倉頡篇》、《凡將篇》等,但書多亡佚,僅知爲四字句的識字書。現存者爲史游的《急就章》,但這部書的體例、編排,仍然是三四字句或七字句的有韻的識字書而已。直到許慎才首創按字形結構,即文字偏旁建立分部的方法。顔之推在《顔氏家訓·書證篇》中稱贊許慎的功績,他説:"若不信《説文》之説,則冥冥不知一點一畫有何意焉。"段玉裁在其《説文解字敍》注中也指出:

周之字書,漢時存者,《史籀》十五篇,其體式大約同後代《三倉》。許所引《史》篇三:姚下、匋下、乘下,略如後代《倉頡傳》、《倉頡故》。秦之《倉頡》、《爰歷》、《博學》合爲《倉頡篇》者,每章十五句,每句四字,《訓纂》、《滂熹》同之。《凡將篇》每句七字,《急就》同之。其體例皆雜取所需用之字,以文理編成有韻之句,與后世《千字文》無異,所謂雜厠也。識字者略識其字,而其形或譌,其音義皆有所未諦。雖有揚雄之《倉頡訓纂》,杜林之《倉頡訓纂》、《倉頡故》,而散而釋之,隨字數演,不得字形之本始,字音、字義之所以然。許君以爲音生于義,義著于形。聖人之造字,有義以有音,有音以有形。學者之識字,必審形以知音,審音以知義。

許慎的《説文解字》是在前人字書上發展而來,但是又有創造性的發展。前人的字書是"雜廁"的性質,而《説文》能闡明漢字的形體、意義、聲音及三者的關係。這一點是許慎研究語言、文字的重要方法。我們讀《説文》時,首先要分析説解中"説形"、"訓義"、"釋音"三個部分。例如:

禱　告事求福也。从示,壽聲。
詩　志也。从言,寺聲。
諜　軍中反間也,从言,枼聲。
諵　徐語也。从言,原聲。孟子曰:故諵諵而來。

許慎《説文》首先訓義,其次説形,再次釋音。説解中以形體作爲訓義根據,訓義和形體分析相符合,因而"形義相依"是許書一個重要原則。後人研究字義,也依據許慎《説文》權衡"本義"和"假借"。漢字是表意文字,遠在東漢時代,許慎依據小篆字形,分析字形、字義、字音規律井然有序。

從字書的發展,以中國古代語言學的歷史發展來看,許慎的《説文解字》確是一部前所未有,而富于科學獨創性的語言學專著。

(二)許慎《説文》對當時豐富繁複的漢字作了深入的字形結構分析,首創了分部的工作。

《説文解字》全書分五百四十部,容納篆文九千三百五十三個,重文一千一百六十三個,這是中國語言學史上前所未有的創舉。他把千萬個漢字,分析字形結構,找出規律,分成五百四十部。每部立一部首。每個部首又統率了若干文字。凡是在形體上和這個部首有關聯的,就歸爲一類。各部間的前後排列,大體上是依形來系聯,即"始一終亥"。每部裏面各個字的排列,大體按意義相近的排在一起。這樣,就使成千上萬的漢字,第一次有了系統和條理。許慎在自序裏説:

此十四篇,五百四十九部、九千三百五十三文、重一千一百六十三,解説凡十三萬三千四百四十一字。其建首也,立一爲耑。方以類聚,物以羣分,同條牽屬,共理相貫(意指五百四十部是互相聯繫的)。雜而不越,據形系聯,引而申之(意指由一形引至五百四十個形),以究萬原。(這就是許冲上表裏所説的:天地鬼神、山川草木、鳥獸蚰蟲、雜物奇怪、王制禮儀、世間人事,莫不畢載。)

其部首分部,直至今天,基本上仍被採用,只是在分部上因語言文字發展變化,有所改進。漢字以形體爲主,按形體分部首來分類,這個由許慎始創的分類原則,至今仍被保留使用。可見許慎確已掌握漢字形體結構規律,所以才能有如此深遠的影響。清代段玉裁稱贊道:

合所有之字,分別其部爲五百四十。每部各建一首,而同首者則曰"凡某之屬皆从某"。於是形立而音義易明。凡字必有所屬之首。五百四十字可以統釋天下古今之字。此前古未有之書,許君之所獨創。①

(三) 在字義解釋上許慎也有創見

首先,在字義解釋上,許慎抓住字的本義,這是從根本上解決訓詁問題。本義是一切引申義的出發點,本義與先秦古籍有密切關係,漢代去古未遠,講求字的本義,可説解字形的作用,越到後代,字的本義越重要,成爲重要的知識,因爲語言發展了,許多字的本義,對一般人來説已經不知道了。例如:

捷,獵也。軍獲得也。

---

① 見《説文解字·注》。

獵是聲訓。捷作動詞用,表示獲得戰利品;作爲名詞用,表示戰利品。《春秋·莊公三十一年》:"齊侯來獻戎捷。"與此字本義合。又如:

> 秉,禾束也。从又持禾。

《詩·小雅·大田》:"彼有遺秉。"就是用了"秉"字的本義。由于語言的發展變化,秉的本義作禾束的解釋,現在已不用了,而引申爲拿、持,如秉燭,李白《春夜遊桃李園序》:"古人秉燭夜遊,良有以也。"再引申爲掌握、主持,如秉公處理。可見,《説文解字》實是上古漢語詞匯的寶庫。

　　其次,許慎解釋字義,不滿足于單詞釋義,而是加以具體形象的描寫敍述,這樣的解釋,《爾雅》中已開始,如《爾雅》:"南方有比翼鳥焉,不比不飛,其名謂之鶼鶼。"而《説文》在這方面就更豐富了。例如:

> 蒲,水艸也,或以作席。
> 桂,木,百藥之長。
> 鸚,鸚鵡,能言鳥也。
> 狼,似犬,鋭頭白頰,高前廣後。
> 豹,似虎,圜文。
> 象,南越大象,長鼻牙,三年一乳。

　　又《説文》説解,多爲與本字相連的雙音節詞。如:干,犯也。哀,閔也。摜,習也。患,憂也。匕,變也。即析干犯、哀閔、習慣(摜)、憂患、變化(匕)爲訓。

　　許慎知識淵博,他的《説文解字》既有知識性,又有百科性,是中國古代語言學史上一部傑出的字典,對後世的影響很大。我們今天編寫的字典、詞典,在本字本義方面,仍要根據《説文》,可見《説文》在保存漢字本義方面的貢獻是卓越千古的。自從甲骨文、金文出土,古文字學的興起、研究,對《説文》字形、字義方面,也有不少修正,但是,如果没有《説文》作橋梁,我們後世人研究甲骨文、金文困難就更多更大了。

（四）《説文》提供了語言文字的研究方法

段玉裁在《説文解字敍注》中指出,許慎的《説文》不同于《三倉》、《急就篇》,"許君以爲音生于義,義著于形。聖人之造字,有義以有音,有音以有形。學者之識字,必審形以知音,審音以知義"。《説文解字》闡明了形體、意義、聲音三者相互關係,這是許慎研究語言文字的重要方法。段玉裁又説:

> 許以形爲主,因形以説音、説義。其所説義與它書絶不同者,它書多假借,則字多非本文。許惟就字説其本義,知何者爲本義,乃知何者爲假借,則本義乃假借之權衡也。

許慎《説文》的説解,以形體、字義、聲音三者互相溝通的方法來探賾古代的語言文字,爲語言文字的研究開闢了一條新的道路。不過,也帶來一些問題,如拘泥本字、本義的問題。我們知道,文字是語詞的書寫形式,這種書寫形式和語言的"自然物質"比較起來,畢竟是第二性的。拿漢字來説,漢字是一種表意文字,往往能從漢字的結構、形象和偏旁反映一些詞的意義。但是,不能絶對化,如果以字形結構作爲推尋詞義的唯一方法,那就必定會走向牽强附會,望文生義。尤其是後世研究《説文》的人,有的過份拘泥《説文》所謂本字、本義,事實上是把《説文》看成教條,這樣又反而不利于科學的發展了。

（五）《説文解字》對當時文字起了統一規範作用

春秋戰國時期,由于封建割據,語言異聲,文字異形。秦統一後,作了統一文字的工作,罷其不與秦文合者,"書同文"政策有一定效果。到了漢代許慎時,離秦已有三百二十年左右,隸書成爲漢代的通行字體,文字發展,今文經、古文經之争,使文字在解釋上也出現一定程度的混亂,如文字

乃有"八體"、"六技";有的人對文字胡亂解釋,如《説文解字序》上所舉的
"馬頭人爲長,人持十爲斗";又如緯書上記有:地爲土力一,十夾一爲士,
曰爲口含一,史爲屈中一,兩口含土爲喜等等。許慎針對這種情況,擔負
起文字整理工作,他以篆文作爲主要形體標準,又把古文、籀文、篆文別體
一千一百六十三作爲重文,這樣就對當時文字起了統一規範的作用。

7.《説文解字》的不足之處

《説文》是一部了不起的書,但也不是一部盡善盡美的書,今天看來也
有它的局限和不足之處。

《説文》認識上的局限,主要表現在兩方面:

第一,表現在對詞義的認識上。《説文》一書的詞義解説,多數是正確
的,保存了字的本義。但是它所保存的有些詞義,受到當時社會思想、陰
陽五行之説影響。表現在詞義説解上,如:

　　一　惟初太始,道立于一,造分天地,化成萬物。

　　元　天垂象,見吉凶,所以示人也。從二二古文上字,三垂,日月星
也。觀乎天文以察時變示神事也。

第二,表現在對文字發展上的保守看法。《説文》在整理文字、規範文
字上有很大功績。許慎時代已出現隸書,那麽如何看待"隸書"?從漢字
發展來看,隸書出現是一件大事,漢字結構有較大改變,由圓筆變成方筆,
在書寫效果上有大的突破和躍進,而許慎對隸書的認識是不對的,對文字
的發展持保守的態度。他以篆爲正體,認爲隸書的出現破壞了六書。他
在《説文敍》中説:"初有隸書,以趣約易,而古文由此絶矣。"反映了他對
文字發展由篆變隸認識不足的地方。

第三,時代局限。後世出土的甲骨文、金文,許慎没有能見到,因此有
些字形錯了。後人根據甲骨、金文對《説文》進行修正。

另外,《説文》在解説方面的不足有:

(1) 互訓:改,更也;更,改也。追,逐也;逐,追也。警,戒也;戒,警也。

(2) 如疒部裏:疾、痛、瘃、疴、痛、瘇、瘵、瘼、癀、癰、疝、疵等,均用"病"一詞作解,未説明詞義上的區別。

(3) 如三、凵、久、才、乇、丞、克、屵、丏、爿、苜、く、燕、它等,只有部首,没有親屬字。

8.《説文解字》的影響

《説文解字》在當時受到重視,如後漢經學家鄭玄注《三禮》,引《説文》好幾處,見于《考工記·冶氏注》、《儀禮·既夕禮注》及《小戴記·雜記注》;又如應劭的《風俗通義》和晉灼的《漢書注》也稱引過它。傳《説文解字》之學的,從孟生、李喜以下,有不少人。模仿其書而作字書的,如晉吕忱的《字林》、陳顧野王的《玉篇》和宋司馬光的《類篇》等都成爲字書中的重要著作(《字林》今有韓本、《玉篇》詳本有殘卷,《類篇》現存無缺)。歷代研究《説文解字》的人,尊稱作者爲"許君",稱《説文》爲"許書",稱傳其學爲"許學",可見其影響之深廣了。

爲《説文》作整理工作的,開始於徐鉉、徐鍇兄弟。徐鉉(916—991年)五代宋初文字學家,字鼎臣,揚州廣陵(今江蘇揚州)人。初仕南唐,後歸宋,官至散騎常侍。與弟鍇齊名,號"大小二徐"。通文字學,曾與句中正等校訂《説文解字》,新補十九于正文中,又以經典相承及時俗通用而爲《説文》所不載者四百零二字附于正文後,世稱"大徐本"。徐鍇(920—974年)五代宋初文字學家,字楚金,徐鉉之弟,世稱小徐。官内史舍人。通文字學,著《説文解字系傳》四十卷,已注意到形聲相生、音義相轉之理。解説多宗儒家舊説。又據孫愐《唐韻》著《説文解字篆韻譜》五卷。二徐以後爲《説文》作注的更多,其中以段玉裁注爲最有名。近代丁福保把過去研究《説文》的著作匯編成《説文解字詁林》一書,正編和補遺多至八十餘册，洋洋大觀。僅清代注本，就有一百多種，以《説文》四大家最爲有名。

清段玉裁著《説文解字註》，爲清代研究《説文》重要著作之一。段氏首先根據《説文》體例和宋代以前羣書所引《説文》辭句以校正其訛脱；再用古書上所用字義以闡明《説文》的説解和一字多義的由來。

清桂馥著《説文解字義證》五十卷。此書多引證古書以推尋《説文》説解的根源，前後各説，相互補正，排比條理，資料豐富。

清王筠著《説文句讀》三十卷。採掇段玉裁《説文注》、桂馥《説文義證》及其他諸家研究《説文》的書，删繁舉要，便于初學。王筠又著《説文釋例》二十卷，前十四卷説明“六書”及《説文》的條例、體制；後六卷列出對于《説文》的一些疑問。各卷後附“補正”，用金石古文補正《説文》的形體和説解。

清朱駿聲著《説文通訓定聲》十八卷，又《東韻》一卷。根據《説文》九千多字，又增附七千多字，從中分析形聲聲符一千一百三十七，再依古韻歸并爲十八部。變更《説文》體例，按古韻及形聲聲符排比，以聲音、訓詁相通之理闡明《説文》，甚爲詳密。

總之，《説文》一書在中國古代語言學史中，極爲重要，它奠定了漢代語言學，對後世語言學的研究和發展有很大影響。這部書在世界語言學史上，也是一部光彩奪目的優秀的語言學著作。

説文解字序
許　慎

古者庖犧氏之王天下也[1]，仰則觀象於天，俯則觀法於地[2]，視鳥獸之文[3]，與地之宜[4]，近取諸身，遠取諸物，於是始作《易》八卦[5]，以垂憲象[6]。及神農氏[7]，結繩爲治，而統其事，庶業其緐[8]，飾僞萌生[9]。黄帝之史倉頡[10]，見鳥獸蹏迒之跡[11]，知分理之可相别異也，初造書契，百工以乂，萬品以察[12]。蓋取諸夬[13]，夬揚于王庭，言文者宣教明化於王者朝廷，君子所以施祿及下，居德則忌也。倉頡之初作書，蓋依類象形，故謂之文[14]，其後形聲相益，即謂之字。文者物象之本，字者言孳乳[15]而寖多也[16]。箸於竹帛謂之書[17]。書者，如也，以迄五帝三王之世，改易殊體，封于泰山者七十有二代，靡有同焉。《周禮》[18]八歲入小學，保氏[19]教國子[20]，先以六書[21]。一曰指事，指事者，視而可識，察而見意，上下是也。二曰象形，象形者，畫成其物，隨體詰詘，日月是也。三曰形聲，形聲者，以事爲名，取譬相成，江河是也。四曰會意，會意者，比類合誼，以見指撝，武信是也。五曰轉注，轉注者，建類一首，同意相受，考老是也。六曰假借，假借者，本無其字，依聲托事，令長是也。及宣王太史籀[22]著大篆[23]十五篇，與古文或異[24]。至孔子書《六經》[25]，左丘明述《春秋傳》，皆以古文，厥意[26]可得而説。其後諸侯力政[27]，不統於王，惡禮樂之害己，而皆去其典籍，分爲七國，田疇異畮，車涂異軌，律令異法，衣冠異制，言語異聲，文字異形。秦始皇帝初兼[28]天下，丞相李斯[29]乃奏同之，罷其不與秦文合者[30]。斯作《倉頡篇》[31]，中車府令[32]趙高作《爰歷篇》，太史令胡毋敬作《博學篇》[33]，皆取史籀、大篆，或頗省改，所謂小篆者也。是時秦燒滅經書，滌除舊典，大發吏卒，興役戍，官獄職務繁，初有隸書[34]，以趣[35]約易，而古文由此絶矣[36]。自爾秦書有八體，一曰大篆，二曰小篆，三曰刻符，四曰蟲書，五曰摹印，六曰署書，七曰殳書，八曰隸書[37]。漢興有草書。尉律[38]：學僮十七已上始試，諷籀書九千字[39]乃得爲吏，又以八體試之，郡移太史並課[40]最[41]者以爲尚書史，書或不正，輒舉劾之。今雖有尉律不課，小學不修，莫達其説久矣[42]。孝宣皇帝時，召通《倉頡》讀者，張敞從受之[43]，涼州刺史杜業[44]、沛人爰禮、講學大夫秦近亦能言之。孝平皇帝時，徵禮等百餘人[45]，令説文字未央廷中，以禮爲小學元士。黃門侍郎揚雄採以作《訓纂篇》，凡《倉頡》已下十四篇，凡五千三百四十字，羣書所載，略存之矣。及亡新居攝[46]，使大司空甄豐等校文書之部，自以爲應製作，頗改定古文[47]。時有六書[48]：一曰古文，孔子壁中書也[49]。二曰奇字[50]，即古文而異者也。三曰篆書，即小篆，秦始皇帝使下杜人程邈所作也[51]。四曰左書[52]，即秦隸書。五曰繆篆，所以摹印也。六曰鳥蟲書，所以書幡信也[53]。壁中書者，魯恭王壞孔子宅[54]，而得《禮記》、《尚書》、《春秋》、《論語》、《孝經》。又北平侯張蒼獻《春秋左氏傳》[55]，郡國亦往往於山川得鼎彝[56]，其銘即前代之古文，皆自相似，雖叵復見遠流[57]，其詳可得略説也。而世人大共非訾[58]，以爲好奇者也。故詭更正文，鄉壁虛造不可知之書，變亂常行，以燿於世[59]，諸生競逐説字解經誼，稱秦之隸書爲倉頡時書，云父子相傳，何得改易，乃猥曰[60]：馬頭人爲長，人持十爲斗，蟲者屈中也。廷尉説律[61]，至以字斷法，苛人受錢[62]，苛之字止句也，若此者甚衆，皆不合孔氏古文，謬於史籀。俗儒啚夫玩其所習，蔽所希聞，不見通學，未嘗覩字例之條，怪舊藝而善野言[63]，以其所知爲祕妙。究洞聖人之微恉。又見《倉頡篇》中“幼子承詔”[64]，因號古帝之所作也。其辭有神仙之術焉。其迷誤不諭，豈不悖哉[65]！書曰：予欲觀古人之象[66]，言必遵修舊文而不穿鑿，孔子曰：吾猶及史之闕文，今亡矣夫[67]。蓋非其不知而不問，人用己私，是非無正，巧説衺辭[68]，使天下學者疑。蓋文字者，經藝之本，王政之始，前人所以垂後[69]，後人所以識古，故曰本立而道生[70]，知天下之至嘖而不可亂也[71]。今敍篆文[72]，合以古籀，博采通人，至於小大，信而有證，稽撰其説[73]，將以理羣類，解謬誤[74]，曉學者，達神恉[75]，分別部居[76]，不相雜廁也[77]。萬物咸睹[78]，靡不兼載[79]，厥誼不昭[80]，爰明以諭[81]，其稱《易》孟氏、《書》孔氏、《詩》毛氏、《禮》周官、《春秋》左氏、《論語》、《孝經》皆古文也，其於所不知，蓋闕如也[82]。

注：

［１］庖犧氏：亦作伏戲、宓羲、伏羲、包犧。傳説古代帝王之一，教民漁獵畜牧生産，并製作
　　　八卦。

［２］象：現象。法，義同象。

［３］文：紋也。

［４］宜：所安也，適也。

［５］八卦：見《周易》，即乾☰、坤☷、震☳、巽☴、坎☵、離☲、艮☶、兑☱。每一卦代表
　　　同一屬性的若干事物。

［６］垂：顯示，表示。憲象：法象。

［７］神農氏：傳説古代帝王之一，教民耕作，發現藥草。用結繩方法記事。《易·繫辭下》
　　　孔疏引鄭玄《周易注》云："事大，大結其繩；事小，小結其繩。"

［８］庶業：各種行業。其：猶極也。

［９］飾僞：文飾，詐僞。萌生：謂多也。按以上兩句是説：社會發展了，用結繩記事，會發
　　　生許多文飾、詐僞。結繩辦法不能解决問題。

［10］黄帝：傳説中我國中原各族的祖先，在武功、文化上都有建樹。倉頡：亦作蒼頡，傳説
　　　是黄帝的史官，漢字的創始者。

［11］蹏：同蹄。迒（háng）：野獸足迹。

［12］百工：百官。乂：治也。萬品：指各種事物。察：明也，考察。

［13］夬（guài）：卦名，乾下兑上。

［14］文：即謂書契也。施禄及下：謂能文者則禄加之。居德則忌：謂律己則貴德不貴文也。

［15］孳乳：滋生，派生。

［16］此依段玉裁據《左傳·宣十五年》正義補。寖：逐漸。

［17］書：如也。謂文字初造時依類象形，如其物狀。

［18］周禮：猶言周制。

［19］保氏：官名，掌管教育。

［20］國子：公卿大夫子弟。

［21］六書：六藝之一，講述漢字結構。即：指事、象形、形聲、會意、轉注、假借。

［22］太史籀：段玉裁説："太史，官名。籀，人名也，省言之，曰史籀。《漢書·藝文志》云：
　　　'《史籀》十五篇'，自注：'周宣王太史，作大篆十五篇。' 又云：'《史籀篇》者，周時史官
　　　教學童書也。' 然則其姓不詳。"

［23］大篆：亦稱"籀文"。因著録于《史籀篇》而得名，字體繁複，據王國維考證是周秦西土
　　　文字。《説文解字》中注明是籀文的有二百二十三字。

［24］與古文或異：此古文實指壁中書文字，是漢代在孔子宅壁中發現的藏書，又叫"科斗
　　　文"（字體頭粗尾細）。據研究是六國文字，又稱東土文字。見於《説文解字》一書中的
　　　有三百九十六字。

［25］六經：《易》、《尚書》、《詩》、《禮》、《樂》、《春秋》。

［26］厥意：指古文字義。厥，他，他的。

[27] 政：征也。王念孫曰："言以力相征伐。"

[28] 兼：兼并,統一。

[29] 李斯(？—公元前 208 年),楚上蔡(今河南上蔡)人。上書要求統一文字,規定以小篆爲規範,對統一文字有貢獻。

[30] 罷：廢除。秦文：即指小篆。《史記·秦始皇本紀》："二十六年……書同文字。"

[31] 《倉頡篇》：《漢書·藝文志》："《蒼頡》七章者,秦丞相李斯所作也。"今佚,有輯本。

[32] 中車府令：官名,主"乘輿路車"。《漢書·藝文志》："《爰歷》六章者,車府令趙高作也。"(段玉裁説："車上當有中字。")書已不存。

[33] 太史令：官名,掌天時星曆。胡毋是姓。《漢書·藝文志》："《博學》七章者,太史令胡毋敬作也。"《漢書·藝文志》："漢興,閭里書師合《蒼頡》、《爰歷》、《博學》三篇,斷六十字爲一章,凡五十五章,並爲《蒼頡篇》。"小篆共三千三百字。清孫星衍、任大椿、近人王國維等有輯本,以王本較爲詳備。

[34] 隸書：《漢書·藝文志》："是時始造隸書矣,起于官獄多事,苟趨省易,施之于徒隸也。"隸書是把小篆勾圓筆畫簡化爲平直方正的筆畫。

[35] 趣：同"趨",趨向。

[36] 而古文由此絶矣：此處古文泛指隸書以前各種古文字。

[37] 自爾：從此。八體：指大篆,春秋戰國時通行於秦國的文字;小篆,秦統一後法定的文字;刻符,刻在符信上的文字,字體屬篆書,因是刀刻,筆畫較平直;蟲書,亦稱鳥蟲書。筆畫起末似鳥頭、蟲身之形故名,字體屬小篆,用於旗幟和符信上;摹印,用在璽印上,故名,字體屬小篆;署書：用于封檢題字,已無實物。秦書八體大都屬小篆,其用處略有變異;殳書,殳(音 shū)是古代一種兵器,殳書是刻在兵器上的文字,字體屬小篆;隸書：便於官獄事務的書體。

[38] 尉律：尉,廷尉,官名。律：律令也。

[39] 諷籀書九千字：《漢書·藝文志》："能諷書九千字以上,乃得爲史。"籀：《説文》竹部："籀,讀書也。"史：指郡縣的文書吏。

[40] 郡移太史並課：太史,即太史令。課,考核。並課,合在一起考核。

[41] 最：考課之等差,上者曰最,下者曰殿。

[42] 達：通曉。

[43] 張敞：字子高。河東平陽(今山西臨汾)人,生卒年不詳。從受之：謂跟着"通蒼頡讀者"學習《蒼頡》的音義。

[44] 杜業：張敞的外孫。

[45] 徵禮等百餘人：《漢書·藝文志》："至元始中,徵天下通小學者,以百數,各令記字於庭中,揚雄取其有用者,以作《訓纂篇》。"《漢書·平帝紀》,事在元始五年。《訓纂篇》,字書,六十字爲一章,三十四章共兩千零四十字。書已亡佚,清馬同翰有輯本。

[46] 亡新居攝：指王莽攝政時。

[47] 古文：此處古文是指壁中書。

[48] 六書：是指秦代八體減去兩種爲六種字體。

[49] 壁中書：《漢書·藝文志》："武帝末,魯恭王壞孔子宅,欲以廣其宮,而得古文《尚書》

及《禮記》《論語》《孝經》凡數十篇,皆古字也。"據研究是戰國時六國文字,亦稱東土文字。

[50]奇字:古文異體字。《説文》中所收奇字很少。如《説文》:儿,古文奇字,人也。无,古文奇字,无也。

[51]秦始皇帝使下杜人程邈所作也:段玉裁説:"按此十三字當在下文左書即秦隸書之下。"

[52]左書:左者佐也,輔助的意思。即隸書,因隸書書寫方便,可作篆字之輔助,故名。

[53]幡信:幡(fān),通旛。幡信,符信一類的器物,古人在旗幟上寫明官號以爲凭信,故稱幡信。

[54]魯恭王:漢景帝之子劉余的封國和謐號。

[55]張蒼:(?—公元前152年),陽武(今河南陽原)人。秦時爲御史,後歸漢,封北平侯,任丞相。

[56]鼎彝:鼎本爲炊具,彝爲酒尊,此統指青銅器。

[57]雖叵復見遠流:叵(pǒ),不可。此兩句意思爲:雖不能看清歷史源流,但可以瞭解大致情況。

[58]非訾:毀謗。

[59]燿:同耀。

[60]猥(wěi):胡亂地。

[61]廷尉説律:言廷尉以分析字形解釋法律條文。

[62]苛人受錢:本意是責人受錢不法。苛,本作呵,借苛爲呵。苛從艸可,艸誤爲止,可誤爲句,又根據字形分析來解釋"苛人受錢"這一條法律,説是"止句也",意即止人(要脅人)而句(鉤)取人錢。許慎是批評廷尉説律,擅以字形,亂加分析。

[63]怪舊藝:以傳統知識爲怪,反而相信野言。

[64]幼子承詔:王筠説:"'幼子承詔',蓋《倉頡篇》中一句。幼子蓋指學童;承詔蓋謂承師之教告。俗儒不知是篇爲李斯作,因後世謂君命爲詔,遂謂是篇爲古帝作。"

[65]諭:曉喻;悖(bèi):亂也。

[66]予欲觀古人之象:象,物象,指古代文物、制度。文見《尚書·益稷》。

[67]吾猶及史之闕文,今亡矣夫:文見《論語·衛靈公》。原義是:"我還看到史書裏有闕疑的文字,現在没有了。"許慎引用的意思有感於漢代某些小學家,不知不問,穿鑿附會。

[68]衺:同"邪"。

[69]垂:流傳。

[70]本立而道生:見《論語·學而》:"君子務本,本立而道生。"原義是指道德修養要打好基礎。許慎引用,義在指出:文字是基礎。

[71]知天下之至嘖而不可亂也:見《易·繫辭傳上》。嘖(zé):通賾;賾:深奧也。

[72]今敍篆文:段玉裁注曰:"此以下至蓋闕如也,自述作書之例也。"

[73]稽撰:稽考,考證。撰,詮釋。

[74]解謬誤:王筠説:"破除俗儒鄙夫之説。"

[75]達神恉:達,通曉;恉,同旨。

［76］分别部居：指全書所收九千三百五十三字，分别爲五百四十部。

［77］雜厠：厠，猶置也。分别部居，不相雜厠，謂分别爲五百四十部也。

［78］咸：皆、都。

［79］靡：無。

［80］厥：其也。誼：同義。段注：誼，兼字義、字形、字音而言。昭：明。

［81］爰明以諭：指引用經典來説明。段注：諭，告也。

［82］闕如：闕而不論。闕，同“缺”。

五、探求漢語語源的專著《釋名》

1.《釋名》的作者及其時代

劉熙，漢末訓詁學家，字成國，北海（郡治在今山東濰坊西南）人。以語源學觀點研究訓詁。所著《釋名》，以音同音近的字解釋字義，并注意到當時的語音與古音的異同，爲漢語語源學的重要著作。

《釋名》共二十七篇，分八卷。體例仿《爾雅》，而用音訓，以音同音近的字來解釋意義，推究事物所以命名的由來，其中有主觀穿鑿附會之處。但是對于探求語源，辨證古音和古義，有參考價值。《釋名》到清代才有注本，最早的是畢沅的《釋名疏證》，後有王先謙的《釋名疏證補》、成蓉鏡的《釋名補證》和吳翊寅的《釋名疏證校議》。

《隋書·經籍志》著録：《釋名》八卷，劉熙撰。今本《釋名》，題漢徵士北海劉熙成國撰。陳振孫《直齋書録解題》、馬端臨《文獻通考》，皆如是題。《顏氏家訓·音辭篇》云：劉熹制《釋名》。（《文選注》引李登《聲類》："熹與熙同。"）《釋名》作者原無問題，唯劉熙《漢書》無傳，而《後漢書·文苑傳》云劉珍撰《釋名》三十篇。劉珍字秋孫，一名寶，南陽蔡陽人，永初中爲謁者，延光四年拜宗正，明年卒。撰《釋名》三十篇，以辨萬物之稱號。劉珍是安帝時人，卒于順帝永建元年。劉珍《釋名》，後無傳書，且不見著録。劉熙《釋名》，歷見著録，而事略頗少可徵。《續博物志》有漢博士劉熙，《直齋書録解題》、《中興館閣書目》、《文獻通考》皆作漢徵士，又《隋書·經籍志》在《大戴禮記》十三卷下云"梁有《謚法》三卷，後漢安南太守劉熙注，亡"。因之《釋名》有題爲安南太守劉熙撰者，於是《釋名》作者，遂有疑問。清《四庫全書總目提要》："《後漢書·劉珍傳》稱珍撰《釋名》三十篇，其書名相同，姓又相同，鄭明選作《秕言》，頗以爲疑。"清畢沅、錢大昕考《三國志·吳志·程秉傳》："避亂交州，與劉熙考論大義遂博通五經。"《薛綜傳》:"少依族人,避地交州,從劉熙學。"《韋曜傳》:"曜因獄吏上書,見劉熙所作《釋名》,信多佳者。"畢沅認爲"疑《釋名》兆于劉珍,踵于劉熙"。統觀畢沅、錢大昕之所考,或有兩《釋名》,劉珍之《釋名》早佚,劉熙之《釋名》獨傳。今所傳之《釋名》爲劉熙所撰,決無可疑者。又考劉珍卒于順帝永建元年,閱九十四年漢亡,又十年吳建國、程秉、薛綜皆從劉熙游,則劉珍與劉熙相去至少在五十年以上。又郝懿行《劉熙釋名考》認爲劉熙是漢獻帝劉協建安時期人,他寫《釋名》應不後於公元 220 年。

2.《釋名》的內容和體例

釋名者,釋事物之名而作也。全書共計二十七篇,其分類略同《爾雅》。其內容爲:

卷一:　釋天　釋地　釋山　釋水　釋丘　釋道
卷二:　釋州國　釋形體
卷三:　釋姿容　釋長幼　釋親屬
卷四:　釋言語　釋飲食　釋采帛　釋首飾
卷五:　釋衣服　釋宮室
卷六:　釋床帳　釋書契　釋典藝
卷七:　釋用器　釋樂器　釋兵　釋車　釋船
卷八:　釋疾病　釋喪制

和《爾雅》比較,無《爾雅》之釋詁、釋訓、釋言及釋草、釋木、釋蟲、釋魚、釋鳥、釋獸、釋畜十篇。由《爾雅》釋親廣爲釋長幼、釋親屬。由《爾雅》釋器廣爲釋采帛、釋首飾、釋牀帳、釋用器、釋兵、釋車、釋船。由《爾雅》釋地廣爲釋地、釋州國、釋道。而釋天、釋山、釋水、釋兵、釋宮室、釋樂器則如《爾雅》之舊。釋形體、釋姿容、釋言語、釋飲食、釋書契、釋典藝、釋疾病、釋喪制則爲《爾雅》所未有，其内容之大體已超軼《爾雅》之外。畢沅謂其書："參校方俗，考合古今，晰名物之殊，辯典禮之異，洵爲《爾雅》、《説文》以後不可少之書。"

其辨析名物典禮，時出于《爾雅》《説文》之外。例如：《説文》無褌字，新附有之，鞻屬。《釋名·釋衣服》："褌，跨也。兩足各以一跨騎也。本胡服，趙武靈王服之。"《爾雅·釋丘》無陽丘，《釋名·釋丘》："丘高曰陽丘，體高近陽也。"

即同一名物典禮而稱謂殊異者亦頗有之，《説文》："平土有叢木曰林。"《釋名·釋山》："山中叢木曰林。林，森也。森森然也。"《爾雅·釋宮》："狹而修曲曰樓。"《釋名·釋宮室》："樓，言牖户諸射孔慺慺然也。"

因時代更易，稱謂遂别，亦有稱謂雖同，以聲韻言語之流變，而説解遂别。例如，《説文》："山，宣也。宣令椕生萬物。"《釋名》："山，産也。"

《釋名》在《爾雅》、《小爾雅》後三百餘年，在《説文解字》後約略一百年。對當時之名物典禮，頗有可以參考者。

《釋名》所釋名物典禮計一千五百二事，雖不完備，亦可以略見當時名物典禮之大概。其條例據顧千里《釋名略例》有①：

本字例：如"冬曰上天，其氣上騰與地絶也"。以上釋上，此本字之例也。

疊本字例：如"春曰蒼天，陽氣始發，色蒼蒼也"。以蒼蒼釋，此疊本字之例。

本字而易字例：如"宿，宿也。星各止宿其處也"。以止宿之宿釋星宿之宿，此本字而易字之例也。

易字例：如"天，顯也，在上高顯也"。以顯釋天，此易字之例也。

疊易字之例：如"雲，猶云云，衆盛意也"。以云云釋雲，此疊易字之

---

① 顧廣圻字千里，清江蘇元和人，精校勘之學，道光十九年卒，年七十。《釋名略例》刊在《清經解·經義叢鈔》中。

例也。

再易字例: 如"腹,複也,富也"。以複也、富也再釋腹,此再易字之例也。

轉易字例: 如"兄,荒也;荒,大也"。以荒釋兄,而以大轉釋荒,此轉易字之例也。

省易字例: 如"綈,似蜥蟲之色,緑而澤也"。如不省,當云綈蜥也,以蜥釋綈而省蜥也二字。此省易字之例也。

省疊易字例: 如"夏曰昊天,其氣布散顥顥也"。如不省,當云昊猶顥顥,以顥顥釋昊而省昊猶顥顥四字。此省疊易字之例也。

易雙字例: 如"摩娑,末殺也"。以末殺雙字釋摩沙雙字,此易雙字之例也。

以上十例,總之不外本字與易字二例,本字可以説明者,即用本字釋之,如冬天所以名爲上天者,以其氣上騰也。本字不可以説明者,即易字説明之,如夏天所以名爲昊天者,以氣布散顥顥也。昊無布散廣大之義,故易灝字以釋之。但顧氏十例,亦有欠妥之處。如其氣上騰釋上天,一爲向上之上爲動詞,一爲在上之上爲名詞。

近人楊樹達《釋名新略例》①分析《釋名》體例爲同音、雙聲、疊韻三例;又細分爲"以本字爲訓,以同音字爲訓,以同音符字爲訓,以音符之字爲訓"等九例,其例如:

以同音字爲訓:

雨,羽也;如鳥羽動則散也。(《釋天》)

楣,眉也;近前各兩,若面之有眉也。(《釋宫室》)

以雙聲字爲訓:

公,廣也。可廣施也。(《釋言語》)

---

① 見《積微居文録》。

　　含,合也。合口停之也;衔亦然也。(《釋飲食》)

以疊韻字爲訓:

　　月,闕也。滿則闕也。(《釋天》)

　　禮,體也。得其事體也。(《釋典藝》)

3.《釋名》的材料來源和研究方法

　　《釋名》自序:"夫名之于實,各有義類。百姓日稱而不知其所以之意。故撰天地、陰陽、四時、邦國、都鄙、車服、喪紀,下及民庶應用之器,論敍指歸,謂之《釋名》,凡二十七篇。"劉熙在《自序》中指出,他是繼承了先秦諸子探求名實的精神來進行研究的。《釋名》的"名"和《説文解字》的"文"和"字",意思近似,不過著書着重點不同。若要分別,文者是從察形就義來説;字者,是從形聲孳乳來説;名者,是指審聲正讀來説的。劉熙在《釋名》中試圖把各種事物的名稱,即序文中所指各種雅俗名號作一探求,使人明其"所以然",可以説是一個偉大的志願。他應用了先秦以來傳統訓詁方法之一的"聲訓法"來探求事物典禮命名的本源,用現代語言學術語來説,即對"語源學"展開探求和研究,這在我國古代語言學史上是一個重要的發展。《釋名》一書,對一千五百零二條詞條,做出語源上的解釋,成就是很大的。

　　《釋名》全書二十七篇,全部採用了以同音字或近音字來解釋詞義的聲訓法。這一方法是劉熙在先秦和漢人著作中將有關聲訓的資料加以匯集,并在此基礎上加以發展。《釋名》和《爾雅》、《方言》一樣,既運用了書面材料,也運用了口語資料。全書一千五百零二個詞條,大部分是"百姓日稱"的。因此,《釋名》一書的解釋,也常用方言俗語的讀音來加以解釋。例如卷一《釋天》中"天"字一條,就引用了豫、司、兗、冀和青徐諸州對"天"字的讀法,這當然是當時廣大人民羣衆口中的活語言。全書像這樣運用當時口語來解釋的,有幾十條之多。可見《釋名》不僅取材于先秦典籍書面語,也十分重視當時口語材料。

　　《釋名》全書二十七卷,研究方法主要是聲訓,即以聲訓的方法來探求字義的語源。中國古代有些學者對語源産生興趣,西方古代學者如蘇格拉底、柏拉圖等也曾對語源有興趣。《論語》、《孟子》中已開始有聲訓,到了漢代,聲訓大量應用,學者們想探求事物得名的真正解釋,這種研究方法和指導思想是和荀子"名無固宜,約之以命,約定俗成謂之宜"的語言學思想背道而馳的。所謂聲訓,就是用語音相同或相近的詞來説明一個詞的意義,聲訓之名由此而來。劉熙就是在前人運用聲訓基礎上加以匯集、研究,并進一步發展,從而使《釋名》成爲聲訓專著。

不過,在劉熙《釋名》前的聲訓,不是對一切詞都探求它的語源,"百姓日稱"的一般詞語並不是聲訓的對象,只有關于名號、典章、制度、天干、地支等語語,才成爲聲訓對象。例如《春秋繁露・深察名號》認爲:"治天下之端,在審辨大,辨大之端,在察名號。"又説"名號之近,取之天地","名則聖人所發天意,不可不深觀也"。可見,他們是把深察名號提高到治天下的高度。那麼,如何深察呢? 就離不開用聲訓的方法。《春秋繁露》一書中説:"君者,元也;君者,原也;君者,權也;君者,温也;君者,羣也。"可見,對"君"這個詞的聲訓,不是一般詞義,而是指如何爲君之道了。漢代聲訓,沒有脱離孔子"政者,正也"的範疇,他們是用聲訓這個手段來宣揚儒家的政治思想的。劉熙《釋名》在前人基礎上繼承匯集,並有創造,他是從語言學觀點出發來研究聲訓的,突破了前人用聲訓宣揚儒家思想的範圍。這一點在語言學史上,對古代語言學的發展都是有貢獻的。

《釋名》運用聲訓釋義,主要方式計有:

用方言轉變來作解釋,如:

《釋水》"兗州人謂澤爲掌"之類。

用音義遞詁的方法,如:

《釋典藝》"爾,昵也;昵,近也";"雅,義也;義,正也"之類。

用同義譬況的方式,如:

《釋牀帳》"幄,屋也,形如屋也"之類。

用複音詞來解釋單音詞,如:

《釋宮室》"梁,彊梁也"之類。(彊梁是疊韻)

先用一字釋義,然後再加形容詞來作解釋,如:

《釋采帛》"紈,渙也";"渙,渙然也"之類。
《釋天》"光,晃也,晃晃然也"。

先用一單字聲訓釋義,然後再加以解釋,如:

《釋天》"日,實也。光明盛實也"。"月,缺也。滿則缺也"。
《釋地》"土,吐也。吐生萬物也"。

一字而有數訓,除了語音上的關係而外,因義有兼通,故一並舉出,如:

《釋地》:"地者,底也。其體底下載萬物也。亦言諦也,五土所生莫不信諦也。易謂之坤,坤順也,上順乾也。"
《釋形體》:"毛,貌也,冒也。"

4.《釋名》的貢獻和影響

漢代語言學,《爾雅》為訓詁之始,《方言》從比較方言角度研究詞匯,

《説文》從文字角度研究語言學,《釋名》則從聲音來釋義,首創聲訓。它指出研究詞義不一定拘于形體分析,從語言着手來探求"義類"和聲符的關係,給語言學研究別開一番天地。當然,《釋名》的聲訓也是在前人基礎上發展而來的。從先秦以來,用音同、音近的字來釋義,即從語音入手的聲訓法,早爲訓詁學家採用。如《爾雅》、《説文》和漢代董仲舒《春秋繁露》、班固《白虎通》均有採用。但其與《釋名》有兩點不同:其一,在數量上,過去只是偶一用之,而《釋名》則全部採用聲訓;其二,在語言學思想上也大不同,過去是用聲訓來宣揚儒家思想,而《釋名》則是從語言學上來研究詞源,突破文字形體,突破拿文字宣揚儒家思想,用語言聲音以探求意義。因此,《釋名》在漢代語言學中,別開一番天地,對後世"以聲求義"也起很大啓發作用。後世的"右文説"即諧聲偏旁兼有意義,王念孫學派"就古音求古義,引申觸類,不限形體"等皆受其影響也。

《釋名》一書,已對漢語讀音採用近于今天的描寫語音學方法,并且也利用方音來進行比較研究。例如,《釋名・釋天》:

> 天,豫、司、兗、冀以舌腹言之,天顯也,在上高顯也。青、徐舌頭言之,天,坦也;坦然高而遠也。

又如:

> 風,兗、豫、司、冀横口合唇言之,風,氾也,其氣博氾而動物也。青、徐言風,踧口開唇推氣言之,風放也,氣放散也。

按所謂舌腹、舌頭、横口、合唇、踧口、開唇等,都是從發音部位、發音方法上對漢語發音加以描寫。劉熙早在一千七百多年前已能如此描寫語音,實屬難能可貴。

《釋名》廣泛地運用聲訓釋義,對後世語言研究影響很大。聲訓之法有其成績,但失之過寬,病在用同音字、近音字任意作解,顯得解説不科學。後世在其基礎上創"右文説",根據一組同聲字母,尋求各字共訓,即一組同聲母字有共同概念部分,則比較嚴謹。關于"右文説",晉人楊泉《物理論》上説:"在金曰堅,在草木曰緊,在人曰賢"已開其端緒。到了宋代王子韶(字舜美,山西太原人)研究字學,認爲漢字聲在左,義在右,字從某聲即具某義。如"戔,小也。水之小者曰淺,金之小者曰錢,餐之小者曰殘,貝之小者曰賤,皆以戔字爲義"。① 以後王觀國、張世南、戴侗等暢演其説,但缺點在僅取少數字爲例,未能從理論上考察。到了清代,黃生《字詁》才漸闡明聲音訓詁相通之理,段玉裁《説文解字注》竟倡"以聲爲義"之説。他認爲古人先有聲音而後有文字,因此《説文》中凡從某得聲必同是某義。在《説文注》中,段玉裁用此法注釋的有數十處,例如:"力者,筋也。在人爲人身之理,筋有脈絡可尋,因此,凡有理之字皆從力。朸,在木之理;防,從力,地之理;泐,水石之理。"王念孫《廣雅疏證》也發揮了"以聲爲義"説法。後來,郝懿行《爾雅義疏》、錢繹《方言箋疏》都有所發揮。

　　《釋名》一書,在傳統訓詁學上價值也大,被稱爲"釋名派之訓詁",和《爾雅》、《方言》鼎立爲三。有人對《釋名》的訓詁進行研究,把它與古代經典以及《説文》、《爾雅》、緯書等進行比較,得出同訓、不同訓、同訓而實不同、不同訓而實同等四類。《釋名》還記載了當時方言、器物稱謂、漢代制度、校正古書等方面,全部釋名,皆可謂雙聲疊韻釋義。其"乾、健也"等見于經典。"曰,實也"等見于《説文》。其不見于經典、《説文》者甚多,或爲古時訓詁之流傳或爲當時訓詁之特徵,要皆在訓詁學上有重要之價值。

5.《釋名》的不足之處

　　釋義中有宣揚封建迷信思想,採用了當時神權法典《白虎通》和今文學一些説法,例如:

---

① 見沈括《夢溪筆談》。

夏：假也，寬假萬物使生長也。

秋：緧也，緧迫品物使時成也。

疫：役也，言有鬼行疫也。

釋義有數詞而同一訓，如"木、卯、毛、髦、眸、母、牟、帽、矛"九個詞同訓爲"冒"。語義關係究如何，作者未作進一步的解釋。

有時，同一個詞又有不同的聲訓。如"雨，羽也"。又説："雨，輔也。"也未作進一步説明，如此釋義，是不明確不科學的。

聲訓不失爲訓詁的一種方法，但是如果大量使用，無限使用，則容易走向主觀、任意，對字義的解釋就不免有穿鑿附會之處了。例如：

《釋天》"震"下説："又曰辟歷，辟析也，所歷皆破析也。"

"辟歷"現在看來明明是象聲詞，硬釋義爲"所歷皆破析"是很勉強的。

總之，語音和語義的關係比較複雜，遠在漢代，劉熙就能突破文字形體，看到語音和語義的關係，以聲訓來釋義，從語音來研究語義，確是一種發展。但是，劉熙大量使用聲訓釋義，就失之太寬了。因爲語音和語義的關係很複雜，不能簡單看待。

語言的本質是社會的，用什麼語音來表達某一客體，即用某一語音表達某一語義，是社會約定俗成的。語音和語義的關係，既不是必然的，也不是偶然的；既有聯繫，也有差別，關係比較複雜，需要進一步研究。劉熙在《釋名》一書中，看到語音和語義有關係的一面，這是對我國古代語言學的發展。不過，大量無限使用聲訓釋義，就會産生主觀任意以致穿鑿附會的毛病。

六、漢末魏晉時期的語言研究

這一時期的語言研究，主要成績在文字和訓詁方面，如吕忱著《字林》、張揖著《廣雅》和被收入《孔叢子》中的《小爾雅》。在語音研究方面，有周研《聲韻》四十一卷、李登《聲類》十卷、吕静《韻集》等韻書的産生。本節主要論述文字和訓詁方面的研究，有關韻書部分，下一章再論述。

1.《小爾雅》

(一)《小爾雅》的作者

關於《小爾雅》的作者問題，清儒爭論紛紜，歸納起來，有三種説法：

一説《小爾雅》是後人掇拾而成書。此説以戴震爲代表，段玉裁、《四庫全書總目提要》贊同此説。戴震《書小爾雅後》曰：“《小爾雅》一卷，大致後人皮傅掇拾而成，非古小學遺書也。如云鵠中者謂之正，則正鵠之分，未之考矣。四尺謂之仞，則築宮仞有三尺，不爲一丈，而爲及肩之牆矣。滄深二仞，無異洫深八尺矣。其解釋字義，不勝枚舉以爲之駁正。故漢代大儒不取以説經，獨王肅、杜預及東晉枚賾奏上之《古文尚書孔傳》頗涉乎此。”

段玉裁在《與胡孝廉世琦書論小爾雅》中稱譽戴氏所説爲“沈潛諸大儒傳注，確有所見之言”，并説：“東原師意謂《漢志》所載者，乃真《小爾雅》，今入於《孔叢子》者，則後人所爲。如僞《家語》、僞《古文孔傳》、僞《孔叢子》皆未嘗無所因襲。”

《四庫全書總目提要》亦説：“漢儒説經，皆不援及，迨杜預注《左傳》，始稍見徵引，明是書漢末晚出，至晉始行，非《漢志》所稱之舊本。”

二説《小爾雅》是王肅所僞造，此説以臧鏞爲代表。戴震説：“或曰《小爾雅》者，後人採王肅、杜預之説爲之也。”但并未指明是誰僞造。至臧鏞則既信戴震之説，又引其高祖臧琳之説，確定爲王肅所僞造，他在《小爾雅徵文》中説：“余……考之有年，知郭璞之前，王肅實首引此書，余高祖玉林先生曰《孔叢子》爲王肅僞作，而《小雅》在《孔叢》篇第十一。又自王肅以前，無有引《小雅》者，凡作僞之人，私撰一書，世之人未之知也，必作僞者先自引重，而後無識者從而羣然和之，世遂莫有知其僞者矣。然則

《小雅》之爲王肅私撰，而《孔叢》書之由肅僞作，皆確然無疑也。"

　　三說是古小學之遺書而採入《孔叢子》的。此說以胡承珙爲主，王煦、朱駿聲、任兆麟贊同。胡承珙爲譚正治作《小爾雅疏證序》上說："《小爾雅》一卷，見于《漢藝文》、《隋經籍志》者，孔鮒之本，李軌之解，已不復可見。今所傳者，具載于《孔叢子》第十一篇，世遂以《孔叢》之僞而并僞之。戴氏東原謂是後人皮傅撮拾而成者，非古小學遺書也。以序考之，漢以後傳注家徵引此書者，王肅之說，見於《詩》、《禮》正義，杜預之注《左傳》，訓詁多與之合。至酈注《水經》，始明著書名。其後陸氏《釋文》，孔、賈經疏，釋玄應《一切經音義》，李善《文選注》，徵用尤夥，持較今本，則皆燦然具在，其逸者不過數條，則安知非僞造《孔叢子》者，勦取入之，而諸儒所見之本，固猶無恙邪？"胡氏于《小爾雅義證自序》中亦說："……此可見《孔叢子》多刺取古籍，而所取之《小爾雅》，猶係完書，未必多所竄亂也。"

　　朱駿聲《小爾雅約注》序曰："訓詁之書，權輿《爾雅》，自後《小爾雅》、《方言》、《說文解字》、《釋名》、《廣雅》廣之。而《小爾雅》十三章最古，亦六籍之襟帶、百氏之綱維也。《漢志》列孝經家，《隋志》附論語類，皆別爲一卷，不著撰人名氏，而《藝文類聚》引作《孔叢》。晁公武謂孔子古文，見于孔鮒書，今《館閣書目》云孔鮒撰，即《孔叢子》第十一篇。然《孔叢》一書不著前志，殆魏晉人依托而摭取《小爾雅》入之。"

　　任兆麟《小爾雅》注序中說："《小爾雅一卷》，《漢志》列孝經家，蓋孔壁古文也，今見《孔叢子》、《孔叢》後出，疑信參半之書，此篇及《孔藏書賦》，皆確然無可疑，王厚齋謂古書之幸存者，此其一也。"

　　《漢書·藝文志》有《小爾雅》一篇，或以爲即《小爾雅》，沒有作者名氏。晁公武《郡齋讀書志》，陳振孫《直齋書錄解題》，王應麟《玉海》，都說是孔鮒所著。孔鮒的事迹見於《史記·孔子世家》。孔鮒是孔子九世孫，爲陳王（涉）博士。《史記》中并沒有鮒著《小爾雅》的記載。《漢書·藝文志》記載《小爾雅》一卷，既沒有作者名氏，即使是古代傳下來的書，也很難確定這本書就是孔鮒所作。若是說王肅僞造，也不大可信，因爲書中與

《鄭志》①合者甚多，王肅既欲難鄭，不應又合于鄭，可見《小爾雅》并非王肅所僞造。《小爾雅》一書也不是掇拾王肅、杜預之説而成書的，因爲《説文》已引《小爾雅》"謚，薄也"。總之關於《小爾雅》作者，還是清戴震等考證的是後人纂輯而成，較爲合理。《小爾雅》者，廣《爾雅》之所未備，也是我國古代研究字義方面、訓詁學方面的重要著作。

（二）《小爾雅》的内容

《小爾雅》共有十三篇，即《廣詁》、《廣言》、《廣訓》、《廣義》、《廣名》、《廣服》、《廣器》、《廣物》、《廣鳥》、《廣獸》、《廣度》、《廣量》、《廣衡》。"廣"的意思，就是廣《爾雅》之所未備。有些古義、舊制，不見于其他古書，而獨存於《小爾雅》，可以補《爾雅》之不足。《小爾雅》書中記載存録的周秦訓詁，與漢儒多相印合。

胡樸安對《小爾雅》的内容，詳加分析，今採録于下：

> 《小爾雅》所釋詁訓及名物，共計三百七十四事，所釋雖不多，頗足補《爾雅》之所未備。《廣詁》、《廣言》、《廣訓》三篇，其篇目與《爾雅》同，《廣詁》共計五十一條。大、治、高、近、美、多、法、易、進、久、因、山、疾、餘、事十五條，《爾雅》所有。餘三十六條，皆不見於《爾雅》。即此見於《爾雅》之十五條，其所訓之文，亦非《爾雅》所有。如大字一條，《爾雅》共有三十九文，《小爾雅》所廣之"封、巨、莫、芥、艾、祁"六文，《爾雅》皆不收。《詩·周頌·烈文》云："無封靡於爾邦。"《毛傳》："封，大也。"《孟子》："爲巨室則必使工師求大木。"《左傳》莊公二十八年："狄之廣莫。"《莊子·逍遙遊》："廣莫之野。"《吕氏春秋·知接篇》："戎人見瀑布者而請曰：何以謂之莽莽也。"高注：

---

① 《鄭志》，三國魏鄭小同編。原書已佚，《古經解匯函》中有輯本。小同是鄭玄之孫。清皮錫瑞撰《鄭志疏證》，可供參考。

"莽莽,長大貌。"《禮記·曲禮》:"五十曰艾。"艾,老也。老、大義通。《詩·小雅·吉日》:"其祁孔有。"《毛傳》:"祁,大也。"此悉周秦之訓詁,而爲《爾雅》之所略,不有《小爾雅》以廣之,則《爾雅》之所未備者多矣。治字一條《爾雅》爲治亂之治,《小爾雅》爲攻治之治,攻治義較治亂爲朔也。易字一條,《爾雅》爲易直之易,《小爾雅》爲交易之易,交易義較易直爲朔也。《廣言》、《廣訓》皆係廣《爾雅》之《釋言》、《釋訓》而作。凡《爾雅》所載,悉不復出。偶有重見者,或爲後人所竄入。四《廣言》、五《廣名》。義古作誼,事之宜也、名自命也。義以制事、名以辨物,斟酌人事以正名也。《爾雅》《釋親》一篇,只釋名分之名,不釋事義之名,故以此二篇廣之也。六《廣服》、七《廣器》,《爾雅》《釋器》一篇,間釋物之名稱。不過祝襮、純、袲、襟、裾、袴、襩、祛、襊、襠、襦、縷十餘事而已,《廣服》於《爾雅》十餘事而外,凡織、布、纊、縞素、絺、綌之類,計二十有六,皆釋之無餘。《廣器》一篇,亦是廣《爾雅》之所未備,高平謂之太原,澤之廣謂之衍,是兼《釋地》而廣之也。八《廣物》,兼《爾雅》《釋草》、《釋木》而廣之。九《廣鳥》、十《廣獸》,兼《爾雅》《釋鳥》、《釋獸》、《釋畜》、《釋魚蟲》而廣之。《爾雅》獸畜分爲二,《小爾雅》則不分,且無魚蟲。惟《爾雅》只釋草木鳥獸魚蟲之名,《小爾雅》則及于事。如拔心曰摳、拔根曰擢、鳥之所乳謂之巢、雞雉所乳謂之窠、魚之所息謂之橬之類是。十一《廣度》、十二《廣量》、十三《廣衡》,此則《爾雅》所無《小爾雅》廣之者也。

(三)《小爾雅》的體例

《小爾雅》既然是廣《爾雅》之所未備,體例也是仿《爾雅》的。關於《爾雅》的體例,清代陳玉樹曾作《爾雅釋例》五卷,剖析甚詳,共分爲四十五例。胡樸安在他分析的基礎上,歸納成爲八例:即(一)文同訓異,(二)文異訓同,(三)訓同義異,(四)訓異義同,(五)相反爲訓,

（六）同字爲訓,（七）同聲爲訓,（八）展轉爲訓。這八種體例,同樣也適合于《小爾雅》。

另外,《小爾雅》與《爾雅》相比,又可得以下三例:

（1）見於《爾雅》,而在《小爾雅》爲重出者。如卬之訓我,《爾雅》、《小爾雅》并同。

（2）雖見於《爾雅》,而所訓之文與《爾雅》不同。

如《爾雅》訓"大"一條、所訓之文有:弘、廓、宏、溥、介、純、夏、幠、墳、嘏、丕、弈、洪、誕、戎、駿、假、京、碩、濯、訏、字、穹、壬、路、淫、甫、景、廢、壯、冢、簡、箌、將、業、席等三十九字。《小爾雅》雖亦有訓"大"一條、而所廣之封、巨、莫、莽、艾、祁六字,則非《爾雅》所有。

（3）《小爾雅》所未備者。如《小爾雅·廣名篇》:"請天子命曰未可以戚先王,請諸侯命曰未可以近先君,請大夫命曰未可以從先子。"胡承珙在《與潘芸閣編修書論小爾雅》中説:"請天子命云云,《尚書正義》引鄭志答趙商問曰:君父疾病方困,忠臣孝子不忍默爾,視其歠歟,歸其命於天,中心惻然,爲之請命。周公達於此禮,著在《尚書》,若君父之病,不爲請命,豈忠孝之志也。據此則請命之禮,其來甚古,不見他書,而獨見于此。"此則爲《爾雅》所未備。

（四）《小爾雅》的注本

《小爾雅》注之最古者,爲李軌注本。李軌字洪範,東晉時人,其書著錄于《隋書·經籍志》,今已不存。研究《小爾雅》之學,到了清代才發展起來。主要著述有:

胡承珙《小爾雅義證》十三卷、補遺一卷。承珙字景孟,號墨莊,安徽涇縣人,嘉慶十年進士。清代研究《小爾雅》的,以胡承珙的《小爾雅義證》最享盛名,他在自序中説:"曩見東原戴氏橫施駁難,僅有四科。予既援引古義,一一釋之,因復原本雅故,區別條流,又採輯經疏選注等所引,通爲義證。略存舊帙之仿佛,間執後儒之訾議,將有涉乎此者,庶其取焉。"從序言中，可以知道他撰寫此書的目的和體例。

王煦《小爾雅義疏》八卷。王煦，浙江上虞人。他不同意戴震對《小爾雅》"皮傅掇拾之譏"，説："今按《爾雅》本文，證以漢魏諸儒傳注之義，則知東原之説非也。篇中如釋'公孫碩膚'、'鄂不韡韡'，並與《毛傳》合，可知當日經師授受，實出一原，自餘諸訓，亦無不斟酌《蒼》《雅》，與漢魏諸儒相發明，安所見皮傅掇拾乎?"全書立論、由此可見一斑。

胡世琦《小爾雅義證》。胡世琦字玉樵，安徽涇縣人，清嘉慶十九年進士。段玉裁曾稱譽胡世琦《小爾雅義證》"校之也精，考之也博"，爲"小爾雅之功臣"。其書體例大致援鄭衆、馬融、賈逵諸儒之説，以駁戴東原對《小爾雅》的訾議。胡世琦與胡承珙同族同時，但是承珙在京，世琦在里，所著之書，各不相謀，並互有異同。如《廣詁》："掠，取也。"承珙引《説文》："掠，奪取也。"此字乃新附，非許書之舊，不得據爲《説文》。世琦則謂掠字《説文》所無，掠即㨂之或體。《説文》㨂，疆也。掠取猶言疆取，古聲同也。不過胡世琦《小爾雅義證》書稿未刻，僅存宋琇序一篇，言之極詳。

宋翔鳳《小爾雅訓纂》。宋翔鳳字于庭，江蘇長洲人，嘉慶五年舉人，著《小爾雅訓纂》六卷。胡樸安在《中國訓詁學史》中説："宋氏之書成于黔中，與二胡亦不相謀，其書字體，多準《説文》。然亦有違誤者。如'履，具也。'履不得訓具，履當爲展，《周禮》鄭玄注：'展，具也。'……然宋書亦儘多精義，如'禋，潔也。'引《書》'禋於六宗'。馬融云：'禋，精意以享也。精、潔義同。'而爲胡氏承珙之書所未引。比而觀之，各有疏密。"

葛其仁《小爾雅疏證》五卷。葛其仁，江蘇嘉定人。朱駿聲於《小爾雅約注》序文中説："近吾鄉宋翔鳳、嘉定葛其仁，均有疏證，犁然成燦。"

朱駿聲《小爾雅約注》一卷。朱駿聲字豐豐，江蘇吳縣人。他在自序中説："余取陶宗儀《説郛》、何鏜《漢魏叢書》，及余有丁氏《孔叢子》綿眇閣本、郎奎金五雅堂策檻本、陳趙鵠《爾雅》合刻聽鹿堂本、胡文焕《百名家》、吳琯《古今逸史》、吳永《續百川》、顧元慶文房本，鉤稽異同，審慎裁補，誼會其通，説反乎約，仍録爲一卷，以資循覽焉。"朱氏之書雖不及前述諸書之豐富,亦有可觀。

任兆麟《小爾雅注》。任在自序中説:"戴東原糾舉一二……何通彼而昧此也。宋咸注已略,多舛訛,爰徵引經傳注之,以授來學。"此書也是駁難戴氏的。

2. 《廣 雅》

(一)《廣雅》的作者

《廣雅》十卷,魏張揖撰。《四庫全書總目提要》云:"揖字稚讓,清河人。太和中,官博士。其名或从木作楫,然證以稚讓之字,則爲揖讓之揖審矣。"張揖的生平籍貫可考于史册的不多。張揖在《上廣雅表》中,自稱"博士臣揖"。《魏書·江式傳》曰:"式上表曰:魏初博士清河張揖著《埤倉》、《廣雅》、《古今字詁》。"唐顔師古《漢書敍例》上説:"張揖字稚讓,清河人,一云河間人,太和中爲博士。"史書上對張揖的生平記載不多,但從以上可知作者的姓名、時代是没有問題的。張揖的著作除《廣雅》外,還有《埤倉》和《古今字詁》。在《魏書·江式傳》上記載了江式的評論,式表上説:"究諸《埤倉》,增長事類,抑亦於文爲益者也;然其《字詁》,方之許篇,或得或失矣。"是江式以爲《埤倉》、《廣雅》,勝於《字詁》,今《埤倉》、《字詁》皆已亡佚,僅《廣雅》存于世。

(二)《廣雅》的內容

《廣雅》一書就是廣《爾雅》、續《爾雅》的意思。張揖在《上廣雅表》中説:"夫《爾雅》之爲書也,文約而義固,其陳道也,精研而無誤,真七經之檢度,學問之階路,儒林之楷素也。若其包羅天地,綱紀人事,權揆制度,發百家之訓詁,未能悉備也。臣揖體質蒙蔽,學淺詞頑,言無足取,竊以所識,擇撢羣藝、文同義異,音轉失讀,八方殊語,庶物易名,不在《爾雅》者,詳録品覈,以著于篇,凡萬八千一百五十文,分爲上中下。"正説明作者的旨趣,在於增廣《爾雅》,所以用《爾雅》舊目,自《釋詁》至《釋獸》,凡十九篇,所釋訓詁名物,計二千三百四十三事,其中有同于《爾雅》的,有同于《方言》的。

《廣雅》又名《博雅》,其分合及易名之經過,《四庫全書總目提要》上說:"(《廣雅》)因《爾雅》舊目,博採漢儒箋注,及《三蒼》、《説文》諸書,以增廣之,於揚雄《方言》亦備載無遺。隋祕書學士曹憲爲之音釋,避煬帝諱,改名《博雅》,故至今二名并稱,實一書也。前有揖《進表》稱'凡萬八千一百五十文,分爲上中下'。《隋書‧經籍志》亦作三卷,與《表》所言合,然註曰'梁有四卷'。《唐志》亦作四卷,《館閣書目》又云今逸,但存音三卷。憲所註本,《隋志》作四卷,《唐志》則作十卷,卷數各參錯不同。蓋揖書本三卷、《七録》作四卷者,由後來傳寫,析其篇目。憲註四卷,即因梁代之本,後以文句稍繁,析爲十卷。又嫌十卷煩碎,復并爲三卷。觀諸家所引《廣雅》之文,皆具在今本,無所佚脱,知卷數異而書不異矣。然則《館閣書目》所謂逸者,乃逸其無注之本,所謂存音三卷者,即憲所註之本,揖原文實附註以存,未嘗逸,亦未嘗闕。惟今本仍爲十卷,則又後人析之以合《唐志》耳。"

王念孫在《廣雅疏證序》中説:"昔者周公制禮作樂,爰著《爾雅》⋯⋯至於舊書雅記詁訓,未能悉備,網羅放失,將有待於來者,魏太和中博士張君稚讓,繼兩漢諸儒後,參考往籍,徧記所聞,分別部居,依乎《爾雅》,凡所不載,悉著於篇,其自《易》、《書》、《詩》、《三禮》、《三傳》經師之訓,《論語》、《孟子》、《鴻烈》、《法言》之注,《楚辭》、漢賦之解,讖緯之記,《倉頡》、《訓纂》、《滂熹》、《方言》、《説文》之説,靡不兼載。蓋周秦兩漢古義之存者,可據以證得失,其散逸不傳者,可藉以窺其端緒,則其書之爲功於訓詁也大矣。"

(三)《廣雅》的體例

《廣雅》所釋詁訓名物,計二千三百四十三事,雖多數同于《方言》,然漢以後之詁訓名物亦頗有之,可以見社會文化進步之迹。《廣雅》一書,既

是增廣《爾雅》而作,其撰書體例大致與《爾雅》相同。胡樸安曾就《廣雅》原書爲之整理,得二十二例,摘要録之于下:

（1）以偶名釋奇名例:如鞬、鞞、櫜、韜、韣,弓藏也。搠、醫、韇、䩮、鞴、靫,矢藏也。蓋弓藏、矢藏爲人易知之名,用以釋奇名之不易知者。

（2）以奇名釋偶名例:如飛䖟、矰第、矢拔,箭也。平題、鈀錍、鉤腸、羊頭……鏑也。龍淵、太阿、干將、鏌釾……劍也。箭、鏑、劍雖是奇名,而爲人人所共知者,用以釋不易知之偶名。

（3）以今名别古名例:如虇梁木稷也。今之高粱,古之稷也。秦漢以來,誤以梁爲稷,高粱遂名木稷,故加木以别之。

（4）以通語釋異語例:如翁、公、叟、爸、爹、箸,父也。媓、妣、馳、嫴、孏、媪、姐,母也。娟、孟,姊也。媦、娣,妹也之類。異語者,或古今異語,或國别異語。通語者,無古今國别之分。故以通語釋古今國别異語。

（5）有異名同實,分兩條以釋例:如臋謂之脽。又臕、尻、州、豚,臋也。盂謂之槃。又螯、櫨、案、盌、銚、鋭、柯……椀,盂也。合二條而觀之,則臕、尻、州、豚亦可謂之脽。螯、櫨、案……亦可謂之槃。

（6）有異實同名并一條以釋例:如廣平、榻杅之類。蓋廣平者爲博局之杅,榻杅者爲牀榻之杅,實不同也,并一條而釋之。

（7）有一物異年齡而異名例:如薗奚毒,附子也。一歲爲萴子、二歲爲烏喙、三歲爲附子、四歲爲烏頭、五歲爲天雄之類。本是一物,因年齡之久暫而異其名也。

（8）有一物異容量而異名例:如一升曰爵、二升曰觚、三升曰觶、四升曰角、五升曰散,本是一物,因容量大小而異其名也。

（9）有大小同實異名不言大小例:如鸊鷉,鸊鷈也。按《方言》野鳧其小而好没水中者,南楚之外謂之鸊鷉,大者謂之鶻蹏。蹏與鷈通，則鸊鷉小，鷿鷉大。因大小而異名，而不言大小也。

(10) 有大小同實異名一明言一不明言例：如鮎，鰈也。大鰈謂之鰋之類。以大鰈謂之鰋，即知小鰈謂之鮎。只明言大而不言小也。

(11) 有釋名物性質例：如秈，稉也；秫，稬也之類。按衆經引義引《聲類》云：秔，不黏稻也，江南呼秔爲秈。《九穀考》云稉之爲言硬也，不黏者也。則是稉爲秈之性質。《説文》云：秫、稷之黏者。《爾雅》釋文引《字林》云：穤，黏稻也。穤與稬同，是穤爲稷之性質。

(12) 有釋稱謂意義例：如父，榘也；母，牧也；弟，悌也；男，任也；女，如也；肺，費也；心，任也；肝，榦也；脾，裨也之類。按《白虎通》云：父者，矩也，以法度教子也。《素問·陰陽類論》：陰爲母。注：母所以育養諸子言滋生也，此即牧之義。段玉裁云：牧者，養牛人也，以譬人之乳子是也。……《白虎通》云：心之爲言任也，任於思也。《釋名》云：肝，榦也，於五行屬木，故其體狀有枝榦也。脾，裨也，在胃下，裨助胃氣主化穀也。凡此皆是釋稱謂之意義也。

(13) 有共名上加一字爲别例：如"罔謂之罟、罽罾，魚罔也。罝罟，兔罟也"之類。罔與罟是共名。罽罾是魚罔之專名。罝罟是兔罟之專名。故加魚字、兔字以别之。

(14) 有在原名上加一字自成一名詞例：如袓、飾、褻、明、襗、袍、襡，長襦也。襦本短衣之名，加一長字，自成一名詞。

(15) 有以動詞爲名詞例：如棲謂之牀之類。棲本動詞，因所棲者即謂之棲，而爲名詞也。

(16) 有連釋例：如濆泉，直泉也；直泉，涌泉也之類，以涌泉釋直泉，以直泉釋濆泉而連釋之。

(17) 有同實因所在而異名例：如昔邪、烏韭也。在屋曰昔邪、在牆曰垣衣，昔邪與垣衣同實，因在屋在牆而異名。

(18) 有異實一部分同名例：如粱、黍、稻。其采謂之禾。韭、䪥、蕎，其華謂之菁。粱、黍、稻異也，其采之名則相同。韭、䪥、蕎異也，而其華之名則相同。

（19）有同實以雌雄而異名例：如鳲鳥，其雄謂之運日，其雌謂之陰諧。"運日""陰諧"皆鳲鳥也，因雌雄而異名。

（20）有同實以小部分不同而異名例：如有鱗曰蛟龍、有翼曰應龍、有角曰蟠龍、無角曰虯龍之類。同一龍因有鱗、有翼、有角、無角而異名。

（21）有全體同名一部分異名例：如鏑、子、鏝、胡、舒、夏、戈，戟也。其鋒謂之鐵，其子謂之戲。鏑、子、鏝、胡、舒、夏、戈，其全體皆共名爲戟；其鋒、其子而異名也。

（22）屬例：如翳鳥、鷟鳥、鸘爽、鷺鷟、鵻鵤、鵁鵜、廣昌、鶤明，鳳皇屬也之類。各物雖有專名，總與鳳皇爲一類，而又非鳳皇，故以屬字該之。

（四）《廣雅》的影響和注本

《廣雅》是我國古代訓詁學方面重要著作，在研究字義、詞匯方面有重要參考價值，對後世影響較大。我國古代訓詁學研究，始有《爾雅》，自《爾雅》以後有《小爾雅》，自《小爾雅》以後有《廣雅》。《小爾雅》與《廣雅》都是廣《爾雅》之所未備。《小爾雅》之分目，與《爾雅》略有出入。《廣雅》分目，以《爾雅》爲準，而搜集尤多。所以《廣雅》爲《爾雅》後之一巨著。

語言是一種社會現象，隨着社會的發展而發展，名物訓詁散見於羣籍的，總不可能搜輯以盡。況且，社會日益發展，名物訓詁隨時增多，更不可勝數，所以《廣雅》以後，繼續研究名物訓詁的書還是很多的。這些著作，有的專搜輯名物之一種，有的專收集訓詁之一種，有的專收集語詞之一種，有的專門研究一書中名物訓詁，有的專門收集駢字、疊字與同聲假借，也有的專收集《爾雅》、《廣雅》已釋未詳和所遺釋的。這些書都在《廣雅》以後出的，是屬於受《爾雅》、《廣雅》影響的訓詁學著作。據胡樸安《中國訓詁學史》上記載,計有：陸佃《埤雅》、羅願《爾雅翼》、董桂新《埤雅異物記言》、朱謀瑋《駢雅》、田寶臣《駢支》、方以智《通雅》、吳玉搢《別雅》、許印林《別雅訂》、陳奐《毛詩傳義類》、朱駿聲《說雅》、程先甲《選雅》、洪亮吉《比雅》、夏味堂《拾雅》、史夢蘭《疊雅》、劉燦《支雅》等十五種。

清代研究《廣雅》的人較多,其中以錢大昭、盧文弨、王念孫爲三大家。

王念孫《廣雅疏證》十卷。王氏搜集漢魏以前古訓,詳加考證,以形、音、義三者互相推求。段玉裁稱贊其書"尤能以古音得經義"。《廣雅疏證》是王氏精心之作,學術價值很高,主要特色在于：考究古音,以求古義,引申觸類,不限形體,并且對先儒誤説能明辨是非,對張揖誤採也能博考證失。其自序云："蓋是書之譌脱久矣,今據耳目所及,旁考諸書以校此本,凡字之譌者五百八十、脱者四百九十、衍者三十九、先後錯亂者百二十三、正文誤入音内者十九、音内字誤入正文者五十七,輒復隨條補正,詳舉所由。"《廣雅》由于有了王氏《疏證》,更爲完善,成爲古代語言學重要典籍。《廣雅疏證》刊成後,王氏又撰《補正》一卷。

錢大昭《廣雅疏證》二十卷,又名《廣雅義疏》。桂馥嘗嘆其精審,認爲可與邵晉涵的《爾雅正義》并傳。錢氏與盧文弨、王念孫爲清代治《廣雅》三大家,盧氏書未成稿,錢氏書未刊印,有傳抄本。

劉燦《續廣雅》三卷,列目一照《廣雅》,採取甚豐,但未標所自。續《廣雅》之處甚多,亦爲訓詁學上有用之書。

俞樾《廣雅釋詁拾遺》,其書就王念孫的《廣雅疏證》所缺者,拾遺而疏證之,可惜未能成書。今存四卷,補《廣雅疏證》匯、劤、劬、綢、望、惢、長、言等一百六字,所補皆詳實。

王樹枏《廣雅補疏》四卷,本書旁羅收輯,每在王氏《疏證》之外,可補王氏《疏證》之不足。例如《釋詁》：聆、聽、自、言、仍,從也。王氏《疏證》于聽、自、言皆不疏證。聽、自訓從,義殊普通,可以不釋。但是言訓從,則應加疏證。王樹枏云：《書·洪範》言曰從。《春秋繁露·五行篇》言曰從。從者可從。

3.《字　林》

《字林》，晉呂忱著，爲補《説文解字》漏略而作，部目依據《説文》也分爲五百四十部。《字林》收字較多，共收一萬二千八百二十四字。《字林》收了一些異體字，如《説文》的"祕"，《字林》作"琿"。

《字林》這部書在當時有較大的影響，北魏文字訓詁學家江式曾經上表推荐。唐張懷瓘《書斷》也認爲《字林》是《説文》一類的字書。《唐六典》上記載，唐代科舉要考《説文》六帖，《字林》四帖，可見《字林》的價值同《説文》并重。從後世各書所引《字林》之多，也可説明《字林》一書在唐代以前是頗受重視的。可惜大約在宋元之間，《字林》一書亡佚了。現存有清代任大椿所輯《字林考逸》八卷，陶方琦《字林考逸補本》一卷。

漢代語言學在我國語言學史上是十分重要的。漢代出現了語言學家揚雄、許慎、劉熙等，出現了語言學專著《爾雅》、《方言》、《説文解字》、《釋名》等。這些語言學家和他們的語言學著作，都能從漢語、漢字的實際出發，研究漢語、漢字的規律。因此，可以説漢代語言學的成就標志着我國古代語言科學的建立。

我國古代語言學又稱"小學"，小學的研究内容主要有三方面：即訓詁學、文字學、音韻學。小學的研究亦主要形成于漢代，《爾雅》乃訓詁學之始，《説文解字》乃文字學之始，《釋名》開始研究語音和語義的關係；其後，漢末興起反切，于是又興起音韻的研究。《方言》一書則分析了漢代當時漢語的通語和地域方言等豐富複雜的關係。

在中國語言學史上，研究詞匯的訓詁學最先出現，這是和當時社會文化發展，以及漢代崇尚經學分不開的；另外，漢語本身的特點，也決定了中國古代語言學研究發展的道路。《説文解字》的出現，可以説對中國語言學史作出了傑出的貢獻。漢代字書興起，這是由于漢字的形體由大篆、小篆而發展爲隸書變化較大的緣故。漢代重視識字教育,以及"經"今古文之爭,對訓詁學、文字學研究,起很大推動作用。

　　總之,漢代語言學的成就,既標志了中國古代語言科學的建立,又奠定了中國古代語言學研究發展道路,對後世語言學研究有着深遠的影響。

第四章　南北朝至明代的語言研究

一、概　　述

1. 南北朝至明代文字、訓詁研究簡介

這一時期的語言研究,主要成績在語音研究方面。至于文字學、訓詁學方面,繼承漢代,也取得一定的成績。概括起來有以下幾個方面:六朝時代,主要著作有梁顧野王的《玉篇》;隋唐時代,在訓詁學方面孔穎達的《五經正義》取得一定成績;五代宋初文字學家徐鉉、徐鍇,在整理研究《說文解字》方面,取得成績;另外,在正字法方面,有唐顏元孫著《干祿字書》,宋張有著《復古編》,宋王洙、司馬光等奉詔纂修的《類篇》,以及明代兩部字書《字匯》與《正字通》等。

(一) 梁顧野王《玉篇》

(1)《玉篇》的作者與原本《玉篇》

字書存于今日者,除《說文解字》外,以《玉篇》爲最古。《玉篇》三十卷,梁大同九年,黃門侍郎兼太學博士顧野王撰。

顧野王字希馮,梁吳郡(今江蘇吳縣)人,顧烜之子,史稱性篤好學,博

洽多聞,生于梁武帝天監十八年(公元 519 年),卒于陳宣帝太建十三年(公元 581 年,即隋文帝開皇元年)。梁武帝大同中爲太學博士,奉詔編撰《玉篇》,以《説文》爲本,仿其體例,部目稍有增删,分爲五百四十二部,部次也同《説文》稍有差異,而收字增多,據《封氏聞見記·文字篇》所記,共一萬六千九百一十七字。每字下先注反切,再引羣書訓詁,解説頗爲詳細。凡當時所見《蒼》《雅》字書之文字及羣書之義訓,皆賅備無遺。全書三十卷,實爲中古一代之巨製。

但是由於卷軸繁重,難于傳寫,至唐高宗上元間乃有孫强增字减注本及《玉篇抄》一類的節本。北宋初通行的皆孫强本,顧氏原本已失傳。至宋真宗大中祥符六年(公元 1013 年),陳彭年、丘雍等復據孫强本加以修整,收字增多,而列字次第頗有變亂,去原本已遠,改名爲《大廣益會玉篇》。今日所見顧氏《玉篇》,爲宋人重修本及元代節注本,孫强本已不可見。

幸日本尚存有唐宋間古寫本原本《玉篇》零卷,由此可知顧氏原書之體制面貌。

日本所存之原本《玉篇》,計有卷八心部六字(見於《訪書餘録》),卷九言、詻等部七百五十三字(此下均見羅振玉所印《原本玉篇殘卷》),卷十八放、丌等部一百六十五字,卷十九水部一百四十四字,卷二十二山屾等部六百二十四字,卷二十四魚部十九字,卷二十七糸、系等部四百二十三字,共二千一百餘字。僅當顧氏原書八分之一。

顧氏原作與宋人廣益本大相懸殊,正文次第既有不同,而且原書注文中所引經傳與字書以及顧野王所加之案語,今本《玉篇》中都没有。由此可知陳彭年等重修《玉篇》時,所根據的是孫强本,他們没有見到原本《玉篇》。

(2)《玉篇》的内容與體例

顧野王在《玉篇·自序》中説:"五典三墳,競開異義;六書八體,今古殊形。或字各而訓同,或文均而釋異,百家所談,差互不少,字書卷軸,舛錯尤多,難用尋求,易生疑惑。猥承明命,預纘過庭。總會衆篇,校讎羣籍,以成一家之製,文字之訓備矣。"說明他看到古籍中文字、訓詁上有不少問題,他"總會衆篇,校讎羣籍",編撰《玉篇》,爲的是使"文字之訓備"。《玉篇》和《説文》雖同屬字書,而類型不同。《説文》以説明字形爲主,講本義也是爲了證明字形,所以只講本義,不講引申義;而《玉篇》以説明字義爲主,即"文字之訓",所以不限于本義,而是列舉一字多種意義,實開後世字典之先河。《玉篇》雖以《説文》爲本,仿其體例,但實質上有創造性。

《玉篇》共三十卷,分五百四十二部,部首與《説文》相同者五百二十九部,不同者有十三部。部首的次序則與《説文》大不相同。除開始幾個部首和最後干支部首與《説文》相同外,其他都重新安排,顧氏似有意將意義相近之部首排在一起。例如卷三:人部、兒部、父部、臣部、男部、民部、予部、我部、身部、兄部、弟部、女部等。但是,不甚精密,段玉裁曾指出:"顧氏《玉篇》,以而部次于毛、毳、冉之後,角、皮之前,則其意訓'而'爲獸毛,絕非許意。"《玉篇》列字的次第,雖不如許謹嚴,但引證説解,亦有訓詁之價值,只是今本刪節過簡,不足表其內容。現舉顧氏原本《玉篇》二條,以見注解之完備:

　　原本:謙,去兼反。《周易》:謙,輕也。天道虧盈而益謙,地道變盈而流謙,鬼神害盈而福謙,人道惡盈而好謙,謙尊而先,卑而不可踰。野王案:謙猶沖讓也。《尚書》:滿招損,謙受益是也。《國語》:謙謙之德。賈逵曰:謙謙,猶小小也。《説文》:謙,敬也。《倉頡篇》:謙,虛也。

　　今本:謙,苦嫌切,遜讓也。卦名。

(見《玉篇》卷九言部)

　　原本:託,他各反。《公羊傳》:"託不得已。"何休曰:"因託以也。"《論語》:"可以託六尺之孤。"野王案:《方言》:"託,寄也,凡寄爲託。"《廣雅》:"託,依也,託累也,或爲侂字,在人部。"

今本：託,他各切,寄也,依憑也。

(見《玉篇》卷九言部)

清光緒年間,黎庶昌、楊守敬等在日本發現原本《玉篇》零卷,遂得見原書面貌之一斑。現日本存有七卷寫本,其中二十二、二十七卷是完整的,其他都有殘缺,共存 2 134 字。今本與原本相比,差別很大,如正文編排次序不同,注釋詳略不同,注文中顧野王的按語和引證,今本已全部刪去。如上二例。胡樸安在《中國文字學史》中稱贊原本《玉篇》有五大特色:"一引證悉出原書,可以覆按;二證據不孤,增加訓詁學之價值;三案語明白,有的確之解説;四廣搜異體,并注屬於何部,便于檢查;五保存古書之材料。"

今存日本之《玉篇》零卷,據黎庶昌、楊守敬考定,確爲顧氏原本,已刊于《古逸叢書》內,雖然僅存四十三部,也可以看出《玉篇》原本的體例,就是先出音、次證、次案、次廣證、次又一體,略有五例。每字注釋,雖不全是五例俱全,然全書通例,大致如此。例如:

託,他各反。(先出音)《公羊傳》:託不得己。何休曰:因託以也。《論語》:可以託六尺之孤。(次證)野王案:《方言》:託,寄也。凡寄爲託。(次案)《廣雅》:託,依也。託,累也。(次广證)或爲侂字,在人部。(次又一體)。

龤,胡皆反。(先出音)《説文》:樂和龤也。《虞書》:八音克龤是也。(次證)野王案:此謂弦管之調和也。(次案)今爲諧字也。在言部。(次又一體)。

從上二例來看,"託"字下五例俱全,"龤"字下不舉廣證。綜觀殘卷,《玉篇》的體例,大致如此。

《玉篇》原本收字一萬六千九百一十七字(今本二萬二千五百六十一

字）都用當時通行的楷體，是我國第一部以楷書爲正體的字書。

《玉篇》書後附有《分毫字辨》，列舉形體相近的字一百二十四對，兩字并列，注明音義不同，例如：

椿、橦：上卓江反，木桩；下丑屯反，木也。

刀、刁：上都勞切，刀斧；下的聊切，人姓。

晴、睛：上疾盈切，晴明；下子盈切，目睛。

帷、惟：上干眉切，帷幔；下以佳切，辭也。

顧野王能注意到這些形體相近，而意義又不同的漢字，這對辨字、正字是很有幫助的。

總之，《玉篇》雖然是屬于《説文》一系的字書，但重點不同，釋字以音義爲主。《玉篇》釋字，先反切注音，然後釋義，引證之外，有時加按語説明，異體字附後，注明另見。和《説文》相比，《玉篇》更近于現代字典的形式。

（二）孔穎達《五經正義》

孔穎達是隋唐時代人，經古文家，撰《五經正義》，即《周易正義》、《尚書正義》、《毛詩正義》、《禮記正義》、《春秋正義》。這五個“正義”現在作爲“疏”的形式載入《十三經注疏》中，孔疏在《十三經注疏》中佔重要的地位，對後代訓詁有很大的影響。

《五經正義》是經籍義疏的重要著作，其中反映了他對語言、文字研究的一些觀點，這方面已引起近人注意，并進行研究，如劉世儒《孔穎達的詞類説和實詞説》①、李芳圃《從〈毛詩正義〉看孔穎達考正詞義的方法》②

---

① 見《訓詁研究》第一輯。

② 見《訓詁研究》第一輯。

等。孔氏在《五經正義》中,反映了他對語言、文字研究的一些觀點,雖然不夠系統,但已涉及到文字、訓詁等方面,其中有些是總結了前人的成果,有些觀點是孔氏提出的,并對後世有影響。

如在文字的音義關係上,他提出了"義存于聲"、"借聲爲義",實爲清代的"因聲求義"的先導。

漢字的音義關係,主要表現爲兩種情況:一種是"同源字",即字音相近或相同、義也相近或相同的字。

另一種是"通假字",即兩字音相同或相近,而意義却不同,但由于音近音同而被借用時,産生了假借義。孔氏已認識到這兩種現象,他在《毛詩正義》一書裏提出的"義存于聲",就是指同源字;"借聲爲義"就是指通假字。先秦古籍中早有聲訓,如《易·説卦》:"乾,健也。"《孟子》:"庠者,養也;校者,教也;序者,射也。"到了漢代《説文》、《釋名》字書裏,應用聲訓釋義更多。孔穎達在此基礎上,歸納出"義存于聲"的觀點。如《毛詩·大雅·韓奕》:

> "韓侯取妻,汾王之甥。"傳:"汾,大也。"正義:"《釋詁》云:'墳,大也。'傳意以'墳''汾'音同,故亦爲大也。"

孔氏認爲"墳""汾"音同,"墳"義爲大,則"汾"義亦應爲大。這是音同義同的觀點。又《魏風·伐檀》:

> "河水清且漣猗。"傳:"風行水成文曰漣。"正義:"《釋水》云'河水清且瀾猗,大波爲瀾,小波爲淪,直波爲徑'……漣瀾雖異而義同。"

"漣瀾雖異"指其字異,"義同"指因其音近而義同。孔氏提出"借聲爲義"説,如:

　　《毛詩·豳風·七月序箋》:"周公遭變者,管蔡流言,辟居東都。"正義:"古者避、辟、譬、僻皆同作辟字而借聲爲義,鄭讀辟爲避,故爲此説。"

"借聲爲義",指由于聲同聲近而借用,因此産生借義。

　　《小雅·漸漸之石》:"山川悠遠,維其勞矣。"箋:"山川者,荆舒之國所處也。其道里長遠,邦域又勞勞廣闊,言不可卒服。"正義:"廣闊遼遠之字,當從遼遠之遼,而作'勞'字者,以古之字少,多相假借,詩又口之咏歌,不專以竹帛相授,音既相近,故遂用之。此字義自得通,故不言'當作遼'也。"

以上孔氏指出古代文獻中假借字多,一是本無其字的假借,二是詩以口傳,用同音字代替,是本有其字的假借。

　　總之,孔穎達《五經正義》是一部重要著作,它在我國古代語言學上的貢獻和作用,有待于進一步研究。

(三) 徐鉉、徐鍇的《説文解字》研究

　　徐鉉(公元916—991年)字鼎臣,揚州廣陵(今江蘇揚州)人,初仕南唐,後歸宋,與弟徐鍇(公元920—974年)齊名,五代宋初文字學家,世稱"大小二徐"。

　　許慎《説文解字》成書之後,經過數百年之輾轉傳寫,又經唐朝李陽冰之竄改,以致錯誤遺脱,違失本真。徐鉉奉詔與句中正等校定《説文解字》,校定本完成于宋太宗雍熙三年(公元986年),付國子監雕板,始得流傳于世,此即通稱大徐本的《説文解字》。

　　徐鉉校定《説文解字》,除糾正本書脱誤外,又略有增改。其增改之一爲改易分卷,許慎原書分十四篇,又敍目一篇,許沖奏上時,以一篇爲一

卷,故稱十五卷。徐鉉以其篇帙繁重,每卷又各分上下,共爲三十卷。二爲增加反切,許慎時代尚無反切,故注音僅云"讀若某"而已。徐鉉始據孫愐《唐韻》加注反切于每字之下,但與漢人讀音不符。三爲增加注釋,《説文》原注未備者,加以補釋;時俗譌變之別體字與《説文》正字不同者,亦詳辨之,皆題"臣鉉等曰"爲別。四爲增加新附字,凡經典相承及時俗通用之字而《説文》不載者,皆補録于每部之末,別題曰"新附字"。新附字凡四百零二。

徐鍇對《説文解字》進行研究,也很有成績,他著有《説文解字繫傳》四十卷,已能注意到形聲相生,音義相轉之理。《説文解字繫傳》書成于前,對大徐本《説文》頗有影響。世稱徐鉉所校定者爲大徐本,徐鍇《説文解字繫傳》爲小徐本。時人有"小徐學問文章才敏皆優于其兄"的看法,其實各有得失,大徐研究《説文》每多述而不作,小徐則有述有作,差不多每條都有"臣鍇曰"表示了他自己的看法。例如:

　　半　物中分也。從八牛,牛爲物大,可以分也。凡半之屬皆從半。臣鍇曰:大則分之也,會意。
　　閒　隙也。從門,從月。臣鍇曰:夫門當夜閉,而見月光,是有閒隙也。

從二例看來,小徐是以自己的看法來幫助讀者學習瞭解許慎《説文》。

總之,由于徐鉉、徐鍇對《説文》的校定、研究,這對《説文》的流傳,以及後世的學習,都是很有作用的。

(四) 正字法的專書

唐宋以後,不斷地有正字法的專書出現。這類書大致都是以正體與俗體并列,使人知道正字的標準有所取舍,并幫助人辨別字形,以免寫錯別字。這類書中較好的有以下幾部。

《干禄字書》一卷，唐顏元孫著。元孫字聿修，萬年（今陝西西安市）人。我國古代文字的字體，由篆變隸，由隸變楷，又發展了草書、行書。漢末以後，由于隸楷通行，草書變化，漢字的形體筆劃規範，一般人已不大瞭解。因此，唐顏元孫著《干禄字書》。此書爲章奏、書啓、判狀而作，故曰干禄，意思是求禄位。此書以四聲分類，每字分俗、通、正三體，又收録了不少當時已經通行的簡化字。所謂“通”，指沿用已久，通行的字體，如“采”、“採”通，“阪”、“坂”通。所謂“正”，是對“俗”體而言。如“泒”正作“派”，“苐”正作“第”等。書中“正”體，後成爲正楷。全書考辨頗詳，有助於當時識字及書寫規範的製定。

又《干禄字書》爲顏元孫侄子、書法家顏真卿寫録，刻之於石，其傳遂廣。

《復古編》二卷，又附録一卷，宋代張有著。張有字謙中，湖州（今浙江吳興縣）人。《復古編》是根據《説文解字》辨別文字正俗。書中以四聲分列諸字，正體用篆書，而注別體，俗體于其下。又辨別形體筆畫相似的字，以免疑混。其書過于泥古，謬誤頗多。

宋元時代有三部字書，一爲《類篇》，分十四卷，又目録一卷，每卷分上、中、下，共四十五卷。《類篇》依據《説文》，分五百四十四部，收字三萬一千餘。此書，宋代王洙、司馬光等奉詔纂修。宋仁宗寶元二年（公元1039年），丁度等修《集韻》，以增字既多，不便與《玉篇》相互參照，遂由王洙等另纂此書，即《類篇》與《集韻》，一部是字書，一部是韻書，相輔而行，互相參照。

另外有遼僧行均所編的《龍龕手鑒》，金韓孝彥所編《篇海》兩部字書，開字書音序檢字法的先河。

以上三部字書，在文字學上沒有大價值，但頗爲流行一時。

明代有兩部有影響的字書：《字滙》和《正字通》。《字滙》十四卷，明代梅膺祚編。梅膺祚，宣城（今安徽宣城）人。《字滙》書成于萬曆四十三年（公元1615年），此書在部首方面有較大改進。此書依據楷體，將《説文》部首簡化爲二百十四部，又按子、丑等地支分爲十二集。部首和各部中字，又按筆畫多少順序排列。他在《字滙》凡例中說：

> 偏傍艸入艸，月入月，無疑矣。至"蔑"從羊也而附于艸；"朝"從舟也，而附于月。揆之于義，殊涉乖謬。蓋論其形，不論其義也。

可見他合并部首是一種檢字法上的革新。

古代韻書按音序排列，本來也是一種合理的排列法，由于當時語音不統一，一般人又沒有音韻學知識，實際不便使用，梅膺祚認識到筆畫排列法更爲方便，適合漢字的特點，因此，他簡化部首，合并爲二百十四部，又"以字畫之多寡循序列之"，把全書按地支分爲子、丑等十二集。如子集是一二畫的部首，丑寅兩集是三畫的部首，亥集是十畫以上的部首等。每部中的字也是按筆畫多少排列的。這種檢字法，適合漢字特點，所以後來的《康熙字典》的部首數目筆畫排列完全依照《字滙》。

《字滙》的收字原則，他在凡例中說："字宗《正韻》已得其概，而增以《說文》，參以《韻會》，皆本經史通俗用者，若《篇海》所輯怪僻之字，悉芟不收。"梅膺祚的收字原則，既不徇俗，又不泥古，他提出了"從古"、"遵時"、"古今通用"三方面是正確的。《字滙》共收字三萬三千一百七十九字，以古籍中常用字爲主，也收了當時流行的俗字，不收僻字。注音先列反切，後注直音。解釋字義方面也力求通俗易懂。此書缺點在引書舉書名不舉篇名，或舉篇名而不舉書名，又引前人之說，不注明出處；釋義也常有錯誤。因此，過去學者對《字滙》、《正字通》不重視，現在看來，其編製體例爲後世採用，在普及語文教育方面是起作用的。

《正字通》十二卷，明末張自烈（一作列）編，書前列滿文十二字母，爲清廖文英所加。此書部首和排列法都依照梅膺祚《字滙》，收字三萬三千餘，比《字滙》有所增訂。《正字通》以《字滙》爲藍本，而《康熙字典》又以《正字通》爲藍本。

總之,自魏晉六朝至明代這一時期,語言研究的主要成績在語音的研究。以上對文字、訓詁方面的研究,僅作簡要説明,以明在音韻研究的主流之外,其他語言研究的概況也。

2. 語音研究的興起

漢字基本上是一種表意的文字,中國古代語言研究,有的研究字義、訓詁如《爾雅》,有的研究字形、字義如《説文解字》。西漢以前,可以説還没有語音方面的研究。但是字音和字形、字義是不可分割的三要素之一,語言、文字是交際交流思想的工具,人們在社會生活、文化交流中對語音是有要求的。古代對字音的表達方式爲譬況、讀若、直音。

《顔氏家訓·音辭篇》上説:"九州之人言語不同,自《春秋》標齊言之傳,《離騷》目楚辭之經,後有楊雄著《方言》,其書大備。然皆考名物之同異,不顯聲讀之是非也。逮鄭玄注六經、高誘解《吕覽》《淮南》、許慎造《説文》、劉熹製《釋名》,始有譬況、假借以證字音,而古語與今殊别,其間輕重清濁猶未可曉,加以外言、内言、急言、徐言、讀若之類,益使人疑。"

顔氏所謂"譬況"、"假借",就是指古代用同音的語詞或同音字來注明音讀,這樣注音不是單純的注音,同時含有解釋字形和字義的作用。許慎《説文解字》中,從某,某亦聲、某省聲,都是屬於譬況音讀。《説文》謂形聲字爲"以事爲名,取譬相成",段玉裁注云:"譬者諭也,諭者告也。以事爲名,謂半義也。取譬相成謂半聲也。江河之字以水爲名,譬其聲如工、可,因取工、可成其名。"

許慎謂假借爲"本無其字,依聲托事",段玉裁注云:"託者寄也,謂依傍同聲而寄于此,則凡事物之無字者,皆得有所寄而有字。……大氏假借之始,始于本無其字。及其後也,既有其字矣,而多爲假借。又其後也,且至後代譌字亦得自冒於假借。"假借是用音同音近的字來代替,訓詁中所謂"某之言某也"、"从某曰某曰某"、"某讀曰某"、"某讀如某某之某"、"某古某字"、"古聲某某同"之類,大都屬假借,或源出於假借。

　　總之,從《爾雅》、《方言》、《説文》以及古籍上的訓釋注解,主要是對文字義訓的研究,而對字音的注釋,往往是附屬於文字、訓詁之中。

(一) 上古注音的專用名詞

　　讀若　古代注音用語。如《説文解字》:"珣讀若宣"、"勼讀若鳩"。讀若也作"讀如"、"讀爲"。顧炎武《音論》中説:"漢時人未有反切,故於字之難知者多注云讀若,趙宦光《説文長箋》凡例曰:古無音切二法,音聲之道無邊,而同音者甚少,故許氏但有讀若,若者猶言相似而已,可口授而不可筆傳也。①"

　　直音　用一個字來注另一個同音字的音。如"畢音必"、"畔音叛"。

　　讀若和直音的注音方法是有很大局限性的,陳澧在《切韻考》中已指出:"古人音書但曰讀若某,讀與某同。然或無同音之字,則其法窮;雖有同音之字,而隱僻難識,則其法又窮。②"

　　古人在注音方面,確實想了不少辦法,他們還用急言、緩言、長言、短言、内言、外言等來描摹説明一個字的讀音。也可以説是譬況字音的方法。

　　急言　如《淮南子·墜形訓》:"其地宜黍,多旄犀。"高誘注:"旄讀近綢繆之繆,急氣言乃得之。"又《説林訓》:"亡馬不發戶轔。"高誘注:"轔讀近鄰,急氣言乃得之也。"考漢人所稱急言諸例,都是有 i[i] 介音的細音字。i[i]爲高元音,發音時肌肉緊張,口腔較窄,有急促之感,故名。一説,急言可能是讀短音之意。

　　緩言　如《淮南子·原道訓》:"蛟龍水居。"高誘注:"蛟讀人情性交易之交,緩氣言乃得耳。"又《本經訓》:"飛蛩滿野。"高誘注:"蛩,一曰蝗也,沇州謂之螣,讀近殆,緩氣言之。"考漢人所稱緩言諸例,都是無 i[i] 介

---

① 見《音學五書·音論》卷下。
② 見《切韻考》卷六《通論》。

音的洪音字;這些字發音舒緩自然,故名。一説,緩言可能是讀長音之意。

長言　如《公羊傳》莊公二十八年:"《春秋》伐者爲客。"何休注:"伐人者爲客,讀伐長言之,齊人語也。"長言發音舒緩,爲字調中的舒調。一説,長言可能是讀長音之意。

短言　如《公羊傳》莊公二十八年:"伐者爲主"何休注:"見伐者爲主,讀伐短言之,齊人語也。"短言發音急促,爲字調中的促調。一説,短言可能是讀短音之意。

内言,外言　如《公羊傳》宣公八年:"曷爲或言而,或言乃?"何休注:"言乃者内而深,言而者外而淺。"(按内外是指韻母的洪細而言,"乃"爲洪音字,"而"爲細音字)

但是,不管是譬況、讀若、直音,都有局限性,而且説不清楚,直到有了"反切",這才使我國古代音韻研究,有了很大的突破,從而興起了語音的研究。

(二) 反切注音法

反切就是利用雙聲、疊韻的方法,用兩個字來拼出另一個字的讀音。這是古代學者在讀若、直音基礎上,進一步創造出來的注音方法。反切上字與所切之字聲母相同,反切下字與所切之字韻母和聲調相同。即上字取聲、下字取韻和調。例如:"冬,都宗切","冬"是被切的字,"都"是反切上字,"宗"是反切下字。我們用音標記録如下:

冬 dong——都 d(u) +宗(z)ong

"都"和"冬"是雙聲,聲母都是 d,"宗"和"冬"是疊韻,韻母都是 ong,聲調也相同,是平聲。在拼切的時候,上字取聲,下字取韻和調,也就是説,"都"字的韻母 u,"宗"字的聲母 z,在拼音的時候必須去掉,這樣才能拼切出"冬"字的讀音來。在漢字不是拼音文字的條件下,古代學者在兩千年前就能够發明這樣一種相當科學的注音方法,的確是一種傑出的創造。

《顔氏家訓·音辭篇》中説:"孫叔然創《爾雅音義》,是漢末人獨知反語。至於魏世,此事大行,高貴鄉公不解反語,以爲怪異。"隋唐以來,多以爲反切始創於孫炎,如陸德明《經典釋文·敍録》説:"古人音書,止爲譬況之説,孫炎始爲反語,魏朝以降漸繁。"張守節《史記正義》:"先儒音字,比方爲音,至魏祕書孫炎,始作反音。"其實,細究顔氏語意,并没有説反切始創于孫炎,只是説《爾雅音義》一類書出世後,反語大行。景審序慧琳《一切經音義》説:"古來音反,多以旁鈕爲雙聲,始自服虔。"又日本安然《悉曇藏》引武元之《韻詮》反音例云:"服虔始作反音。"這就是説明在東漢時代已經用反切來注音了。

章太炎在《國故論衡·音理論》中提出東漢應劭時已有反切注音。他説:"案《經典釋文·序例》謂'漢人不作音',而王肅《周易音》則序例無疑詞,所録肅音用反語音十餘條。尋《魏志·肅傳》云:'肅不好鄭氏,時樂安孫叔然授學鄭玄之門,肅集《聖證論》以譏短玄,叔然駁而釋之。'假令反語始於叔然,子雍豈肯承用其術乎?又尋漢《地理志》廣漢郡梓橦下,應劭注:'潼水所出,南入墊江。墊音徒浹反。'遼東郡沓水下,應劭注:'沓水也,音長答反。'是應劭時已有反語,則起于漢末也。"又劉師培《正名隅論》中舉馬融注《易》、鄭衆注《周官》,均有反切之音,可補充章氏之説。

關於反切的來源,古代學者一般認爲"二合音"是反切的來源。顧炎武《音學五書·音論卷下》説:

　　按反切之語,自漢以上,即已有之。宋沈括謂古語已有二聲合一字者。如:不可爲叵,何不爲盍,如是爲爾,而已爲耳,之乎爲諸。鄭樵謂慢聲爲二,急聲爲一。慢聲爲者焉,急聲爲旃;慢者爲者與,急聲爲諸;慢聲爲而已,急聲爲耳;慢聲爲之矣,急聲爲只是也。愚嘗考之經傳,蓋不止此。如《詩》"墻有茨",傳:茨、蒺藜也。蒺藜正切茨字。"八月斷壺",今人謂之胡盧,《北史·后妃傳》作瓠蘆,瓠蘆正切壺字。……

顧炎武在《音論》卷下中,又列舉了南北朝時,使用反語的情況:

　　南北朝人作反語多是雙反,韻家謂之正紐、到紐。史之所載如:晉孝武帝作清暑殿,有識者以清暑反爲楚聲。楚聲爲清,聲楚爲暑也。宋明帝多忌,表粲舊名表愍爲隕門,隕門爲表,門隕爲愍也。……梁武帝創同泰寺,天大通門對寺之南門,取反語以協同泰,同泰爲大,泰同爲通也。陳後主名叔寶,反語爲少福,少福爲叔,福少爲寶也。……

　　清儒王筠《説文釋例》上説:"宛下云,污衺者,污宛雙聲,衺宛疊韻也;窬下云,污窬放此;與《爾雅》茨蒺藜同。此反切之祖也。後人窮思畢精,不能出古人範圍之外。"近人劉盼遂《六朝唐代反語考》,採録唐宋以前反語故實共得三十餘例,以證當時引用反語的普遍現象。

　　關於反切的名稱,顧炎武《音論》,戴震《聲韻考》,以及王念孫《博雅音校訂》等書,都認爲六朝時稱反,到了唐代才改稱爲切。後來,陳澧在《切韻考》中駁正之,他説:

　　孫叔然立法之初,謂之反,不謂之切。其後或言反或言切。《顏氏家訓》云:"徐仙民《毛詩音》反驟爲在遘,《左傳》音切,椽爲徒緣。"又云"河北切攻字爲古琮"。據此,則東晉及北朝已謂之切矣。顏氏又云:"陽休之造《切韻》。"《梁書·周顒傳》云:"顒著《四聲切韻》,則必言切,不言反。"唐玄度《九經字樣》云:"避以反言,但紐四聲,定其音旨。"此玄度自言其著書之例。戴東原《聲韻考》引此謂唐季避言反,而改曰切,蓋未詳考也。

　　總之,反切的名稱,反和切實際沒有分別,取反復切摩以成音之意。反切注音方法的外來影響。《隋書·經籍志》:"自後漢佛法行於中國，又得西域胡書，能以十四字貫一切音，文省而義廣，謂之婆羅門書，與八體、六文之義殊別。"可見印度佛教傳入，同時傳入了梵文的拼音字母。梵文是拼音文字，漢字是表意文字，由于佛教傳入，佛經的翻譯，兩種文字的比較，梵文字母上"體文"和"聲勢"的區別，可能對當時爲古籍注釋的音義家有所啓發，從天然二合音的基礎上，躍進到對漢字進行聲、韻的分析，用兩個漢字表示聲和韻，把單音注音改爲兩字反切。

　《高僧傳》載宋《釋慧叡傳》云："陳郡謝靈運篤好佛理，殊俗之音，多所達解。迺諮叡以經中諸字，并衆音異旨，於是著《十四音訓敘》，條例梵、漢，昭然可了，使文字有據焉。"謝靈運所敘的十四音，就是《隋書·經籍志》上所謂婆羅門十四字。這就具體地説明了，由于印度文化輸入，佛教傳入，當時信佛法的人日多，佛經翻譯興盛，一般學士文人，從印度梵文和漢字的對比中，通悟了拼音學理，於是他們根據梵文的音理，來分析漢字的讀音，分析出漢字字音的聲和韻，又用兩個漢字來表示聲和韻，并用二合音的形式作爲一種新的注音方法，這樣就形成了反切。比起直音、讀若，反切的注音是一大進步，于是反切也就風行于世了。

　反切是東漢末年正式使用的漢字注音方法，《顏氏家訓·音辭篇》上説："孫叔然創《爾雅音義》，是漢末人獨知反語。"大約經過半個世紀，反切注音就大爲風行。不但經史古籍採用反切注音，其他如《齊民要術》等也都採用反切注音，使用面很廣。可以説，直到1918年注音字母正式公佈以前，一千七、八百年間，反切始終是漢字注音的主要方法。

　反切注音方法，一方面是以天然二合音爲基礎，另一方面，是受了梵文拼音的啓發。鄭樵《通志·藝文略》上説："切韻之學起自西域（按：此處稱切韻，實指反切）。舊時所傳十四字貫一切音，文省而音博，謂之婆羅門書。"陳振孫《直齋書録解題》説："反切之學自西域入中國，至齊梁間盛行，然後聲病之説詳焉。"姚鼐《惜抱軒筆記》上説："孫炎所以悟切音之法，原本婆羅門之字母。"上述各家，都認爲反切的產生，是受了佛教傳入，梵文拼音字母的影響。

　　不過,有的學者不同意反切受外來影響的看法,如清儒陳澧。他在《切韻考‧通論》中説:"自魏晉南北朝隋唐,但有反切,無所謂等韻。唐時僧徒依倣梵書,取中國三十六字謂之字母,宋人用之以分中國反切韻書爲四等,然後有等韻之名。溯等韻之源以爲出於梵書,可也。至謂反切爲等韻,則不可也。反切在前,等韻在後也。顧亭林《音論》云:反切之語自漢以上即已有之,引沈存中、鄭漁仲所云何不爲盍、不可爲叵、如是爲爾、而已爲耳、之乎爲諸、者焉爲旃以證之。又考得蒺藜爲茨、不律爲筆數十條以證之。其語皆出于周秦時,豈在漢明帝之後乎? 錢辛楣《答問》云:《詩》三百篇興而雙聲之祕大啓,乃謂始於西域,豈古聖賢之智乃出梵僧下耶?"陳澧在《切韻考》卷六自注中又説:"謂字母起自西域則是也,謂反切之學起自西域則誤也。"

　　反切與古代二合音有關,不過古人用二合音是在語言中自然運用,是無意識的;而反切則不同,是有意識的分析漢字字音爲聲和韻。這種有意識分析漢字字音爲聲和韻并進一步用反切注音,是受到梵文拼音的啓發的。另外,反切雖然不等于等韻,但等韻是爲反切服務的,是説明反切的一種韻圖。宋元兩代,反切圖是專爲《切韻》、《廣韻》或《集韻》的反切而作的。可以説,没有反切就没有等韻,等韻是進一步把反切系統化了。總之,反切的產生是卓越的創造,古代學者善于吸收外來文化,結合漢語、漢字實際特點,分析出聲和韻,從而展開了中國古代音韻學的研究。

　　漢魏間反切風行,當時各諸音義家使用的反切用字不統一。反切用字不同,有的可以切出同樣的音;由於古今音或方言關係,有的用字不同,切音也不同了。孫炎《爾雅音義》一書的反切用字,多爲後來注音所遵循引用。如唐張守節《史記正義論例》云:"今并依孫反音,以傳後學。"此後,編纂韻書大都以孫炎《爾雅音義》書中反切用字爲標準。劉盼遂説:"考孫氏《爾雅音義》中反語,《經典釋文》引者凡六十五事,《集韻》引者三事。餘如《初學記》、《晉書音義》、《詩經正義》、《文選》李善注、《太平御覽》引各三數事,總不下百餘事。①”因此,六朝以來,推孫炎爲反切的鼻祖,就是這個緣故。

陳澧在《切韻考》中,對《顏氏家訓·音辭篇》的論説很贊賞。他説:“《顏氏家訓》云:‘孫叔然創《爾雅音義》是漢末人獨知反語,至於魏世,此事大行。自兹厥後,音韻鋒出。’此所述音韻之學出於反語,而溯源於孫叔然所創,最爲明確,後儒亦無異説。”陳澧又進一步説:“《顏氏家訓》所云魏世反語大行者,顏師古《漢書》注引孟康、如淳、蘇林皆有反音是其證也。其云厥後音韻鋒出者,同時李登已作《聲類》,此音韻鋒出之最先者。蓋有反語,則類聚之即成韻書,此自然之勢也。”

反切之學,齊梁時代就已經盛行。現代保存完整的注有反切的書,首推陸德明的《經典釋文》和陸法言《切韻》。《經典釋文》雖然題爲唐代陸德明撰,而著書則在陳代,比《切韻》還早一些。《經典釋文》一書,以注音爲主,兼收并蓄,古人反切用字不統一,陸德明在《經典釋文》一書中,有時把各家反切排列在一起,爲後世研究保存了可貴的資料。

陸法言《切韻》的反切和陸德明《經典釋文》的反切不同。《切韻》書中每一個音只注一個反切,而且每個字都有反切。這樣,後世研究,就可以根據《切韻》的反切整理出一個語音系統來。另外,梁顧野王《玉篇》有反切注音,可供參考。唐貞觀時代的玄應,開元時代的慧琳,都著有《一切經音義》,二書都有一套反切注音,這樣就可以進行比較研究。

總之,反切注音盛行②,“音韻鋒出”,導致了音韻學研究的興起。

(三) 聲調和四聲

聲調是漢藏系語言的特徵之一,漢語是一種具有聲調區別的語言。

---

① 見《文字音韻學論叢》一二一頁。
② 見《切韻考》卷六。

聲調也叫"字調"。主要由一個音節内部的音高變化構成。如普通話"媽""麻""馬""罵"四個字聲母、韻母完全相同,都是"ma",但這四個字發音高低升降不同,就是聲調不同。現代漢語普通話是四個聲調:即媽mā(陰平),麻má(陽平),馬mǎ(上聲),罵mà(去聲)。

古代對漢語的聲調是有所覺察的,漢代注家譬况字音用語中,有長言、短言、急言、緩言,後世研究認爲,這可能與字調有關。例如,《公羊傳》莊公二十八年:"《春秋》伐者爲客。"何休注:"伐人者爲客,讀伐長言之,齊人語也。"長言,發音舒緩,爲字調中的舒調。又如《公羊傳》莊公二十八年:"伐者爲主。"何休注:"見伐者爲主,讀伐短言之,齊人語也。"短言,發音急促,爲字調中的促調。

漢末魏晉時代,反切興起,音韻學研究興起,這樣才對"聲調"逐步有了明確的認識。在音韻學初創時期,對字調的辨别,把音素差異也包含在内,字調和韻部區分混在一起。封演《封氏聞見記》上説:"魏時有李登,撰《聲類》十卷,凡一萬一千五百二十字,以五聲命字,不立諸部。"《魏書・江式傳》上説:"吕忱弟静别倣故左校會李登《聲類》之法,作《韻集》五卷,宫、商、角、徵、羽各爲一篇。"李登《聲類》,吕静《韻集》是最早的韻書(已失傳)。二書的分部,看來在字調,不在各韻細目,即以字調爲綱來類别字音。潘徽《韻纂》自序説:

> 《三蒼》《急就》之流,微存章句;《説文》《字林》之屬,惟别體形;至於尋聲推韻,良爲疑混;酌古會今,未臻切要。末有李登《聲類》、吕静《韻集》,始判清、濁,才分宫、羽。①

這裏所説的"判清、濁"、"分宫、羽",就是范曄在《後漢書・自序》中所説的"别宫、商,識清、濁"。張世禄先生認爲這裏所説的清、濁、宫、商,

---

① 見《隋書・潘徽傳》。

都是指字調的區别;并認爲在齊梁以前講聲律的,大都是以"韻"字包括字調,直到"四聲"名稱成立,才説明對"聲調"有了明確的認識,才能區别音調和音素。齊梁前,用"宮、商、角、徵、羽",是包含了字調和音素兩方面,含混不清。總之,張先生認爲,古代對"聲調"看法,開始有所覺察,齊梁前提出五音即宮商角徵羽,對字調有認識,但不够明確,是既指字調,又包含了音素,即韻中包含字調。直到齊梁時代,正式提出"四聲",才對"聲調"有了較明確的認識,而從五香到四聲,説明古代對"聲調"認識有一個過程,"四聲"確立以後,才明確認識了漢語特點之一的聲調①。

關于四聲,《南史·陸厥傳》上記載:

> 永明末盛爲文章,吳興沈約、陳郡謝朓、琅邪王融以氣類相推轂。汝南周顒善識聲韻。約等文皆用宮商,將平上去入爲四聲,以此製韻,有平頭上尾,蜂腰鶴膝。五字之中,音韻悉異,兩句之内,角徵不同,不可增減,世呼爲"永明體"。

《梁書·沈約傳》:

> 又撰《四聲譜》,以爲在音詞人累千載而不悟,而獨得胸衿,窮其妙旨。自謂入神之作。高祖雅不好焉。帝嘗向周捨曰:"何謂四聲?"捨曰:"'天子聖哲'是也。"然帝意不遵用。

聲調是漢語的特點之一,古代有所覺察,魏晉時代,由於反切興起,對語音研究的逐步提高,對漢語聲調的認識也一步步明確起來。聲調的區别,在實際語言裏,并不限定是四聲,也有五聲、七聲等。爲何六朝時代,把漢字字調區别,一方面用"五音"的理論來觀察,而另一方面又定爲平、

---

① 參見張世禄《中國音韻學史》。

上、去、入四聲呢？關于這個問題，近代學者陳寅恪有專文討論，他認爲
"四聲"的名稱是受印度文化的影響，六朝齊梁時代，由於佛教傳入，梵文
影響，當時學者根據中國古代語音研究，以及關於字調的理論，又參考了
印度佛經上"轉讀"的聲調種類，於是定漢語字調爲四聲。現將陳寅恪
《四聲三問》一文，摘要於下：

　　初問曰：中國何以成立一四聲之説？ 即何以適定爲四聲，而不
定爲五聲，或七聲，仰或其他數之聲乎？

　　答曰：所以適定爲四聲，而不爲其他數之聲者，以除去本易分
別，自爲一類之入聲，復分別其餘之聲爲平上去三聲。綜合通計之，
適爲四聲也。但其所以分別其餘之聲爲三者，實依據及摹擬中國當
日轉讀佛經之三聲。而中國當日轉讀佛經之三聲又出於印度古時聲
明論之三聲也。據天竺圍陀之聲明論……依其聲之高低，分別爲三：
一曰 udātta，二曰 svarita，三曰 anudatta。佛教輸入中國，其教徒轉
讀經典時，此三聲之分別當亦隨之輸入。至當日佛教徒轉讀其經典
所分別之三聲，是否即與中國之平上去三聲切合，今日固難詳知，然
二者俱依聲之高下分爲三階則相同無疑也。中國語之入聲皆附有 k、
p、t 等輔音之綴尾，可視爲一特殊種類，而最易與其他之聲分別。平
上去則其聲響高低相互距離之間雖有分別，但應分別之爲若干數之
聲，殊不易定。故中國文士依據及摹擬當日轉讀佛經之聲，分別定爲
平上去三聲。合入聲共計之，適成四聲。

　　再問曰：四聲説之成立由於中國文士依據及摹擬轉讀佛經之
聲，既聞命矣。果如所言，天竺經聲流行中土歷時甚久，上起魏晉，下
迄隋唐，六七百年間審音文士，善聲沙門亦已衆矣。然則無論何代何
人皆可以發明四聲之説，何以其説之成立不後不先適值南齊永明之
世？ 而創其説者非甲非乙，又適爲周顒、沈約之徒乎？

　　答曰：南齊武帝永明七年二月二十日，竟陵王子良大集善聲沙

門於京邸,造經吹新聲,實爲當時考文審音之一大事。在此略前之時,建康之審音之士,及善聲沙門討論研求必已甚衆而且精。永明七年竟陵京邸之結集,不過此新學説研求成績之發表耳。此四聲説之成立所以適值南齊永明之世,而周顒、沈約之徒又適爲此新學説代表人之故也。

三問曰:讀《宋書·謝靈運傳論》、《南史·陸厥傳》所載厥與沈約問答之書,及《詩品》所記王融告鍾嶸之語,竊有疑焉。凡約之所論,及厥之問約,約之答厥,融之語嶸者,皆四聲之問題也。然俱以宮商五聲爲言,而絶不及四聲一語。若四聲與五聲同物,則約仍用五聲之舊説可矣。何必又新創四聲之説,別撰四聲之譜呼?若四聲與五聲不同物,則約論非所論,融語非所語,厥問非所問,約更答非所答矣。然則四聲與五聲之同異究何在耶?

答曰:宮商角徵羽五聲者,中國傳統之理論也。關於聲之本體,即同光朝士所謂"中學爲體"是也。平上去入四聲者,西域輸入之技術也。關於聲之實用,即同、光朝士所謂"西學爲用"是也,蓋中國自古論聲皆以宮商角徵羽爲言,此學人論聲理所不能外者也。至平上去入四聲之分別,乃摹擬西域轉經之方法,以供中國行文之用。其"顛倒相配,參差變動",如"天子聖哲"之例者,純屬於技術之方面,故可得而譜。即按譜而別聲,選字而作文之謂也。然則五聲説與四聲説乃一中一西,一古一今,兩種截然不同之系統。論理則指本體以立説,舉五聲而爲言;屬文則依實用以遣詞,分四聲而撰譜。苟明乎此,則知約之所論,融之所言,及厥之問約,約之答厥,所以止言五聲而不及四聲之故矣。

二、南北朝至隋唐時期的韻書

反切注音的方法興起之後,用反切注明字音的書,就是"音義"一類的書,魏晉六朝時代最爲盛行。根據謝啓昆《小學考》上記載,訓詁類的有魏張揖《廣雅》、梁劉杳《要雅》等共二十六種;文字類的有北魏江式《古今文字》、梁阮孝緒《文字集略》等共四十四種;聲韻類的有魏李登《聲類》、晉呂静《韻集》等共二十七種;音義類的有晉李充《周易音》、徐邈《古文尚書音》等共七十種。可見當時關于音讀研究的著作,已開始脱離文字、訓詁而成爲音韻學的專書,所以《顏氏家訓》上説"自兹厥後,音韻鋒出"。

1. 韻 書 的 産 生

《隋書·經籍志》:《聲類》十卷,魏左校令李登撰。潘徽《韻纂·序》:"李登《聲類》、吕静《韻集》始判清濁,纔分宮羽。"①反切興起之後,類集反切成爲韻書,李登《聲類》可謂韻書之始。

《聲類》一書,今已不傳。《隋書·經籍志》著録爲十卷。唐封演《封氏聞見記》:"魏時有李登者,撰《聲類》十卷,凡一萬一千五百二十字,以五聲命字,不立諸部。"封演記述《聲類》、《字林》、《字統》、《玉篇》、《切韻》等書字數很詳細,可見他是看過這些書的。因此可推想《聲類》這部書是唐代以後纔散失的。

《聲類》原書失傳,編書體例只知是"以五聲命字,不立諸部"。五聲,本指古代音樂上術語:宮、商、角、徵、羽。李登《聲類》以五聲命字,即五聲用於音韻究何指,歷來有不同看法。唐徐景安《樂書》以爲指的是四聲:宮,上平聲;商,下平聲;徵,上聲;羽,去聲;角是入聲②。王國維根據周秦漢初人的用韻和文字形聲的關係,論證即古音的五聲:"陽聲一與陰類之平上去入四也。③"唐蘭認爲五聲實指韻部:"宮者東冬,商者陽唐,角者蕭

---

① 見《隋書·潘徽傳》。
② 引見王應麟《玉海》卷七。
③ 見《觀堂集林》。

宵,徵者咍灰,羽者魚虞。"唐蘭説:"創始者粗疏,故但列五部耳。①"姜亮夫認爲李登所處時代,去四聲興起很遠,不可能有韻書出現,李登"以五聲命字"不過是以"音樂性的方法"來分析漢字而已②。以上各家的研究,對李登《聲類》"以五聲命字"的認識可供參考。

吕静,晉時人,其兄吕忱著有《字林》。潘徽《韻纂序》中把李登和吕静相提并論,後魏江式《古今文字源流表》上進一步説明:"忱弟静别仿故左校令李登《聲類》之法,作《韻集》五卷,宫、商、角、徵、羽各一篇。"《韻集》一書也早失傳。《隋書‧經籍志》著録爲六卷,《舊唐書‧經籍志》、《新唐書‧藝文志》均作五卷。

近年發現《王仁昫刊謬補缺切韻》唐寫本三種:一爲敦煌出土的,現藏巴黎國民圖書館,一般稱"王一";一本爲項子京跋本,稱"王二";一爲宋濂跋本,稱爲"王三"。這三種王韻的韻目下有小注,指出陸法言《切韻》以前五家韻書分韻的異同。其中有吕静的《韻集》。

《聲類》和《韻集》早已失傳,根據後人研究其體例編製,大體上是:
1. 按宫、商、角、徵、羽分篇;2. 不分韻部;3. 每一篇中,凡同音字列在一起;4. 有反切;5. 有注釋。這是我國早在三世紀魏晉時代最早韻書的萌芽。

《聲類》和《韻集》對魏晉以後的韻書,以至陸法言的《切韻》、宋代《廣韻》都是有影響的。根據《聲類》和《韻集》的佚文,與《切韻》殘卷以及宋本《廣韻》的對比觀察,可以看到在反切用字方面,有完全相同的;也有反切用字雖異,而音實相同的。試舉例於下:

疼:《聲類》:徒冬反

　　《切韻》:徒冬反

　　《廣韻》:徒冬切

---

① 見《王仁煦刊謬補缺切韻》唐蘭跋語。
② 姜亮夫:《切韻音系》見《浙江師院學報》1955 年 7 月一期。

編:《聲類》:布千反

　　《韻集》:布千反(陸德明《經典釋文·詩·有瞽》引)

　　《切韻》:布千反

　　《廣韻》:布千切

鴻:《聲類》:胡公反

　　《切韻》:胡籠反

　　《廣韻》:戶公切

聆:《聲類》:力丁反(顏師古《匡謬正俗》引)

　　《切韻》:郎丁反

　　《廣韻》:郎丁切

2. 六朝韻書的發展

　　我國古代韻書的大量興起,一爲審音,一爲作文。六朝時代韻書大量"鋒出"的原因,是和當時文學創作中聲律論的興起,講究聲律和形式美有關係的。

　　齊梁時代,一般文士盛解音律,又由於佛教傳入,梵文影響,發現了"四聲"。文學界講求聲律的風尚和音韻研究的興起互爲因果,相互啓發推動。如封演《封氏聞見記》上說:"永明中,沈約文辭精拔,盛解音律,遂撰《四聲譜》。時王融、劉繪、范雲之徒慕而扇之,由是遠近文學轉相祖述,而聲韻之道大行。"又如沈約說:"五色相宣,八音協暢,由乎玄黃律呂,各適物宜。欲使宮羽相變,低昂舛節,若前有浮聲,則後須切響。一簡之內,音韻盡殊;兩句之中,輕重悉異。妙達此旨,始可言文。①"

　　正由於六朝時代,文學上講求聲律,從而促進了六朝時代韻書的大量出現。在《切韻》以前,《隋書·經籍志》記載音韻書有多種:

---

① 沈約:《宋書·謝靈運傳論》。

李槩《音譜》四卷(陸法言《切韻序》稱李季節《音譜》無卷數)。

王該《五音韻》五卷。

王該《文章音韻》二卷。

無名氏《韻集》十卷。

周研《聲韻》四十一卷(按陸法言《切韻序》稱周思言《音韻》即是書)。

張諒《四聲韻林》二十八卷(按舊新《唐志》并載張諒《四聲部》三十卷即是書)。

段弘《韻集》八卷。

無名氏《羣玉典韻》五卷。

楊休之《韻略》一卷(又見陸法言《切韻序》,無卷數。楊亦作陽;《顏氏家訓》稱陽休之造《切韻》,可能是一書)。

無名氏《纂韻鈔》十卷。

劉善經《四聲指歸》一卷(按《文鏡祕府論》引作《四聲論》)。

周彥倫《四聲切韻》(見《南史·周彥倫傳》)。

沈約《四聲》一卷(按《文鏡祕府論》引作《調四聲譜》)。

夏侯詠《四聲韻略》十三卷(陸法言《切韻序》作《韻略》,無卷數。宋本《廣韻序》"詠"字誤作"該"。唐寫本《切韻序》不誤)。

潘徽《韻纂》三十卷(見《隋書·潘徽傳》)。

釋靜洪《韻英》三卷。

杜臺卿《韻略》(見陸法言《切韻序》)。

以上根據文獻記載,并參考謝启昆《小學考》和王國維的考證①。這些韻書均已失傳,但仍可見當時"音韻鋒出"的盛況。另外,陸法言編《切韻》時,曾參考過李槩《音譜》、陽休之《韻略》、夏侯詠《四聲韻略》和杜臺

---

① 《觀堂集林》卷八。

卿《韻略》等。現存的王仁昫《刊謬補缺切韻》韻目下小注中,記錄有以上幾種韻書韻部分合的部分情況。例如:

> 冬　陽與鍾、江同,呂、夏侯別;今依呂、夏侯。
>
> 脂　呂、夏與微韻大亂雜,陽、李、杜別;今依陽、李、[杜](原書殘缺,推知)。
>
> 真　呂與文同,夏侯、陽、杜別;今依夏侯、陽、杜。
>
> 臻　呂、陽、杜與真同韻,夏別;今依夏。

總之,六朝諸家韻書的分部,各自有其實際語音爲基礎,合於作文的需要。分部有出入,因所處時代,所據方音彼此有不同之處。陸法言《切韻》實係參考諸家音韻而成。六朝韻書乃是隋唐韻書的基礎。

3. 陸法言《切韻》

陸法言,隋音韻學家,名詞,以字行,臨漳(今屬河北省)人,官承奉郎。法言的家世和事略,見於《隋書‧陸爽傳》:

> 爽字開明,魏郡臨漳人也,自齊入周。隋時爲太子洗馬,開皇十一年,卒官,年五十三。子法言,敏學有家風,釋褐承奉郎。

開皇初,法言年才弱冠,與劉臻、蕭該、顏之推等討論音韻,評論古今是非,南北通塞,編成《切韻》。自《切韻》一書出,六朝諸家韻書漸亡。唐宋時代的韻書,多以此書爲藍本。

(一)《切韻》的內容和體例

陸法言《切韻》五卷,《隋書》、《舊唐書‧經籍志》、《新唐書‧藝文志》均未著録;而新、舊《唐志》上皆有"陸慈《切韻》五卷"。丁度《集韻》、韓道昭《五音集韻》上則稱爲"陸詞《切韻》";清代毛奇齡在《古今通韻序例》中指出陸詞即法言。王國維又據日本源順《倭名類聚鈔》及僧瑞信《浄土三部經音義》中所引陸詞《切韻》,又參照《切韻殘卷》,更證以日本狩谷望《倭名鈔箋》之説,斷定法言就是陸詞。并認爲新、舊《唐志》上的陸慈,也就是陸詞①。劉復《敦煌掇瑣》下輯所録唐寫本《切韻序》開首寫道:"陸詞字法言撰",可以認爲陸詞原是法言的名。②

《切韻》一書是一部承前啓後的重要韻書,在漢語語音研究史上有很重要的地位,可惜也早已散失了,現僅存陸法言寫的《切韻序》。近幾十年發現了《王仁昫刊謬補缺切韻》三種唐寫本,(一作"王仁煦",唐寫本作"王仁昫"。)其中敦煌出土的韻書殘卷(即"王一")中有一種編號爲S 2683的,據考證,基本上是陸法言原書的片斷③。這些都是研究《切韻》一書的寶貴材料。

封演《聞見記》載《切韻》收字一萬二千一百五十八。《式古堂書畫匯考》載項子京藏孫愐《唐韻序》上説:"今加三千五百字,通舊爲一萬五千字。"孫愐《唐韻》基本上是根據《切韻》加字編成的,據此,則《切韻》收字應爲一萬一千五百字,與《聞見記》所載有出入。敦煌本韻書殘卷S 2055號所載長孫訥言序云:"加字六百,用補闕遺。"王國維據此考證封演《聞見記》上所記《切韻》的字數,是加上長孫訥言序中所説"加字六百"合并計算的。

"王三"是王仁煦《刊謬補缺切韻》的完本,即宋濂跋本。卷一、卷三、卷四、卷五都記録有字數:卷一是二千九百八,卷三是二千七十,卷四是二千三百三十二,卷五是二千一百七十七(缺卷二字數)。"王

---

① 《觀堂集林》卷八。
② 參看《十韻彙編》八六頁。
③ 參看王國維《觀堂集林·書巴黎國民圖書館所藏唐寫本切韻後》、姜亮夫《瀛涯敦煌韻輯·S 2683卷爲陸法言切韻原書證》。

三"共分一百九十五韻。平聲五十四，上聲五十二，去聲五十七，入聲三十二。"王三"上聲五十一"廣"下小注云"陸無韻目，失"；去聲五十六"嚴"下小注云："陸無此韻目，失。"據此，《切韻》應是一百九十三韻。即：平聲五十四，上聲五十一，去聲五十六，入聲三十二。韻目如下：

平聲

一東 德紅反　　　二冬 都宗反　　　三鍾 職容反

四江 古雙反　　　五支 章移反　　　六脂 旨夷反

七之 止而反① 　　八微 無非反　　　九魚 ②

十虞 語俱反　　　十一模 莫胡反　　　十二齊 徂愁反

十三佳 古膎反　　　十四皆 古諧反　　　十五灰 呼恢反

十六咍 呼來反　　　十七真 職鄰反　　　十八臻 側洗反

十九文 武分反　　　二十殷 于斤反　　　廿一元 愚袁反

廿二魂 户昆反　　　廿三痕 户恩反　　　廿四寒 胡安反

廿五删 所奸反　　　廿六山 所間反　　　廿七先 蘇前反

廿八仙 相然反　　　廿九蕭 相雕反（蘇雕反）　　　三十霄 相燋反（宵，相焦反）

卅一肴 胡茅反　　　卅二豪 胡刀反　　　卅三歌 古俄反

卅四麻 莫霞反　　　卅五覃 徒含反（徒南反）　　　卅六談 徒甘反

卅七陽 與章反　　　卅八唐 徒郎反　　　卅九庚 古行反

四十耕 古莖反　　　四十一清 七精反　　　四十二青 倉經反

四十三尤 雨求反（羽求反）　　　四十四侯 胡溝反　　　四十五幽 于虯反

四十六侵 七林反　　　四十七鹽 余廉反　　　四十八添 他兼反

四十九蒸 諸膺反　　　五十登 都滕反　　　五十一咸 胡讒反

五十二銜 户監反　　　五十三嚴 語檢反　　　五十四凡 符鹹反

---

① P 2017 作止雨反，誤。

② 反語殘缺，P 2017 作語居反。

上聲

一董^{多動反}   二腫^{之隴反}   三講^{古項反}

四紙^{諸氏反}   五旨^{職雉反}   六止^{諸市反}

七尾^{無非反(無匪反)}   八語^{魚舉反}   九麌^{虞矩反}

十姥^{莫補反}   十一薺^{徂禮反}   十二蟹^{鞵買反}

十三駭^{諧楷反}   十四賄^{呼猥反}   十五海^{呼改反}

十六軫^{之忍反(軫,之忍反)}   十七吻^{武粉反}   十八隱^{于謹反}

十九阮^{虞遠反}   廿十混^{胡本反}   廿一很^{痕墾反}

廿二旱^{胡滿反(何滿反)}   廿三產^{數板反}   廿四潸^{所簡反①}

廿五銑^{蘇典反}   廿六獮^{息淺反}   廿七篠^{蘇鳥反}

廿八小^{私兆反}   廿九巧^{苦絞反}   三十皓^{胡老反}

卅一哿^{古我反}   卅二馬^{莫夏反(莫下反)}   卅三感^{古禫反}

卅四敢^{古覽反}   卅五養^{余兩反}   卅六蕩^{堂郎反(蕩)}

卅七梗^{古杏反}   卅八耿^{古幸反}   卅九靜^{疾郢反}

四十迥^{戶鼎反}   四十一有^{云有反}   四十二厚^{胡口反}

四十三黝^{子糾反}   四十四寑^{七稔反}   四十五琰^{以冉反}

四十六忝^{他玷反(他點反)}   四十七拯^{無韻,取蒸之上聲}   四十八等^{多肯反}

四十九嗛^{下斬反}   五十檻^{胡黤反}   五十一范^{無反語,取凡之上聲}

去聲

一送^{蘇弄反}   二宋^{蘇統反}   三用^{余共反}

四絳^{古巷反(絳)}   五寘^{支義反}   六至^{脂利反}

七志^{之吏反②}   八未^{無沸反}   九御^{魚據反}

十遇^{虞樹反}   十一暮^{莫故反}   十二泰^{他蓋反}

十三霽^{子計反}   十四祭^{子例反}   十五卦^{古賣反}

---

① "王一"潸在產上,是。

② "王一"作之史反、P 2017 作子吏反。

十六怾 古壞反	十七夬 古運反①	十八隊 徒對反
十九代 徒戴反	二十廢 方肺反	廿一震 職刃反
廿二問 無運反	廿三㭊 許靳反	廿四願 魚怨反
廿五恩 胡困反	廿六恨 胡艮反	廿七翰 胡旦反
廿八諫 古宴反	廿九襉 古莧反	三十霰 蘇見反
卅一綫 私箭反	卅二嘯 蘇吊反	卅三笑 私妙反
卅四效 胡教反	卅五號 胡到反	卅六箇 古賀反
卅七禡 莫駕反	卅八勘 苦紺反	卅九闞 苦濫反
四十漾 余亮反	四十一宕 杜浪反	四十二敬 居命反
四十三靜 側進反	四十四勁 居盛反	四十五徑 古定反
四十六宥 尤救反	四十七候 胡遘反	四十八幼 伊謬反
四十九沁 七鴆反	五十豔 以贍反	五十一㮇 他念反
五十二證 諸膺反	五十三嶝 諸鄧反	五十四陷 户䕃反
五十五鑑 格懺反	五十六梵 扶汎反（扶泛反）	

入聲

一屋 烏谷反	二沃 烏酷反	三燭 之欲反
四覺 古岳反	五質 之日反	六物 無弗反
七櫛 阻瑟反	八迄 許訖反	九月 魚厥反
十沒 莫勃反	十一末 莫割反	十二黠 胡八反
十三鎋 胡瞎反（胡八反）	十四屑 先結反	十五薛 私列反
十六錫 先擊反	十七昔 私積反	十八麥 莫獲反
十九陌 莫百反	二十合 胡閤反	廿一盍 胡臘反
廿二洽 侯夾反	廿三狎 胡甲反	廿四葉 與涉反
廿五帖 他協反	廿六緝 七入反	廿七藥 以灼反

---

① P 2017 作古邁反。

廿八鐸^{徒各反}　　　　廿九職^{之翼反}　　　　　三十德^{多則反（多特反）}

卅一業^{魚怯反}　　　　卅二乏^{防法反}

《切韻》早已失傳，根據文獻記載以及今存殘卷，可以知道《切韻》的大概内容和體例：

（1）以平、上、去、入分卷，因平聲字數過多分爲兩卷，共計是五卷。

（2）平聲上卷分二十六韻，平聲下卷分二十八韻，上聲五十一韻，去聲五十六韻，入聲三十二韻，共一百九十三韻。

（3）所收字數在一萬二千左右。

（4）韻字的注釋簡單。如王仁昫説《切韻》"時俗共重，以爲典規；然苦字少，復闕字義。①"

（5）《切韻》不正字形。如唐長孫訥言箋序上指出《切韻》"傳之已久，多失本原，差之一畫，詎唯千里見炙從肉，莫究厥由。②"唐孫愐提出"據今時字體，從木從扌，著彳著亻，施爻施攴，安尒安禾，并悉具言。③"

總之，《切韻》是唐宋韻書的藍本，是研究漢語語音史、中古音系的重要資料，可惜原書已失傳，只留下陸法言寫的《切韻·序》和近代發現的唐寫本《切韻》殘卷等寶貴資料，後世學者就根據《切韻·序》和一些文獻資料，對陸法言《切韻》成書情況等問題，提出以下一些看法：

《切韻》是隋代陸法言等所編的一部韻書，共五卷，書成于隋文帝仁壽元年（公元601年）。關於"切韻"的含義，沈括在《夢溪筆談》中説"所謂切韻者，上字爲切，下字爲韻"（見卷十五）。黄侃説："《切韻·序》文辭不甚佳，置諸《廣韻》首端，人多忽之。其言'支脂、魚、虞共爲一韻，先、仙、尤、侯俱論是切'。上一句言韻之混亂，下一句言聲之混亂。故知切韻者，

---

① 見《刊謬補缺切韻》P 2129。

② 見《刊謬補缺切韻》P 2129。

③ 見《廣韻》所載孫愐序。

切與韻,而非切之韻也。①"王顯説,切爲切正,即正確規範的意思②。

(二)《切韻》編寫的目的和原則

陸法言事迹略見于《隋書·陸爽傳》和蘇鶚《蘇氏演義》。生卒年不詳。王國維考明,開皇初一夕討論音韻時,陸法言二十歲左右,故其約生於周武帝保定二年(公元 562 年)。《切韻》一書係經過多人討論,陸法言當時記録了綱要,在十八年之後罷官家居時整理編集,於次年(公元 601 年)完成的。關於參加討論的人,討論的情況,《切韻序》上有記載:

昔開皇初,有劉儀同臻、顏外史之推、盧武陽思道、李常侍若、蕭國子該、辛咨議德源、薛吏部道衡、魏著作彦淵等八人,同詣法言門宿。夜永酒闌,論及音韻。古今聲調既自有別,諸家取舍亦復不同。吴楚則時傷輕淺,燕趙則多涉重濁;秦隴則去聲爲入,梁益則平聲似去;……欲廣文路,自可清濁皆通;若賞知音,即須輕重有異。

吕静《韻集》、夏侯該《韻略》、陽休之《韻略》、李季節《音譜》、杜臺卿《韻略》等,各有乖互。江東取韻與河北復殊。因論南北是非,古今通塞,欲更捃選精切,除削疏緩。顏外史、蕭國子多所决定。魏著作謂法言曰:向來論難,疑處悉盡,何爲不隨口記之,我輩數人,定則定矣。即燭下握筆,略記綱紀。

後博問英辯,殆得精華。於是更涉余學,兼從薄宦,十數年間,不遑修集。今返初服,私訓諸弟,凡有文藻,即須聲韻。屏居山野,交游阻隔,疑或之所質問無從。……遂取諸家音韻,古今字書,以前所記者,定爲《切韻》五卷。……于時歲次辛酉大隋仁壽元年也。

①《文字聲韻訓詁筆記》108 頁,上海古籍出版社。
② 見《中國語文》1961 年 4 月號。

　　根據陸法言《切韻序》,第一知道了《切韻》一書編寫的過程。《切韻序》寫成於隋仁壽元年,即公元 601 年。《切韻》一書,可能也寫定於此時。《切韻序》記載了《切韻》一書編寫過程,即隋開皇(公元 581—589 年)初年,劉臻、顔之推等八人,一同到陸法言家,談論古今語言不同,南北方言差異;又評論當時的各家韻書,由於分韻辨音不同,"各有乖互"。因此,他們討論了南北是非、古今通塞,又進一步"捃選精切,除削疏緩"。他們根據晉以來的韻書,以及方言材料,通過集體討論,初步擬訂了《切韻》的編寫"綱紀",並由陸法言記録下來。十八年後,陸法言罷官居家,纔根據上次討論,加以整理修訂,於公元 601 年,即隋仁壽元年編纂完成。

　　其次,《切韻序》説明了編著的目的。《切韻序》:"欲廣文路,自可清濁皆通;若賞知音,即須輕重有異。"文路,是指創作詩文的用韻。廣,擴大,放寬。濁清,是指開口合口。羅常培《切韻序校釋》云:魏了翁《唐韻後序》云:"其部敍于一東下注云:'德紅反,濁,滿口聲。'自此至三十四乏皆然。"今唐韻部序雖無可考,而即此語推之,唐韻蓋以開口爲清,合口爲濁,與紐類、四聲皆不相涉。"若賞知音"是指對語音方面審音、正音的要求。輕重,羅常培《釋重輕》一文中説:"竊意所謂'重''輕'者,固與'開''合'異名而同實也。"又説:"《顔氏家訓‧音辭篇》云:'古語與今殊別,其間輕重清濁,猶未可曉。'《切韻序》云:'吳楚則時傷輕淺,燕趙則多涉重濁。……欲廣文路,自可清濁皆通;若賞知音,即須輕重有異。'之推、法言皆以輕重清濁并舉。據賈昌朝《羣經音辨序》:'夫輕清爲陽,陽主生物,形用未著,字音常輕。重濁爲陰,陰主成物,形用既著,字音常重。……如衣施諸身曰衣(施既切),冠加諸首曰冠(古亂切);此因形而著用也。物所藏曰藏(才浪切),人所處曰處(尺據切),此因用而著形也。'是以平上爲輕清,而以去聲爲重濁也。①"

　　總之,《切韻》編著的目的:一方面是爲了創作詩文的用韻,另一方面

―――――――――

　① 載《羅常培語言學論文選集》。

則爲了語音的審音、正音。詩文用韻可以從寬,而審音、正音則須從嚴。
羅常培在《切韻序校釋》一文認爲"輕重"是指聲調,并説:"兩句詞例,亦
屬參互見義,猶謂欲便臨文用韻,自可清濁輕重皆通;若爲剖析聲音,即須
清濁輕重有異也。"

　　第三,《切韻序》也扼要地説明了他們編寫《切韻》的原則。首先,他
們討論了語音方面南北是非,古今通塞,認識到當時各地方言語音不同,
同時又看到諸家韻書中的韻部分合的分歧錯雜,"疑處悉盡","我輩數人
定則定矣"。於是本着"捃選精切、除削疏緩"的原則,要求審音上精細,
努力做到"剖析毫釐、分別黍累"。在分韻方面的原則是從分不從合。
例如:

　　十四皆^{古諧反}　　呂、陽與齊同,夏侯、杜別,今依夏侯、杜。

　　二十五删^{所奸切。}李與山同,呂、夏侯、陽別,今依呂、夏侯、陽。

有些分韻諸家都同,《切韻》也分開,例如:

　　二十二魂^{户昆反}　　呂、杜、夏侯、陽與痕同,今別。

因此,《切韻》所分的韻部有一百九十三部①,《切韻》所收韻字,有的有二、
三種讀音,有的在同一韻中也有二讀、三讀。可能是兼顧方音、古音的
緣故。

(三)《切韻》音系的討論

　　關於《切韻》分韻,歷來有三種不同的意見。第一派以戴震爲代表,他
認爲《切韻》分韻過細,其中有些韻部是陸法言等人主觀地分出來的。
他説:

　　　僕因究韻之呼等:一東内一等字與二冬無別,脂内三等字與八

---

　　① 法國巴黎圖書館所藏王仁煦《刊謬補缺切韻》殘本,只有 193 韻,因儼、醶兩韻字少,
不另立。故宫本王仁煦《刊謬補缺切韻》殘本,有 195 韻。

微無別……其餘呼等同者,音必無別。蓋定韻時有意求其密,用意太過,強生輕重。其讀一東内一等字必稍重,讀二冬字内必稍輕,觀"東,德紅切"、"冬,都宗切",洪細自見。然人之語言音聲,或此方讀其字洪大,彼方讀其字微細;或共一方,而此人讀之洪大,易一人讀之又微細;或一人語言,此時言之洪大,移時而言之微細。強生輕重,定爲音切,不足凭也。①

第二派以陳澧爲代表,他認爲二百零六韻是符合當時實際語音情況的。他説:

　　陸氏分二百六韻,每韻又分二類、三類、四類者,非好爲繁密也,當時之音實有分别也。②

第三派以章炳麟爲代表,他認爲《廣韻》兼有古音成分和方音成分。他説:

　　《廣韻》所包,兼有古今方國之音,非并時同地得有聲勢二百六種也。昧其因革,操繩削以求之,由是侏離,不可調達矣。③

　　陸法言在《切韻序》中説明編著《切韻》的目的,除了臨文用韻以外,爲的是審音、正音。那麼,審音、正音的標準音是什麼?陸法言在《切韻序》中,没有明確説明以哪一地方的音爲正,因此,對《切韻》所代表的語音系統,古今學者進行研究討論,有各種不同的看法。這些不同的看法,

---

① 戴震:《聲類表》卷首。
② 陳澧:《切韻考》卷六。因《切韻》失傳,後世學者,據《廣韻》二百六韻來研究《切韻》。
③ 章炳麟:《章氏叢書　國故論衡(上)》,18頁。

概括起來可分爲二大派：一派認爲《切韻》所代表的音系是綜合音系，即是古今（指隋）南北語音的綜合語音系統。另一派認爲《切韻》所代表的是單一音系，即是一時一地之音，或者基本上是一時一地之音，現分述於下：

主張《切韻》所代表的是綜合音系的，前有江永，後有章太炎、王國維。江永説：

> 韻書（指《切韻》）流傳至今者，雖非原本，其大致自是周顒、沈約、陸法言之舊。分部列字雖不能盡合於古，亦因其時音已流變，勢不能泥古違今。其間字似同而音實異，部既别則等亦殊，皆雜合五方之音，剖析毫釐，審定音切，細尋脈絡，曲有條理。其源自先儒經傳子史音切諸書來。①

章太炎説：

> 《廣韻》所包，兼有古今方國之音，非并時同地得有聲勢二百六種也。且如東、冬於古有别，故《廣韻》兩分之，在當時固無異讀，是以李涪《刊誤》不須區别也。支、脂、之三韻，惟之韻無合口音，而支脂開合相間，必分爲二者，亦以古韻不同，非必唐音有異也。若東、鍾，陽、唐，清、青之辨，蓋由方國殊音，甲方作甲音者，乙方則作乙音；乙方作甲音者，甲方或又作乙音，本無定分，故殊之以存方語耳。②

王國維説：

---

① 江永：《古韻標準·例言》。
② 章太炎：《國故論衡·音理論》。王韻韻目小注云：“脂，吕、夏侯與之，微大亂雜，陽、李、杜别，今依陽、李、杜。”

> 陸韻者,六朝之音也。①

主張《切韻》所代表的音系是單一音系,或基本上是單一音系的,又有吳音說②、洛陽音說和長安音說三種。

吳音說起於晚唐,當時趙璘、蘇鶚即加以駁辯。蘇鶚說陸氏"研究正聲……豈獨取方言鄉音而已哉?""則豈吳越之音而能服四方之名人乎?"這一說後世已基本上被否定。

長安音說,一般認爲是高本漢提出的,據黃淬伯《〈切韻〉"内部證據"論的影響》一文中引述:長安音說見於一九四八年歷史語言研究所《集刊》第二十册周法高《玄應反切考》。高本漢先說《切韻》是一時一地的語音描寫,周法高再說是長安音。

關於長安音說,學術界有不同意見。陳寅恪在《從史實論切韻》一文中提出不同看法。他說:

> 近世論陸法言《切韻》之學人,多有謂其爲西元七世紀初之長安方言者,殆即根據序末有"大隋仁壽元年"之記載,以爲仁壽元年爲西曆六〇一年,而長安又爲隋之京師也。其實若就陸序一加考察,則知此說殊有可疑,今請就消極與積極兩方面述之於下:
>
> 自消極方面言,《切韻》之語音系統,似與七世紀初之長安方言無所關涉,此可以三事證之。
>
> 陸法言自述其書之成乃用開皇初年劉臻等八人論難之紀錄爲準則,以抉擇諸家音韻古今字書之是非而寫定,是此書之語音系統,并非當時某一地行用之方言,此可注意者一事也。
>
> ……陸法言編撰《切韻》所用之主要材料,全無關中人士之著作,

---

① 王國維《觀堂集林》卷八《天寶韻英分部考》。
② 可參看《問學集》:《切韻與吳音》,周祖謨著,中華。

此可注意者二事也。

　　……據上所引,則知編撰《切韻》之陸法言,及決定其原則之諸賢,全無世居關隴之人士,此可注意者三事也。

陳寅恪根據歷史事實,列舉三點,不同意長安音説又根據史實提出《切韻》所代表的音系是洛陽音説。他説:

　　就積極方面言之,《切韻》內所列之字音,實以東漢曹魏西晉時代洛陽京畿之舊音爲主要因素,此亦可以二事證之。

　　《切韻》序云:"吳楚則時傷輕淺,燕趙則多涉重濁,秦隴則去聲爲入,梁益則平聲似去。"寅恪案,陸法言序文述各地方言之失,而獨不及中原一區,則中原即洛陽及其近傍之語音,乃諸賢所視爲正音者無疑,至其所以有此種評斷者,亦以中原之音爲準,而比較言之者耳,此其注意者一事也。

　　《切韻·序》云:因論南北是非,古今通塞,欲更捃選精切,除削疏緩,顏外史蕭國子所決定。

　　寅恪案:……至此乃可於陸氏序文中此節作一解釋曰:諸賢於討論音韻之時,其心目中實以洛陽舊音爲標準者。而南北朝時金陵士族與洛陽朝野所操之語音雖同屬此一系統,然經三百年之變化,均已非古昔之舊觀,故必須討論其是非以決定所取舍。討論之結果,得一折衷一是之意見,即謂南方士族之音聲較近於此一標準,於是捃選除削,乃多取決於顏、蕭。惟顏、蕭之音聲亦不能盡合於此一標準,序文所以以"蕭、顏多所決定"爲言,即謂非全由蕭、顏決定者亦職是之故,此可注意者二事也。

最後,陳寅恪進行總結論述:

　　更綜括以上論之,陸法言之寫定《切韻》,其主要取材之韻書,乃關東江左名流之著作,其決定原則之羣賢,乃關東江左儒學文藝之人士。夫高齊鄴都之文物人材,實承自太和遷都以後之洛陽,而東晉南朝金陵之衣冠禮樂,亦源自永嘉南渡以前之京邑(即洛陽),是《切韻》之語音系統,乃特與洛陽及其附近之地域有關,自易推見矣。又南方士族所操之音聲,最爲接近洛陽之舊音;而《切韻》一書所遵用之原則又多所取決於南方士族之顏、蕭,然則自史實言之,《切韻》所懸之標準音,乃東晉南渡以前,洛陽京畿舊音之系統,而非楊隋開皇仁壽之世、長安都城行用之方言也。

洛陽音説最早提出的是清初閻若璩。閻氏説:

　　洛陽爲天下之中,南北音詞,於此取正。永嘉南渡,洛中君子,多在金陵,故音韻之正,天下惟有金陵洛下也。然金陵雜吳音,其音輕;洛下染北音,其音濁。當法言定韻之夕,如薛道衡,北人也。顏之推南人也,當時已自參合南北而後定之,故韻非南音也。①

陳寅恪《從史實論切韻》論述陸法言《切韻》是洛陽傳統的舊音,是以洛陽舊音爲基礎的東漢西晉間的讀書音的綜合體。這與閻若璩所見略同,而陳文,從史實詳細論證切韻的音系,周密遠過之。從此,洛陽音説,在學術界,頗具影響。近年的洛陽音説又有發展,王顯、邵榮芬②説是以活的洛陽方音爲基礎,又在一定程度上綜合了金陵方音。

---

① 見《尚書古文疏證》第七十四條。
② 參看王顯《切韻的命名和切韻的性質》,《中國語文》1961年四月號。邵榮芬:《〈晉書音義〉反切的語音系統》,《語言研究》創刊號。

周祖謨在《切韻的性質和它的音系基礎》①一文中,又進一步論述了《切韻》的音系是"金陵、鄴下的雅言,參酌行用的讀書音而定的。"又說:"這個音系可以說是六世紀文學語言的語音系統。"周祖謨在詳細論證《切韻》的性質和它的音系基礎之後,進行小結說:

> 總之,《切韻》是一部極有系統而且審音從嚴的韻書,它的音系不是單純以某一地行用的方言爲準,而是根據南方士大夫如顏、蕭等人所承用的雅言、書音,折衷南北的異同而定的。雅言與書音總是合乎傳統的讀音居多,切韻分韻定音既然從嚴,此一類字與彼一類字就不會相混,其中自然也就保存了前代古音中所有的一部分的分別,并非顏、蕭等人有意這裏取方音,那裏取古音。切韻的音系是嚴整的,是有實際的雅言和字書的音讀做依據的。顏之推、蕭該二人必然都能分辨,其他諸人也一定都同意這些類別。《切韻序》說:"魏著作謂法言曰:向來論難,疑處悉盡,何不隨口記之? 我輩數人,定則定矣。"足見當時諸賢反復論難,剖別同異,而最後定出這樣一個系統出來。這個系統既然是由南北儒學文藝之士共同討論而得,必定與南北的語言都能相應。這個系統可以說就是六世紀文學語言的語音系統。所以研究漢語語音的發展,以切韻作爲六世紀語音的代表,是完全可以的。②

關於《切韻》音系問題,諸家爭鳴,還沒有結論。不過根據各家的研究,日漸接近當時事實,也明確了一些問題和認識。其一,認識到《切韻》音系不是一時一地的方言韻書。顏之推說折衷于金陵、洛下,長孫訥言說是酌古沿今,封演說陸法言與顏、魏諸公定南北音,撰爲《切韻》。陸法言

---

① 見周祖謨《問學集》。
② 引自周祖謨《問學集》上 473 頁。

自己説:"論南北是非,古今通塞","取諸字書以前所記者定之爲《切韻》五卷"。其二,《切韻》音系雖然不是一時一地方言韻書,也不是各地方言,古今語言的混合;《切韻》是一部有系統、審音從嚴的韻書,《切韻》的音系是嚴整的。其三,《切韻》的音系,所以能嚴整有系統,"是有實際的雅言和字書的音讀做依據的"。也就是説《切韻》音系,基本上反映了當時共同語的語音系統。只是由於時代局限,當時對"共同語"認識不明確,因而在音系中,兼採了方言和古音。回顧近代"老國音字母"時,尚且還有三個南方語音字母"万、广、兀",因而我們更不能苛求古人。《切韻》音系能基本上反映六世紀共同語的語音系統,可以作爲當時漢語語音的代表。正因爲如此,《切韻》是一部重要的著作,原書雖失傳,後世學者通過《廣韻》來進行研究中古音,上推上古音,對現代方音的調查研究也有參考作用;并在音韻研究方面,形成《切韻》系一系列韻書,影響是很大的。

(四)《切韻》的刊謬補缺

《切韻》問世以後,影響很大,"時俗共重,以爲典規";但是《切韻》也有不足之處,即"然苦字少,復闕字義"。所以後世有不少人爲《切韻》加字、補訓。據《廣韻序》上記載:加字的有關亮、薛峋、王仁煦(唐代韻書殘卷作昫)、祝尚丘、孫愐、嚴寶文、裴務齊、陳道固等。爲《切韻》箋注的有長孫訥言和郭知玄。據《論切韻系的韻書》[1]考證,宋以前近似於韻書的目録,共計有一百六、七十種之多,可惜都已散佚,無法瞭解。自敦煌韻書殘卷發現後,不少學者,參照有關文獻進行研究考證,得知唐代韻書的發展,主要是對《切韻》的刊謬、增補。其中最有名的爲王仁煦、孫愐、李舟三家的韻書。

4. 王仁煦《刊謬補缺切韻》

爲《切韻》加字、增注,工作較多、影響較大的首推王仁煦《刊謬補缺

---

① 即《十韻匯編·序》,載《北京大學國學季刊》五卷三號。

切韻》,一般稱爲"王韻"。此書散失一千多年,近幾十年纔陸續發現幾種唐寫本,第一種是敦煌出土的、被伯希和劫往法國,現藏巴黎國民圖書館、簡稱"王一",此本殘缺不全。第二種是項子京跋本,簡稱"王二",此本系統混雜。第三種是指宋濂跋本,簡稱"王三",此本最好,是全帙。

　　王仁昫的事迹生平史無專載。根據這本書的序言,以及唐蘭的研究考證,得知梗概如下:王仁昫字德温,唐代中宗時人,曾任衢州信安縣尉。大約於唐龍興二年(公元 706 年)完成此書。他在序中説:"謹依《切韻》增加,亦各隨韻注訓。"可見王韻没有改變陸法言《切韻》的體例。王仁昫對書名《刊謬補缺切韻》作了解釋,他説:"刊謬者謂刊正謬誤,補缺者謂加字及訓。"

　　王仁昫的刊謬補缺,在書中指明的,經唐蘭統計,共有十三處。例如:

　　　蕃　草盛。陸以爲蕃屏,失(平聲二十一元)。
　　　鞾　鞾鞋,無反語。火戈反,又希波反。陸無反語,何□誣于古今(平聲三十三歌)。
　　　㢞　虞俺反,陸無此韻目,失(上聲韻目,依"王一")。
　　　湩　都隴反,濁多。此是冬字上聲。陸云,冬無上聲,何失甚(上聲二腫)。
　　　輢　于綺反,車輢。陸于倚韻作于綺反之,于此輢韻又于綺反之,音既同反,不合兩處出韻,失何傷甚(上聲四紙)。

王仁昫刊謬補缺還有很多,以上僅是舉例。

　　關於字數,"王一"、"王三"都有記載,今按"王三"卷四所記字數:

　　　右卷一萬二千一十四字。

　　二千三百卅二舊韻(指陸氏原來收的韻字)。四千九十七訓(指陸氏原來的訓釋)。三十五或(指或體)亦(指另外一種寫法)二文古(古字),一文俗(俗體)。一千七十六補舊缺訓(是指原來收了某字而無義訓，王一一作了補注。一千二百四十六新加韻（是指王補收的韻字）。二千七百六十七訓（此指王對補收各韻字的訓釋），三百九十三亦或，三十五正，廿三通俗，六文本字。

例如：

帽　亦作㡌，本作冒（去聲卅四效）。

令　通作命（去聲四十二敬）。

薜　正作薛（入聲十五薛）。

襗　或作𥚃（入聲十七昔）。

撧　古作摘（入聲十七昔）。

陸法言《切韻》中，關於通用字、本字、正體本沒有指出。而王韻中亦或體大量增加，可見《王韻》在辨別字的形體方面，有了發展，做了不少工作。

總之，從《王韻》所載字數推算，《王韻》約增收了六千左右韻字。陸法言《切韻》爲一萬一千五百左右，則《王韻》增加了百分之五十，共收了一萬八千字左右。《王韻》增字加注，是否王仁煦一人之手，亦或採用前人，尚待研究。

5. 孫愐《唐韻》

孫愐，唐代音韻學家，天寶時爲陳州司馬，撰《唐韻》五卷，《唐韻》是爲陸法言《切韻》增字加注而作，原書已失傳。《廣韻》卷首有孫愐《唐韻序》。近代發現唐寫本韻書有《唐韻》殘卷，計有二種，一本成於唐開元年間，一本成於唐天寶年間。據王國維考證這兩本都是孫愐所作，第一本是開元中初撰之本，第二本是天寶十載重定之本①。王國維《書蔣氏藏唐寫

---

① 見王國維《觀堂集林·書式古堂書畫匯考所錄〈唐韻序〉後》。近人唐蘭則認爲天寶本非孫愐所作。

本唐韻後》云:

> 　　唐人盛爲詩賦,韻書當家置一部,故陸、孫二韻當時寫本當以萬
> 計。陸韻即巴黎所藏三本,已有異同。孫韻傳之後世,可考見
> 者,……凡六本,……傳寫既多,故名稱部目不能盡同。……

　　卞令之《式古堂書畫匯考》録有孫愐《唐韻序》,及此書韻部數目,從
中可知《唐韻》大概。

　　全書共分爲五卷。平聲分上下,平聲上二十六韻,平聲下二十八韻;
上聲五十二韻;去聲五十七韻;入聲三十二韻,總計一百九十五韻。《唐
韻》一百九十五韻,和《王韻》總數相同,比陸法言《切韻》多上聲一韻,去
聲一韻。《王韻》多的是上聲"廣"韻、去聲"嚴"韻。今存《廣韻》,上聲作
"儼"韻,去聲作"釅"韻。這部開元本《唐韻》所多的上聲一韻,去聲一韻,
不知是與《王韻》同,還是與《廣韻》同?

　　卞令之所録孫愐《唐韻序》,比今存《廣韻》所載的《唐韻序》總字數要
少,但又多了"今加三千五百字通舊總一萬五千文,其注訓解不在此數"一
段文字。其中"今加三千五百字"估計是孫愐指其所增收的字。

　　《唐韻》很注意正字形,"字體偏旁、點畫意義,從木從才,著彳著亻,并
悉具言"。《唐韻》辨正形體主要是依據《說文解字》、《玉篇》等古代字書。

　　《唐韻》增加了不少注解,除字義解釋外,有關事物名稱,姓氏原委,州
縣名號等,都一一加以說明。有些異聞傳說也寫進注解中。《唐韻》注解
中引用了多種古代書籍,如《三蒼》、《爾雅》、《說文解字》、《字林》、《玉
篇》等,還有諸子著述、各代史書等。

　　天寶本《唐韻》分爲五卷①。平聲分爲二卷,但韻目序數一貫。

———————————

　　① 參看王國維《書吳縣蔣氏藏唐寫本唐韻後》,載《觀堂集林》。(蔣斧藏本《唐韻》殘卷
有國粹學報館影印本)

天寶本《唐韻》的分韻，與陸法言《切韻》比較，平聲韻中，從真韻分出諄韻，從寒韻分出桓韻，從歌韻分出戈韻；上聲韻中，從軫韻分出準韻，從潸韻分出緩韻，從哿韻分出果韻；去聲韻中，從震韻分出稕韻，從翰韻分出換韻，從箇韻分出過韻；入聲韻中，從質韻分出術韻，從末韻分出曷韻，共計增加了諄、桓、戈、準、緩、果、稕、換、過、術、曷等十一韻。和《王韻》及開元本《唐韻》相比，同是增加了十一韻，但少廣、嚴或儼、釅二韻，故總數為二百零四韻。

天寶本《唐韻》對所增加的字，都加以注明，如壴下云，加；誯下云，加。并在每組同音字的第一個字下注明增加後的總字數，如氣下云，三加一；妒下云，八加一；帝下云，九加三等。凡增加的字大都注明出處，如肬，出《纂文》；㦖，出《字林》；諫，出《説文》等。

天寶本《唐韻》的注釋體例基本和陸法言《切韻》同，先是解釋字義，辨正字形，然後注反切，和《王韻》正好相反。

天寶本《唐韻》的字義訓解，從《廣韻》前所載序文來看，天寶本比開元本有了發展。字字有訓解，引用了古代字書、韻書、訓詁書及經、史、子、集等古代典籍，而且對字的訓解往往有較形象的描述，例如：

桂　　木名，叢生山峰間，無雜本，長尺餘，冬夏常青……
鱟　　郭璞《山海經》云：形如惠文冠，青黑色十二足，長五尺，似蟹。雌常負雄，漁者取之，必得其雙。子如麻子，南人以為醬。

天寶本《唐韻》，對陸法言《切韻》還有所刊正。見於唐寫本殘卷的如去聲五十五證韻瞪字下注云，陸本作眙；入聲二十麥韻鰪字下注云，陸入格韻。

《唐韻》和《王韻》的比較。開元本《唐韻·序》云：“及武德以來創置，迄於開元廿年并列注中。”如果開元二十年（公元 732 年）此書寫成，比《王韻》成書（公元 706 年）遲二十六年。天寶本如果成書於寫序時天寶十年（公元 751 年），則比《王韻》成書遲四十五年。《唐韻》成書雖遲于《王韻》，從天寶本現有殘卷比較可以看出：

《王韻》有些增加的字，如臂、鑿、罍、娟、㲚等，《唐韻》并没有增加。

《王韻》有些增加的字，《唐韻》也增加了，但解釋不全同，或字的寫法有異。如轉，《唐韻》作瑃；如磚，一注爲輾車，一解爲農器，并説明出於《埤倉》。

有些字，兩書都增加了注釋，但有差別。如沃、毒等。

同音字的反切基本一致，但有些字的又音（即另一種讀法）標法不同，或反切用字不同，如告、瑁等。

從以上比較看來，《王韻》與《唐韻》先後成書，但《唐韻》并没有參考《王韻》，所以有以上一些不同。不過二書有以下的相同之處：

1. 兩書反切基本相同。

2. 每組同音字之内，各相同字之間的排列順序一致，如沃組的沃、鋈、鸑；熇組的熇、膗、哊。組與組之間的排列順序也一致，如沃、毒、篤、酷、鵠、仆、沭、梏、瑁、熇、褥、儆。

3. 有些字義的解釋相合。

以上現象説明了《王韻》和《唐韻》是同出一源，都是陸法言《切韻》的繼承。

陸法言《切韻》，字義解釋簡略，經過唐代不少人的增補，尤其是《王韻》和《唐韻》，使韻書日臻完善，并具有字典性質，這是一大發展。《唐韻》一書，在唐代影響很大，宋許顗《東齊記事》上説："自孫愐集爲《唐韻》，諸書遂廢。"由於《唐韻》在字義訓解方面，有形象描述的特色，據説當時人看《唐韻》，"有終日而忘食，有連宵而不寐"者。

6. 李舟《切韻》

李舟，唐代音韻學家。曾據孫愐《唐韻》加以訂正，撰《切韻》十卷，使韻部的排列，各以類相從，又使四聲的次序相配不亂，奠定《廣韻》二百六韻次序的基礎。書已不傳。

李舟,《唐書》無傳。《杜工部集》有《送李校書二十六韻》,敍述了他的身世。王國維《李舟切韻考》①說:李舟作《切韻》當在唐代宗、德宗之世。他生在孫愐之後,因此能根據孫愐《唐韻》加以訂正,撰《切韻》十卷。王國維對李舟《切韻》評價很高,他說:

　　取唐人韻書與宋以後韻書比較觀之,則李舟於韻學上有大功二:一,使各部皆以聲類相從;二,使四聲之次相配不紊,是也。

又說:

　　諸部以聲類相近爲次,又平上去入四聲相配秩然,乃李舟《切韻》特色。大徐改定《篆韻譜》②既用其次;陳彭年亦江南舊人,又嘗師事大徐,故修《廣韻》亦用之。以後《韻略》、《集韻》諸書,雖升嚴、儼、釅、業四韻,與《廣韻》異,然四聲之次,無不相配。故李舟《切韻》之爲宋韻之始祖,猶陸法言《切韻》之爲唐人韻書之祖也。

李舟《切韻》在韻書發展上有兩大貢獻:

一,把蒸、登兩韻改放到青韻之後,和陽、唐、庚、耕、清、青等韻連在一起;把覃、談兩韻放到侵韻之後,和侵、鹽、添、咸、銜、嚴、凡等韻連在一起(此以平聲爲例包括上去)。按近人擬蒸、登兩韻以 ng 收音,和陽、唐、庚、耕、清、青等同;覃、談兩韻以 m 收音,和侵、鹽、添、咸、銜、嚴、凡等同。經李舟這麼一調整,韻目排列有秩序地以類相從了。

二,以前的韻書,入聲次序漫無條理,和平上去三聲未能一一相配。

---

① 載王國維《觀堂集林》。

② 宋徐鉉改定《說文解字篆韻譜》以李書爲參考。

經李舟加以調整,四聲相承的關係才秩然不亂。

　　以上兩點,《廣韻》都採用了。所以王國維稱贊李舟《切韻》乃宋韻之始祖①。因爲以前的韻書,都按照陸法言《切韻》的目次;而從此以後的韻書,都改爲按照李舟《切韻》的目次了。

　　以上所述韻書,不管是宋人韻書,唐人韻書,都是屬於陸法言《切韻》系的韻書。孫愐《唐韻》和李舟《切韻》是繼承陸法言《切韻》的韻書。這兩部書,雖然在部目方面有增損,次序方面有移動,但是對於陸法言《切韻》一書中,論南北是非、古今通塞的綜合語音系統的宗旨,未曾改變。如果後世韻書能根據當時隋唐時代一種語音系統來編製韻書,那就和陸法言《切韻》、孫愐《唐韻》諸書的韻目部次必有岐異。

　　事實上,唐代已出現秦音韻書即元廷堅《韻英》。王國維在其《天寶韻英元廷堅韻英張戩考聲切韻武玄之韻銓分部考》一文中說:

　　　　慧琳《音義》全用廷堅及張戩(《考聲切韻》)二書,故其反切與六朝以來諸家字書及韻書頗殊。其開卷音《大唐三藏聖教序》覆載二字云:上數務反,見《韻英》,秦音也;諸字書皆數救反,吳楚之音也。此一條實爲全書起例,凡琳師反切之異於陸、孫諸韻者,胥視此矣。據此,則《韻英》反切,以當時秦音爲據,與陸韻之據南北朝舊音者不同。……陸韻者,六朝之音也,《韻英》與《考聲切韻》者,唐音也。六朝舊音多存於江左,故唐人謂之吳音;而以關中之音爲秦音。故由唐人言之,則陸韻者吳音也,《韻英》一派,秦音也。厥後,陸韻行而《韻英》一派微。②

---

　　① 見王國維:《觀堂集林》卷八。
　　② 天寶《韻英》見《玉海》卷四十五引韋述《集賢記》注。《唐書·藝文志》有武玄之《韻銓》。

　　近代學者黃淬伯根據慧琳《一切經音義》所注反切，進行研究考證，已考訂元廷堅《韻英》一書的分部爲陰聲韻十五，陽聲韻二十二，入聲韻二十一，平上去入共一百三十二韻。與《廣韻》二百零六部不同。黃淬伯説：

　　　考《切韻》成書時，下距《經音義》所據韻不過百數年，而韻類之差別如是。此固由於語音變遷之所致，亦以兩書撰述之旨趣各異。……法言定韻已超出當時實際語音之外，於六朝舊韻，方國殊語，俱有取舍之意存焉。與《經音義》所據韻，僅憑一時一地之音而爲實際之攝記者，迥乎不同。故由二百六韻縮爲一百三十二。其間雖有古今音變之關係，要其主因，則在彼而不在此也。①

————————

① 黃淬伯《慧琳一切經音義反切考》。

切　韻　序

陸法言[1]

昔開皇初[2]，有劉儀同(臻)[3]、顏外史(之推)[4]、盧武陽(思道)[5]、魏著作(彥淵)[6]、李常侍(若)[7]、蕭國子(該)[8]、辛咨議(德源)[9]、薛吏部(道衡)[10]等八人，同詣[11]法言門宿。夜永酒闌[12]，論及音韻[13]，以古今聲調既自有別，諸家取舍亦復不同[14]，吳楚則時傷輕淺，燕趙則多涉重濁[15]；秦隴則去聲爲入，梁益則平聲似去[16]。又支(章移反)、脂(旨夷反)，魚(語俱反)，虞(遇俱反)共爲一韻[17]；先(蘇前反)、仙(相然反)、尤(于我反)、侯(胡溝反)俱論是切[18]。欲廣文路，自可清濁皆通[19]；若賞知音，即須輕重有異[20]。呂靜《韻集》[21]、夏侯詠《韻略》[22]陽休之《韻略》[23]、李季節《音譜》[24]、杜臺卿《韻略》[25]等，各有乖互[26]。江東取韻，與河北復殊[27]。因論南北是非，古今通塞[28]；欲更捃選精切[29]，除削疏緩[30]。顏外史、蕭國子多所決定。魏著作謂法言曰："向來論難[31]，疑處悉盡，何爲不隨口記之，我輩數人，定則定矣。"即燭下握筆，略記綱紀。後博問英辯[32]，殆[33]得精華。於是更涉餘學[34]，兼從薄宦[35]，十數年間[36]，不遑修集[37]。今返初期[38]，私訓諸弟，凡有文藻，即須聲韻。屏居山野，交游阻絕，疑惑之所[39]，質問無從。亡者則生死路殊，空懷可作之嘆[40]；存者則貴賤禮隔，以報絕交之旨[41]。遂取諸家音韻，古今字書，以前所記者定爲《切韻》五卷[42]。剖析毫釐，分別黍累[43]。何煩泣玉[44]，未可懸金[45]。藏之名山，昔怪馬遷之言大[46]；持以蓋醬[47]，今嘆揚雄之口吃。非是小子專輒[48]，乃述羣賢遺意；寧敢施行人世？直欲不出户庭[49]。于時歲次辛酉大隋仁壽元年也。

注：

[１] 陸法言：隋音韻學家，名詞，以字行，臨漳(今屬河北)人。官承奉郎。與劉臻、蕭該、顏之推等討論音韻，評議古今是非、南北通塞，編成《切韻》一書。自從《切韻》出，六朝諸家韻書漸亡，唐宋韻書多以此爲藍本。清代光緒末年，英國人斯坦因和法國人伯希和，相繼在甘肅敦煌石室掠奪大量寫本書，其中有唐寫《切韻》殘卷。這些殘卷，現已收

集在《十韻匯編》、《瀛涯敦煌韻輯》和《唐五代韻書集存》中。《切韻》雖然不能説是一時一地的方音記録，但是，它有實際的方音作爲基礎，這使《切韻》一書，在漢語史和漢語言學史上佔有重要地位。傳世各種《切韻·序》，文字小異，本文採用倫敦博物院所藏斯 205_5（即切二）之《切韻·序》。

[2] 開皇：隋文帝年號。據《隋書·盧思道傳》考證，開皇初當是開皇二年（公元582年）。

[3] 劉臻：字宣摯，沛國相人（今安徽宿縣）。隋文帝時，拜儀同三司。精于《漢書》，有文集十卷。開皇十八年（公元598年）卒，年七十二。"論及音韻"時劉臻當爲五十六歲。《隋書》卷七十六有傳，别見《北史》卷八十三。稱人附以官職，是表示對人的尊敬。

[4] 顔之推：詳見《顔氏家訓·音辭篇》注。

[5] 盧思道：字子行，范陽（今河北涿縣）人。楊堅爲丞相時，遷武陽太守。卒于開皇三年（公元583年），年五十二歲。"論及音韻"時年五十一歲。《隋書》卷五十七有傳。

[6] 魏彦淵：名澹，字彦深（避唐諱改淵爲深）。鉅鹿下曲陽（今河北晉縣）人。開皇初，官著作郎，時年五十七歲。卒年六十五歲。《隋書》有傳卷五十八。

[7] 李若：頓丘（今河北清豐縣）人，開皇五年（公元585年）任散騎常侍，事迹已不可考。

[8] 蕭該：蘭陵（今江蘇武進）人，性篤學，尤精《漢書》，頗負盛名。開皇初，拜國子博士。著有《漢書》及《文選》音義，可見在音韻學方面造詣很深。生卒年不詳。有人認爲開皇二年，年約五十，同年拜國子博士。《隋書》有卷七十五傳，别見《北史》卷八十二。

[9] 辛德原：字孝基，隴西狄道（今甘肅狄道縣）人。齊時曾作過諮議參軍。撰《集注春秋三傳》三十卷，注揚雄《法言》廿卷，均已亡佚。生卒年不詳，《隋書》卷五十八有傳。

[10] 薛道衡：字玄卿，河東汾陰（今山西滎河縣）人。隋文帝時曾作過吏部侍郎，煬帝時被殺害，卒年七十。開皇二年時薛四十三歲。《隋書》卷五十八有傳。

[11] 詣：來到。

[12] 夜永酒闌：永，長也。夜永，指夜深。這裏是説：夜深飲酒盡興時。

[13] 論及音韻：據趙振鐸説："音韻"是指反切注音而言（見《中國語文》1962年、10月號）。

[14] "諸家取舍"句：諸家，是指《切韻》前的各家韻書或注音。它們所根據的方言或反切舊文不同，因而存在分歧。

[15] "吴楚"句：吴楚指江南，燕趙代表北方。當時認爲漢語分南北兩大區域。《顔氏家訓》、《經典釋文》和玄應的《一切經音義》都有這種看法。"傷"，過分的意思。"輕淺"、"重濁"與陸德明所説的"浮清、沈濁"（見《經典釋文·敍録》），顔之推所説的"浮淺、沈濁、鈋鈍"（見《顔氏家訓·音辭篇》）的意思相同，但對所指對象，理解不一。第一種意見認爲這裏談的是聲調問題，根據是賈昌朝的《羣經音辨序》。具體地説就是平聲、上聲爲輕淺，去聲爲重濁。這樣也就是説，當時吴楚地方讀平聲和上聲的字過多，燕趙地方讀去聲的字過多。（見羅常培《切韻序校釋》）第二種意見認爲這裏談的是韻母問題。王國維説："唐人所謂清濁，蓋以等呼言。"（見《觀堂集林》卷八《天寶韻英分部考》）前元音爲輕淺，後元音爲重濁；開口呼爲輕淺，合口呼爲重濁。具體地説，就是認爲當時吴楚地方讀前元音，開口呼的字多，而燕趙地方讀後元音、合口呼的字多。（唐蘭《論唐末以前的輕重和清濁》，見《北京大學五十周年紀念論文集》，1948年

出版。)

[16] "秦隴"兩句: 陸法言等人根據聽覺分析,認爲秦隴地方的去聲,類似入聲調值,梁益地方的平聲,又類似去聲的調值。玄應《一切經音義》卷十八引《通俗文》:"小兒戲謂之狡獪,今關中言狡刮,訛也。"獪是去聲泰韻字,刮是入聲鎋韻字。"按祭、泰、夬、廢四韻,在梁以前還屬于入聲,梁以後韻尾失落變作去聲了。秦隴一帶可能變化較慢,在陸法言寫《切韻》時,可能還帶有入聲韻尾,所以他說:"秦隴則去聲爲入"。梁,陝西南端南鄭一帶,唐時爲興元,本稱梁州,即漢魏時漢中。中古時各地方言調類相差不大,而調值有出入,梁益一帶平聲調跟中原一帶去聲調接近,所以陸法言説,梁益則平聲似去。

[17] "支脂魚虞"句: 這是指支和脂、魚和虞的反切下字混用不分。《顏氏家訓》:"北人以庶爲戍,以如爲儒,以紫爲姊。"庶,御韻,即魚韻去聲字;戍,遇韻,即虞韻去聲字。如,魚韻字;儒,虞韻字。紫,紙韻,即支韻上聲字;姊,旨韻,即脂韻上聲字。可見當時的北方是不能區別魚和虞、支和脂的。又於韻目之下,標明反切,陸法言最全書發凡起例也。宋跋本"一"字作"不","不韻"與"共爲"語意不順,據黎本、張本改爲"一"。

[18] "先仙尤侯"句: 意思是説先和仙、尤和侯的切語下字混用了。"韻"和"切"都是指切語下字。羅常培校釋説過,"俱論是切"與"共爲一韻"互文見義。按有人認爲上一句是指韻,本句是指聲母問題。在《切韻》中,同一個聲母因爲等的不同,有分類的傾向,一二四等爲一類,三等爲一類。先、仙同屬心母,但先是四等,仙屬三等;侯屬匣母,尤屬喻三,實即匣母三等。它們的反切上字是不能相混的。《夢溪筆談》云:"所謂切韻者,上字爲切,下字爲韻。""韻"和"切"在陸法言時,雖還沒有如此明確用法,但這兩句,有人認爲上句指韻母問題,下句指聲母問題。

[19] "欲廣文路"句: 廣,擴大,放寬。文路:指創作詩文的用韻。清濁,指開合口。羅常培《切韻序校釋》云:魏了翁《唐韻後序》云:"其部敍于一東下注云:'德紅反,濁,滿口聲。'自此至三十四乏皆然。"今唐韻部敍雖無可考,而即此語推之,唐韻蓋以開口爲清,合口爲濁,與紐類,四聲皆不相涉。

[20] 若賞知音: 賞知音,賞識於知音者。輕重: 羅常培《切韻序校釋》認爲是指"聲調",并云:"兩句詞例,亦屬參互見義,猶謂欲便臨文用韻,自可清濁輕重皆通。若爲剖析聲音,即須清濁輕重有異也。"《切韻》編著目的是:臨文用韻,審音、正音。而詩文用韻和審音正音有不同要求和標準。

[21] 呂静《韻集》:《隋書・經籍志》云:"《韻集》六卷,晉安復令呂静撰。"《魏書・江式傳》云:"式上表曰:……呂忱《字林》作者弟静,別放故左校令李登聲類之法,作《韻集》五卷,宮商角徵羽各爲一篇。"原書已佚,有輯本。

[22] 夏侯詠《韻略》: 羅常培校釋據敦煌本"該"字作"詠",今從。《隋書・經籍志》:"《四聲韻略》十三卷,夏侯詠撰。"李涪《刊誤》亦曰:"梁夏侯詠撰《四聲韻略》十二卷。"原書今佚。

[23] 陽休之《韻略》:《隋書・經籍志》著錄云一卷。《北齊書》本傳:"陽休之字子烈,右北平無終(今北京市屬薊縣有無終故城)人也。少勤學、愛文藻……隋開皇二年,罷任終

于洛陽,年七十四。所著文集三十卷,又撰《幽州人物志》,并行于世。"原書已佚,有輯本。

[24] 李季節《音譜》:《隋書・經籍志》著録"《音譜》四卷,李概撰"。《北史・李公緒傳》云:"弟概,字季節,……撰《戰國春秋》及《音譜》并行于世。"原書已佚,有輯本。

[25] 杜臺卿《韻略》:《韻略》一書,本傳及隋志均未著録,可見早已散失。《隋志》本傳:"杜臺卿字少山,博陵曲陽(今河北省屬縣)人也。少好學,博覽書記,解屬文。……"

[26] 各有乖互:乖,指錯誤;互,指分歧,矛盾。從王三小注中,可見這種分歧雜亂的情況。

[27] "江東"句:江東指南方,河北指北方。是説南方與北方的方音有差異。如《顏氏家訓・音辭篇》:"南人以錢爲涎,北人以庶爲戍。……"

[28] "因論"句:論是非,通塞,理應有一個標準。對《切韻》音系的問題,各家爭鳴,還没有定論。基本上有兩派:一派是綜合論,認爲它是古今南北語音的綜合。持這種觀點的,前有江永,後有章太炎、王國維。另一派主張是一時一地之音。單一論中又有吳音説、洛陽音説與長安音説三種。

[29] 捃(jun):摘取、搜集。精切:精密反切。

[30] 除削:删削。疏緩:疏漏、籠統等錯誤。

[31] 向來:從前。論難:討論。

[32] 博問英辯:廣泛地向有才學的人請教。英辯,指英辯之士。

[33] 殆:近,幾乎。

[34] 於是:當時。涉:從事。餘學:其他學問。

[35] 兼:加上。薄宦:作個俸禄很少的小官,這裏是指陸法言曾作承奉郎。

[36] 從開皇二年(582年)到開皇二十年(600年)共十八年。

[37] 不遑:没有閑暇。

[38] 初服:文士没有作官時穿的服裝叫"初服",這裏指開皇二十年,陸法言被除名歸里的事。事見《隋書・陸爽傳》。

[39] 所:處之借字。

[40] "亡者"句:指開皇二年討論音韻的學者如盧思道、魏彦淵、顏之推、劉臻已亡故了。空懷:指作者自己空懷。作:起也,謂死者起而復生。《禮記・檀弓下》:"死者如可作也,吾誰與歸?"

[41] "存者"句:指活着的有的地位高,交游斷絶。"已極"的主語也是作者自己。這時,陸法言過着凄涼孤憤的生活。

[42] 《切韻》五卷:《隋志》未著録。《舊唐書》和《新唐書》兩志著録:陸慈《切韻》五卷。陸慈即陸詞,法言之名。

[43] 黍累:十黍爲累,十累爲銖,表示輕微的重量。這裏表示"細微"的意思。

[44] 泣玉:見《韓非子・和氏篇》。楚國人和氏得一寶玉幾次獻楚王,楚王以玉爲石,反誣和氏,竟施刖刑,斷其雙足。和氏抱玉在楚山下哭泣三天三夜,眼裏泣血。

[45] 懸金:見《史記・吕不韋傳》。吕不韋命門下寫好《吕氏春秋》後,和千金同懸咸陽市門上,揚言有能增减一字者,賞賜千金。

[46] 藏之名山:見司馬遷《報任安書》。司馬遷遭迫害後,發憤著《史記》,要"藏之名山,傳

之其人"。陸法言引述表自謙,説這部書藏之名山,但不能高比司馬遷的話。

[47] 持以蓋醬:見《漢書·揚雄傳贊》。劉歆看到揚雄的哲學著作《太玄》,譏嘲説,後人將用這著作蓋醬罌子。

[48] 專輒:專斷。

[49] "直欲"句:羅常培校釋云:法言寄其敝帚自珍,賞音難遇之慨。

顏氏家訓·音辭篇[1]

顏之推[2]

　　夫九州之人，言語不同，生民已來，固常然矣。自《春秋》標齊言之傳，《離騷》目楚詞之經，此其較明之初也。後有揚雄著《方言》，其言大備。然皆考名物之同異不顯聲讀之是非。逮鄭玄注六經[3]，高誘解《呂覽》、《淮南》[4]，許慎造《說文》，劉熹製《釋名》[5]，始有譬況假借以記音字耳[6]。而古語與今殊別，其間輕重清濁[7]，猶未可曉；加以內言、外言[8]、急言、徐言[9]、讀若之類，益使人疑。

　　孫叔言創《爾雅音義》[10]，是漢末人獨知反語[11]。至于魏世，此事大行[12]。高貴鄉公不解反語，以爲怪異。自茲厥後音韻鋒出[13]，各有土風，遞相非笑[14]，指馬之喻，未知孰是[15]，共以帝王都邑，參校方俗，考核古今，爲之折衷。搉而量之，獨金陵與洛下耳[16]。

　　南方水土和柔，其音清舉而切詣，失在浮淺，其辭多鄙俗。北方山川深厚，其音沉濁而鈋鈍，得其質直，其辭多古語[17]。然冠冕君子，南方爲優，閭里小人，北方爲愈。易服而與之談，南方士庶，數言可辨。隔垣而聽其語，北方朝野，終日難分。而南染吳越，北雜夷虜，皆有深弊，不可具論[18]。其謬失輕微者，則南人以錢爲涎，以石爲射，以賤爲羨，以是爲舐[19]。北人以庶爲戍，以如爲儒，以紫爲姊，以洽爲狎[20]。如此之例，兩失甚多。至鄴已來[21]，唯見崔子約、崔瞻叔侄、李祖仁、李蔚兄弟[22]，頗事言詞，少爲切正。李季節著《音韻決疑》[23]，時有錯失，陽休之造《切韻》[24]，殊爲疏野。吾家兒女，雖在孩稚，便漸督正之。一言訛替，以爲己罪矣。云爲品物，未考書記者，不敢輒名，汝曹所知也。

　　古今言語，時俗不同，著述之人，楚夏各異。《蒼頡訓詁》反稗爲逋賣，反娃爲於乖[25]；《戰國策》音刎爲免[26]，《穆天子傳》音諫爲間[27]；《說文》音戛爲棘，讀皿爲猛[28]；《字林》音看爲口甘反、音伸爲辛[29]；《韻集》以成、仍、宏、登合成兩韻，爲、奇、益、石分作四章[30]；李登《聲類》以系音羿[31]；劉昌宗《周官音》讀乘若承[32]。此例甚廣，必須考校。前世反語，又多不切：徐仙民《毛詩音》反驟爲在遘[33]，《左傳音》切椽爲徒緣[34]，不可依信，亦爲衆矣。《通俗文》曰[35]："入室求曰搜"，反爲兄侯。然則兄當音所榮反。今北俗通行此音，亦古語之不可用者[36]。璵璠，魯之寶玉，當音餘煩。江南皆音藩屏之藩[37]。岐山當音爲奇，江南皆呼爲神祇之祇[38]。江陵陷没[39]，此音被于關中，不知二者何所承案。以吾淺學，未之前聞也。北人之音多以舉莒爲矩[40]，唯李季節云："齊桓公與管仲于臺上謀伐莒，東郭牙望見桓公口開而不閉，故知所言者莒也。然則莒、矩必不同呼。"此爲知音矣[41]。

　　夫物體自有精粗，精粗謂之好惡。人心有所去取，去取謂之好惡。（原注：上呼號反，下烏故反）此音見于葛洪、徐邈。而河北學士讀《尚書》云好（原注：呼號反）生惡（原注：于谷反）殺，是爲一論物體，一就人情，殊不通矣[42]。甫者，男子之美稱，古書多假借爲父字。北人遂無一人呼爲甫者，亦所未喻[43]。唯管仲、范增之號，須依字讀耳。（原注：管仲號仲父，范增號亞父）案諸字書，焉者鳥名，或云語辭，皆音於愆反。自葛洪《要用字苑》分焉字音訓。若訓何訓安，當音於愆反，"于焉逍遥"，"于焉嘉客"，"焉用佞"，"焉得仁"之類是也[44]。若送句及助詞當音矣愆反，"故稱龍焉"，"故稱血焉"[45]，"有民人焉"，"有社稷焉"[46]，"托始焉爾"[47]，"晉鄭焉依"[48]之類是也。江南至今行此分別，昭然易曉。而河北混同一音，雖依古讀，不可行於今也。邪者（原注：音琊）未定之詞[49]，《左傳》曰："不知天之棄魯邪？抑魯君有罪于鬼神邪？"《莊子》云："天邪？地邪？"《漢書》云："是邪？非邪？"之類是也。而北人即呼爲也[50]，亦爲誤矣。難者曰："《繫辭》云'乾坤，《易》之門户邪？'此又爲未定乎？"答曰："何爲不爾，上先標問，下方列德以折之耳。"江南學士讀《左傳》口相傳述，自爲凡例。軍自敗曰敗，打破人軍曰敗。（原注：補敗反）諸記傳未見補敗反，徐仙民讀《左傳》唯一處有此音，又不言自敗敗人之別[51]，此其穿鑿耳。

　　古人云膏粱難整[52]，以其爲驕奢自足，不能克勵也。吾見王侯外戚語多不正，亦由内染賤保傅，外無良師友故耳。梁世有一侯嘗對元帝飲謔，自陳"癡鈍"乃成"颭段"[53],元帝答之云:"颭異涼風[54],段非干木。"[55] 謂"鄆州"爲 "永州"[56],元帝啓報簡文,簡文云:"庚辰吳入,遂成司隸。"[57] 如此之類,舉 口皆然,元帝手教諸子侍讀,以此爲誡。河北切攻字爲古琮[58],與工公功三字 不同,殊爲僻也。比世有人名遲,自稱爲纖。名琨,自稱爲袞。名洸,自稱爲 汪。名馰,(原注:音藥)自稱爲鴉[59]。(原注:音爍)非唯音韻舛錯,亦使其 兒孫避諱紛紜矣。

注:

[1]《顏氏家訓》:南北朝時顏之推作,共二十篇。《音辭篇》是其中一篇,專爲論述音韻 而作。

[2]顏之推:字介,生于公元 531 年,約卒于隋開皇十餘年(約在公元 590 年以後)。祖籍 瑯琊臨沂(今山東臨沂北),歷仕梁、北齊、北周。他是南北朝時代著名學者,對文字、 聲韻、訓詁、校勘等都有成就,著作較多,現僅存《顏氏家訓》和《還冤志》。清代趙曦 明、盧文弨對《家訓》作注,刊入《抱經堂叢書》。周祖謨有〈《顏氏家訓·音辭篇》注 補〉。王利器有《顏氏家訓集解》。《北史·文苑傳》、《北齊書·文苑傳》均有傳。

[3]鄭玄:字康成,北海高密(今山東高密)人。東漢著名經學家。《後漢書》卷三十五有 傳。著作較多,今僅存《毛詩箋》、《周禮、儀禮、禮記注》。

[4]高誘:東漢涿郡涿縣(今屬河北省)人。受業于盧植,著有《呂氏春秋注》、《戰國策注》 和《淮南子注》。

[5]劉熹:一作劉熙,著《釋名》。

[6]譬況、假借:張世祿先生說:"顏氏所謂'譬況''假借',就是指那時一般利用同音的語 詞或同音的字體來注明音讀,而另一方面仍含有解釋字形和字義的作用。"(《中國音 韻學史》上冊,57 頁。)

[7]輕重、清濁:這兩術語有時指平仄,如《宋書·謝靈運傳論》:"一簡之 內,音韻盡殊;兩 句之中,輕重悉異。"又范曄《獄中與諸甥姪書》:"性別宮商,識清濁,斯自然也。"又顧 炎武《音學五書·音論》:"其重其疾,則爲入爲去爲上;其輕其遲,則爲平。"另外這兩 術語有時也指洪細。清、輕是指細音,重、濁是指洪音。這裏所指不詳。

[8]内言、外言:漢代注家譬況字音用語。如《公羊傳》宣公八年:"曷爲或言而,或言乃?" 何休注"言乃者内而深,言而者外而淺"。内外是指韻母的洪細而言。"乃"爲洪音字, 就是主要元音不是[i]或沒有[i]介音的;"而"爲細音字,即主要元音是[i]或帶有[i] 介音的。

[9]急言、徐言:漢代注家譬況字音用語。如:《淮南子·墜形訓》:"其地宜黍,多旄犀。" 高誘注:"旄讀近綢繆之繆,急氣言乃得之。"又如《淮南子·原道訓》:"蛟龍水居。"高 誘注:"蛟讀人情性交易之交,緩氣言乃得耳。"考漢人所稱急言諸例,都是有[i]介音 的細音字。[i]爲高元音,發音時肌肉緊張,口腔較窄,有急促之感,故名。一說,急言

可能是讀短音之意。考漢人所稱緩言(即徐言)諸例,都是無[i]介音的洪音字;這些字發音舒緩自然,故名。一說,緩言可能是讀長音之意。

[10]《爾雅音義》:孫叔言作。《三國志·王肅傳》作孫叔然,名炎,字叔然。樂安(今山東博興)人。三國魏時經學家、訓詁學家。《爾雅音義》一書用反切注音,從此反切大盛。

[22] 反語:就是反切。這是一種注音的方法。反切上字與所切字聲母相同,反切下字與所切之字韻母相同。即上字取聲、下字取韻和調,用兩字拼成另一字的音。例如:"練,郎甸切。"取"郎"字的聲母[l]、"甸"字的韻母和聲調[iàn]而拼成"練"字的音[liàn]。

[12] "至于魏世"兩句:漢末反切注音初起時,仍以直音爲主。孫炎後,反切大盛,直音漸衰。

[13] 音韻鋒出:指音韻著作盛行,當時第一部韻書是魏李登《聲類》十卷,其後有晉呂靜《韻集》五卷,據謝啓昆《小學考》所載,在陸法言《切韻》以前有韻書多種,《切韻序》中也有列舉。

[14] 各有土風:指這些韻書都帶有作者各地方音。

[15] 指馬之喻:《莊子·齊物論》:"以指喻指之非指,不若以非指喻指之非指也。以馬喻馬之非馬,不若以非馬喻馬之非馬也。天地一指也,萬物一馬也。"

[16] 金陵、洛下:金陵,即建康(今之南京)爲南朝之都城。洛下,即洛陽,爲魏晉後魏之都城。蓋韻書之作,北人多以洛陽音爲主,南人則以建康音爲主。故曰"摧而量之,獨金陵與洛下耳"。

[17] "南方水土和柔"等句:當時音韻研究者,都有把當時漢語語音分爲南北二大區域的看法。如《淮南子·墬形訓》:"清水音小,濁水音大。"陸法言《切韻序》:"吳楚則時傷輕淺,燕趙則多傷重濁,秦隴則去聲爲入,梁益則平聲似去。"《經典釋文敍錄》云:"方言差別,固自不同,河北江南,最爲巨異。或失在浮清,或滯于重濁。"

[18] "然冠冕君子"等句:周祖謨《注補》上說:"此論南北士庶之語言各有劣。蓋自五胡亂華以後,中原舊族多僑居江左,故南朝士大夫所言,仍以北音爲主。而庶族所言,則多爲吳語。故曰易服而與之談,南方士庶,數言可辨。而北方華夏舊區,士庶語語音無異,故日隔垣而聽其語,北方朝野,終日難分。惟北人多雜外族之音,語多不正,反不若南方士大夫音辭之彬雅耳。至于閭巷之人,則南人之音鄙俗,不若北人之音爲切正矣。"(另外請參考陳寅恪先生之《東晉南朝之吳語》一文。)

[19] "南人以錢爲涎"等句:周祖謨《注補》說:此論南人語音,聲多不切。案:錢《切韻》昨仙反,涎敍連反,同在仙韻,而錢屬從母,涎屬邪母,發聲不同。賤《唐韻》(唐寫本,下同)才綫反,羨似面反,同在綫韻,而賤在從母,羨屬邪母,發聲亦不同。南人讀錢爲羨,是不分從邪也。石《切韻》常尺反,射食亦反,同在昔韻,而石屬禪母,射屬床母三等。是《切韻》承紙反,舐食氏反,同在紙韻,而是屬禪母,食屬床母三等。南人讀石爲射,讀是爲舐,是床母三等與禪母無分也。

[20] "北人以庶爲戍"等句:周祖謨《注補》曰:此論北人之語音,分韻之寬,不若南人之密。案庶戍同爲審母字,《廣韻》庶在御韻,戍在遇韻,音有不同。庶開口,戍合口。如儒同屬日母,如在魚韻,儒在虞韻,韻亦有開合之分。北人讀庶爲戍,讀如爲儒,是魚虞不分也。又紫姊同屬精母,而紫在紙韻,姊在旨韻,北人讀紫爲姊,是支脂無別矣。又洽狎

同爲匣母字,《切韻》分爲兩韻,北人讀洽爲狎,是洽狎不分也。由此足見北人分韻之寬。

[21] 至鄴已來: 公元 556 年,顏之推由西魏奔北齊首都鄴（在今河北臨漳縣以西和河南安陽縣境內）。

[22] 崔子約: 司空祭酒。《北史・崔儦傳》中附子約傳。崔瞻:《北齊書・崔㥄傳》: 子瞻,字彥通,聰明強學,所與周旋皆一時名望。李祖仁、李蔚: 祖仁名諧,祖仁其字,《北史》卷四十三有傳,并附其弟李蔚傳。

[23] 《音韻決疑》:《隋書・經籍志》:《修續音韻決疑》十四卷,李概撰,又《音譜》四卷。李概字季節,傳見《北史》卷三十三《李公緒傳》。其所著《音韻決疑》及《音譜》皆亡。《音譜》之分韻,敦煌本王仁煦《切韻》猶記其大概。如佳皆不分,先仙不分,蕭宵不分,庚耕青不分,尤侯不分,咸銜不分,均與《切韻》不合。《音韻決疑》,在《文鏡祕府論》所錄劉善經《四聲論》中,嘗引其序。序文主要論五音與四聲相配之次第,爲後人所宗。

[24] 陽休之造切韻:《隋書・經籍志》:《韻略》一卷,陽休之撰。《北齊書》卷四十二有傳。《韻略》已亡。劉善經《四聲論》云:“齊仆射陽休之,當世之文匠也。乃以音有楚夏,韻有訛切,辭人代用今古不同,遂辨其尤相涉者五十六韻,科以四聲,名曰《韻略》,製作之士,咸取則焉。後生晚學,所賴多矣。”據此可知其書體例大概。王仁煦《切韻》示記其分部之韻類,如冬鍾江不分,元魂痕不分,山先仙不分,蕭宵肴不分,皆與《切韻》不合。其分籍之寬,尤甚于李季節《音譜》,此顏氏之所以譏其疏野也。

[25] 《蒼頡訓詁》:《舊唐書・經籍志》:《蒼頡訓詁》,後漢杜林撰。周祖謨說:“稗爲通賣反,逋爲幫母字,《廣韻》作傍卦切,則在并母,清濁有異。顏氏以爲此字當讀傍卦切,故不以《蒼頡訓詁》之音爲然。又娃《切韻》於佳反,在佳韻,今反爲於乖,是讀入皆韻,亦與《切韻》不合。”

[26] 《戰國策》音刕爲免: 周祖謨《注補》說: 案刕《切韻》音武粉反,在吻韻,免音亡辨反,在獮韻,二音相去較遠。故顏氏不得其解。考刕之音免,殆爲漢代北方之方音。如:《釋名・釋形體》云:“吻,刕也,入之則碎,出則刕也。”吻、刕同音,劉成國以免訓吻,取其音近,與高誘音刕爲免正同。……正古今方俗語音之異耳,又何疑焉。

[27] 音諫爲間:《穆天子傳》:“道里悠遠,山川間之。”郭注:“間音諫。”諫,《唐韻》古宴反,在諫韻。間,古莧反（去聲）,在襇韻,諫、間韻不同類,故顏氏以郭注爲非。

[28] 音戞爲棘:《說文》:“戞,戟也。从戈,百。讀若棘。”戞,《廣韻》古黠切,黠韻。棘,《廣韻》紀力切,職韻。戞、棘不同韻。但《說文》:“戟,有枝兵也,从戈,幹省,讀若棘。”戟、戞音近、（古皆讀戈母）義通,故可通假。讀皿爲猛: 據周祖謨《注補》:《切韻》皿,武永反;猛,莫杏反,同在梗韻。而猛爲二等字,皿爲三等字、音之洪細有別。故之推以皿音猛爲非。

[29] 《字林》音看爲口甘反、音伸爲辛:《字林》晉吕忱作,部目同《說文》,收字 12824,其書在宋元間佚失不傳。周祖謨說:“看,《切韻》音苦寒反,在寒韻。《字林》音口甘反,讀入談韻,與《切韻》音相去甚遠。”音伸爲辛: 周祖謨說:“伸,《切韻》音書鄰反,辛,音息鄰反,伸爲審母三等,辛爲心母,審心同爲摩擦音,故方言中心審往往相亂。《字林》音伸爲辛,是審母讀爲心母也。”

[30] 《韻集》以成仍宏登合成兩韻：《廣韻》成在十四清，仍在十六蒸，別爲二韻。宏在十三耕，登在十七登，亦別爲二韻。而呂靜《韻集》成仍爲一韻，宏登爲一韻，故曰合成兩韻。爲奇益石分作四章：今《廣韻》爲奇同在五支，益石同在二十二昔，而《韻集》爲奇別爲二韻，益石別爲二韻，故曰分作四章。

[31] 李登《聲類》以系音羿：《廣韻》：系，胡計切；羿，五計切，二字同在霽韻。但是系屬匣母，而羿屬疑母。李登《聲類》以系音羿，是牙喉音相混。

[32] 劉昌宗《周官音》讀乘若承：《經典釋文敍錄》，劉昌宗《周官音》一卷。《廣韻》乘，食陵切，音同繩；承，署陵切，音同丞。乘，床母三等；承，禪母。聲母不同。

[33] 徐仙民《毛詩音》反驟爲在遘：《隋書·經籍志》："《毛詩音》二卷，《春秋左傳音》三卷，并徐邈撰。"《廣韻》：驟，鋤祐切、床母二等、宥韻。在，從母。遘，候韻，驟讀在遘反，聲韻都不同于《廣韻》。

[34] 《左傳音》切椽爲徒緣，《廣韻》椽，直攣切屬澄母仙韻。徒屬定母。緣屬仙韻。澄爲舌上音，定爲舌頭音，爲類隔切。因古無舌頭舌上之分，實際是音和切。

[35] "《通俗文》曰"四句：《廣韻》：搜，所鳩切，審母二等，尤韻。兄屬曉母。侯屬侯韻。搜，讀爲兄侯反與《廣韻》不合。

[36] 亦古語之不可用者：《通俗文》之音爲服虔所注，可見顏之推對古語亦有取捨。

[37] "璵璠"四句：煩，《切韻》附袁反，奉母。藩，《切韻》甫煩反，非母。煩、藩聲紐清濁不同。

[38] "岐山當音爲奇"兩句：《切韻》奇，渠羈反；衹，巨支反，二字同在支韻，皆羣母字，而等第有差。奇屬三等，衹屬四等。

[39] 江陵陷沒：公元 554 年，宇文泰遣于謹等攻破江陵，俘梁元帝，虜梁王公及百姓數萬人到長安，顏之推亦被俘。

[40] 北人之音多以舉莒爲矩：《廣韻》：舉、莒，居許切，語韻。矩，俱雨切、虞韻。可見當時北人魚虞混同。

[41] "唯李季節云"數句：李氏舉桓公謀伐莒事，以證莒矩音呼不同，其言是矣。蓋莒爲開口，矩爲合口。故東牙牙望桓公口開而不閉，知其所言者莒也。又莒讀開口者，先秦音也。故汪榮寶以此例爲魚虞模古讀麻考之一證。

[42] "去取謂之好惡"數句：周祖謨《注補》云："案以四聲區別字義，始于漢末。好惡之有二音，當非葛洪、徐邈所創，其說必有所本。葛有《要用字苑》一卷，見兩《唐志》。徐有《毛詩左傳音》，見《經典釋文敍錄》。"鄭玄《周禮、儀禮、禮記注》，高誘《淮南子注》、服虔《漢書音訓》和應劭《漢書集解音義》，都有兩聲各義的注釋。漢代以前沒有兩聲各義，顧炎武在《音學五書·音論》中有論證。

[43] "甫者男子之美稱"四句：王國維《觀堂集林》卷三："經典男子之字，多作某父，彝器則皆作父，無作甫者，知父爲本字也。……《顏氏家訓》并譏北人讀某父之父，與父母之父無別，胥失之矣。"周祖謨《注補》云：甫父二字不同音。《切韻》甫方主反、父扶雨反，皆虞韻字，而甫非母，父奉母。北人不知父爲甫之假借，輒依字而讀，故顏氏譏之。

[44] "焉者鳥名"等句：《說文》：焉，鳥，黃色。出于江淮，象形。周祖謨《補》云：案焉音於愆反，用爲副詞，即安惡一聲之轉。焉音矣愆反，用爲助詞，即矣也一聲之轉。"于焉逍

遙"兩句：見《詩‧小雅‧白駒》"焉用佞"兩句：見《論語‧公冶長》。

[45]　"故稱龍焉"兩句：見《易‧坤‧文言》。

[46]　"有民人焉"兩句：見《論語‧先進》。

[47]　托始焉爾：見《公羊傳》隱公二年。

[48]　晉鄭焉依：見《左傳》隱公六年。

[49]　邪者：未定之詞，意思是説，邪是疑問語氣詞。

[50]　而北人即呼爲也：邪、也古多通用。《切韻》邪，以遮反，在麻韻；也，以者反，馬韻。邪平聲，也上聲。

[51]　自敗敗人之別：案自敗敗人之音有不同，實起于漢魏以後之經師。漢魏以前，當無此分別。《左傳‧隱公元年》："敗宋師于黄。"《釋文》云："敗必邁反，敗佗也，後放比。"斯即陸氏分別自敗、敗他之例。爾後韻書乃兼作二音，《唐韻》夬韻自破曰敗，薄邁切；破他曰敗，北邁反，即承《釋文》而來。北邁與必邁，補敗同屬幫母，蒲邁與薄邁同屬並母、清濁有異。

[52]　膏粱難整：《國語‧晉語七》：悼公曰："夫膏粱之性難正也。"膏粱，指權貴之家。

[53]　"自陳癡鈍"句：周祖謨曰："梁侯自陳'癡鈍'而成'飂段'，上字聲誤、下字韻誤。蓋癡《切韻》丑之反，飂楚治反，二字同在之韻；而癡爲徹母，飂爲穿母二等，舌齒部分有殊。鈍，王仁煦《切韻》徒困反在慁韻。段徒玩反，在翰韻，同屬定母，而韻類有别。"

[54]　飂：《説文》涼風也。

[55]　段干木：戰國初年，魏人子夏弟子。

[56]　謂郢州爲永州：周祖謨曰：謂"郢州"爲"永州"，則聲韻皆非矣。郢，《切韻》以整反，在静韻。永，榮昞反，在梗韻。梗静韻有洪細；以榮聲有等差，豈可混合。

[57]　"庚辰吴人"句：郢的歇後語。《春秋‧定公四年》："庚辰，吴入郢。"司隸：永的歇後語，後漢鮑永做過司隸校尉。簡文答語，舉春秋吴入楚都爲郢之歇後語，舉後漢抗直不阿之司隸爲永之歇後語。齊梁之際多通聲韻，故剖判人微如此云。

[58]　河北切攻字爲古琮：攻，《廣韻》：古紅切，東韻。琮，冬韻。河北東冬不分。

[59]　"比世有人名暹"數句：暹，纖：《切韻》并音息廉反，鹽韻。周祖謨云，疑此"纖"字或爲"殲""瀸"等字之誤。殲瀸，《切韻》子廉反，亦鹽韻，而聲有異。暹，心母。殲，精母也。琨、衮：《切韻》琨，古渾反，魂韻。衮，古本反，在混韻。一爲平聲，一爲上聲。讀琨爲衮，則四聲有誤。名洸，自稱爲汪。洸，《切韻》：洸，古皇切；汪，烏光切，二字同在唐韻。但洸在見母；汪，影母。讀洸爲汪，牙喉音相亂。葯(原注：音藥)鴞(音爍)：《切韻》葯，以灼反；鴞，書灼反。葯爲喻母，鴞爲審母。

三、宋代的韻書

1.《廣　韻》

　　《廣韻》的全稱爲《大宋重修廣韻》，它是中國語言學史中重要的一部研究漢語音韻的韻書，共五卷，是宋代陳彭年等奉詔根據前代韻書重行修訂的。

　　王應麟《玉海》卷四十五："景德四年（公元 1007 年）十一月戊寅，崇文院校定《切韻》五卷，依《九經》例頒行。祥符元年（公元 1008 年）六月五日改爲《大宋重修廣韻》。"可見這部韻書在宋代景德四年校定時，大部繼承隋唐以來韻書部目，所以仍舊稱爲《切韻》，到了宋代祥符元年，才改爲《大宋重修廣韻》。而《廣韻》的名稱，也是承襲唐人韻書名稱而來。如孫愐《唐韻》，亦稱《切韻》、《廣切韻》，或簡稱《廣韻》，王國維在其《書蔣氏藏唐寫本唐韻後》上說："蓋孫氏書（按指孫愐《唐韻》）本因法言《切韻》而廣之，故亦名《廣切韻》，略之則或稱《切韻》，或稱《廣韻》，而據其自序，則確名《唐韻》。"（《觀堂集林》卷八）宋人韻書既承陸、孫諸家而作，自沿用其名。《廣韻》的名稱，就是根據陸法言《切韻》而廣之的意思。

　　《廣韻》是我國第一部官修的韻書。我國現存的完整韻書，以《廣韻》爲最古。《廣韻》一書在中國語言學史上極爲重要，要研究古音，須從《廣韻》向上推求，要研究今音，須從《廣韻》向下推求。

　　《廣韻》有繁本、簡本兩種，簡本是繁本的刪節本，所刪的主要是注解，陳澧《切韻考》上說："今世所傳《廣韻》二種其一注多，其一注少。注多者有張士俊刻本，注少者有明刻本，顧亭林刻本。又有曹楝亭刻本，前四卷與張本同；第五卷注少，而又與明本顧本不同。"（《切韻考》卷一）陳澧所講的注詳者，是張氏澤存堂本；注略者是明內府本及顧亭林重刻本。所謂繁本、簡本，韻字有多少，注解有詳略，就其性質來說是一種書。關于《廣韻》各種版本源流,顧千里《思適齋集》中,有書宋槧、元槧《廣韻》後各一篇,考證較詳,現抄録其《書元槧後》一段於下:"今世之《廣韻》凡三:一澤存堂詳本,一明内府略本,一局刻平上去詳而入略本。三者迥異,各有所祖:傳是樓所藏宋槧者,澤存堂刻之祖也;曹棟亭所藏宋槧,第五卷配元槧者,局刻之祖也;此元槧者,明内府本及家亭林重刻之祖也。局刻曾借得祖本校一過,知其多失真。澤存堂刻各書,每每改竄,當更不免失真。亭林重刻,自言悉依元本,不敢改添一字,而所謌皆與明内府板同;是其稱元本者,元來之本,而亭林仍未得見元槧也。至朱竹垞誤謂明之中涓删注,始成略本,不審何出;但非得見祖本早在元代,固未由定其不然矣。又局刻所配入聲,與此本迥異;疑宋代别有略本流傳如此也。"

(一)《廣韻》的内容和體例

《廣韻》共五卷,收字二萬六千餘。平聲字多,分上、下二卷、上平二十八韻,下平二十九韻。上、去、入聲各一卷,上聲五十五韻,去聲六十韻,入聲三十四韻,共計二百零六韻。

平上去入是漢語聲調特徵,如東董送屋,鍾腫用燭,江講絳覺等。《廣韻》平聲有五十七韻,而爲什麼上聲只有五十五韻呢? 因爲冬韻之上只有"湩鶇朧"三個字,就附于鍾上之腫韻中;臻韻之上只有"鱶親齔"三字,就附於殷上之隱韻中。這樣就少了二韻,實際上也是五十七韻。去聲所以是六十韻,是因爲多了祭泰夬廢四韻,而臻韻去聲無字,所以是六十韻。若就平聲五十七韻,加去聲祭泰夬廢四韻,則爲六十一韻。這六十一韻中,陰聲二十六韻,陽聲三十五韻,《廣韻》的入聲專附陽聲,又因痕韻的入聲只有"麧籺齕紇淈"五個字,就附于魂韻的入聲没韻中,所以入聲只有三十四韻。

《廣韻》按聲調平上去入分卷,由於平聲字多,分上平聲、下平聲兩卷,共五卷。例如上平聲卷第一:

德紅 東第一 獨用		都宗 冬第二 鍾同用	
職容 鍾第三		古雙 江第四 獨用	
章移 支第五 脂之同用		旨夷 脂第六	
止而 之第七		無非 微第八 獨用	
語居 魚第九 獨用		遇俱 虞第十 模同用	
莫胡 模第十一		徂奚 齊第十二 獨用	
古膎 佳第十三 皆同用		古諧 皆第十四	
乎恢 灰第十五 咍同用		呼來 咍第十六	
職鄰 真第十七 諄臻同用		之純 諄第十八	
側侁 臻第十九		武分 文第二十 欣同用	
許中 欣第二十一		語袁 元第二十二 魂痕同用	
户昆 魂第二十三		户恩 痕第二十四	
胡安 寒第二十五 桓同用		乎官 桓第二十六	
所姦 删第二十七 山同用		所間 山第二十八	

然後按韻部收字,把同音字放在一起,把同韻不同聲的字用"〇"隔開。每個字下有注釋,有反切,有同音字的統計數字,例如東韻的"東"字下有注釋:"春方也,《説文》曰動也。從日在木中。……德紅切,十七。"從東字的注釋中可知《廣韻》雖是韻書,在注釋中,解釋了字義,分析了字形,注明字音反切,并列出同音字。所以説《廣韻》一書,從其內容看,是中國語言學史中重要的音韻專書,也是文字、訓詁方面的寶典。朱彝尊在重刊《廣韻》序中説:"幸而《廣韻》僅存,則天之未喪斯文也。"潘耒也説:"此書之作,不專爲韻也,取《説文》、《字林》、《玉篇》所有之字而畢載之,且增益其未備,釐正其字體,欲使學者一覽而聲音文字包舉無遺。故《説文》、《字林》、《玉篇》之書,不可以該音學;而《廣韻》一書可以該六書之學,其用宏

矣。"由此可知清代學者對《廣韻》的内容與價值的重視。

《廣韻》共分二〇六韻，其中有一百九十三韻從陸法言《切韻》來；有兩韻從《王韻》或開元本《唐韻》來；有十一韻採自天寶本《唐韻》。韻目的排列次序，四聲的相承，則採自李舟《切韻》。張世祿《廣韻研究》上説："《廣韻》一書，依據於孫愐《唐韻》、李舟《切韻》，更纂集諸家以成者。孫、李諸書既一以陸法言之《切韻》爲祖；其間部目有增損，序次有更易，而於陸氏兼包古今南北之宗旨，未嘗少變。今《廣韻》二百六部，雖非盡《切韻》舊目；至其分部標準，固一本於陸氏也。"王國維《李舟切韻考》云："取唐人韻書與宋以後韻書比較觀之，則李舟于韻學上有大功二：一、使各部皆以聲類相從；二、四聲之次相配不紊，是也。"由此可知《廣韻》的分韻來源是和隋唐韻書有繼承關係。在《切韻》、《唐韻》等殘卷没有發現以前，學者間一般把三種韻書看成一樣，他們所稱的"切韻"、"唐韻"，實際上都是《廣韻》。例如顧炎武著的《唐韻正》，和陳澧著的《切韻考》，實際所研究的都是《廣韻》。因爲《廣韻》一書，雖官修於宋代，而實際上是集隋唐韻書大成的著作。宋本《廣韻》卷首注明：陸法言撰本、長孫訥言箋注；劉臻、顔之推、魏淵、盧思道、李若、蕭該、辛德源、薛道衡八人同撰集；郭知玄、關亮、薛峋、王仁煦、祝尚丘、孫愐、嚴寶文、裴務齊、陳道固增加了字。并載有陸法言的《切韻序》，和孫愐的《唐韻序》。所以説《廣韻》一書，是以陸法言的《切韻》，孫愐的《唐韻》爲藍本，又按李舟《切韻》的部次，定爲二百零六韻的部目，又把"諸家增字及義理釋訓悉纂略備載卷中"（見宋本《廣韻》卷首）這樣編訂而成的。今存《廣韻》各本韻部的次序以及同用、獨用，有參差不同；經過顧炎武、戴震等學者多次校訂，才整理出《廣韻》的舊目。戴震《聲韻考》卷二有"《廣韻》獨用、同用四聲表"。

《廣韻》分韻的條例：錢玄同在其《文字學音篇》一文中，認爲分韻的條例其故有四：即（一）平上去入之分，（二）陰聲陽聲之分，（三）開齊合撮之分，（四）古今沿革之分。又説："第一、二、三、四項幾已應分盡分矣。（惟東戈二韻，兼有本韻及變韻。依第四項之例，應將東戈合分二韻，方合。)至第三項之分,分者雖間有之(如寒開桓合分二韻,痕開魂合而分二韻)而未分者尚多。(大抵以開合二等并在一韻,齊撮二等并在一韻,換言之,則洪音與洪音同韻,細音與細音同韻也。然洪細同韻,亦間有之,如麻韻、庚韻,皆一韻兼有開齊合撮四呼是也。)"可見《廣韻》分韻雖有四例,其中尚有分韻未盡之處。

至於"古今沿革之分",《廣韻》是繼承《切韻》的。陸法言在《切韻序》中説:"古今通塞、南北是非",又説"剖析豪氂,分別黍累",就是《切韻》分韻的條例。《廣韻》是繼承《切韻》的,一秉《切韻》意旨,所以錢玄同所講的"古今沿革之分",實際也包括了"南北方音之分"的。因此,在"古今沿革之分"中又可分爲四例:

(1) 古同今變者,據今而分;

(2) 今同古異者,據古而分;

(3) 南同北異者,據北而分;

(4) 北同南異者,據南而分。

以上是《廣韻》分韻的條例,總起來説,四聲、陰陽、開合等呼,是《廣韻》分部所根據的音理;而古今沿革與南北異變者,是《廣韻》分部所依據的事實。

《廣韻》的反切注音及切語系聯的條例:韻書體例,以四聲爲綱,以韻目爲緯;《廣韻》二萬數千字,歸納爲二百零六部;同韻之字,合爲一部;而同部中同音之字,必注一反切。陳澧在其《切韻考》中説:

　　《廣韻》同音之字,雖多至數十字,皆合爲一條;惟於第一字注切語及同音字數,亦必陸氏舊例。此不但類聚羣分,不相雜廁,且使人易于識字。(《隋書·經籍志》有《異字同音》一卷,亦美意也。)如菄、鶇、倲、菜、埬、忪諸字,皆不常見,以其與東字同音,皆置之東字之下,則一展卷而盡識其音。故凡同一切語之字,必以常見之字爲首也。

反切之法,上字取其雙聲,下字取其疊韻。《廣韻》卷末所載《雙聲疊韻法》就是告訴人反切之理。凡所切之字,必與切語上字同其聲類,下字同其韻類。《廣韻》書中,凡同音之字,不分兩切語;如果有兩切語,那一定是韻類不同,或者是聲類不同。陳澧説:

> 《廣韻》同音之字,不分兩切語,此必陸氏舊例也。其兩切語,下字同類者,則上字必不同類:如紅、戶公切,烘、呼東切,公、東韻同類,則戶呼聲不同類。今分切語上字不同類者,據此定之也。上字同類者,下字必不同類:如公、古紅切,弓、居戎切,古、居聲同類,則紅、戎韻不同類。今分析每韻二類、三類、四類者,據此定之也。

陳澧《切韻考》就是因切語上字以考定聲類的異同,又據切語下字以分析各韻爲一類或數類。凡《廣韻》一書的聲韻類別,都可以根據這樣的研究方法系聯而得。陳澧在其《切韻考》中又進一步説:

> 切語上字既系聯爲同類矣,然有實同類而不能系聯者,以其切語上字,兩兩互用故也。如多得都當四字聲本同類,多、得何切,得、多則切,都、當孤切,當、都郎切,多與得,都與當兩兩互用,遂不能四字系聯矣。今考《廣韻》一字兩音者,互注切語,其同一音之兩切語,上二字聲必同類。如一東湅德紅切,又都貢切。一送湅多貢切。都貢、多貢同一音,則都多二字實同一類也。今於切語上字不系聯而實同類者,據此以定之。切語下字既系聯爲同類矣,然亦有實同類而不能系聯者,以其切語下字兩兩互用故也。如朱、俱、無、夫四字韻本同類,朱、章俱切,俱、舉朱切,無、武夫切,夫、甫無切。朱與俱、無與夫,兩兩互用,遂不能四字系聯矣。今考平上去入四韻相承者,其每韻分類亦多相承。切語下字既不系聯,而相承之韻又分類,乃據以定其分類。否則,雖不系聯,實同類耳。

　　陳氏的系聯《廣韻》切語用字的條例，黃侃在其《聲韻略説》文中稱贊説：“往者古韻、今韻、等韻之學，各有專家，而苦無條貫，自番禺陳氏出，而後《廣韻》之理明，《廣韻》明，今古之音盡明，而後等韻之糾紛始解。”由此可知陳氏系聯研究法之貢獻。

（二）《廣韻》的同用、獨用

　　韻書的編寫，一方面是爲了審音，另一方面是爲當時人撰作詩賦之用。陸法言《切韻序》上説：“欲廣文路，自可清濁皆通；若賞知音，即須輕重有異。”又説：“凡有文藻，即須明聲韻。”孫愐在《唐韻序》中也説：“《切韻》者，本乎四聲，紐以雙聲、疊韻，欲使文章麗則韻調精明於古人耳。”由此可見，陸法言《切韻》，孫愐《唐韻》原來編製的目的，一方面爲審音而作，同時兼爲作文應試之用。到了宋代初年，仍舊繼承唐代的制度，以詩賦取士。陳彭年、邱雍等奉勒校定《廣韻》也是沿襲陸法言、孫愐編寫韻書的意旨，兼具審音和作文兩種目的。

　　《玉海》卷四十五謂當時“以舉人用韻多異，詔殿中丞邱雍重定《切韻》”。《廣韻》卷首載祥符勑牒亦云：“朕聿遵先志，導揚素風，設教崇文，懸科取士，考覈程準，兹實用焉。”可見編製《廣韻》的目的，一方面用以審辨音讀；一方面是當時科舉考試用韻的標準。審音辨韻不能不嚴，即陸法言説的“若賞知音，即須輕重有異”；而在實際詩賦作文時，通用又不能不寬，即陸法言所説“欲廣文路，自可清濁皆通”。

　　朱彝尊在《與魏善伯書》中説：“古人分韻雖嚴，通用甚廣。……蓋嚴，則于韻之本位，毫釐不爽；通，則臨文不至牽率，而乖其性情。”唐封演《封氏聞見記》上説：“隋陸法言與顏、魏諸公定南北音，撰爲《切韻》，凡一萬二千一百五十八字，以爲爲文楷式。而先、仙、删、山之類，分爲別韻，屬文之士，共苦其苛細。國初，許敬宗等詳議，以其韻窄，奏合而用之，法言所謂‘欲廣文路，自可清濁皆通’者也。”

　　許敬宗等所奏合的是哪些呢？史無記載。後世學者有人認爲《廣韻》

的同用獨用,即爲許敬宗等所詳議;但是,現存的唐寫本韻書(包括殘卷),看不到同用獨用的痕迹。王應麟《玉海》説《切韻》爲邱雍所訂,王應麟和邱雍同是宋代人,前後相差二百來年,王應麟的話應該有所根據,邱雍又是修訂《廣韻》負責人之一。不過章太炎在給馬宗霍的信中提出懷疑,他看到唐代詩人用韻,有很多不合於《廣韻》的同用獨用,因此認爲可能是晚唐人就孫愐《唐韻》分注的。

同用獨用例訂立的原則是什麼?不少學者都根據封演的説法認爲是由於韻窄。然考察《廣韻》的同用獨用例,又并非如此,比如五支韻,有四百字左右,可算一個大韻,却和六脂、七之同用。而八微才一百多字,是一個小韻,却是獨用。細看各韻的同用獨用,很可能和當時的實際語音有關係。語言是一種社會現象,隨着社會的發展而發展,語言中的語音,也是有發展變化的。《廣韻》是繼承《切韻》而來,《切韻》的韻部兼古今南北,分韻過細,而語音經過發展變化,有些音古代有區別,發展到宋代可能沒有區別了;而有些音可能南方有差異,而在北方音中却沒有差異。因此,一部韻書分韻過細,而又作爲官韻,作爲考試時做詩的用韻標準,這種和實際語音有一定距離的官韻,對參加考試的人來説,的確是苦不堪言的。因此,邱雍等修訂《廣韻》時,有可能參考當時實際語音,注明了同用合用例。由於時代局限,當時對共同語、標準音的概念,不可能像今天這麼明確,所以章太炎考察出唐代詩人用韻有不合於《廣韻》同用獨用的現象。

清代學者如顧炎武等,曾根據唐人做詩用韻的情況以及四聲相承、韻目次序之間的關係,參考各種不同的本子,作了不少考證工作。後來戴震在前人基礎上又進一步研究,寫成《考定廣韻獨用同用四聲表》(戴震《聲韻考》卷二),現在一般人談《廣韻》韻目,大都依從戴震的考定。自《鉅宋廣韻》印出,亦可證明戴震考證是精審的。

(三)《廣韻》的貢獻

《切韻》的編纂,雖然有顏之推等八人集體討論,定了原則,但是具體工作以及最後寫定,主要是陸法言一人編寫。此後王仁煦、孫愐等人的刊謬、補缺,也還是個人的力量。《廣韻》則不然,它是宋代皇帝命令大臣們集體編修的,是第一部官修的韻書,也是法定的國家韻書。

《廣韻》因爲是官修,人多、材料多,所以在收字、訓解等方面都增加很多,全書共收字二萬六千一百九十四,注解一十九萬一千六百九十二。從語音研究來説,在保存中古語音、語義等方面,提供了豐富的寶貴資料。因爲是官修,使這部字數較多、規模較大的韻書能刻印,并能大量發行。自從《廣韻》發行以後,以前的韻書就逐漸不流行了。《廣韻》成爲《切韻》系韻書集大成的著作,成爲我國語言學史上最古最完整的一部韻書。

廣韻獨用同用表(一)

平聲上	上 聲	去 聲	入 聲	備 注
1 東 (獨用)	1 董 (獨用)	1 送 (獨用)	1 屋 (獨用)	
2 冬 (鍾同用)		2 宋 (用同用)	2 沃 (燭同用)	上聲湩䍶二字,并入腫韻
3 鍾	2 腫	3 用	3 燭	
4 江 (獨用)	3 講 (獨用)	4 絳 (獨用)	4 覺 (獨用)	
5 支 (脂之同用)	4 紙 (旨止同用)	5 寘 (至志同用)		
6 脂	5 旨	6 至		
7 之	6 止	7 志		
8 微 (獨用)	7 尾 (獨用)	8 未 (獨用)		
9 魚 (獨用)	8 語 (姥同用)	9 御 (獨用)		

平聲上	上　聲	去　聲	入　聲	備　注
10 虞 （模同用）	9 麌 （姥同用）	10 遇 （暮同用）		
11 模	10 姥	11 暮		
12 齊 （獨用）	11 薺 （獨用）	12 霽 （祭同用）		
		13 祭		
		14 泰 （獨用）		
13 佳 （皆同用）	12 蟹 （駭同用）	15 卦 （怪夬同用）		
14 皆	13 駭	16 怪		
		17 夬		
15 灰 （咍同用）	14 賄 （海同用）	18 隊 （代同用）		
16 咍	15 海	19 代		
		20 廢 （獨用）		
17 真 （諄臻同用）	16 軫 （準同用）	21 震 （稕同用）	5 質 （術櫛同用）	
18 諄	17 準	22 稕	6 術	
19 臻			7 櫛	上聲字少，并入隱韻；去聲字少，并入震韻。
20 文 （欣同用）	18 吻 （隱同用）	23 問 （獨用）	8 物 （獨用）	

續　表

平聲上	上　聲	去　聲	入　聲	備　注
21 欣	19 隱	24 焮 （獨用）	9 迄 （獨用）	欣原作殷，宋代避諱改。
22 元 （魂痕同用）	20 阮 （混很同用）	25 願 （恩恨同用）	10 月 （没同用）	
23 魂	21 混	26 慁	11 没	
24 痕	22 很	27 恨		入聲字少，并入没韻。
25 寒 （桓同用）	23 旱 （緩同用）	28 翰 （換同用）	12 曷 （末同用）	
26 桓	24 緩	29 換	13 末	
27 删 （山同用）	25 潸 （產同用）	30 諫 （襇同用）	14 黠 （鎋同用）	
28 山	26 產	31 襇	15 鎋	

（二）

平聲下	上　聲	去　聲	入　聲	備　注
1 先 （仙同用）	27 銑 （獮同用）	32 霰 （線同用）	16 屑 （薛同用）	顧炎武曰，平聲字多，分上下二卷。
2 仙	28 獮	33 綫	17 薛	
3 蕭 （宵同用）	29 筱 （小同用）	34 嘯 （笑同用）		
4 宵	30 小	35 笑		
5 肴 （獨用）	31 巧 （獨用）	36 效 （獨用）		

平聲下	上　聲	去　聲	入　聲	備　注
6 豪 （獨用）	32 皓 （獨用）	37 號 （獨用）		
7 歌 （戈同用）	33 哿 （果同用）	38 箇 （過同用）		
8 戈	34 果	39 過		
9 麻 （獨用）	35 馬 （獨用）	40 禡 （獨用）		
10 陽 （唐同用）	36 養 （蕩同用）	41 漾 （宕同用）	18 藥 （鐸同用）	
11 唐	37 蕩	42 宕	19 鐸	
12 庚 （耕清同用）	38 梗 （耿靜同用）	43 映 （諍勁同用）	20 陌 （麥昔同用）	《禮部韻略》 改映爲敬。
13 耕	39 耿	44 諍	21 麥	
14 清	40 靜	45 勁	22 昔	
15 青 （獨用）	41 迥 （獨用）	46 徑 （獨用）	23 錫 （獨用）	
16 蒸 （登同用）	42 拯 （等同用）	47 證 （嶝同用）	24 職 （德同用）	
17 登	43 等	48 嶝	25 德	
18 尤 （侯幽同用）	44 有 （厚黝同用）	49 宥 （候幼同用）		
19 侯	45 厚	50 候		
20 幽	46 黝	51 幼		
21 侵 （獨用）	47 寢 （獨用）	52 沁 （獨用）	26 緝 （獨用）	

續　表

平聲下	上　聲	去　聲	入　聲	備　注
22 覃 （談同用）	48 感 （敢同用）	53 勘 （闞同用）	27 合 （盍同用）	
23 談	49 敢	54 闞	28 盍	
24 鹽 （添同用）	50 琰 （忝儼同用）	55 艷 （㮇釅同用）	29 葉 （帖同用）	
25 添	51 忝	56 㮇	30 帖	
26 咸 （銜同用）	52 豏 （檻范同用）	57 陷 （鑒梵同用）	31 洽 （狎同用）	上聲豏檻儼，去聲陷釅的次序依戴震《聲韻考》訂正。
27 銜	53 檻	58 鑒	32 狎	
28 嚴 （凡同用）	54 儼	59 釅	33 業 （乏同用）	
29 凡	55 范	60 梵	34 乏	

　　唐代韻書，已開始具有字典性質，《廣韻》則更進一步，可以説是一部按韻編排的字典，很像現在的同音字典。

　　《廣韻》是《切韻》系韻書的代表著作，是繼承《切韻》、《唐韻》的。古代由于刻印條件的局限，《廣韻》一出，《切韻》《唐韻》等就不傳了。因此在《切韻》《唐韻》等殘卷沒有發現以前，學者一般把這三種韻書看成一種，他們説的《切韻》、《唐韻》，實際上都是《廣韻》。例如顧炎武的《唐韻正》、陳澧的《切韻考》就是這樣。宋代以後，我國傳統"小學"中的音韻學，便以《廣韻》爲研究中心。這是因爲，第一，《廣韻》是研究古音學的階梯。顧炎武説："欲審古音，必從《唐韻》。"（《音論》）江永説："古韻既無書，不得不借今韻離合以求古音。"（《古韻標準例言》）第二，《廣韻》是研究等韻學所必須的參考韻書。因爲字母和等韻之學，是用來説明韻書上的切語的；所以内容上無論是否符合於陸法言《切韻》系一派的韻書系統，但總是應當以《切韻》系一派的韻書，作爲比較對照的材料。第三，後世編纂韻書，以及研究各地的方音，也要以《廣韻》作爲重要依據，或者是歷史的考證材料。

總之，我們要研究古音，要從《廣韻》向上研究，我們要研究現代音，也要以《廣韻》爲中心向下研究。黄侃在《與友人論治小學書》中説："音韻之學，必以《廣韻》爲宗，其與《説文》之在字書，輕重略等。"可見《廣韻》一書在中國語言學史中的重要地位。

（四）研究《廣韻》的重要著述

（1）陳澧《切韻考》

《切韻考》六卷，清代番禺陳澧撰。陳澧（公元 1810—1882 年），清代學者，字蘭甫，號東塾，廣東番禺（今廣州）人。道光舉人。爲廣州學海堂長數十年，晚年又主講菊坡精舍。通天文、地理、樂律、音韻、算術等學，也善詩、詞、駢散文。著有《東塾讀書記》、《聲律通考》、《切韻考》、《漢書水道圖説》、《東塾集》、《憶江南館詞》等。

陳澧於《切韻考》卷首條例中説明對《切韻》的考證研究是根據《廣韻》的，他説："陸氏《切韻》之書已佚，唐孫愐增爲《唐韻》，亦已佚，宋陳彭年等纂諸家增字爲《重修廣韻》，猶題曰陸法言撰本，今據《廣韻》以考陸氏《切韻》，庶可得其大略也。"又在序文中説明他著述《切韻考》的方法，他説："澧謂切語舊法，當求之陸氏《切韻》，《切韻》雖亡，而存於《廣韻》。及取《廣韻》切語上字系聯之，爲雙聲四十類，又取切語下字系聯之，每韻或一類、或二類、或三類四類，是爲陸氏舊法。……於是分列聲韻，編排爲表，循其軌跡，順其條理，惟以考據爲準，不以口舌爲憑，必使信而有征，故寧拙而勿巧。若夫《廣韻》之書，非陸氏之舊，《廣韻》復有二種，近代傳刻，又各不同。乃除其增加，校其譌異，雖不能復見陸氏之本，尚可得其體例。"可見陳澧的著作,雖名爲《切韻考》,實際也是研究《廣韻》的重要著作。全書首列條例,復詳考《廣韻》的聲類韻類,得切語上字凡四百五十二字,歸爲四十聲類;又自切語下字得平聲九十類、上聲八十類、去聲八十八類、入聲五十三類,共得三百十一類。又取《廣韻》每一字的第一字,以其切語上字聲同類者直寫之,下字韻同類者橫寫之,平上去入相承,編排爲表。書末又有《通論》一卷,以暢其説。陳澧《切韻考》對古音研究影響很大。如黄侃創立古聲十九紐之説,也是受到陳澧《切韻考》的啓發。黄侃説:"(古聲)定爲十九,侃之説也,前無所因,然基於陳澧之所考,始得有此。"

陳澧《切韻考外篇》共三卷。卷一爲《切語上字分并爲三十六類考》,卷二爲《二百六韻分并爲四等開合圖攝考》,卷三爲《後論》,除考論《廣韻》切語上字分合之得失,及所標圖攝、開合、四等之得失外,又説明清、濁、發、送、收等之分別法。是篇渭南嚴式誨校刊時,附於《切韻考》。

(2) 鄧顯鶴《玉篇廣韻校刊札記》

鄧氏,清代人,是書以《玉篇校刊札記》、《廣韻校刊札記》合刻成帙,不分卷,凡二册。於重刊《玉篇》、《廣韻》時,附刊二書以行。其自序云:"刊《玉篇》、《廣韻》成,既取原書讎校,復檢老友沈粟仲《篇韻校刊記》,逐條互勘,有原書譌誤、未經糾出者,亦有與他説參互者,因盡發藏書,自《唐石經》、《相臺五經》、《十三經》、《善本經典釋文》諸籍,及近代顧、閻、江、戴、金壇段氏、嘉定錢氏諸家、凡言小學之書,粗爲涉獵,日得數條,按部分系,名曰校刊札記。"可知本書原爲沈道寬所草創,鄧顯鶴所續成。當時《玉篇零卷》及《切韻殘卷》尚未發現,鄧氏所校不如後出者精審,唯有關《玉篇》的著述極少(日本岡井慎吾有《玉篇研究》)。所以鄧氏的研究還是可供參考的。是書刊於清咸豐年間。

(3) 劉半農《十韻彙編》

《十韻彙編》一書,由劉半農草創,後爲魏建功、羅常培所續成。全書所收韻書十種、即唐寫《切韻》殘本五種(包括王國維手寫法國巴黎國民圖書館所藏敦煌發現者三種、德國普魯士學士院所藏吐魯番發現者一種、大谷光瑞《西域考古圖譜》所收吐峪溝發現者一種)《刊謬補缺切韻》二種,(包括劉復《敦煌掇瑣》鈔刻法國巴黎國民圖書館所藏唐寫本、延光室景印及唐蘭手寫清故宮所藏唐寫本)國粹學報館景印蔣斧所藏《唐韻》殘本、及法國國民圖書館所藏五代刊本《切韻》殘本、及古逸叢書覆宋本《廣韻》,共十種。排比對照,可以相對校勘,每韻之末載以《廣韻校勘記》凡所校之字旁,皆加圈爲識。這本書是研究中古音韻重要參考資料,並爲上古音研究提供重要綫索,因此,凡前賢研究《廣韻》,過去爲資料所限,而未能有確證者,得此一編,則可迎刃而解。

(4) 張世禄《廣韻研究》

討論《廣韻》的單篇文章很多,又自《切韻》殘卷發現後,研究《切韻》而涉及《廣韻》的專文,更是不勝枚舉,近人撰述聲韻學、訓詁學、文字學等書,其中論及《廣韻》的也很多,然而就《廣韻》的研究成專書者甚少。其成專著者惟有張世禄《廣韻研究》一書。

《廣韻研究》一書除"導言"外,共分五章,第一章《廣韻》之作述及其體例;第二章《廣韻》以前之韻書;第三章《廣韻》之韻部;第四章《廣韻》之聲類;第五章《廣韻》以後之韻書。

(5) 周祖謨《廣韻校勘記》

《廣韻校勘記》五卷,補遺一卷,這本書搜羅舊本最多,以張士俊澤存堂本《廣韻》爲底本,又根據傅氏雙鑑樓及日本金澤文庫所藏北宋刻本、涵芬樓所藏景宋寫本,校勘異同,以訂正張刻之誤。又參考黎刻古逸叢書中元泰定本及顧炎武翻刻明經廠本,凡有可取,皆予列入。此外,又取唐人韻書殘本凡二十種:如清末蔣斧舊藏之《唐韻》殘卷、故宮博物院所藏之王仁煦《刊謬補缺切韻》、及卞永譽《式古堂書畫彙考》所錄明項子京所藏《唐韻序》、英國倫敦博物院所藏得自敦煌之《切韻》殘卷三種、法國巴黎國民圖書館所藏得自敦煌之《王仁煦刊謬補缺切韻》、五代刻本韻書殘葉、刻本韻書五五三一、《切韻》殘葉二〇一七、《切韻》殘葉二〇一六、《唐韻》

殘葉二〇一八、《唐韻》殘葉二〇一九、劉復《敦煌掇瑣》所録韻書序甲本、韻書序乙本、德國所藏得自吐魯番之唐人韻書殘片兩種、刻本切韻一種、刻本韻書殘葉一種、日本大谷光瑞《西域考古圖譜》所收得自吐峪溝之唐寫本韻書斷片一種，一一參校訂正。并採用黃丕烈所臨段玉裁《校本唐韻》之校語，改正譌字甚多，每葉有校語者，皆於原刻本下分別標明數字，甚便於讀者翻檢。校勘《廣韻》之作，以本書爲最善。

2.《集　韻》

（一）《集韻》的作者

《集韻》是由宋代丁度等奉敕修定的一部官修韻書，始撰於宋景祐四年（公元 1037 年），於寶元二年（公元 139 年）編成，後《廣韻》三十一年。

《集韻》卷首《韻例》上說：“先帝時令陳彭年、丘雍因法言韻就爲刊益。景祐四年，太常博士直史館宋祁、太常丞直史館鄭戩建言，彭年、雍所定，多用舊文，繁略失當。因詔祁、戩與國子監直講賈昌朝、王洙同加修定，刑部郎中知制誥丁度、禮部員外郎知制誥李淑，爲之典領。”《玉海》卷四十五上亦說：“景祐四年，翰林學士丁度等承詔譔，寶元二年九月書成，上之；十一日，進呈頒行。”從《集韻·韻例》與《玉海》所載，都證明《集韻》是丁度、李淑等奉敕編寫的。後來《四庫全書總目提要》及莫友芝《韻學源流》等提出不同看法，他們根據《切韻指掌圖序》上所載：“治平四年，予得旨繼纂其職，書成上之，有詔敘焉。”認爲《集韻》一書，是奏於宋英宗時，不是宋仁宗時；《集韻》一書，完成於司馬光之手，非盡出于丁度等。不過，《切韻指掌圖》的作者問題，經清代鄒特夫考證論述，不是司馬光，乃爲宋楊中修所僞託，可見僞序自不足爲憑。

（二）《集韻》的内容和體例

《集韻》是在《廣韻》的基礎上編修而成的。《廣韻》一書是爲了當時應試作文用的，由於主編人陳彭年、邱雍求全思想，增加字數，詳其注解，卷首上説:"諸家增字,義理訓釋,悉纂略備載卷中。"因此,《廣韻》頒行後,當時就嫌其疑混繁冗,不便於應用。《廣韻》頒行後三十一年,即宋景祐四年(公元 1037 年),宋祁、鄭戩等認爲陳彭年、丘雍主編的《廣韻》是"多用舊文、繁略失當"。賈昌朝也批評景德時編的《韻略》"多無訓釋,疑混聲,重疊字",致使"舉人誤用"。因此,丁度等奉命重新編修這兩部韻書,修訂《韻略》,改稱爲《禮部韻略》;刊修《廣韻》,改稱《集韻》,而《廣韻》之面目,於是有改變。戴震《聲韻考》上説:"景祐四年,更刊修《韻略》,改稱《禮部韻略》;刊修《廣韻》,改稱《集韻》。《集韻》成於《禮部韻略》頒行後二年,是爲景祐、寶元間詳略二書。獨用、同用例,非復《切韻》之舊,次第亦稍有改逯矣。"

《集韻》共十卷。平聲四卷,上聲、去聲、入聲各二卷。收字五萬三千五百二十五,比《廣韻》增一倍餘。韻部仍分二百零六,而韻目名稱和次序稍有更動,在同用、獨用韻方面,也有所改并,并參考當時讀音,更訂反切。内容注重文字形體和訓詁,爲研究文字、訓詁和宋代語音的重要資料。

《集韻》的收字原則是"務從該廣",一個字的各種寫法,不管是正體、古體、或體、俗體等,只要有所根據都一一收集起來。因此,《集韻》書中所收的字,一般都有二體、三體、四體,最多的有八體、九體。例如:

狪狪狪 (獸名。《山海經》:泰山有獸,狀如豚而有珠,其鳴自呼。或从犬从豸。)

霒霠霜霧 (《爾雅》:天氣下地不應曰霒,或作霠、霜、霧。)

農農辳𦬪𦦙𡡉 (奴冬切。《説文》:耕也。一曰厚也。又姓。古作辳、𦬪、𦦙、𡡉。文二十。)

《集韻》收字較多,也有其作用。例如吳方言中把衣服的一種縫法叫 qiāo,它究竟來自古代的一個什麼音呢? 查《廣韻》沒有。查《集韻》宵韻"千遥切"小韻下,可以查到一個"繰"字,注云:"以箴紩(zhī,縫)衣。"由此可以知道"qiāo"是來自中古的清母,宵韻。

在所收字音方面,《廣韻》對一個字有兩種以上讀音的,注明"又音",例如:

虹,户公切,又古巷切。(《廣韻》卷一,東韻)
扇,式連切,又式戰切。(《廣韻》卷二,仙韻)

而《集韻》所收字音,比《廣韻》收得多,卷首《韻例》中説明:"凡經典字有數讀,先儒傳授,各欲名家,今并論著,以梓羣説。"例如:

《廣韻》		《集韻》
天	他前切	他年切
		鐵因切
晨	植鄰切	丞真切
	食鄰切	乘人切
		慈鄰切
娑	醋加切	醋加切
	蘇禾切	蘇禾切
		村戈切
		臧戈切
		徂禾切

《集韻》又音的大量增加,可能由於記載了一些古音;兼收了一些方音,如"晨"的"慈鄰切"一音下,原注"關中語也";反映了當時的語音實際。《集韻》收字音多,對瞭解現代語音來源有參考價值。例如,"賄"字,現代漢語普通話讀音是"huì",而《廣韻》只收灰韻上聲"呼罪切"一音,聲調和現代的讀法不相應,可是一查《集韻》,灰韻去聲又收了"呼内切"一

音,這和現代的讀法正好相合,説明現代漢語普通話"賄"的讀音,是來自古代的去聲,而不是什麼不規則的音變。《集韻》中這一類的例子還很多,可以進一步研究。總之《集韻》中所收的字多、音多,爲我們提供大量資料,對漢語研究是有益的。

《集韻》對《廣韻》的反切系統也有改進。《韻例》中説:"凡字之翻切,舊以武代某、以亡代茫,謂之類隔,今皆用本字。"在《廣韻》裏,雙唇音和唇齒音可以互作反切上字的;《集韻》裏,把這種反切字改進了,就是用雙唇切雙唇,用唇齒切唇齒。例如脂韻唇音字:

	《廣韻》	《集韻》
悲	府眉切	逋眉切
丕	敷悲切	攀悲切
邳	苻悲切	貧悲切
眉	武悲切	旻悲切

這樣有系統的改進,顯然是受當時實際語音變化的影響,因爲到北宋時期,雙唇音和唇齒音(也就是輕唇音和重唇音)的分化早已完成了。《集韻》的反切,反映了這個語音變化的事實。

另外,《集韻》又改訂《廣韻》中的切語,除部分《廣韻》的切語予以歸并外,又增收《廣韻》以外的切語,《廣韻》共有反切三千八百七十五音,而《集韻》共有四千四百七十三音,共計增加五百九十八音。并且,《集韻》的反切上字既顧及字調,又顧及細音,所以反切上字也由《廣韻》的四百五十二字(據陳澧系聯的統計數字),增至八百六十九字(據白滌洲所系聯統計的數字)。

在注釋方面,《集韻》對《廣韻》的"繁簡失當"之處,也有所改進。關于姓氏方面的注釋,《廣韻》的確是過繁。例如,一東"公"字下,注釋詞義的只有兩三句話,以下全是講姓氏的,竟長達七八百字。《四庫全書總目提要》曾評論説："其駁《廣韻》注,凡姓望之出,廣陳名系,既乖字訓,復類譜牒,誠爲允協。"認爲《集韻》是改得好的,《集韻》于"公"字下,只注了"沽紅切,《説文》平分也,从八、从ム,猶背也。《韓非》曰背ム爲公。一曰封爵名。古作仌。文二十六。"主要注釋了字形結構和字義,把有關姓名的注文全删了,比較起來,比《廣韻》是有所改進。

在韻部方面,《禮部韻略》將《廣韻》獨用的韻,改并爲同用的共有十三處。《集韻》與《禮部韻略》相同。戴東原《聲韻考》上云:"景祐中,以賈昌朝請,韻窄者凡十三處,許令附近通用。於是合欣於文,合隱於吻,合焮於問,合迄於物,合廢於隊代,合嚴於鹽添,合儼於琰忝,合釅於豔桥,合業於葉帖,合凡於咸銜,合范於豏檻;合梵於陷鑑,合乏於洽狎。"

錢大昕《韻目表》所附《改并十三處表》:

考定《廣韻》舊第	《集韻》改并
1. 二十文獨用	二十文與欣通
二十一欣獨用	二十一欣
2. 二十四鹽添同用	二十四鹽與沾嚴通
二十五添	二十五沾
二十六咸銜同用	二十六嚴
3. 二十七銜	二十七咸與銜凡通
二十八嚴凡同用	二十八銜
二十九凡	二十九凡
4. 十八吻獨用	十八吻與隱通
十九隱獨用	十九隱
5. 五十琰忝同用	五十琰與忝儼通
五十一忝	五十一忝
五十二豏檻同用	五十二儼
6. 五十三檻	五十三豏與檻范通
五十四儼范同用	五十四檻

五十五范	五十五范
7. 十八隊^{代同用}	十八隊^{與代廢通}
十九代	十九代
二十廢^{獨用}	二十廢
8. 二十三問^{獨用}	二十三問^{與焮通}
二十四焮^{獨用}	二十四焮
9. 五十五豔^{桥同用}	五十五豔^{與栝驗通}
五十六桥	五十六栝
五十七陷^{鑑同用}	五十七驗
10. 五十八鑑	五十八陷^{與覽梵通}
五十九釅^{梵同用}	五十九覽
六十梵	六十梵
11. 八物^{獨用}	八物^{與迄通}
九迄^{獨用}	九迄
12. 二十九葉^{帖同用}	二十九葉^{與帖業通}
三十帖	三十帖
三十一洽^{狎同用}	三十一業
13. 三十二狎	三十二洽^{與狎乏通}
三十三業^{乏同用}	三十三狎
三十四乏	三十四乏

戴震《聲韻考》卷二:"唐時諸家韻書,大致多本法言韻,亦各有微異,今所傳《廣韻》、《集韻》,就二書考景祐所通窄韻十三,則唐宋用韻沿革之大節目具在。"

《集韻》的體例,見于卷首《韻例》一文,凡十二例:

凡字訓悉本許慎《説文》,慎所不載,則引用其他書爲解。

凡古文見經史諸書可辨識者,取之,不然則否。

凡經典字有數讀,先儒傳授,各欲名家,今並論著以梓羣説。

凡通用韻中,同音再出者,既爲冗長,止見一音。

凡經史用字,類多假借,今字各著義,則假借難同,故但言通作某。

凡舊韻字有別體,悉入子注,使奇文異畫,湮海難尋,今先標本字,餘皆并出,啓卷求義,爛然易曉。

凡字有形義並同,轉寫或異,如坪垩、叴吼、心忄、水氵之類,今但注曰:或書作某字。

凡一字之左,舊注兼載它切,既不該盡,徒釀細文,況字各有訓,不煩悉著。

凡姓望之出,舊皆廣陳名系,既乖字訓,復類譜牒,今之所書,但曰某姓,惟不顯者,則略著其人。

凡字有成文,相因不釋者,今但曰闕,以示傳疑。

凡流俗用字,附意生文,既無可取,徒亂真僞,今於正文之左,直釋曰俗作某,非是。

凡字之翻切,舊以武代某,以亡代茫,謂之類隔,今皆用本字。

(三) 研究《集韻》的重要著述

(1) 清方成珪《集韻考正》十卷。方氏初據曹寅揚州刊本,以羣書校其譌字,後又得汪小米、段玉裁、嚴厚民等手校本,重加校訂,成書十卷。方氏自序云:"文莫古於《説文》,韻莫詳於《集韻》。惟其詳也,故俗體兼收,譌字譌音,亦不勝屈指。……加以繇宋迄今,遞相傳録,陶陰宵肎,展轉兹多,固勢所必然也。珪前在武林,得汪君小米校本,內多附嚴君厚民語,乃據宋槧本讎對,惜止半部,未覩其全。丙午春,以手校本就正於吳殊方(鍾駿)學使,因段得學使與陳頌南侍御用毛斧季影鈔宋板同校本,知所見之册,與厚民本大同小異,其中如去聲十四有殘缺之字,藉以補足,余亦拾遺訂誤,得所據依。……兹復重加研討,又增數百條,而前校所未精者,并因之更正。"從自序中,於著述經過,説明甚詳。

清代學者校訂《集韻》的有十餘家,而成書者不多。孫詒讓作《集韻考正後記》，既介紹了方氏的書，又兼述清代研究《集韻》諸家，附錄於下：

> 顧其書元明之際不甚顯，亭林顧氏作《音論》，遂疑其不存，康熙間朱檢討彝尊，始從汲古毛氏得景宋本，屬曹通政寅刊於揚州。其本彫鏝頗精，而讎校殊略，文字譌互，寖失本真，治小學者弗心慊也。乾嘉以來，經學大師皆精研《倉》《雅》，其於此書率多綜涉，以詒讓所聞，則有余仲林（蕭客）、段若膺（玉裁）、鈕非石（樹玉）、嚴厚民（傑）、陳碩甫（奐）、汪小米（遠孫）、陳頌南（慶鏞）諸校本，無慮十餘家，顧世多不傳，其傳者又皆展轉迻錄，未有成書，且諸家所校，大都馮據宋槧，稽譌同異，于丁叔雅諸人修定之當否及所根據之舊籍，未能盡取而覆審之也。吾兄雪齋方先生博綜羣籍，研精覃思，儲藏萬卷，皆手自點勘，而於《集韻》，致力尤深，既錄得段、汪、嚴、陳四家校本，又以《經典釋文》、《方言》、《説文》、《廣雅》諸書，悉心對勘，察異形于點畫，辨殊讀於翻紐，條舉件繫，成《考正》十卷，蓋非徒刊補曹本之譌奪，實能舉景祐修定之誤，一一理董之，是非讀《集韻》者之快事哉。

方書校訂既勤，分析精當，是研究《集韻》的一部重要參考書。

(2) 段玉裁《集韻校本稿》

段玉裁手校《集韻》，僅成初稿，未有成書。他於甲寅三月，借周漪塘所藏毛鈔宋本，一一校勘，雖筆畫小譌均予改正。如平聲四汙字下云："《説文》：旌旗之旒也，或省亦作㫃，古作汙。"段玉裁校云："當云古作㫃，見《説文》，汙乃泅字也。"（"汙"見《集韻》平聲四、十八尤）。音切有誤，亦予校訂，如上聲六止韻下牀史切有"屎"字，段玉裁校云："此字從户聲，不得牀史切，當刪屎而補庤，《爾雅》落時謂之庤。"卷末并記宋本行款，如卷一載："宋本三十五頁，每頁廿二行，末頁十二行。"凡摹寫失真處，亦予指明，如上聲五、十四賄韻"隧"字下有空白。校云："宋本不空而多六字，案六字非隧字注也，空處當出履注云：梁益謂履曰。益信曹本與毛影本非一刻也。"

（3）黃侃《集韻聲類表》

全書共分三部分，首爲"集韻切語校字"，次爲"集韻聲類表總目"，再次爲"集韻聲類表"，共四卷。黃侃於切語校字後有識語云："右塵據方成珪《集韻考正》所載，略加檢覈，其是非不悉同于方，方校亦嫌其未盡，更當補其闕漏也。丙寅人日之夜漏五下。"（按丙寅爲1926年，人日爲農曆正月初七。）

1936年，黃侃去世後，其子念田乃以此稿付開明書店影印，《集韻聲類表》以聲爲綱，以韻爲目，聲組據黃侃所考定之四十一聲類，分爲四卷。卷一爲喉音：影、喻、羽、曉、匣、見、溪、羣、疑九類；卷二爲舌音：端、知、照、透、徹、穿、審、乘、禪、泥、娘、日、來十五類；卷三爲齒音：精、莊、清、初、從、牀、心、邪、疎九類；卷四爲脣音：幫、非、滂、敷、並、奉、明、微八類。每類各分上下二圖，故四十一聲類凡得八十二圖，上圖爲開口呼，下圖爲合口呼。此表圖式一依《切韻指掌圖》，惟從《切韻指南》使江攝獨立。表內韻目次序，悉依《集韻》。每圖分爲四等，每等分平上去入四聲。取《集韻》每一小韻（即每一韻內在同一圓圈下的字）的第一字爲代表，即每一音有一個代表字。

宋元等韻圖表，沒有以聲類爲綱的。黃侃《集韻聲類表》是第一本以聲類爲綱的。

（4）施則敬《集韻本》

這本書將《集韻》反切列成圖表。其自序云："則敬先取方成珪《集韻考正》校勘一過，方書雖雜採汪陳諸家之說，顧亦有蹖駁處，未敢承也。謹參以己見，製爲斯表以韻目爲經，陰聲列下，入聲列中，以四十聲類爲緯，復統之以二十三攝，定位審音，分類辨等，循其軌範，務使分之有條不紊，合之若網在綱，學者熟玩，庶於古音、今音、等韻三者融會貫通，彼膠滯模棱之弊,其俱可免也。"將《集韻》反切列爲圖表,眉目清楚,有助於《集韻》研究。

(5)白滌洲《集韻聲類考》

全文分敍論、《集韻》之聲類、《集韻》切音之特點、《集韻》切音與《廣韻》切音以及附録五節。

敍論對《集韻》聲類系聯的研究作了説明。

"《集韻》之聲類"列表説明《集韻》聲類系聯結果,歸納出聲類三十九,即:見、溪、羣、疑、端、透、定、泥、知、徹、澄、幫、滂、並、明、非、敷、奉、微、精、清、從、心、邪、莊、初、崇、生、章、昌、船、書、曉、匣、影、以、云、來、日。并將各類反切上字如見類五十二,溪類四十七等均予列明。

第三節説明《集韻》反切之特點。(一)注意聲組之方法是《集韻》開端的。如"見溪羣疑"、"端透定泥"等同聲組的字排列在一起。只是還不整齊。(二)《集韻》採用當時讀音,修改《廣韻》的類隔爲音和的反切。(三)《集韻》的反切上字已考慮到與所切之字同聲調。即平聲字反切上字多用平聲,上聲字反切上字用上聲,例外較少。而《廣韻》則不曾注意這方面。如"關"字,《廣韻》古還切;《集韻》則爲姑還切。"瓜"字,《廣韻》古華切;《集韻》則爲姑華切。(四)《集韻》的反切上字還注意到與所切之字同細音。即四等字的反切上字,也用四等字。《廣韻》也不曾注意及此。如"繭"字四等,《廣韻》古典切;《集韻》則爲古典切。"皎"字四等,《廣韻》古了切;《集韻》則爲吉了切。所以《廣韻》反切上字不過四百七十個(較陳澧所考增十八字),而《集韻》則增加到八百六十九個。

第四節比較《廣韻》反切三千八百七十五音,與《集韻》反切四千四百七十三音,其中有的《廣韻》本有而《集韻》未收,有的《廣韻》分列而《集韻》合并,詳加列舉,並説明《集韻》合并及改易《廣韻》反切的緣故。

最後第五節是附録,計有《集韻反切勘誤表》、《集韻反切上字改用同聲調字一覽表》、《集韻反切上字改用細音字一覽表》、《集韻反切上字類隔改爲音和一覽表》等。

3.《韻略》、《禮部韻略》和《增韻》

《韻略》五卷,宋丘雍等編。取《廣韻》中重要的字,備當時科試之用,因爲是《廣韻》的簡略本,故名《韻略》。今已不傳。

《禮部韻略》五卷,宋丁度等修訂《韻略》而成,專備禮部科試之用。此書分韻及同用、獨用例,均和《集韻》相同;但是,《禮部韻略》只收常用字,删去冷僻字,只收了九千五百九十字。本書注釋也從簡,只注釋常用義,或基本意義,例如:筒,竹名。坷,坎坷,地不平。如最常用的字,就不加注釋,如東、同、火等不注。唐代開元二十四年(公元 736 年)以後,凡貢舉之事,由禮部主管,官韻也由禮部頒行,同時因收字、注釋均簡略,故名《禮部韻略》。這是當時的官韻,編成頒行後遍及天下。讀書人十載寒窗,只盼能一舉成名,所以人手一部,成爲必讀之書,《集韻》一書反而用者不多。《禮部韻略》爲宋代官韻,經歷代增修。今所傳爲《附釋文互注禮部韻略》,及《增修互注禮部韻略》(即《增韻》)。

《增韻》五卷,全稱是《增修互注禮部韻略》。宋時官書《禮部韻略》經歷次增修,至南宋時,毛晃因原書收字太狹,搜採典籍,依韻增附,并辨正音、義、筆畫之誤,成《增修互注禮部韻略》。其子毛居正又重加校訂。

毛晃父子《增修互注禮部韻略》(一般稱《增韻》)屬個人修訂本。修訂工作主要有四方面:一爲增字二千六百五十五;二爲增圈一千六百九十一(《禮部韻略》體例之一,凡某字有另一形體或另一讀音,都要在這個字外畫個圈圈作爲標志,這叫圈字。);三,訂正四百八十五字;四,改正注釋中不少訛誤。另外,毛居正又增字一千四百二十。毛晃父子的《增韻》當時享譽很高,後人的評價也高,如後來的劉淵《壬子新刊禮部韻略》,宋濂等修的《洪武正韻》其注釋部分主要參考《增韻》,可見其影響。

但是,清代《四庫全書總目提要》批評毛晃父子的《增韻》"不知古今文字之例、又不知古今聲韻之殊"。現在看來,毛晃父子是不精於古音,但也少框框,他們尚能從實際出發,説出了一些當時語音的實際情況。例如,毛晃在微韻後有一段案語:"所謂一韻當析爲二者,如麻字韻自奢以下,馬字韻自寫以下,禡字韻自藉以下,皆當別爲一韻,但與之通可也。蓋麻、馬、禡等字皆喉音,奢、寫、藉等字皆齒音,以中原雅音求之,敻然不同矣。"按毛晃所指出的這一語音現象,在現在的普通話中也正如此,麻、馬、禡等字讀爲[a]韻,奢、寫、藉等字讀爲[ə]韻。可見麻韻之分爲二,早在宋代已經如此。從而也證明了當時的《禮部韻略》分韻,主要是遵循以《切韻》系韻書的分韻爲準,不顧當時的實際語音。

4. 金、元、明時代韻書的改革

《切韻》系的韻書,包括《切韻》、《廣韻》、《集韻》、《禮部韻略》等,一向佔正統地位,因爲從《廣韻》開始,《集韻》、《禮部韻略》等,都是官韻。這類韻書的分韻標準,遵循《切韻》的分韻標準,不顧當時的實際語音。分韻部爲一百九十三韻到二百零六韻是這類韻書的主要標志。從而,使這類韻書的分韻和當時實際語音的差距,愈來愈大。這就必然會產生對《切韻》系韻書改革的要求。下面介紹幾本具有一定改革的韻書。

(一)《五音集韻》

《五音集韻》十五卷,金代韓道昭著。這部書是韓道昭增訂其父韓孝彦所著的《四聲篇海》,重編爲《五音集韻》。本書寫成於金代泰和八年(公元1208年),一說完成於韓道昭寫序之年,即金代崇慶元年(公元1212年)[1]。從現有資料看,真正改革,首先是《五音集韻》這部書。本書所收字,大部仍以《廣韻》、《集韻》爲藍本,但在韻部、體例上都有所改革。

首先合并韻部爲一百六十:

---

① 見王力《漢語音韻學》478頁。

上平第一

東第一獨用①　　　冬第二鍾同用　　　鍾第三

江第四獨用　　　脂第五獨用（支）（之）　　　微第六獨用

上平第二

魚第七獨用　　　虞第八模同用　　　模第九

齊第十獨用　　　皆第十一獨用（佳）　　　灰第十二哈同用

哈第十三

中平第三

真第一諄同用（臻）　　　諄第二　　　文第三獨用

殷第四獨用　　　痕第五魂元同用　　　魂第六

元第七

中平第四

寒第八桓同用　　　桓第九　　　山第十獨用（刪）

仙第十一獨用（先）　　　宵第十二獨用（蕭）　　　肴第十三獨用

豪第十四獨用　　　歌第十五戈同用　　　戈第十六

麻第十七獨用

下平第五

陽第一唐同用　　　唐第二　　　庚第三清同用（耕）

清第四　　　青第五　　　蒸第六

登第七

下平第六

尤第八侯同用（幽）　　　侯第九　　　侵第十獨用

覃第十一獨用（談）　　　鹽第十二獨用（添）　　　咸第十三獨用（銜）

凡第十四獨用（嚴）

---

① 原韻目字之前,有反切,均未錄。

上聲第七

董第一獨用　　　　腫第二獨用　　　　講第三獨用
旨第四獨用(紙)(止)　尾第五獨用　　　　語第六獨用
麌第七姥同用　　　姥第八　　　　　　薺第九獨用
駭第十獨用(蟹)　　賄第十一海同用　　海第十二

上聲第八

軫第一准同用　　　准第二　　　　　　吻第三獨用
隱第四獨用　　　　狠第五混阮同用　　混第六
阮第七　　　　　　旱第八緩同用　　　緩第九
産第十獨用(潸)　　獮第十一獨用(銑)　小第十二獨用(篠)
巧第十三獨用　　　皓第十四獨用　　　哿第十五果同用
果第十六　　　　　馬第十七獨用

上聲第九

養第一蕩同用　　　蕩第二　　　　　　梗第三靜同用(耿)
靜第四　　　　　　迥第五獨用　　　　拯第六等同用
等第七　　　　　　有第八厚同用(黝)　厚第九
寑第十　　　　　　感第十一獨用(敢)　琰第十二獨用(忝)
豏第十三獨用(檻)　范第十四獨用(儼)

去聲第十

送第一獨用　　　　宋第二用同用　　　用第三
絳第四獨用　　　　至第五獨用(寘)(志)未第六獨用
御第七獨用　　　　遇第八暮同用　　　暮第九
霽第十祭同用　　　祭第十一　　　　　泰第十二獨用
怪第十三獨用(卦)(夬)隊第十四代同用　代第十五
廢第十六獨用

去聲第十一

震第一稕同用　　　稕第二　　　　　　問第三獨用

㤃第四獨用　　　　　恨第五慁願同用　　　慁第六

願第七　　　　　　　翰第八換同用　　　　換第九

諫第十獨用（襉）　　綫第十一獨用（霰）　笑第十二獨用（嘯）

效第十三獨用　　　　號第十四獨用　　　　箇第十五過同用

過第十六　　　　　　禡第十七獨用

去聲第十二

漾第一宕同用　　　　宕第二　　　　　　　靜第十三勁同用（敬）

勁第四　　　　　　　徑第五　　　　　　　證第六嶝同用

嶝第七　　　　　　　宥第八候同用（幼）　候第九

沁第十　　　　　　　勘第十一獨用（闞）　艷第十二獨用（㮇）

陷第十三獨用（鑒）　梵第十四獨用（釅）

入聲第十三

屋第一獨用　　　　　沃第二獨用　　　　　燭第三

覺第四

入聲第十四

質第一術同用（櫛）　術第十二　　　　　　物第三獨用

迄第四獨用　　　　　沒第五月同用　　　　月第六

曷第七末同用　　　　末第八　　　　　　　鎋第九獨用

薛第十獨用（屑）

入聲第十五

藥第一鐸同用　　　　鐸第二　　　　　　　陌第三昔同用（麥）

昔第四　　　　　　　錫第五獨用　　　　　職第六德同用

德第七　　　　　　　緝第八獨用　　　　　合第九獨用（盍）

葉第十獨用（帖）　　洽第十一獨用（狎）　乏第十二獨用（業）

以上韻目後面帶（　）的字如（支）（之），就是被歸并的韻部，共計有四十六。即《切韻》系韻書，分韻部爲二百零六，韓道昭《五音集韻》合并

爲一百六十韻部。韻部的歸并,不是完全按照《廣韻》所載的同用例,與《廣韻》比較,有以下幾種情況:

一爲《廣韻》同用,《五音集韻》仍是同用的,如冬和鍾。

二爲《廣韻》同用,《五音集韻》并成一韻,如佳并入皆。

三爲《廣韻》有三韻同用例,《五音集韻》有的仍三韻同用,如狠與混阮;也有并其一而保留一個同用,如并耕于庚,而保留清與庚同用;也有三韻全部合并的,如支之并入脂。

四爲《廣韻》同用,《五音集韻》反而分開獨用,如文、殷。

關於韻部歸并情況,其堂兄韓道昇在《五音集韻》序中説:"吾弟韓道昭,……見韻中古法繁雜,取之體計同聲同韻兩處安排,一母一音方知敢并。却想舊時先宣一類、移齊同音、薛雪相親,舉此爲例。只如山删、獮銑、嗛檻、庚耕、支脂之本是一家,怪卦夬何分三類? 開合無異,等第俱同,姓例非差,故云可并。"

由上可知,凡是合并的韻,應是"開合無異,等第俱同"。凡是同用、而沒有合并的韻,應是有細微差別,但音近可通。凡獨用韻,韻與韻之間,應是差別較大。

本書的反切基本依照《廣韻》,也有採用《集韻》的。有的把《廣韻》、《集韻》都列入,其一作爲又音。例如弓,《廣韻》居戎切,《集韻》居雄切,而《五音集韻》是居雄切,又居戎切。還有的反切是作者自造的,例如,洪,《廣韻》户公切,《集韻》胡公切,而本書却是户工切。本書[ə]韻的劃分,也基本依據《廣韻》,并參考《集韻》作了一些補充。在韻字的注釋方面,本書主要也是依據《廣韻》的。可見《五音集韻》雖有改革,但是《廣韻》、《集韻》等韻書,對它的影響還是較大的。

《五音集韻》在全書編排體例上有較大改革。《切韻》系的韻書,如《廣韻》、《集韻》等,在編排體例上都是在每一韻下把同音字分組排列;而《五音集韻》却按三十六字母排列,次序是見、溪、羣、疑、端、透、定、泥、知、徹、澄、娘、幫、滂、并、明、非、敷、奉、微、精、清、從、心、邪、照、穿、床、審、禪、曉、匣、影、喻、來、日。這就在韻部以外,注明聲類了。每一聲類的字如有開合,則分開排列。最後用㊀㊁㊂㊃注明屬於幾等。《五音集韻》這樣排列研究,和清代陳澧《切韻考》所做的基本工作完全相同。另外,韓道昇在序中有一段記載説:"至大金皇統年間(公元1141—1149年),有汶川荆璞字彦寶,善達聲韻幽微,博覽羣書奥旨,特將三十六母添入韻中,隨母取切,致使學流取之易也。"這就説明了,由於社會發展,語音研究的發展,人們對語音研究,不僅從韻部上分析研究,也開始從聲類上進行分析研究了,從而興起了等韻學的研究。

《五音集韻》在編排體例上的這種改革,對後世韻書有較大影響,如後來的《韻略易通》、《五方元音》等韻書,在體例上也是不僅分韻,也分聲類。可見《五音集韻》有革新之功。《四庫全書總目提要》評論説:"自金韓道昭《五音集韻》始以七音、四等、三十六母,顛倒唐宋之紐,而韻書一變;南宋劉淵淳祐壬子所刊《禮部韻略》始合并通用之部分,而韻書又一變。"可見在中國韻書發展史上,韓道昭的《五音集韻》在韻部、體例上的革新,是起一定作用的。

(二)《古今韻會舉要》

《古今韻會舉要》三十卷,簡稱《韻會》,元初熊忠著。忠字子中,昭武(今福建邵武)人。宋末黄公紹作《古今韻會》,熊忠以其過于浩繁,爲作《舉要》。《古今韻會舉要》的部目依據劉淵的《壬子新刊禮部韻略》,分一百零七韻。每部中字又按七音、四等、三十六字母排列,和《五音集韻》基本相同。本書爲研究文字、訓詁及宋元間語音的重要資料。本書完成於元代大德元年(公元1297年)。

《古今韻會舉要》一書,在形式上承用了傳統的分韻,而在實際劃分韻類和聲類時,却是參照了當時實際語音。這對漢語語音史的研究是有貢獻的。

熊忠在《古今韻會舉要》卷一東韻攏字後小注及案語中,説明了他的觀點。他引述了宋人洪邁、吳棫、毛晃等人的看法,指出《禮部韻略》即在宋代已和實際語音有距離。如洪邁《容齋隨筆》云:"《禮部韻略》所分字,有絕不近人情者,如東、冬、清、青,至于隔韻而不通。後人爲四聲切韻之學者必強爲立説,然終爲非是。"熊忠也指出:"舊韻所收,有一韻之字而分入數韻不相通者,有數韻之字而混爲一韻不相諧叶者,不但如前諸儒所論而已。且如東韻公東是一音,弓窮是一音,此二韻混爲一韻者也;冬韻攻冬與公東同,恭蛩與弓窮同,此一韻分爲二韻者也。"他又説,因爲《禮部韻略》承用已久,一時難以改變,所以他仍然按照傳統,採用了劉淵《壬子新刊禮部韻略》所歸并的一百零七韻。而當時的實際語音是和所分的一百零七韻并不一致的。

《古今韻會舉要》一書,排列具體韻字時,在每一韻内都按類相聚,同一韻母的字歸在一起,作者選用一韻母代表字。如東韻公、東、通、空、同、蓬、蒙、風、豐、馮等組字後注"以上案七音屬公字母韻";東韻弓、穹、窮、蟲、融、隆、戎等組字後注"以上屬弓字母韻"。平聲各韻所屬各字母韻、韻部之間有或多或少聯繫,如屬于"公"字母韻的字,在庚、蒸、東、冬四個韻裏都有。這就説明了舊韻的劃分,由於社會發展,語音的變化,已和當時的實際讀書音,有較大差距了。

再以入聲韻爲例,《切韻》音係入聲的收尾,近人擬音有 p、t、k 之分。《廣韻》中基本界綫還清楚。《古今韻會舉要》已完全打破界綫,有的合而爲一。如"緝"韻原收 p,"質、勿"兩韻原收 t,"錫、陌、職"三韻原收 k;而在《古今韻會舉要》一書中,它們同屬于訖字母韻,原來的-p、-t、-k 之分不存在了。約在二十年後,《中原音韻》把入聲派入三聲,打破了-p、-t、-k 三分的體系。這正好和《古今韻會舉要》互相印證,具體説明了入聲韻的發展變化。

《古今韻會舉要》的聲類劃分,基本和《五音集韻》相同,在每韻之下注明聲類;但聲類的劃分和標注却有差異。《古今韻會舉要》在《韻例》中寫明:"舊韻所載本無次序,今每韻并分七音、四等,始于'見',終于'日',

三十六母爲一韻。"根據《韻例》可知以下一些情況①：

其一，書中并未明白注出從"見"到"日"三十六字母，只是詳注七音，即角、徵、宮、商、羽、半徵商、半商徵。其中宮音分宮和次宮兩類，商音分商和次商兩類。每一音內，如角音、宮音內分清音、濁音、次清音、次濁音、次清次音、次濁次音等。（不是每一類都分得如此齊全）

其二，此書《韻例》還有一《禮部韻略七音三十六母通考》，記載有每韻下之聲類三十六母。這三十六母，比起《五音集韻》所採用的三十六母有差異。即：三十六母次序先後有異同，還多了"魚、幺、合"三母，少了"照、穿、床"三母。多了的三母是："魚"母，并合了"疑"母三等字和"喻"母三等字；"幺"母從"影"母分出；"合"母從"匣"母分出。少了的三母是"照"母合于"知"母，"穿"母合於"徹"母，"床"母合於"澄"母。

其三，此書"疑、喻"二母分立，又將原"疑、喻"二母三等字分出合爲一類，另立"魚"母。

其四，《韻例》說每韻聲類分四等，實際上并未在書中一一注明等第。

此外，《古今韻會舉要》在考證文字源流，在說明漢代以前的文字通假方面，也有一定價值。例如：《詩經·召南·采蘋》"于以湘之，維錡及釜"，《韓詩外傳》作"于以䰞之"。姚際恒《詩經通論》注云：䰞，烹也，似宜從韓。《説文》無"䰞"字，王念孫《廣雅疏證》根據《漢書·郊祀志》説"鬺"與"䰞"通。錢大昕《潛研堂集》説"鬺"即"于以湘之"之"湘"。而《韻會舉要》早已引《漢書·郊祀志》"鬺享上帝"、《史記·武帝紀》"皆嘗鬺享"爲證，説明"鬺本作鬺"。本書引古代典籍對研究古代文字形、音、義的關係，以及文字的通假等，提供了不少可貴的證據。此類例子很多，可參看張行孚爲清光緒九年淮南書局重刊本《古今韻會舉要》寫的跋。

總之，《古今韻會舉要》的分韻，表面按照傳統，實際却參照當時讀音

---

① 參看趙誠《中國古代韻書》。此書附有《韻會舉要》七音三十六類表。

進行改革。這反映了作者認爲編製韻書應以當時的實際語音爲根據。《四庫全書提要》評論《古今韻會擧要》説："自金韓道昭《五音集韻》始以七音、四等、三十六母顛倒唐宋之字紐,而韻書一變,南宋劉淵淳祐壬子所刊《禮部韻略》始合并通用之部分,而韻書又一變。忠此書字紐遵韓氏法,部分從劉氏例,兼二家所變而用之,而韻書舊第至是盡變無遺。"熊忠能看到語音的發展變化,這一點是正確的。由于前人拘泥傳統,對此書在語音史研究上的價值認識不足,重視不够。

(三)《洪武正韻》

《洪武正韻》十六卷,簡稱《正韻》。書成於洪武八年(公元 1373 年)。明代洪武時樂韶鳳、宋濂等奉詔撰。樂韶鳳字舜儀,全椒(今安徽全椒縣)人。宋濂字景濂,號潛溪,浦江(在今浙江義烏西北)人。此書文字義訓,根據毛晃父子的《增修互注禮部韻略》;分韻歸字,又近于周德清的《中原音韻》。此書爲曲韻南派的創始著作。

《洪武正韻》也是一部官韻,奉敕編撰的共有十一人。從宋濂寫的序文中,知道他們編撰《洪武正韻》的原因,是對《切韻》系統不滿,認爲"韻學起于江左,殊失正音";要"一以中原雅音爲定"來編寫新韻書。假使《洪武正韻》真能做到"一以中原雅音爲定",那也可以與《中原音韻》媲美了,可惜他們在具體編寫中,并沒有能貫徹他們自己所定的原則。明朝吕坤在《交泰韻》中評論説:"……但《正韻》之初修也,高廟召諸臣而命之云'韻學起於江左,殊失正韻,須以中原雅音爲定';而諸臣自以爲雅音矣。及查《正韻》,未必盡脱江左故習,如序、敍、象、尚、丈、杏、幸、棒、項、受、舅等字俱作上聲。此類頗多,與雅音異。"

樂韶鳳、宋濂等編撰《洪武正韻》所以不能完全遵守中原雅音的原因,分析起來:其一,他們是奉敕編撰,不敢完全否定傳統。其二,當時尚未遷都北京,中原地區很大,他們對"中原雅音"的認識是不明確的。其三,參加編寫的十一人,據籍貫可知者看來,除一個蒙古人以外,大都是南方人,其中有三個浙江人①,在編撰中難免不受到自己方言的影響。因此,有的學者,批評它是一部不古不今、不南不北的韻書,認爲可供參考的價值不高。不過,也有人認爲這部書"在元明之間占很重要的位置,它是《中原音韻》與明清《中原音韻》派的諸韻書的過渡橋。②"

《洪武正韻》分韻特點在於改定《禮部韻略》的韻部,如宋濂序中所説:"有獨用當并爲通用者,如東冬清青之屬;亦有一韻當析爲二韻者,如虞模麻遮之屬。"《洪武正韻》把舊韻歸并分析之後,分韻共七十六部,即平、上、去各二十二部,入聲十部。韻目如下:

　　　平聲

一東　二支　三齊　四魚　五模　六皆　七灰　八真　九寒
十删　十一先　十二蕭　十三爻　十四歌　十五麻　十六遮
十七陽　十八庚　十九尤　二十侵　廿一覃　廿二鹽

　　　上聲

一董　二紙　三薺　四語　五姥　六解　七賄　八軫　九旱
十産　十一銑　十二篠　十三巧　十四哿　十五馬　十六者
十七養　十八梗　十九有　二十寢　二十一感　二十二琰

　　　去聲

一送　二寘　三霽　四御　五暮　六泰　七隊　八震　九翰
十諫　十一霰　十二嘯　十三效　十四箇　十五禡　十六蔗
十七漾　十八敬　十九宥　二十沁　二十一勘　二十二豔

　　　入聲

一屋　二質　三曷　四轄　五屑　六藥　七陌　八緝　九合　十葉

---

① 趙蔭棠《中原音韻研究》27頁有《洪武正韻》十一個編撰人的籍貫資料。
② 同上,26頁。

《洪武正韻》歸并舊韻，與劉淵《壬子新刊禮部韻略》等不同，劉淵等只是把整個的韻部歸并起來，例如把整個的支韻字與整個的脂之兩韻字歸并。《洪武正韻》則是把每個字重新歸類，例如二支所收的只有支脂之微四韻中的一部分字。另外，支韻的“離、彌”，脂韻的“尼、肌”，之韻的“基、欺”，微韻的“機、幾”歸入三齊；又支韻的“規、危”，脂韻的“追、推”，微韻的“歸、揮”都歸入七灰。這種歸并法與《中原音韻》相同；但何字歸何部，與《中原音韻》又有許多不同的地方。

　　《洪武正韻》既以中原雅音爲定，對舊韻反切有所改變。劉文錦根據反切系聯，作《洪武正韻聲類考》①，歸納出三十一類：

古類（即等韻見母）（下略）	陟類（即等韻知照二母）（下略）
苦類（即溪母）	丑類（即徹、穿二母）
渠類（即羣母）	直類（即澄、牀二母）
五類（即疑母）	所類（即審母）
呼類（即曉母）	時類（即禪母，及牀母部分）
胡類（即匣母）	而類（即日母）
烏類（即影母）	子類（即精母）
戶類（即來母）	七類（即清母）
博類（即幫母）	昨類（即從母，又牀母四字，澄母一字）
普類（即滂母）	蒲類（即并母）
蘇類（即心母）	莫類（即明母）
徐類（即邪母）	方類（即非敷二母）
都類（即端母）	符類（即奉母）
佗類（即透母）	武類（即微母）

---

① 見《中研院歷史語言研究所集刊》三本二份。

徒類（即定母）　　　　　　　　以類（即喻母，又疑母一部分）

奴類（即泥娘二母）

趙蔭棠《中原音韻研究》，把《洪武正韻》和《中原音韻》進行比較研究，認爲"與《中原》相合者是分韻，不合乎《中原》者是不分陰陽與保存入聲。"

他以《洪武正韻》平聲爲代表，檢查與《中原音韻》相同到什麼地步。他認爲"對照起來，幾乎全同"①。他説：

　　東韻同東鍾，支韻同支思，齊韻與灰韻同齊微，魚韻與模韻同魚模，刪韻同寒山，寒韻同桓歡，皆韻同皆來，先韻同先天，真韻同真文，歌韻同歌戈，麻韻同家麻，遮韻同車遮，陽韻同江陽，庚韻同庚青，尤韻同尤侯，侵韻同侵尋，覃韻同監咸，鹽韻同廉纖。惟蕭韻與爻韻在《中原》爲蕭豪，《正韻》分爲二韻，是有 au 與 au 之分。……總而言之，其分韻幾乎全是神襲《中原》。

然而《洪武正韻》與《中原音韻》又有兩點大不相同，現分述於下：

第一，《洪武正韻》的平聲不分陰陽。

平聲分陰陽是《中原音韻》及北韻系韻書的特點之一，而《洪武正韻》却在其凡例上説："按《七音略》平聲無上下之分，舊韻以平聲字繁，故釐爲二卷；蓋因宋景祐間丁度與司馬光諸儒作《集韻》始以平聲上下定爲卷目，今不從，惟以四聲爲正。"自宋景祐以來，平聲雖有上下卷，并没有五聲之誤。平聲分陰陽，始于周德清《中原音韻》。《洪武正韻》既説以"四聲爲準"，即不同意《中原音韻》的平聲分陰陽之説。《洪武正韻》將平聲的

---

　　①《中原音韻研究》二十九頁。作者以《中原音韻》二章的標音與《正韻》平聲標音相對照，可參看。

陰陽取消,"以四聲爲正",這一點對後來的曲韻有影響,如明代洪武三十一年(公元 1398 年)朱權編的一部《瓊林雅韻》分爲十九韻,和《中原音韻》相同。不同的是平聲不分陰陽。

另外,從《洪武正韻》的聲類來看,聲類爲三十一,較"三十六字母"少五類,濁母存在。濁母既然存在,則與《中原音韻》系韻書的化濁爲清不同,此其所以平聲不分陰陽之故。

第二,《洪武正韻》與《中原音韻》不同,是保留了入聲。《中原音韻》反映的是元代大都(今北京)的實際語音,没有入聲。《洪武正韻》所根據的是毛晃父子的《禮部韻略》,産生地又近江浙,參與編者又多是南方人,所以仍把入聲獨立而不派入三聲。《洪武正韻》把入聲共分十類,即屋、質、曷、轄、屑、藥、陌、緝、合、葉。這時入聲,其韻尾可能已不是-k,-t,-p 的系統,而是現在江浙的喉塞音"ʔ"的新入聲了。

最後,還要談一點,《中原音韻》完成于元泰定元年到元元統元年(公元 1324—1333 年),這一時期,正好在《古今韻會舉要》(公元 1297 年)和《洪武正韻》(公元 1375 年)之間。如果説它們都是反映了當時中原的語音實際,那應該是大體相近的。《中原音韻》平分陰陽,入派三聲;而《韻會舉要》和《洪武正韻》却保存入聲,平聲又不分陰陽。這種現象應如何認識。羅常培根據一些資料,提出十四世紀前後,北方有兩種并行的讀音系統,"一個是代表官話的,一個是代表方言的,也可以説一個是讀書音,一個是説話音。前一個系統雖然不見得是完全靠古韻書構擬出來的,可是多少帶一點兒因襲的和人爲的色彩,它所記載的音固然不是臆造的,却不免湊合南北方言想作成'最小公倍數'的統一官話。"①《洪武正韻》和《韻會舉要》反映的是"官話"的系統,這就和《中原音韻》所反映的實際語音,有一定距離。

總之,《洪武正韻》這部書,過去清代學者看不起它。現在看來,

---

① 羅常培:論龍果夫的《八思巴字和古官話》,見《中國語文》1959 年第 12 期。

一方面它是《中原音韻》與明清諸韻書的過渡橋,即在韻書的發展史上,有一定的作用。另一方面,它在一定程度上反映了當時北方古官話(或者説是當時的讀書音)的實際情況,和《韻會舉要》一樣,對漢語官話形成過程的研究有一定作用。當然,由于時代的局限,和編撰者認識上的局限,《正韻》存在不少缺點。《正韻》在明代洪武、宣德、成化、萬曆、崇禎各朝屢經翻刻,而"學士大夫,束置高閣,不復省視"①,未能廣泛流傳。

四、元明時代的北音韻書

1. 北音韻書的創始著作《中原音韻》

《廣韻》等書的内容,是沿襲《切韻》而來,在隋唐時代《切韻》已經和當時的實際語音不全相合。因此,宋代以後,一般文人依據《切韻》系韻書的韻部所撰作的詩賦,和他們的實際口語是有差别的。正因爲如此,自金代韓道昭《五音集韻》開始對正統韻書進行改革。不過,這些改革只是局部的修改。直到《中原音韻》一書出現,才對傳統的韻書進行了徹底的革新,成爲北音韻書的創始。

《中原音韻》二卷,元代周德清著。前卷爲韻書,後卷爲附論,列"正語作詞表例"及作詞諸法。周德清根據元代北曲用韻,歸納分析爲十九部,并首創"平分陰陽、入派三聲"之説。每部的字均按陰平、陽平、上、去四聲排列,以入聲分别派入陽平、上、去三聲。自《中原音韻》出,北曲作家作曲,演員唱曲,正音咬字,多以此書爲依據。此書改變了長期以來韻書因襲《廣韻》的舊制,勇於革新,能以當時的活語言爲研究對象,記述和反映了元代北方話的語音實況,成爲研究近代普通話語音的重

① 見楊去奢《洪武正韻箋》錢謙益序。

要資料。

　　周德清字挺齋,江西高安暇堂人。宋周美成之後。關於周德清的生平,文獻紀錄不多,賈仲明的《録鬼簿續編》上記載:"周德清,江右人,號挺齋,宋周美成之後。工樂府,善音律。病世之作樂府,有逢雙不對,襯字尤多,失律俱謬者;有韻脚用平、上、去不一而唱者;有句中用入聲,拗而不能歌者;有歌其字音非其字者,令人無所守。乃自著《中州韻》一帙,以爲正語之本,變雅之端。其法:以聲之清濁,定字爲陰陽,如高聲從陽,低聲從陰,使用字之隨聲高下情爲詞,各有攸當。以聲之上下,分韻爲平分陰陽。如直促雜諧諧調,故以韻之入聲,悉派三聲,志以黑白,使用韻者隨字陰陽,各有所協。……奎章虞公敘之以傳于世。又自制爲樂府甚多……皆佳作也。長篇短章,悉可爲人作詞之定格。"①江西《高安縣志》也有一段簡單記載:"周德清,暇堂人,工樂府,精通音律之道,所著有《中原音韻》行于世。"②

　　從上面的記載裏,得知周德清是元代高安縣人,是個工樂府善音律的戲曲家。元楊朝英所輯的《朝野新聲太平樂府》收録了周德清二十五隻曲和兩個套曲,可見他是一個戲曲作家,并對戲曲有深入的研究;又是個傑出的音韻學家。周德清于元泰定元年(公元 1324 年)寫成《中原音韻》一書,并寫"後序",自稱"余作樂府三十年",假定他作序時是五十歲左右,則生年可能在宋代末年。

　　周德清不是所謂正途出身的文人學士,按當時標準來衡量,認爲他學問不高,而他寫的《中原音韻》又對傳統韻書大加革新,因此受到攻擊,例如明朝南曲派王伯良在《曲律論韻》中,既從籍貫上來貶他,説他"率多土音,去中原甚遠"。又從學問上貶他,説他:"古之爲韻,如周顒、沈約、毛晃、劉淵、夏竦、吳棫輩,皆博綜典籍,富有才情,一書之成,不知更幾許歲

---

① 見《録鬼簿》中所附載,古典文學出版社 1957 年,106—107 頁。
② 據康熙本《高安縣志》第三十八卷,《文苑傳》。

月,費幾許考索,猶不盡愜後世之口。德清淺士,韻中略疏數語輒已文理不通。其所謂韻,不過雜採之前賢詞曲,掇拾成編,非真有晰於五聲七音之旨,辨於諸子百氏之奧也。"

正因爲周德清不是正途出身的文人學士,少框框,不爲傳統束縛,敢於從當時語言實際出發,編製成一部具有革新意義的《中原音韻》,成爲我國語言學史上一部優秀的著作。周德清雖然不是中原人,但是他工樂府,善聲律,他是根據當時戲劇家如關漢卿、馬致遠等人的戲曲作品的用韻字,進行分析研究編輯而成的。初稿寫成于元泰定元年(公元 1324 年),到了元元統元年(公元 1333 年)修改成定本。

周德清在《中原音韻》自序中説:

　　言語一科,欲作樂府,必正言語;欲正言語,必宗中原之音。樂府之盛,之備,之難,莫如今時。其盛,則自搢紳及閭閻歌咏者衆。其備,則自關、鄭、白、馬一新制作①,韻共守自然之音,字能通天下之語,字暢語俊,韻促音調;觀其所述,曰忠,曰孝,有補于世。其難,則有六字三韻,"忽聽、一聲、猛驚"是也。

可見周德清的《中原音韻》一書,是直接根據當時著名戲曲家的作品分析歸納出來的韻書,自然和《廣韻》一系的韻書不相合。他對《廣韻》一系的韻書,"泥古非今,不達時變"是很不滿意的,因此他對《廣韻》一系的韻書,提出批評意見,他在《中原音韻·正語作詞起例》上説:

　　余嘗于天下都會之所,聞人間通濟之言。世之泥古非今,不達時變者衆;呼吸之間,動引《廣韻》爲證,寧甘受鴂舌之誚而不悔,亦不思

---

① 關、鄭、白、馬:即元代戲曲家關漢卿(大都人)、鄭光祖(平陽襄陵人)、白朴(山西陜州人)和馬致遠(大都人)。

混一日久,四海同音,上自縉紳講論治道,及國語翻譯,國學教授、言
語,下至訟庭理民,莫非中原之音。不爾,止依《廣韻》呼吸,上、去、入
聲姑置未暇殫述,略舉平聲,如"靴(許戈切)"在戈韻,"車、邪、遮、
嗟"却在麻韻,"靴"不協"車"却協"麻";……"靴"與"戈"、"車"與
"麻"、"元"與"煩"、"煩"與"魂",其音何以相着①? ……如此呼吸,
非鴃舌而何? 不獨中原,盡使天下之人俱爲閩海之音可乎?②

　　周德清在《正語作詞起例》中,沿襲了晚唐時《切韻》爲吳音的説法,
説《廣韻》是沈約做的,沈約是吳興人"蓋其地鄰東南海角,閩浙之音無
疑"。周德清説《廣韻》是沈約作的,説《廣韻》的音是閩浙音,這是不對
的。但是他能指出《廣韻》系韻書泥古非今,脱離當時語言的實際,從而打
破一般文人墨守成規舊習,主張以當時的北音來正語言,這種思想認識是
先進的。又李涪説《切韻》爲吳音,周德清説《廣韻》爲閩海之音,爲沈約
所作。周説沈約作甚誤。趙遐秋、曾慶瑞説得好:"周德清説《廣韻》是閩
海之音,這當然不對,但他已經看出《廣韻》有方語,看出它的兼采的性質,
却是事實。③"

　　總之,周德清具有發展觀點,他認爲語言、文字應該隨着社會的發展
而發展,不應該"泥古非今,不達時變"。《中原音韻》是歸納曲韻韻字而
成的。他著作的目的雖爲樂府而作,可是他的"正語"思想,是我國早期推
廣民族共同語的先進思想。他在自序中説:"欲作樂府,必正言語;欲正言
語,必宗中原之音。"《中原音韻》一書,正是他這種思想的實踐。周德清
的《中原音韻》前無所本,他就是從元代名家戲曲作品韻字上分析歸納出

---

　　① 《廣韻》靴在戈韻,車在麻韻,煩在元韻,元韻之煩與魂同用,周德清認爲都不合。
　　② 按周德清沿襲晚唐時《切韻》爲吳音之説,以《廣韻》作者爲沈約,以其音爲閩浙之
音,皆誤。
　　③ 見《中國語文》1962 年 7 月號。

來,以改革《廣韻》一系的韻書。《中原音韻》和《廣韻》的主要不同,就是關於實際音讀系統上的區別。

(一)《中原音韻》所反映的音系

全書分十九韻,韻目用兩個字標出。四聲不分立。這和元曲四聲通押有關。分聲調,有七十六部。這比平水韻分一〇六部也少得多。韻部中東冬合并,江陽合并廢去元韻,從麻韻中分出車韻,這都是很大的變化。但又保留了"侵尋、監咸、廉纖"三部閉口韻(韻尾爲 m),這又和現代漢語不同。據楊耐思擬音,韻母共四十四,現轉錄於下①:

東鍾(uŋ iuŋ)　　　　　江陽(aŋ iaŋ uaŋ)

支思(ï)　　　　　　　齊微(ei i uei)

魚模(u iu)　　　　　　皆來(ɑi ai uai)

真文(ən in uən iuən)　寒山(ɑn an uan)

桓歡(ɔn)　　　　　　先天(iɛn iuɛn)

蕭豪(ɑu au iɛu)　　　歌戈(ɔ o uɔ)

家麻(a ia)　　　　　　車遮(iɛ iuɛ)

庚青(əŋ iŋ uəŋ iuəŋ)　尤侯(əu iəu)

侵尋(əm im)　　　　　監咸(ɑm am)

廉纖(iɛm)

聲類:(與等韻家所傳的三十六字母相對照)

p　崩、並——幫、並(仄)

p‘　烹、蓬——滂、並(平)

m　蒙——明

f　風、豐、馮——非、敷、奉

---

① 見楊耐思《周德清的中原音韻》,《中國語文》1957 年 11 月號。

v　亡——微

t　東、洞——端、定（仄）

tʻ　通、同——透、定（平）

n　膿、濃——泥、娘

l　龍——來

ts　宗、匠——精、從（仄）

tsʻ　惚、叢——清、從（平）

s　嵩、頌——心、邪

tʃ　莊鍾、中、仲、狀——照、知、澄（仄）、床（仄）

tʃʻ　總充、寵、床、長、臣——穿、徹

ʃ　雙春、是繩、時——審、床、禪

ʒ　而戎——日

k　工、共——見、羣（仄）

kʻ　空、窮、——溪、羣（平）

ŋ　仰——疑

x　烘、紅——曉、匣

o　央、養、義——影、喻、疑

《中原音韻》的聲類，作者沒有明白標出。後世學者進行研究，得知《中原音韻》的聲類，大致和現代普通話的音系接近。研究者之間，意見不一致。主要有三家：一、陸志韋《釋中原音韻》（載《燕京學報》第三十一期）；二、羅常培《中原音韻聲類考》（載《羅常培語言學論文選集》）；三、趙蔭棠《中原音韻研究》，可供進一步研究參考。

《中原音韻》的調類有：

平聲陰

平聲陽，入聲作平聲

　　　　上聲,入聲作上聲

　　　　去聲,入聲作去聲

　　《中原音韻》在聲調方面的特點是首創"平分陰陽,入派三聲",這是和《廣韻》系韻書在聲調上分平、上、去、入四聲不一樣的。《中原音韻》的調類分陰平、陽平、上、去,這和現代漢語普通話的調類倒是一致的。

　　周德清將中古入聲字分別派入平聲韻的陽平、上聲、去聲中去,這是元代大都話的語音現象的真實反映。他在《中原音韻·自序》和《起例》裏,曾多次指出"入派三聲"的音變:

　　　　夫聲分平、仄者,謂之入聲,以入聲派入平、上、去三聲也。

　　　　入聲於句中不能歌者,不知入聲作平聲也。

　　　　平、上、去、入四聲;《音韻》無入聲,派入平、上、去三聲。

　　　　《廣韻》入聲緝至乏,《中原音韻》無合口,派入三聲亦然。

周德清從漢語發展的歷史過程中,看到這種"入派三聲"的音變現象,并指出不是從元朝才開始的。他説:

　　　　《音韻》無入聲,派入平、上、去三聲。前輩佳作中間,備載明白,但未有以集之者,今撮其同聲;或有未當,與我同志改而正諸。

這話表明,在周德清以前,入聲已開始變化了。

　　入聲派入三聲,起源很早。魏建功根據《遼陵石刻帝后哀册文》[1]的

---

　　① 魏建功《遼陵石刻哀册文中之入聲韻》,載《讀書周刊》69 期,見 1936 年 10 月 8 日天津《益世報》。

韻字材料,對公元 1031—1101 年間北地入聲韻變讀問題進行研究。他認爲那時的"入聲韻韻讀,既不與《廣韻》相同,和等韻也像不全同,……許是今聲入聲變讀的開端。"根據宋人詞韻,夏承燾又認爲入派三聲之例"不始于元曲,宋詞實已有之"①。唐鉞又從漢語入聲韻尾收聲變化的歷史進行考察,他認爲"入聲派入三聲,起源甚古","從金章宗時(公元 1190—1208 年)起首",入聲才"完全丢掉了",人們才把"入聲的字歸入陰聲,或念做平聲、或上聲、或去聲"②。

從以上各文研究中得知:入聲的變化在客觀進行,比周德清的時代要早得多,到了元雜劇時代,就自然反映到文學創作的用韻上。例如,周德清在《起例》中評馬致遠所作《秋思》一詞說:

> 看他用蝶、穴、傑、別、竭、絕字,是入聲作平聲;闋、說、鐵、雪、拙、缺、貼、歇、徹、血、節字,是入聲作上聲;滅、月、葉是入聲作去聲。無一字不妥,後輩學去。③

曲韻既表現了實際語言中的"入派三聲"的現象,那麼以曲韻爲基礎的《中原音韻》,將入聲派入三聲,正如他自己所說,不過是做了一番總結工作,把入聲實際音變反映在韻書中而已。

但是,周德清又說:

> 入聲派入平、上、去三聲者,以廣其押韻,爲作詞而設耳,然呼吸言語之間,還有入聲之別。④

---

① 夏承燾:《"陽上作去""入派三聲"說》,《國文月刊》68 期 1948,16。
② 唐鉞:《入聲變遷與詞曲發達的關係》,見《東方雜志》23 卷、第 1 號,1926 年。
③ 《中國古典戲曲論著集成》一、253—254 頁。
④ 見《中原音韻·起例》。

後世研究者對此段話有不同看法,陸志韋在《釋中原音韻》一文中説:"我不明白現在人何以敢肯定元朝的中州音没有入聲……那是因爲拘執現代國音。……我們……不能根據今日國語而抹煞《中原》的入聲。"陸志韋在《記〈五方元音〉》一文裏也説:"近來研究音韻的人士是肯定在《中原音韻》之後,北方官話早已失去入聲,那是無稽之談。①"楊耐思在《周德清的〈中原音韻〉》文章中也説:"當時北方話有没有入聲尚是個疑案,單憑《中原音韻》的'入派三聲'來證明當時已經失去入聲,是比較困難的事。"②

　　但是,趙遐秋、曾慶瑞在他們的《〈中原音韻〉音系的基礎和"入派三聲"的性質》文章中提出了不同的看法。他們在文章中指出:"討論這個問題時,有一點必須説清楚,説'《中原音韻》有無入聲'時,斷不可輕易地改説成,'當時北方話有無入聲'。"③因爲北方話是個大方言區,基本特點一致,但也是有差異的。如今天北方話裏,入聲消失是其特點之一;但是,西北官話和下江官話裏,有些地點方言還有入聲。《中原音韻》是僅指當時大都話中入聲已經消失。

　　對"廣其押韻,爲作詞而設"句的理解,他們認爲:"周德清這裏説的'作詞',應該是指的戲曲文學的創作,自然以中原之音即大都音爲用韻的規範。"④他們分析説:"當時,入聲已經發生變化,音值業經改變,韻母和某些陰聲韻相同,可以和原來的陰聲韻自然地押韻了。但是,在傳統的韻書上,又明明規定着不能互相押韻。周德清一方面忠實於語言實際,將入聲派入陰聲韻的三聲;另一方面他又要對墨守傳統韻書舊規而不敢越雷池一步的人作一番規勸,告訴他們,在作詞時,要依着活的語音,把舊的押

---

① 載《燕京學報》第 34 期,1948 年。

② 見《中國語文》1957 年 11 月號。

③ 見趙遐秋、曾慶瑞《〈中原音韻〉音系的基礎和"入派三聲"的性質》,《中國語文》,1962 年 7 月號。作者説:這些想法,都是魏建功先生啓示的。

④ 同上。

韻界限推廣一些,所以説:"廣其押韻。"①

對"呼吸言語之間還有入聲之別",他們認爲可以從兩方面理解:"第一,是指的青年老年讀音的差異;第二,可能是指的戲曲演出中,新舊語音系統的差異。"因爲入聲的消亡是一長期過程,老年人還保留了入聲,年輕人反應快,已没有入聲了。這種現象在現代方言中,也是有的。戲曲演出,由於實際語音没有入聲,唱詞也入派三聲了;可是在"賓白"中,有一些角色還按舊音系咬字,在京劇裏,也有類似情況。他們又指出:"當然,還有一個可能,就是説的方言。周德清可能説的是方音與中原之音的差異。"這就是説,周是江右人,知道一些"方語"中還有入聲存在,所以説:"呼吸言語之間還有入聲之别。"

趙遐秋、曾慶瑞的文章,對《中原音韻》入聲問題的分析,也有一定的道理,簡介于上,可供進一步研究參考。

《中原音韻》裏聲調演變的另一大特點是平聲分爲陰陽兩類,周德清在《中原音韻·自序》上説:

> 字别陰陽者,陰陽字平聲有之,上、去俱無,上去各止一聲,平聲獨有二聲:有上平聲,有下平聲。上平聲非指一東至二十八仙而言,下平聲非指一先至二十七咸而言。前輩爲《廣韻》平聲多,分爲上下卷非分其音也。……試以"東"字調平仄,又以"紅"字調平仄,便可知平聲陰、陽字,又可知上、去二聲各止一聲,俱無陰、陽之别矣。

總之,周德清在《中原音韻》一書中,首創"平分陰陽、入派三聲"之説,是揭示了當時大都話的語音實際。

《中原音韻》的内容要點有三,即一分韻,二平分陰陽,三入聲派入三

---

① 見趙遐秋、曾慶瑞《〈中原音韻〉音系的基礎和"入派三聲"的性質》《中國語文》,1962年7月號。作者説:這些想法,都是魏建功先生啓示的。

聲。現就這三點,和《廣韻》系韻書比較説明於下:

一,韻目。《中原音韻》分韻部爲十九。《廣韻》分韻部二百零六,不計聲調爲六十一,入聲分出爲九十五。比較起來,可見從唐宋發展到元明語言變化之大。趙蔭棠《中原音韻研究》第二章將《中原音韻》的韻部和《廣韻》的韻部作了歸并的對比,現抄録如下:

(一) 東鍾　主要部分由《廣韻》東、冬、鍾三韻歸并而成。

(二) 江陽　主要部分由《廣韻》江、陽、唐三韻歸并而成。

(三) 支思　主要部分由《廣韻》支、脂、之三韻歸并而成。

(四) 齊微　主要部分由《廣韻》齊、微、灰三韻歸并而成。

(五) 魚模　主要部分由《廣韻》魚、虞、模三韻歸并而成。

(六) 皆來　主要部分由《廣韻》灰、咍、佳、皆四韻歸并而成。

(七) 真文　主要部分由《廣韻》真、諄、臻、文、欣、痕、魂諸韻合并而成。

(八) 寒山　主要部分由《廣韻》寒、删、山、凡等韻歸并而成。

(九) 桓歡　主要部分由《廣韻》桓韻而來。

(十) 先天　主要部分由《廣韻》先仙元三韻合并而成。

(十一) 蕭豪　主要部分由《廣韻》蕭、宵、肴、豪四韻合并而成。

(十二) 歌戈　由《廣韻》歌、戈兩韻合并而成。

(十三) 家麻　乃《廣韻》麻韻之一部分。

(十四) 車遮　乃《廣韻》麻韻之一部分。

(十五) 庚青　由《廣韻》庚、耕、清、青、蒸、登諸韻合并而成。

(十六) 尤侯　由《廣韻》尤、侯、幽三韻合并而成。

(十七) 侵尋　由《廣韻》侵韻而來。

(十八) 監咸　由《廣韻》覃、談、咸、銜數韻合并而成。

(十九) 廉纖　由《廣韻》監、添、嚴數韻合并而成。

二,平聲之分陰陽是周德清首先發現的。他在《自序》中説明:"字別陰陽者,陰陽字平聲有之,上去俱無。上去各止一聲,平聲獨有二聲;有上平聲,有下平聲。上平聲非指一東至二十八山而言,下平聲非指一先至二十七咸而言。前輩爲《廣韻》平聲多分爲上下卷,非分其音也。殊不知平聲字俱有上平下平之分,但有有音無字之別,非一東至山皆上平,一先至咸皆下平也。如東、紅二字之類,東字下平聲屬陰,紅字上平聲屬陽;陰者即下平聲,陽者即上平聲。試以東字調平仄,又以紅字調平仄,便可知平聲陰陽字音,又可知上去二聲止一聲,俱無陰陽之別矣。"

唐宋時清濁分劃得清楚,各有各的反切,可以不分陰陽。及至元明代時,濁聲讀爲清聲,於是由聲帶的振動與否的問題,轉而爲聲調高下的問題,這是周德清所以平爲陰陽的緣故。

三,入聲派入三聲。舊韻中所謂入聲是與陽聲相對。陽聲類的韻尾爲-ŋ 的,與之相對的入聲韻尾爲-k;陽聲類之韻尾爲-m 的,與之相對的入聲韻尾爲-p;陽聲類之韻尾爲-n 者,與之相對的入聲韻尾爲-t。後來,在語音發展中,入聲韻尾-k,-p,-t 消滅了。周德清第一個揭示了這一語音現象,爲探索漢語語音發展史作了傑出的貢獻。

(二)《中原音韻》的重要性及其影響

周德清的《中原音韻》,在中國語言學史上是一部具有劃時代意義的著作,是研究漢語語音發展史的重要資料。《中原音韻》一書所反映的音系,是現代漢語語音系統的源頭和基礎。周德清是宋元以來從古音研究轉入今音研究的第一人,他的著作目的雖爲樂府而作,而他的"正語"思想却是我國早期推廣民族共同語的先進思想。他在《自序》上説:"欲作樂府,必正言語;欲正言語,必宗中原之音。"《中原音韻》正是他這種思想的實踐。

我國語言學史上,韻書是很發達的。三世紀到六世紀顔之推(公元531—591 年)就稱爲"音韻鋒出"的時代,到了七世紀初,陸法言等初創

《切韻》，後來陸續出現的王仁煦《刊謬補缺切韻》、《唐韻》，以及十一世紀的《廣韻》、《集韻》等都是根據《切韻》的。《切韻》系的韻書，不能完全代表當時的實際語音。社會發展向前，語音也是發展變化的，用韻書固定下來的音韻系統，與實際語音就越來越有差距。周德清具有發展觀點，認爲在元代，還動輒就引《廣韻》，那是"泥古非今，不達時變"。因此，《中原音韻》是對傳統韻書徹底的革新。

《中原音韻》是十四世紀，根據北曲用韻分析研究而成的一部韻書，這部韻書的特點在於完全擺脫了傳統的仿古韻書的羈絆，而是根據當時實際語音的韻部編成的。這是漢語音韻史上一次重大革新。從而，周德清的《中原音韻》在我國古代韻書發展史上，形成一派，即與《切韻》系韻書相對立的北音韻書。其後有《中州音韻》、《詞林韻釋》、《洪武正韻》、《韻略易通》、《韻略匯通》、《五方元音》等韻書，都是屬於這一系的。這些韻書和《切韻》系韻書比較，最主要的不同在于《切韻》一系韻書是隋唐時代綜合音系，陸法言説："論南北是非，古今通塞。"其後，宋代《廣韻》、《集韻》等這一派韻書，可以説越來越遠離當時實際語言。所以周德清批評這些韻書是"板行謬語"，"年年依樣畫葫蘆"。以《中原音韻》爲首的北音韻書，反對《切韻》系韻書那種不聯繫實際語言的錯誤態度，他們是從戲曲實際用韻，和當時北方音，歸納出語音系統，寫出新韻書來。例如，車遮和支思分立，在毛注《禮部韻略》和吳棫《韻補》裏已見開端，足見在南宋時代，這兩部已有獨立趨勢，直到《中原音韻》才明確分立，這可認爲是北音系統裏分韻的特徵。

《中原音韻》是爲戲曲用韻而作，是第一部北曲韻書，對戲曲用韻起一定規範作用。"此後的韻書俱祖《中原》而宗《正韻》"；并演成兩類，一爲訓蒙而設的音韻書，另一則爲曲韻專書①。

---

① 參看趙蔭棠《中原音韻研究》。

2. 北音系統的其他韻書

（一）《韻略易通》

《韻略易通》，明代蘭茂著，爲北音系統韻書之一。本書直接受《中原音韻》影響，聲、韻系統大同小異。聲母二十，編成"早梅詩"一首。韻部二十，把《中原音韻》的"魚模"，分爲"呼模"、"居魚"兩部。聲調仍分平、上、去、入四類，以入聲配陽聲。

雲南《嵩明州志》云："蘭茂字廷秀，雲南嵩明縣楊林（今屬云南省嵩明縣）人。性聰慧，過目成誦，年十三，通經史，長益嗜學。於濂、洛、關、閩之學焕如也。賦性簡淡，不樂仕進，嘗顏其軒曰止庵，因自號焉。留心經濟，正統時，大司馬王驥征籠川，咨其方略，遂底於平。所著有《元壺集》、《鑑例折衷》、《經史餘論》、《韻略易通》、《止庵吟稿》、《安邊條策》、《聲律發蒙》諸書行於世。與安寧張維齊名，一時學者宗之。年八十，崇祀鄉賢。①"

《韻略易通》的韻部共分二十韻：

一東洪	二江陽	三真文	四山寒
五端桓	六先全	七庚清	八侵尋
九緘咸	十廉纖	十一支辭	十二西微
十三居魚	十四呼模	十五皆來	十六蕭豪
十七戈何	十八家麻	十九遮蛇	廿幽樓

《韻略易通》韻部，前十韻平、上、去、入四聲俱全，後十韻無入聲。和《中原音韻》比較，韻目用字略有不同，韻目所差者只一韻，即析《中原音韻》之"魚模"爲"居魚"與"呼模"。比《中原音韻》少一韻，所少者是沒有

---

① 轉引自趙蔭棠《中原音韻研究》第六章。

把"西微"分開。平聲不分陰陽,而且恢復了入聲。

　　蘭茂的《韻略易通》在聲類上有較大貢獻。周德清的《中原音韻》只是在"起例"上説:"音韻内每空是一音,以易識字爲頭,止依頭一字呼吸,更不别立切脚。"并没有明白説明有多少聲類。《中原音韻》的聲類,是後世學者,分析研究出來的。《韻略易通》則不同,蘭茂以革新精神删舊日三十六字母爲二十,并以"早梅詩"的形式來表明聲類,通俗易懂。此後,往往有用詩詞的形式來表明字母的,可以説都受他的影響。現將二十字母與三十六字母的關係,列表如下[1]:

早梅詩	（擬　音）	三十六字母
東	t-----------------------	端
風	f-----------------------	非敷奉
破	p'-----------------------	並滂
早	st'-----------------------	精
梅	m-----------------------	明
向	xç-----------------------	曉匣
暖	n-----------------------	泥娘
一	o-----------------------	疑影喻
枝	tʂ-----------------------	知照
開	tç'k'-----------------------	溪羣
冰	p-----------------------	幫
雪	s-----------------------	心邪
無	v-----------------------	微
人	zₜtç-----------------------	日
見	k-----------------------	見

---

[1]　參考趙蔭棠《中原音韻研究》第六章。

春	tʂ －－－－－－－－－－－－－－－	徹、澄、穿、牀
從	ts' －－－－－－－－－－－－－－－	清從
天	t' －－－－－－－－－－－－－－－	透定
上	ʂ －－－－－－－－－－－－－－－	審禪
來	l－－－－－－－－－－－－－－－	來

上表是參照趙蔭棠《中原音韻研究》第六章而來,表中注音只能表明元明以來的讀法與唐宋三十六字母的讀法不同,故中間以虛綫表之。三十六字母另有讀法。

蘭茂的"早梅詩"是就三十六字母而加以删定,即删去元明以來所認爲犯重複的及北方語言系統所没有的濁音字母。蘭茂如此明確地分列聲類,是受了韓道昭的啓發。他在"凡例"中説:"且字母三十有六,犯重者十六,似有惑焉。"可見他已看到聲類的發展變化,因此自創通俗易懂的"早梅詩"二十字來表明聲類。

《四庫提要》評價《韻略易通》説:"盡變古法,以就方音;其凡例稱'惟以應用便俗字樣收入,讀經史當取正於本文音釋,不可泥此'則亦自知其陋矣。"可見,過去對《韻略易通》的評價是不高的。其實,這樣的評價也是不妥的,因爲蘭茂編寫《韻略易通》的目的,就在於通俗易懂,他説,"古之韻書本爲賦詠者設",而"此編特欲便於認識",用現在的話説,他編寫韻書,不是爲了文人學士賦詠詩詞,而是面向羣衆了。因此,他取了《韻略易通》這個書名,并在"凡例"中加以解釋:

> 《玉篇》見字之形始知其音,《廣韻》即字之聲而尋其文,深有便於學者;然其間有"古文""籀文""通用"等字,又有形同音異,形異音同;數十萬言難於周覽。此編只以應用便俗字樣收入,其音義同而字形異者,止用其一,故曰"韻略"。(凡例一)《篇》《韻》之字,或有音切隱奥,疑似混淆,方言不一。覽者不知孰是。且字母三十六,犯重

者十六,似有惑焉。此編以"早梅詩"一首,凡二十字爲字母,標題於上;即各韻平聲字爲目,叶調於下;得一字之平聲,其上聲、去聲、入聲字一以貫之,故曰"易通"。一切字音皆可叶矣。(凡例三)

蘭茂能從當時語言實際出發,寫出一本通俗易懂的韻書,這樣的態度,今天看來是應該肯定的。

(二)《韻略匯通》

《韻略匯通》,明畢拱宸著,爲近古時期北音系統韻書之一。畢拱宸,字星伯,山東掖縣人。《韻略匯通》書成於明代崇禎十五年(公元1642年)。這本書是以蘭茂《韻略易通》爲基礎,進行"分合删補"而編成的。他在序中說明書名由來時説:"稍易其名,曰《韻略匯通》。匯者,取水回而複合之義。"編書的目的,蘭茂編韻書目的在通俗易懂,畢拱宸在序中說明編寫《韻略匯通》的目的"爲童蒙入門"。因此,畢拱宸的《韻略匯通》與蘭茂的《韻略易通》相比較,有"分合删補"之處。現將見於"凡例"者,抄出數則於下:

> 《韻略》(按指《韻略易通》)舊編止爲求蒙而設,故前十韻東洪等爲四聲全者,後十韻支辭等爲無入聲者,較諸韻書至爲簡便。然真文之於侵尋,先全之於廉纖,山寒之於緘、咸,有何判別,而更立一韻呼?今悉依集成例,合并爲一,用省檢覓之煩。(凡例一)
>
> 真文前三聲雖同,而文字入聲特異,舊混爲一。一韻兩呼,參差無當。今以文韻入聲歸東洪,乃易真文爲真尋矣。(凡例二)
>
> 庚晴二類入聲亦各異,今以晴字入聲并歸真尋韻内。(凡例三)
>
> 端桓前三聲與山寒相同,入聲與江陽相同,亦各分割并歸同聲矣。(凡例四)
>
> 四聲全者舊爲十韻,今約爲六。無入聲十韻,尚仍其舊。但西微

二韻亦自各異。今以西韻諸字并歸居魚,復易西微爲灰微,如集成之目。(凡例五)

因此,《韻略匯通》分韻爲十六:

一東洪	二江陽	三真尋	四庚晴
五先全	六山寒	七支辭	八灰微
九居魚	十呼模	十一皆來	十二蕭豪
十三戈何	十四家麻	十五遮蛇	十六幽樓

在聲調方面,前六韻有入聲,後十韻無入聲。《匯通》又把平聲分成上平和下平,就是《中原音韻》的陰平和陽平。

《韻略匯通》雖然以蘭茂《韻略易通》爲基礎,因爲畢拱宸是山東人,而蘭茂是云南人。山東話和云南話,今天看來同屬"官話"區,但畢竟是不同方言,音系是有差別的。畢拱宸又爲"童蒙入門"而作,所以《韻略匯通》的分合刪補,是從實際語音出發,畢書貢獻,主要在此。

(三)《五方元音》

《五方元音》二卷,清初樊騰鳳著。樊騰鳳字凌虛,河北唐山人。《五方元音》一書,成於順治康熙年間,同邑魏大來參訂。這本書也是在《韻略易通》的基礎上分合刪補而作。韻分十二,列十二圖。聲母二十。增四聲爲五聲(陰、陽、上、去、入),以入聲韻配陰聲韻。

《唐山縣志》有樊騰鳳事略:

> 樊騰鳳,字凌虛,西良村人,像貌魁梧,聲若洪鐘。嗜學不屑時藝,精易數,占休咎驗如桴鼓。時當明季,四海鼎沸,鳳夙有撥亂反正志;然静驗己運,難以有爲,遂閉戶潛修,留心韻學。

樊騰鳳在《五方元音》序文上說:

> 因按《韻略》一書,引而伸之,法雖淺陋,理近精詳;但從前老本,韻拘二十,重略多弊;聲止有四,錯亂無門;且毋失次序,韻少經緯。余不辭僭竊,妄行刪補;於韻之重疊者裁之,減二十爲十二,以象時月世會與天地之一元相配而不可增損;於聲之錯亂者而敍之,添四聲爲五聲,以象行數方音與天地之五位相當而并無遺失;卷分上下,配兩儀;前六韻入聲俱無,輕清上浮以象天;後六韻入聲全備,重濁下凝以配地。複韻複音,裁歸簡便;上平下平,敍循統屬。刪煩就簡,韻有兼該;博收約取,音有同歸。理出自然,法本天籟,歸母入韻,不加勉強,橫行直撞,各就經緯。未敢自以爲是,同邑太學生魏大來,宗孔孟正傳,猶精於韻學,余與之往復參訂,共成《五方元音》一書。

從以上這段序文中可知這本書是在《韻略易通》基礎上刪補而成,在內容上減二十韻爲十二,添四聲爲五聲,入聲配入陰聲韻。另外,參訂人魏大來,"康熙縣志記載他是順治甲午例貢,由此可知被稱爲太學生當然在順治十一年以後,蓋清制五貢皆得入監肄業也。康熙十二年縣志即載《五方元音》之書,故由此可推它的產生即在順治十一年與康熙十二年之間。[1]"《五方元音》分韻部爲十二的理由是:一元有十二會,一運有十二世,一歲有十二月,一日有十二時,日月一年有十二會,黄鐘一年有十二律,韻亦十二,出於自然,增之不可,減之不可,謂非天地之元音亦不可。他根據這個原則有十二韻應十二律圖。十二韻之目爲:

天 an 人 en 龍 ʊŋ,eŋ 羊 aŋ 牛 ou 獒 au 虎 u 駝 o 蛇 s 馬 ɑ 豺 aɪ

---

[1] 趙蔭棠《中原音韻研究》第六章。

地 ɪ, y, eɪ, ʅ, ʮ①。

　　他這樣分韻十二,受喬中和《元韻譜》的影響,是由《韻譜》的《十二括應十二律圓圖》脫胎而來。他這樣分韻有主觀附會成分,如駝韻只表"o",沒有能區分"o"與"ɔ"。又如"地韻",據有人考訂爲合并了較多的韻部,這樣附會定十二韻目,不够科學,不過其中東洪與庚青相并,先全與山寒相并,似與現代普通話的語音又接近一步。

　　《五方元音》把聲調分爲五類:上平、下平、上聲、去聲、入聲。這和《韻略匯通》一樣。

　　自周德清分平聲爲二,《洪武正韻》本應依從,但是由於《正韻》不是純粹北韻,又依據《禮部韻略》,所以每韻之中清濁的次序仍舊,而無陰陽平之分。蘭茂《韻略易通》直接受到《洪武正韻》影響,間接受到《禮部韻略》影響,故清濁有分,而無陰陽平之名。畢拱宸《韻略匯通》修正蘭氏,平聲分上平、下平,即周德清"平分陰陽"之説。樊騰鳳《五方元音》在畢氏之後,大唱五聲之説。

　　《五方元音》將入聲改配陰聲韻。蘭茂《韻略易通》將入聲配陽聲是沿唐宋韻書之舊,樊騰鳳將入聲改配陰聲韻,他在天人龍羊牛獒下注曰:"前六韻輕清象天,其入聲字音重濁不便混入,俱寄於後韻中,故別爲上卷。"又在虎駝蛇馬豺地六韻下註曰:"後六韻重濁象地,其入聲字音亦皆重濁,取同類相從,五聲備具,故別爲下卷。"這種"象天"、"象地"的説明是不妥當的。其實,是語音本身發展變化的緣故。唐宋人之配入聲,注意其收勢,可以説是諧韻。後來,語音發展變化,-m 消失,-k,-p,-t 系統混亂,再注意收勢、諧韻就捉摸不住。元明人之配入聲,注意其發端可以説是諧聲。其實,入聲之在北方,早已不存在了。北方入聲消失,明代人所論甚多,清世祖福臨在其《北遊集》中説:"北京人説話獨遺入聲,蓋凡遇

---

　　① 見趙蔭棠《中原音韻研究》第六章,七九頁擬音。

入聲字眼,皆翻作平、上、去耳。"

《五方元音》分聲母爲二十、標目字爲:

梆	p	鉋	p'	木	m	風	f
斗	t	土	t'	鳥	n	雷	I
竹	tʂ	蟲	tʂ'	石	ʂ	日	ʐ
剪	tɕ	鵲	tɕ'	絲	s	雲	o
金	k,tɕ	橋	k',tɕ'	火	x,ç	蛙	o

　　樊騰鳳《五方元音》二十字母,與蘭茂《韻略易通》比較起來,大致相同。所差異的,即比蘭茂《韻略易通》少一個"無母"(V)。他把"無"母字并入"蛙母"裏了。在畢拱宸《韻略匯通》中,已開始注意了,畢書在凡例八中説:"勿、物等字應入東、洪、無字母下。"樊書則將"無"母取消,將一母分爲"雲"、"蛙"兩母,仍湊足二十之數。他説:"雲、蛙二母相近而實相分,亦經緯所必至,理數所不能無。"其實,他是把"開合歸之於蛙,齊撮歸之於雲"。

　　《韻略匯通》和《五方元音》現在均難看到。現在能看到的是年希堯《重校增補五方元音全書》、趙培梓《剔弊廣增分韻五方元音》,這兩本書對原書改變較大。

五、宋元時代的等韻學

1. 概　　述

　　中國古代語言學,把音韻學的研究分爲三類: 第一,古音學,以《詩經》、《楚辭》等書爲史料,以周秦古音爲研究的對象;第二,今音學,以《廣韻》、《集韻》等書爲史料,以魏晉唐宋間語音爲研究對象;第三,等韻學,宋代興起的分析漢語發音原理和發音方法的一門學科。它以"等呼"來分析韻母的結構,以"七音"來分析聲母的發音部位,以"清濁"來分析聲母的發音方法,以"字母"來表示漢語的聲母系統。重要的等韻書可分爲兩類:一類是分析《切韻》的語音系統的,如宋代《韻鏡》、鄭樵的《七音略》;一類是根據當時的語音對《切韻》系統加以調整的,如宋代託名司馬光的《切韻指掌圖》,元代劉鑒的《切韻指南》。以後出現的等韻書,不出上述兩類的範圍。

(一)"字母"和"等韻"的來源

因爲韻書兼有撰作詩文之用,爲了調平仄、押韻的應用,韻書在各字下注明反切,按四聲、韻目來排列韻字;若從審音的要求來看,那就需要把聲、韻、調三方面都能在韻書中表明出來才好。因此,針對韻書中這個不足之處,後來就産生了"字母"和"等韻"之學。清代學者陳澧在《切韻考外篇自序》中説:

> 自漢末以來,用雙聲、疊韻爲切語;韻有東、冬、鍾、江之目,而聲無之。唐末沙門始標舉三十六字,謂之字母。至宋人乃取韻書之字,依字母之次第而爲之圖,定爲開合四等,縱橫交貫,具有苦心,遂于古來韻書切語之外,別成一家之學。

近代音韻學家勞乃宣説:

> 反切始於魏世,在雙聲、疊韻之前。雙聲、疊韻始於六朝,在等韻之前。由反切而爲雙聲、疊韻,由雙聲、疊韻而爲等韻,漸推漸密,皆以明反切之理。故等韻之學爲反切設也[1]。

———————————

[1] 見《等韻一得》。

由上可知"字母"、"等韻"之學，乃是韻書、切語通行之後産生的。因爲韻書的反切，所表明的音讀，不够清楚、完備。因此，有學者製定出"字母"以表明"聲"，又據韻書的韻目分部，把"聲"和"韻"一縱一横的排列起來，成爲許多音圖，用以表明一聲一韻各各拼切，合成各個字音。

推究"字母""等韻"之學來源，可從内、外兩方面來看。從内來看，可從雙聲、疊韻講起。清代學者錢大昕説："四聲昉於六朝，不可言古人不知疊韻；字母出於唐季，不可言古人不識雙聲。"《南史・謝莊傳》："王玄謨問謝莊：何謂雙聲、疊韻？答曰：玄護爲雙聲，璵碻爲疊韻。"（按：玄護同屬匣母，璵碻古音屬蕭肴韻）。可見雙聲、疊韻，通行始於六朝。後來對疊韻的音理認識了，於是韻書蜂起，韻部分析成爲主要研究問題。其後，對雙聲的音理認識了，於是依據反切上字，把聲紐分析研究，進行歸納，這就産生了字母。

另外，在文學上重視聲律的新文體，也推動了聲、韻的研究。如韻書本身就兼有撰作詩文之用。孫愐在《唐韻序》上説："切韻者，本乎四聲，紐以雙聲、疊韻，欲使文章麗則，韻調精明於古人耳。"

封演《封氏聞見記》上記載："永明中，沈約文辭精拔，盛解音律，遂撰《四聲譜》，時王融、劉繪、范云之徒，慕而扇之，由是遠近文學轉相祖述，而聲韻之道大行。"

這種新文體的格式，主要是《文心雕龍・聲律篇》裏所提出的"韻""和"，而"和"尤爲主要條件。《聲律篇》上説："同聲相應謂之韻"主要指押韻問題。"異音相從謂之和"指的是協調音讀，即要求能使"五字之中音韻悉異，兩句之内，角徵不同"。《宋書・謝靈運傳》内所討論的主要是"和"的問題，而沈約自認爲"獨得胸衿，窮其妙旨"，沈約説：

> 五色相宣，八音協暢，由乎玄黄律吕，各適物宜，欲使宫羽相變，低昂舛節。若前有浮聲，則後須切響。一簡之内，音韻盡殊；兩句之中，輕重悉異；妙達此旨，始可言文。

陸機《文賦》上説："暨音聲之迭代,若五聲之相宣。"都説明在聲律上要求抑揚相間,以求文辭音律之美。日本《文鏡祕府論》中論聲律甚多,可見當時文學方面"聲韻之道大行"的盛況以及其對外的影響。這樣學術界不僅研究韻部和調平仄,又進一步研究聲類,這就是"字母""等韻"之學興起的内在原因。

"字母"、"等韻"之學的興起,還有外在原因,那就是佛教東傳,梵文傳入,漢語與梵文比較促進而成。六朝文士,喜歡用雙聲語,《洛陽伽藍記》云："隴西李元謙能雙聲語,常徑郭文遠宅,問曰:'是誰宅第?'婢春風曰:'郭冠軍家',元謙曰:'此婢雙聲。'春風曰:'儜奴慢罵。'"《文鏡祕府論》所録的《調四聲譜》也正是用雙聲來説明反切的。雙聲、疊韻是分析漢字音節,即分析漢字的字頭、字尾而得。聲韻之道大行,説明當時文人學士已具有分析漢字的聲、韻、調的知識。在此基礎上,後世有識之士,參照梵文字母,從而創造出"字母"。

(二) 守温三十字母

守温,唐末和尚,音韻學家。他參照梵藏字母,創製三十字母,爲宋人"三十六字母"的藍本。敦煌所出的唐人寫本中有守温關於音韻學方面的殘卷,其中有"三十字母"及"四等輕重例"等,可證守温首創字母之説。

劉復(1891—1934 年,近代語言學家)《守温三十六字母排列法之研究》云:

　　《玉海》上説:守温有三十六字母圖一卷。這書我們無從看見。
前年在法國國家圖書館看見燉煌石室寫本中,有一個寫得很壞而且
很破碎的卷子,共分三截,有一截的第一行,寫"南梁漢比丘守温述"
八字,可并没有標題。……
　　南梁漢比丘守温述:
　　　　脣音　　　不芳並明

舌音　　端透定泥是舌頭音

　　　　知徹澄日是舌上音

牙音　　見君溪羣疑等字是也

齒音　　精清從是齒頭音

　　　　審穿禪照是正齒音

喉音　　心邪曉是喉中音清

　　　　匣喻影亦是喉中音濁①

據羅常培《燉煌寫本守溫韻學殘卷跋》考證,守溫是唐末沙門,可信。"南梁",唐代以後只有"梁"而無"南梁"朝代,冠以"南梁"二字,大概是地名。守溫所定字母,實只三十。

劉復《守溫三十六字母排列法之研究》上說:

從這華、梵字母的比較上,可以知道守溫所定的三十六個字,并不是照梵文直抄的。他把華文所有而梵文所無的加了,把梵文所有而華文所無的減了。因此,我們可以說:這三十六字,一定是當時所有的音,一定是個個有分別。而且這三十六字,能够流傳到現在,在當時至少必定得到了若干學者的承認(當然不是一般社會的承認);而要得到這承認,他所表示的音,又當然是較爲普通的,決不能是十分偏僻的。

守溫三十字母和"三十六字母"比較,實際所缺爲"非、敷、奉、微、娘、床"六類。把三十字母增加爲三十六字母,大概是出自宋人之手。《通志·藝文略》及《玉海》都著錄"守溫三十六字母圖"一卷,後代就以爲三十六字母是守溫所定。

_____

① 《國學季刊》第一卷第三號四六〇頁。

三十六字母表

發音部位 新名	發音部位 舊名		全清	次清	全濁	次濁
雙唇	唇音	重唇	幫(b)[p]	滂(p)[p']	並[b]	明(m)[m]
唇齒	唇音	輕唇	非(f)[f]	敷[f]	奉(v)[v]	微[ɱ]
舌尖中	舌音	舌頭	端(d)[t]	透(t)[t']	定[d]	泥(n)[n]
舌面前	舌音	舌上	知[ȶ]	徹[ȶ']	澄[ȡ]	娘[ɳ]
舌尖前	齒音	齒頭	精(z)[ts]　心(s)[s]	清(c)[ts']	從[dz]　邪[z]	
舌面前	齒音	正齒	照(j)[tɕ]　審(x)[ɕ]	穿(q)[tɕ']	床[dʐ]　禪[ʐ]	
舌根	牙音		見(g)[k]	溪(k)[k']	群[g]	疑(ng)[ŋ]
舌根	喉音		影[o]			
舌根	喉音		曉(h)[x]		匣[ɣ]	
舌面中(半元音)	喉音					喻(y)[j]
舌尖中	半舌音					來(l)[l]
舌面前	半齒音					日[ɳʐ]

(三) 等韻學的内容

等韻學是中國古代分析漢語發音原理和發音方法的一門學科。等韻是我國古代音韻學上分析漢字字音結構的一種方法。廣義指等呼、七音、清濁、字母、反切等;狹義則專指韻母的等呼。有時也指等韻學和等韻圖。

我國古代没有拼音字母,反切的方法不容易掌握。自從創立了字母,古代等韻學家想出了一個在當時看來是很好的方法,那就是用守温三十六字母,作聲類的標目,再依據《切韻》系韻書二百零六韻,作爲韻目,把字音一縱一横的排列起來,用一聲一韻,各各拼切,合成各個字音。這樣配合成許多音圖,叫做等韻表,或等韻圖。

韻圖的結構是一個聲韻調的配合圖表:同一直行表示聲母相同或相近,同一横行表示韻母和聲調相同。聲、韻相拼而成各個字音。每一大格又分爲四層,表示一二三四等。每等中所寫的韻字,就是每音的代表。我們要知道一個字的讀音,只要找到它在韻圖中的位置,聲韻、調相拼,就能知道這個字的讀音。例如:"公"字,聲母是牙音不帶音的"見"[k]母,韻母是"東"韻一等[uŋ],聲調是平聲,聲韻、調相拼就是"公"[kuŋ]。可見我國古代等韻學的韻圖,和現代"拼音表"的作用是類似的。韻圖中的圓圈代表可能有的音位,但没有相應的字。在宋元兩代,等韻圖是專爲《切韻》系韻書如《廣韻》或《集韻》的反切而作的。

等韻學家編製的韻圖大致可以分爲兩類,一類以《韻鏡》、《七音略》爲代表,以《切韻》爲對象,分析它的語音系統,分等列圖,是和《切韻》系統的韻書大致相合。另一類以《切韻指掌圖》和《經史正音切韻指南》爲代表,雖然仍用《切韻》或《廣韻》的標目,但在語音系統方面,已參照當時讀音加以合并了。例如,支脂之微(止攝)四個韻在《韻鏡》裏分爲七個圖,這是完全按照《系統》,分別開合,獨立起來。但是在《切韻指掌圖》裏,却合并爲兩個圖。因爲支、脂、之三韻,在當時實際讀音并無分别。

等韻學對漢字的聲、韻分析,較以前進步,這是受梵文拼音的啟發,是把梵文拼音學理,運用到漢字音讀的分析。當時,把聲經、韻緯的等韻圖的創始,歸功於佛教僧徒,如張麟之《韻鏡序》上説:"梵僧傳之,華僧續之。"又説:"胡僧有此妙義,而儒者未之聞。"這是因爲等韻圖的形式是模仿梵文《悉曇章》的體制而來的。智廣《悉曇字記》謂:

> 悉曇十二字爲後章之韻,如用迦字之聲,對阿、伊、甌等十二韻呼之,則生得下迦、機、鈎等十二字;次用佉字之聲,則生得佉、欺、丘等十二字;次生得伽、其、求等十二字;……

等韻圖,就是模仿這種體制,把韻書反切上的音讀系統總攝成若干轉圖。等韻書上四十三圖,就稱爲四十三轉。"轉"字,是根據佛經"轉讀"而來。慧皎《高僧傳》第十三論曰:"天竺方俗,凡歌詠法言,皆稱爲唄。至於此土,詠經則稱爲轉讀,歌讚則號爲梵唄。"從《韻鏡》等書上"轉圖"的"轉"亦可説明等韻學興起,和佛教、梵文有一定關係。

這種聲經、韻緯的等韻圖,和現代"漢語拼音表",日本的"五十音圖"有同樣作用。

等韻學中有一套專用的名詞術語,要看懂等韻圖和瞭解等韻學,必須掌握這些名詞術語表示的概念。下面對一些基本的名詞術語簡介如下:

等、呼:等和呼是兩個不同的概念,宋元等韻圖分韻母爲開口、合口兩呼,凡介音或主要元音是[u]的叫做合口,反之,叫做開口。又據[i]介音的有無,主元音的洪細(指發音時口腔共鳴空隙的大小),把兩呼各分爲一、二、三、四等。清代江永説:"一等洪大,二等次大,三四皆細,而四尤細。"主要是指主元音的洪細而言。例如:

呼	開		口		合		口	
等	一	二	三	四	一	二	三	四
韻	寒	刪	仙	先	桓	刪	仙	先

例字　干　奸　甄　堅　　　官　關　勦　娟

（據《韻鏡》外轉第二十　　（據《韻鏡》外轉第二十四

三、開、平聲、牙音，見母）　　合、平聲、牙音、見母）

　　至明清時，因語音發展變化，開合各四等之分，在口語上已不能辨別，故明人多主張并等，把開合各四等并爲開合各兩等。這已有改等爲呼的傾向，但還沒有明確提出四呼的名稱。清潘末《類音》始以唇的形狀爲標準，定爲開口、齊齒、合口、撮口四呼，沿用至今。

　　四呼：清代潘末《類音》説：“初出于喉，平舌舒唇，謂之開口；舉舌對齒，聲在舌腭之間，謂之齊齒；斂唇而呼之聲滿頤輔之間，謂之合口；蹙唇而成聲，謂之撮口。”據潘末原理，現具體説明於下：

開口呼　既没有韻頭，而韻腹又不是［i］［u］［y］。例如，大
　　　　［ta］，可［kˑə］。

齊齒呼　韻頭或韻腹是［i］。例如，先［ɕien］，比［pi］。

合口呼　韻頭或韻腹是［u］。例如，光［kuaŋ］，古［ka］。

撮口呼　韻頭或韻腹是［y］。例如，學［ɕye］，魚［y］。

　　五音、七音：音韻學上，按照聲母的發音部位不同分爲唇音、舌音、齒音、牙音、喉音五類，謂之五音。五音之名，最早見於《玉篇》前《五音聲論》。宋元等韻學家于唇、舌、齒、牙、喉五音之外，又增加半舌音，半齒音兩類，定爲七音。舉例説明於下：

牙音　　即舌根音。如三十六字母中的見［k］，溪［kˑ］，羣［g］
　　　　疑［ŋ］四母。

舌音　　分舌頭音、舌上音兩類：

　　舌頭音：即舌尖中塞音和舌尖中鼻音。如三十六字母中的端

　　　　　　　[t]、透[t‘]、定[d]、泥[n]四母。

　　舌上音：即舌面前塞音和舌面前鼻音。如三十六字母中的知
　　　　　　[ç]、徹[ç‘]、澄[ɖ]、娘[ɳ]四母。

齒音　　分齒頭音和正齒音兩類：

　　齒頭音：　即舌尖前塞擦音和舌尖前擦音。如三十六字母中
　　　　　　　的精[ts]、清[ts‘]、從[dz]、心[s]、邪[z]五母。

　　正齒音：　即舌面前塞擦音和舌面前擦音。如三十六字母中
　　　　　　　的照[tç]、穿[tç‘]、床[dʐ]、審[ç]、禪[ʐ]五母。

喉音　　如三十六字母中的曉、匣、影、喻四母。以語音學來分
　　　　析，曉[x]、匣[ɣ]是舌根擦音。影[o]是零聲母，喻[j]
　　　　是半元音。

唇音　　分重唇音和輕唇音兩類：

　　重唇音：　即雙唇塞音和雙唇鼻音。上下唇接觸以節制外出
　　　　　　　之氣流而成。如三十六字母中的幫[p]、滂[p‘]、
　　　　　　　并[b]、明[m]四母。

　　輕唇音：　即唇齒擦音和唇齒鼻音，下唇和上齒接觸以節制
　　　　　　　外出之氣流而成。如三十六字母中的非[f]、敷
　　　　　　　[f‘]、奉[v]、微[ɱ]四母。

半舌音　　即舌尖中邊音。如三十六字母中的來[l]母。

半齒音　　即舌面前鼻音加擦音。如三十六字母中的日[ɳʐ]母。

　　古代音韻學家把三十六字母分配到五音、七音中去，便成了前面"三十六字母表"的形式。

　　清濁：清音和濁音的合稱，分全清、次清、全濁、次濁，是說明發音方法的，舉例説明於下：

　　　　全清　指不送氣，不帶音的塞音、擦音和塞擦音。如三十六字母

中的幫[p]、端[t]、見[k]、非[f]、心[s]、審[ç]、精[ts]、
照[tç]等母。

全濁：指帶音的塞音、擦音和塞擦音。如三十六字母中的并
[b]、定[d]、羣[g]、邪[z]、禪[ʐ]、從[dz]、床[dʐ]等母。

次清：指送氣不帶音的塞音、塞擦音。如三十六字母中的滂
[p·]、透[t·]、溪[k·]、清[ts·]、穿[tç·]等母。

次濁：指帶音的鼻音、邊音和半元音。如三十六字母中的明
[m]、泥[n]、疑[ŋ]、來[l]、喻[j]等母。

　　韻攝：等韻學家把韻腹和韻尾相同或相近的韻，歸并爲比韻部更大
的類別，稱爲韻攝。宋代等韻書如鄭樵的《七音略》和無名氏的《韻鏡》，
都分爲四十三圖，稱爲四十三轉，沒有定出韻攝的名稱。《切韻指掌圖》分
爲二十個圖，也還沒有標明韻攝。開始標出韻攝的名稱的是《四聲等子》
（約爲南宋時作品，作者不詳）。元代劉鑑《經史正音切韻指南》也有了韻
攝的標目。

　　如《四聲等子》把《廣韻》二百零六韻歸并爲十六攝，并以通、江、止、
遇、蟹、臻、山、效、果、假、宕、曾、梗、流、深、咸十六字爲標目。每一攝所包
括的韻數是不一樣的。有的一攝只有一韻，如"江攝——江韻"，"假
攝——麻韻"；有的韻攝包括二韻、三韻，如"果攝——歌戈韻"，"通
攝——東冬鍾三韻"；而"蟹攝"包括九韻之多。可見"攝"是總攝許多韻
的意思。哪些韻歸并在哪一攝，等韻學家是把韻尾、韻腹相同或相近的
韻，歸并爲一類的。例如"通攝"的東、冬、鍾三韻，韻尾都是收舌根鼻音的
[-ŋ]；又東韻的韻腹是[u]，冬、鍾二韻的韻腹是[o]。[u]和[o]都是較
高的後元音。

　　內轉、外轉：等韻圖中把十六韻攝分爲內轉、外轉兩大類。以通、止、
遇、果、宕、曾、流、深八攝爲內轉，江、蟹、臻、山、效、假、梗、咸八攝爲外轉，
亦稱十六轉。羅常培在《釋內外轉》一文中説："鄭樵《通志·藝文略》載

無名氏《切韻内外轉鈐》及《内外轉歸字》各一卷，其書久佚，内容無從探究。《通志・七音略》及《韻鏡》所列四十三圖，各標以内轉、外轉，而亦絶無解説。至《四聲等子》、《切韻指掌圖》及《切韻指南》雖已并轉爲攝，然猶兼存内外之稱。①"

《四聲等子》和《切韻指掌圖》均有《辨内外轉》，羅常培説："兩書所釋，除攝次不同，文字微異外，固皆以二等字五音具足與否爲區分外轉、内轉之準則。然齒音獨具二等者何以謂之'内'？五音皆具二等者何以謂之'外'？仍未有明確之解釋。"明清以來，不少學者不滿意《四聲等子》和《切韻指掌圖》的《辨内外轉》，提出各種新解，如：或以收音爲内、發音爲外；或以合口爲内，開口爲外；或以吸音爲内，呼音爲外等等。羅常培説：

> 異説紛紜，莫衷一是。然稽之宋、元等韻諸圖，内轉不皆收聲（三等），外轉不皆發聲（二等），則袁子讓、吕維祺之説不可通；内外轉各有開合或闓翕，則戴震、鄒漢勛、商光、方以智，釋宗常之説不可通。至於吸音、呼音、舌縮舌舒，内旋外旋之類，尤嫌玄而不實，難以質言。要皆未能豁然貫通，怡然理順也。

羅常培評論了各家以後，他認爲：

> 閒嘗遍考宋元韻譜，證以《切韻》音讀，竊謂内轉外轉當以主要元音之弇侈而分。清儒江永已能言之，《古韻標準》云："二十一侵至二十九凡，詞家謂之閉口音，顧氏合爲一部。愚謂：此九韻與真至仙十四韻相似，當以音之侈弇分爲兩部。神珙等韻分深攝爲内轉，咸攝爲外轉，是也。"惟始發其緒，語焉不詳；但舉咸、深兩攝示例，未能通考諸攝。

---

① 見《羅常培語言學論文選集》。

內轉者,皆含有後元音[u][o],中元音[ə],及前高元音[i][e]之韻;外轉者,皆含有前元音[e][ɛ][æ][a],中元音[ɐ]及後低元音[ɑ][ɔ]之韻。

羅常培在《釋內外轉》一文中,根據現代語音學的元音圖繪製了"內外轉元音分配圖",他說:

> 自元音圖中第二標準元音[e]引一斜綫至中元音[ə]以下一點,更由此平行達於第六標準元音[ɔ]以上一點,則凡在此綫上者皆內轉元音,在此綫下者皆外轉元音,惟[e]之短音應屬內,長音應屬外耳。綫以上之元音,非後即高,後則舌縮,高則口弇,故謂之"內";綫以下元音,非前即低,前則舌舒,低則口侈,故謂之"外"。其理即明,而後知江慎修內弇外侈之說確有所見也。

2. 等韻學韻書

等韻學著作很多,主要有《韻鏡》、《七音略》、《四聲等子》、《切韻指掌圖》、《切韻指南》、《類音》、《等韻一得》等。這些著作大致可以分爲三類。第一類,《韻鏡》和《七音略》,完全按照《切韻》的韻部,分爲四十三圖,把字音分爲開合二呼,每呼分爲四等。第二類,《四聲等子》、《切韻指掌圖》和《切韻指南》,雖然仍按照《切韻》韻部標目,但是已參照當時的讀音,合并爲二十圖,或二十四圖;把字音分爲閉合二呼,每呼分爲四等。以上兩類等韻書大部是南宋時代著作,《切韻指南》是元代劉鑒著,故有人稱爲宋元派等韻。這類韻書的共同點是:把字音分爲二呼,每呼分爲四等;都是按照《切韻》韻部分析語音系統。第三類,明代梅膺祚《字匯》後面所附的《韻法直圖》和《韻法橫圖》,《康熙字典》前面所附的《字母切韻要法》,清代潘耒《類音》。這類韻書有人稱爲明清派。這類等韻書,和以上二類主要的不同在於變更宋元等韻圖分等之法,新創以唇的形狀爲標準,分韻母爲開口、齊齒、合口、撮口四呼。《字母切韻要法》在韻部問題上有突破，分爲十二攝，和北方曲藝十三轍相當，有革新精神。

（一）《韻鏡》

《韻鏡》一卷，作者不詳，是現存的最早等韻書之一。因爲作者不知道，成書年代不能確定。今傳《韻鏡》爲南宋張麟之再刻本，卷首有南宋紹興辛巳（公元1161年）張麟之識語，和他的嘉泰三年（公元1203年）序。張麟之在其《韻鏡序》中説：

> 《韻鏡》之作，其妙矣夫！余年二十始得此學。……自是研究，凡五十載，竟莫知原於誰。……又得莆陽夫子鄭公（樵）進卷先朝，中有《七音略序》其要語曰："七音之作，起自西域，流入諸夏。梵僧欲以此教傳天下，故爲此書，雖重百譯之遠，一字不通之處，而音義可得。華僧從而定三十六爲之母，輕重清濁不失其倫，天地萬物之情備於此矣。"……是知此書，其用也博，其來也遠，不可得指名其人，故鄭先生但言梵僧傳之，華僧續之而已。

從以上序文中得知：張麟之年輕時得到《韻鏡》，研究了五十年，"竟莫知原于誰"。他又説："是知此書，其用也博，其來也遠，不可得指名其人。"這就説明《韻鏡》一書的來源在南宋以前。據研究推測，可能在唐代末年，就有這一類的韻圖了。

《韻鏡》一書的内容，就是按照《切韻》一系韻書所編製的聲、韻、調配合圖表，共四十三圖。

《韻鏡》在卷首列有三十六字母，并對三十六字母一一注明發音部位和發音方法。在四十三圖正表裏，聲母没有標注三十六字母，只標注聲母的發音部位（唇、舌、牙、齒、喉等）和發音方法（清、次清、濁、次濁等）。因爲卷首有對照，實際上《韻鏡》還是用三十六字母來分析《切韻》的聲母系統列表的。

　《韻鏡》用三十六字母列表,又根據《切韻》聲母實際情況對三十六字母進一步分析,主要有兩點,一是把三十六字母中的照組聲母按照《切韻》的反切分爲兩類:一類固定地排在二等,這就是《切韻》的莊組聲母;一類固定地排在三等,這就是《切韻》的章組聲母。二是把三十六字母中的喻母,也按照《切韻》的反切分爲兩類:一類固定地排在三等,這就是《切韻》的云類;一類固定地排在四等,這就是《切韻》的以類。

　　對於《切韻》的韻母,《韻鏡》中從等,開合和轉幾方面進行分析。先從"等"談起,《韻鏡》把《切韻》的韻一共分成四個等,列圖方法是將三十六字母橫列成二十三行。韻母按聲調直排,每個聲調一大格,四個聲調四大格。每個大格又各分四小格,自上而下四格,順序爲一二三四等。《韻鏡》把端、知兩組聲母排在同一大格內,把幫、非兩組聲母也排在同一大格內。由於端組只出現於一、四等韻,知組只出現於二、三等韻;幫組和非組在同一韻內也不同時出現,所以排在同一大格中,不發生問題。只是《韻鏡》把精、照兩組聲母放在同一大格中就有一點困難。因爲一類三等韻,既有精組聲母,也有照組聲母,而且有照組的莊、章兩組聲母。這樣一來,如果三組聲母同時出現,三等韻只有第三小格一格,排起來就有困難了。如果有這種情況出現,《韻鏡》採取權宜措施,即精組聲母在四等韻裏佔據四等位置,那麼就排在四等;莊組聲母在二等韻裏佔據二等位置,那麼就排在二等,剩下三等的位置,就留給章組聲母。《韻鏡》內轉第三十一開圖,圖裏面的"陽"韻,就是具有精、慶、章三組聲母的韻。圖中齒音一大格內,一等的一排是一等唐韻字,二等的一排是陽韻莊組字,三等的一排是陽韻章組字,四等一排是陽韻精組字。

　　《韻鏡》是最早提出開合的,共分"開"、"開合"、"合"三類。打開《韻鏡》,可見"內轉第一開"、"內轉第二開合"、"內轉第五合"等。統計下來,"開合"有第二、第三、第四、第十二共計四圖。"合"有二十圖"開"有十九圖。開和合的區別,大多是有沒有 u 介音的分別。例如,十三圖咍韻開;

十四圖灰韻合;二十三圖寒韻開,二十四圖桓韻合。但也有一部分不合這
個條例。例如三十八圖侵、四十圖談、銜、嚴、鹽都作"合",説它是指 m 韻
尾吧,可其他 m 尾的韻又作"開"。還有二十六圖宵、二十七圖歌都作
"合",也説不出什麽道理。"開合"一類,共有四圖。

　　"轉"是早期等韻圖列圖的名稱,來源於梵文《悉曇章》,取聲、韻展轉
輪流相拼之意。如《韻鏡》、《七音略》分四十三圖,每圖標明内轉或外轉。
後來的《四聲等子》和《切韻指南》歸并四十三轉爲十六攝,以通、止、遇、
果、宕、曾、流、深八攝爲内轉,江、蟹、臻、山、效、假、梗、咸八攝爲外轉,亦
稱十六轉。據《四聲等子·辨内外轉例》,凡沒有獨立二等韻的韻攝叫做
内轉,如通、止等八攝,就沒有一個獨立的二等韻;反之,有獨立二等韻的
韻攝叫做外轉,如江攝的江等四韻、蟹攝的皆、佳、夬等七韻都是獨立的二
等韻。又内轉八攝都用非二等字標目,外轉八攝都用二等字標目,這也標
志着内外轉的不同性質。《韻鏡》雖然還沒有提出"攝"的名稱,但它的各
轉次序和後來的"攝"完全一致。

　　《韻鏡》列圖的次序基本上與《廣韻》的韻次相同,只是把蒸、登兩韻
放在最後,還留有《切韻》原來韻次的痕迹。

　　總之,《韻鏡》就是按照《切韻》一系韻書編製的聲、韻、調拼音圖表。
這種方法可能受到梵文字母輸入後的啓發。儘管如此,早在一千多年前,
我國的語音學家,能把這種方法運用到方塊漢字上來,用圖表的方式來表
現一個語音系統的内部關係,應該説是一種卓越的創造。

(二)《通志·七音略》

　　《通志·七音略》是南宋鄭樵(公元 1104—1162 年)所著的《通志》二
十略之一。鄭樵在書的序言中説:

　　　　七音之作,起自西域,流入諸夏,梵僧欲以此教傳天下,故爲此
　　書。雖重百譯之遠,一字不通之處,而音義可傳。華僧從而定三十六

《韻鏡》附圖（一）

音	清濁	東	董	送	屋
脣音	清濁（次清）	蒙　菶	蠓	夢	木　目
	清濁	蓬　馮	唪　琫	鳳　賵	暴　雹　伏
	清	風　豐	○	諷	卜　扑　福　蝮　蓄
	清濁	○	○	○	○
舌音	清濁	東　通　同	董　桶　動	凍　痛　洞	豰　禿　獨
	次清	中　蟲	繷	中　仲	竹　逐　朒
	清	○	○	○	○
	清濁	○	○	○	○
牙音	清濁（次清）	公　空　弓　穹　窮	孔	貢　控　焢	穀　哭　菊　麴　驧
	清	○	○	○	○
	清濁	𥄂	○	○	○
齒音	次清	菱　忽　叢　摓	總	糉　謥　認	鏃　瘯　族　速　縮
	清濁	終　充　崇　嵩	敕	銃　趭	縬　珿　絿
	清	○	○	○	粥　俶　叔　孰
	清濁	○	○	○	麋　蔍
喉音	清	翁　烘　洪	嗊　澒	甕　烘　鬨	屋　嚛　縠
	清濁	雄　彤　融	○	趥	郁　畜　育
	清濁	○	○	○	○
舌音齒	清濁	籠　○　隆　戎	曈	弄	祿　六　肉
	清濁	○	○	○	○

內轉第一開

《韻鏡》附圖（二）

	冬鍾	腫	宋用	沃燭
齒音舌　清濁	茸	宂	○	辱
清	礱　龍	隴	朧　韗	漉　錄
喉音　清濁	顒　容	甬	○　用	○　欲
清	硈　邕	擁	碩	沃　熇　鵠　郁　旭
濁	匈	○	○	○
齒音　清濁	賨　鬆　松	喠　悚	宋　頌	○　續　蜀　贖
次清	宗　聰　樅　蹤	腫　鍾　縱　松	綜　種　縱	傶　瘯　足　束　粟
清濁	○	○	○	○
牙音　清濁	顒	拱　恐	共	權　玉
次清	攻　恭	恐	供	梏　酷　跼　曲　局
清濁	蛩　顒	蛩	○	○
舌音　清	冬　烔　彤　農	○	統　湩	篤　襡
次清	重　備　重	家　籠　重	湩　重	毒　禄
濁	○　釀	○	拔	○　蜀
脣音　清	封　峯　逢	○	賵	襮　蒪　珀
次清	○　捧	○　俸	封　覂	扑　幞　娼
濁	○　奉	○	○	瞀　瞑

爲之母,重輕清濁,不失其倫,天地萬物之音備於此矣。雖鶴唳風聲,
鷄鳴狗吠,雷霆經耳,蚕蟲過目,皆可譯也,况於人言乎。

又说:

　　　臣初得《七音韻鑑》,一唱三嘆,胡僧有此妙義而儒者未之聞。

這说明了韻圖是在梵僧的啓發和影響下,由華僧編成的,早在南宋鄭樵以
前就已流傳開了。《韻鏡》和《七音略》内容基本相同,是同出一源的。

　　《七音略》和《韻鏡》是現今留存下來兩部最早的等韻書。《七音略》
和《韻鏡》一樣,也是用圖表形式來對《切韻》進行分析研究,所以形式和
内容基本相同。現將《七音略》和《韻鏡》不同之處,说明于下:

　　(1)排列方法不同　《韻鏡》一個聲調之内包括四個等,《七音略》一
個等之内包括四個聲調。

　　(2)轉次不同　　自第三十一轉以下,兩書次第頗有參差。現列舉
韻目,對比於下①:

轉　　次	《七音略》韻目	《韻鏡》韻目
第三十一轉	覃咸鹽添(重)	唐陽(開)
第三十二轉	談銜嚴鹽(重)	唐陽(合)
第三十三轉	凡(輕)	庚清(開)
第三十四轉	唐陽(重)	庚清(合)
第三十五轉	唐陽(輕)	耕清青(開)
第三十六轉	庚清(重)	耕青(合)
第三十七轉	庚清(輕)	侯尤幽(開)

---

　　① 參看羅常培《〈通志·七音略〉研究》。

第三十八轉	耕清青（重）	侵（合）
第三十九轉	耕青（輕）	覃咸鹽添（開）
第四十轉	侯尤幽（重）	談銜嚴鹽（合）
第四十一轉	侵（重）	凡（合）
第四十二轉	登蒸（重）	登蒸（開）
第四十三轉	登蒸（輕）	登（合）

由此可見《七音略》所見爲陸法言《切韻》系之韻次，而《韻鏡》所據爲李舟《切韻》系之韻次。

（3）重輕與開合名異而實同　《七音略》於四十三轉圖末標“重中重”者十七，“輕中輕”者十四，“重中輕”者五，“輕中重”者二，“重中重（内重）”，“重中重（内輕）”，“重中輕（内重）”，“重中輕（内輕）”者各一。《韻鏡》則除“重”“輕”之稱，而於圖首轉次下改標“開”“合”。凡《七音略》所標“重中重”，“重中重（内重）”，“重中重（内輕）”，“重中輕（内重）”，“重中輕”者，皆標爲開；所標“輕中輕”，“輕中輕（内輕）”，“輕中重”及“輕中重（内輕）”者皆標爲“合”。惟《韻鏡》以第二十六、第二十七、第三十八及第四十諸轉爲合，以第二、第三、第四及第十二諸轉爲“開合”，均於例不合外，《七音略》所標“重”“輕”，適於《韻鏡》所標之“開”“合”相當。

（4）兩書所標内外轉略有不同　《七音略》與《韻鏡》之“内”“外”，有三轉不同，第十三轉咍、皆、齊、祭、夬及第三十七轉（即《韻鏡》第三十四轉）庚青諸韻，《七音略》以爲“内”，而《韻鏡》以爲外；第二十九轉麻韻，《七音略》以爲“外”，而《韻鏡》以爲“内”；據例以求，第十三轉所含之元音爲[ɑ][a][æ][e]，第三十七轉所含之元音爲[ɐ][æ]，則《韻鏡》是而《七音略》非；第二十九轉所含之元音爲[a]，則《七音略》是而《韻鏡》非。互有正訛。

（5）聲類標目不同　《韻鏡》各轉分聲母爲唇、舌、牙、齒、喉、半舌、半齒七音,每音又分清、次清、濁、次濁諸類,没有直接標上三十六字母。《七音略》則把三十六字母全部標出,又以羽、徵、角、商、宮、半徵、半商表七音。

(6) 廢韻所寄之轉不同　《韻鏡》以"廢、計、刈"三字寄第九轉圖微韻(開)入三,以"廢、吠、犻、顇、劌、穢、喙"七字寄第十轉圖微韻(合)入三。《七音略》"刈"字留在第九轉圖而列一等,又移"廢、肺、吠、顇、穢、喙"六字於第十六轉圖(佳韻輕),而於第十五轉圖佳韻(重)但有廢韻之目。今按廢韻之主要元音爲[ɐ],與佳韻同屬外轉,《七音略》以之寄第十六轉,實較《韻鏡》合於音理。

(7) 鐸藥所寄之轉不同　《韻鏡》通例,凡入聲都承陽聲韻。《七音略》大體亦同;惟鐸藥兩韻之開口《七音略》既承陽聲韻,見于三十四圖唐陽,又承陰聲韻,見于二十五圖豪、肴、宵、蕭。這是後來韻圖亦承陰、陽的開端。

《韻鏡》和《七音略》是同源、同性質的書,在一些重要問題上,可以互相比較,彼此校正。除上列七點外,還有等列不同,據羅常培研究,關于分等,《七音略》誤而《韻鏡》不誤者,凡二十五條;《韻鏡》誤而《七音略》不誤者亦有十四條,可參考羅常培《〈通志·七音略〉研究》一文。其他文字方面二書亦可相互校勘訂正。

(三)《四聲等子》

《四聲等子》,作者不詳,大概是南宋以前的著作,爲元代劉鑒《切韻指南》的藍本。《四聲等子》分十六攝二十圖,爲"韻攝"立名之始。每圖縱列"三十六字母",以"見"母爲首,終于"來"、"日"。横分四層,表四等;每層横四行表四聲。以入聲兼承陰聲和陽聲。

《四聲等子》的作者和年代都無考。元代劉鑒《經史正音切韻指南》一書有熊澤民寫的序文,序文上說:"古有《四聲等子》,爲流傳之正宗。"熊澤民序文寫於元代至元丙子,即公元 1336 年,序文稱《四聲等子》爲"古有",這就説明《四聲等子》的年代早在元代以前。從《四聲等子》所反映的語音情況來看,晚於《韻鏡》和《七音略》,可能早於《切韻指掌圖》;因此,《四聲等子》一書,大概是南宋早期或南北宋之間的産物。

《四聲等子》在圖式上沿襲了《韻鏡》和《七音略》,但在内容上有改變。《四聲等子》在語音系統上,受當時實際語音的影響,有脱離《切韻》系韻圖的傾向。在聲母方面,《四聲等子》和《韻鏡》、《七音略》基本相同,也是用三十六字母,排成二十三行。只是在個别次序上有改動,一是把影母改動到匣母後、喻母前,一是把唇音和牙音的位置對調了一下。在韻母方面改變較大,《韻鏡》和《七音韻》都是分四十三圖,而《四聲等子》只分列二十圖。這説明了《四聲等子》受當時實際語音的影響,對《切韻》系的韻,進行了較大的合并。《四聲等子》共分通、照、遇、果、宕、曾、流、深、江、蟹、臻、山、效、麻、梗、咸,十六攝。

《四聲等子》和《韻鏡》、《七音略》比較,有以下一些特點:

(1)《四聲等子》是標出攝名的現存最早韻圖。

(2)《四聲等子》既注了《韻鏡》上的"開合",又注了《七音略》的"重輕"。"重輕"的注和《七音略》不同。《四聲等子》注"重輕"有五種:即"重少輕多韻","輕少重多韻","全重無輕韻","輕重俱等韻","重輕俱等韻"。

(3)《四聲等子》對《切韻》系韻部合并有以下幾種方式:

　　注明合并,如第三圖注"蕭并入宵韻",第十三圖注"删并山"之類。

　　注明相助,如第一圖注:"東冬鍾相助",第十三圖注:"仙元相助"之類。

　　注明相借,如第三圖注:"江陽借用",第十一圖注(臻隱)有助借用。

　　兩韻韻目并列,不再加注。如第七圖"代泰"并列。

　　標注一韻,但圖内列數韻之字,如第九圖標注脂韻,但圖内脂、支、之三韻字混列。

　　凡注明合并,是指兩韻字完全合并。凡注明相助,不全能合并。如東和冬一等韻可合并,而東三等和冬不能合并。注明借用,或是音節可以互相補充,如臻、隱兩韻;或是異攝同音,如江和陽,蒸和清等。唯"廢"與"祭"既并列,又注借用,不知何義。

　　《四聲等子》合并情況大致如下①:(以平聲爲代表)

一等韻	東冬	咍泰	覃談
二等韻	删山	佳皆夬	耕庚二　咸銜
二三等韻	江陽	臻真(諄)	殷(文)
三等韻	東三鍾	魚虞	尤幽
	脂支之微　戈三麻三(?)		
三四等韻	宵蕭	仙元先	蒸庚三清青
	祭廢齊　鹽嚴添凡		

　　《四聲等子》把入聲既承陽聲韻,又承陰聲韻。這反映了當時入聲已失去韻尾-b,-d,-g,而一律變成了喉塞音尾了。

(四)《切韻指掌圖》

　　《切韻指掌圖》二卷,卷首有署名司馬光的序言,過去都以爲這部書的作者即是北宋司馬光。近人考證,指出這篇序言是偽造的。或説這部書是南宋楊中修所作,亦不確實。本書的作者究竟是誰? 現在還不知道。

---

　　① 參考邵榮芬《漢語語音史講話》。

卷首有最初刊刻時董南一的序文,所署年代爲嘉泰癸亥,即公元 1203 年。據此推測,本書當爲南宋人所作。從本書所反映的語音系統來看,這部書在《韻鏡》和《七音略》之後,可能也晚于《四聲等子》。

《切韻指掌圖》分列二十圖,不立"韻攝"之名,分各圖爲"獨"、"開"、"合"三類。每圖橫分四層,表四聲;每層橫分四排,表四等。《切韻指掌圖》和《四聲等子》在主要問題上都相同,如都用三十六字母,都分列二十個圖等。不過,《指掌圖》有其特點:

(1)《指掌圖》的排法是把三十六字母排成三十六行,每母一行,改變了《韻鏡》到《四聲等子》排成二十三行的舊規。另外,《指掌圖》沿用《韻鏡》的辦法,一聲包四等,和《四聲等子》一等包四聲不同。

(2)《指掌圖》把沒有開合對立的韻,即通攝、效攝、遇攝、流攝、咸攝、深攝等六攝的韻始稱"獨韻",在列圖時,六攝獨韻先列。因此,《指掌圖》的圖次與《四聲等子》有較大的不同。

(3)《指掌圖》對《切韻》系韻部的合并,和《四聲等子》大多數相同;不過,在韻母改變方面,比《四聲等子》大,更接近現代語音。例如:《指掌圖》對支、之兩韻的開口精組字茲、雌、慈、思、詞等字列爲一等,已近于近代官話音。這是《中原音韻》分出支思韻的先導。

《指掌圖》打破了"攝"的界限。例如,把蟹攝齊、祭兩韻的開口字和支、脂、之、微四韻的開口字排在一起,這是打破了攝的界限。又如把止攝支、脂、微幾韻的合口字和蟹攝一等合口灰韻和四等齊韻合口相配,列成一圖,又打破攝的界限,這反映了"攝"對它所要反映的語音已不大適用了。

《切韻指掌圖》爲了辨明"五音"、"字母清濁"等,它用簡明的韻語加以說明,以便于學習。共有九辨,爲辨五音例、辨字母清濁歌、辨字母次第例、辨分韻等第歌、辨內外轉例、辨廣通侷狹例、辨獨韻與開合韻例、辨來日二字母切字例、辨匣喻二字母切字歌。現舉例如下:

辨五音例

欲知宮舌居中，　　欲知商開口張，

欲知角舌縮却，　　欲知徵舌柱齒，

欲知羽撮口聚。

辨字母清濁歌

横偏第一是全清，　　　第二次清總易明，

全濁第三聲自穩，　　　不清不濁四中成，

齒中第四全清取心審，　第五從來類濁聲斜禪，

唯有來日兩箇母，　　　半商半徵濁清平。

辨分韻等第歌

見溪羣疑四等連，　　端透定泥居兩邊，

知徹澄娘中心納，　　幫滂四等亦俱全，

更有非敷三等數，　　中間照審義幽玄，

精清兩頭爲真的，　　影曉雙飛亦四全，

來居四等都收後，　　日應三上是根源。

(五)《切韻指南》

《切韻指南》全稱《經史正音切韻指南》，元代劉鑒著。鑒字士明，關中(今陝西)人。《切韻指南》書成于元順帝至元二年，即公元 1336 年，比《中原音韻》晚十二年。《切韻指南》以《四聲等子》爲藍本。劉鑒在《切韻指南》序言裏說，"與韓氏《五音集韻》互爲體用"。韓道昭的《五音集韻》寫于金章宗泰和戊辰，即公元 1208 年。《切韻指南》作于 1336 年，則比韓道昭的《五音集韻》要晚一百多年。

《切韻指南》列十六攝二十四圖，比《四聲等子》多四圖，即江、宕兩攝，曾、梗兩攝分開，又把咸攝的嚴、凡兩韻另立一圖。這是《五音集韻》的

影響。《切韻指南》又縱列二十三行,以統括"三十六字母",與《韻鏡》相同。《指南》是研究宋、元間語音變化的重要資料。

　　現從對《切韻》的韻部歸并情況,來看《切韻指南》和《四聲等子》,《五音集韻》的關係。

《四聲等子》	《切韻指南》	《五音集韻》
東一冬	同	同
覃談	同	同
佳皆夬	同	同
刪山	同	同
耕庚二	同	同
咸銜	同	同
尤幽	同	同
宵蕭	同	同
哈泰	同	○①
東三鍾	同	○
魚虞	同	○
祭廢齊	同	○
歌三麻三(?)	同	○
蒸庚三清青	庚三清青	○
支脂之微	同	支脂之
臻真諄殷文	同	臻真
仙元先		仙先
鹽添嚴凡	嚴凡	同
江陽　②	○	○

---

① 没有合并的用圓圈表示。

② 此對照表引自邵榮芬《漢語語音史講話》141 頁,天津人民出版社。

　　從以上看來,《切韻指南》在韻部合并方面,受《四等聲子》的影響大。

　　《切韻指南》有些圖上標有“廣”、“通”、“侷”、“狹”等名目。這是以前的韻圖所沒有的。不過,《四聲等子》和《切韻指掌圖》附有“辨廣通侷狹例”。《切韻指掌圖》的“辨廣通侷狹例”説:“所謂廣通者,第三等字通及第四等字也;侷狹者,第四等字少第三等字多也。”“廣通”和“侷狹”是兩條“門法”,“門法”就是按照反切查韻圖的方法。例如“廣通”,在支、脂、真、諄、仙、祭、清、宵等韻裏,有些四等字用三等字做反切下字,碰到這種情況,要到同聲母的四等去找,才能找到。例如,《切韻指南》第三圖,“移,弋支切”,“支”是三等字而“移”在喻母四等。這就是“第三等字通及第四等字也”,所以叫“廣通”。另外,在東、鍾、陽、魚、蒸、尤、鹽、侵等韻裏,有些三等字,却用四等字做反切下字。例如,“恭,居容切”,“容”是四等,而“恭”字要到三等裏去找。這些韻“第四等字少,第三等字多”所以叫“侷狹”。

　　另外,《切韻指南》劉鑒在“序言”上説:“時忍切腎字,時掌切上字,同是濁音,皆當呼如去聲。”反映了當時語音中濁上已經變去。又説:“士魚切如殊字,本是鋤字;詳里切如洗字,本是似字。”反映了當時語音中“士”與“鋤”的聲母已經不同,“里”和“似”的韻母也已經不同了。這種語音發展變化現象,雖略有反映,但也是可貴材料,可以和《中原音韻》相印證。

　　羅常培在《〈通志・七音略〉研究》一文中,對宋元等韻之學,有一概括的分析,很好。現抄錄於下,以作爲本章小結:

　　　宋元等韻圖之傳於今者,大別凡有三系:《通志・七音略》與《韻鏡》各分四十三轉,每轉縱以三十六字母爲二十三行,輕脣、舌上、正齒分附重脣、舌頭、齒頭之下;橫以四聲統四等,入聲除《七音略》第二十五轉外,皆承陽韻。孫覿《內簡尺牘》謂楊中修《切韻類例》爲圖四十四,當亦與此爲近,此第一系也。《四聲等子》與《切韻指南》各分十六攝,而圖數則有二十與二十四之殊。其聲母排列與《七音略》同,惟横以四等統四聲,又以入聲兼承陰陽,均與前系有別,此第二系也。《切韻指掌圖》之圖數及入聲分配與《四聲等子》同,但削去攝名,以四聲統四等;分字母爲三十六行,以輕脣、舌上、正齒與重脣、舌頭、齒平列;又於第十八圖改列支之韻之齒頭音爲一等;皆自具特徵,不同前系。惟楊倓《韻譜》"變三十六分二紙肩行而繩引"①,"於舊有入者不改,舊無入者悉以入隸之"②,其式蓋與此同,此第三系也。綜此三系,體制各殊,時序所關,未容軒輊。然求其盡括《廣韻》音組,絕少漏遺,且推迹原型,足爲構擬隋唐舊音之參證者,則前一系固較後二系差勝也。③

六、宋明時期的古音研究

1. 古音研究的興起

古音學研究,清代最有成績。不過,古音學研究的興起和發展,也有個過程。遠在漢代,語言學家劉熙,就已認識到古今音的不同。他在《釋名·釋車》中説:"車,古者曰'車',聲如'居',所以居人也;今曰'車',聲近'舍'。"但劉熙對古音並没有作系統的研究。

六朝時代,晉人徐邈作《毛詩音》,梁人沈重作《毛詩集注》,他們對古今音有同有異認識不足,因此,他們以當時的音讀古詩,遇到不合的都歸之於"叶音"或"協韻",就是改音以協句。例如《詩·邶風·燕燕》三章:"燕燕于飛,上下其音。之子于歸,遠送于南。瞻望弗及,實勞我心。"沈重

---

① 見張麟之《韻鏡序》。
② 戴震《答段若膺論韻書》。
③ 引自《羅常培語言學論文集》。

《毛詩音》於“遠送於南”之下註云：“協句，宜乃林反。①”沈重的意思以爲遠在周朝時代，“南”字的讀音和南北朝時代的讀音“那含切”一樣，但在吟這首詩的時候，爲了要與“音”“心”字協韻，就臨時改唸爲“乃林反”。

到了唐朝，這種主觀叶韻改字的事更加多了，以致有改經的事出現。唐明皇讀《尚書·洪範》至“無偏無頗，遵王之義”他感覺到“頗”字與“義”字不協韻，就把“頗”字勅改爲“陂”字。這種改經的風氣，唐、宋間是盛行的。這就說明了南北朝、唐朝時有些人也已感覺到了古今音的不同，但是，他們沒有去進行研究，而是主觀的改字音協句，以致發展到改經。不過，唐、宋時代，另外一些學者，卻對此進行了研究，能正確認識古音的問題。

陸德明（約公元550—630年），唐代經學家、訓詁學家，蘇州吳人（今江蘇吳縣）。他爲了闡釋經學和老莊之學，博採漢、魏、六朝的音切，凡二百三十餘家，又兼採諸家訓詁，考證各本異同，撰《經典釋文》。這部書是漢魏六朝以來羣經音義的總匯。

陸德明《經典釋文》於《詩·邶風》“南”字下，雖録沈重之説，但他自己又加注云：“今謂古人韻緩，不煩改字。”又於《詩·召南》“華”字下注云：“古讀華爲敷。”清儒戴震在《聲韻考》上説：“唐陸德明《毛詩音義》雖引徐邈、沈重諸人，紛紛謂合韻、取韻、叶句；而於《召南》華字云：古讀華爲敷；於《邶風》南字下云：古人韻緩不煩改字，是陸氏已明言古韻，特不能持其説耳。”陸德明在《經典釋文·條例》上説：“文字音訓，今古不同。前儒作音，多不依注，注者自讀，亦未兼通。今之所撰，微加斟酌。若典籍常用，會理合時，便即遵承，標之于首。”陸德明“微加斟酌”的標準，根據一些材料進行研究，陸氏的標準是“在‘古今’音注之中，先今而後古；在‘南北’音注之中，取南而舍北②”。陸德明編著《經典釋文》是以注音爲

----

① 見《經典釋文》卷五。
② 見林燾《陸德明的經典釋文》，《中國語文》1962年3月號。

主,兼及釋義和校勘。陸德明所處的時代,正是"音韻鋒出,各有土風,遞相非笑"的時代。他對語音是進行了研究的,所以他能突破前人的"叶韻"説,并對古音有兩點重要的看法。第一,他指出古書用韻寬,不像後人那麽苛細,這已明白指出了古今韻部不同。第二,他説古韻寬疏,這就對宋以後,古韻通轉,古音研究有啓蒙的作用。

2. 宋代古音學家

(一) 吳棫《韻補》

吳棫(約公元1100—1154年)字才老,宋代音韻訓詁學家,建安(今福建建甌)人。宣和進士,官泉州通判。撰《韻補》,認爲古人用韻較寬,有古韻通轉之説,他對古音的看法,和陸德明的見解相同。他又撰《詩補音》、《字學補韻》、《楚辭釋音》等,已不傳。

關於吳棫的籍貫,《四庫全書總目提要》云:"棫字才老,武夷徐蕆爲是書序稱與蕆本同里,而其祖後家同安。王明清《揮麈三録》則以爲舒州人,疑明清誤也。"又光緒九年徐幹刊《韻補》,跋云:"按蕆與才老同里,序又謂其祖後家同安,而宋王明清《揮麈三録》謂是舒州人,或遂疑明清之誤。考《宋史·地理志》,福建路泉州有同安縣,宜致後人之疑。而舒州有同安監,亦見《宋史·食貨志》,才老上世蓋自武夷遷舒之同安耳。《揮麈録》初不誤。"據此,才老的籍貫,或曰閩人,或曰皖人,有就其先世,有就其本人里貫,所以不同。光緒《安徽通志·儒林傳》列吳棫爲舒州同安人。同安即今之潛山。然道光《福建通志》卷一百八十七人物《儒林傳》則列吳棫爲建州建安縣人。建安即今之建甌①。

吳棫著《毛詩叶韻補音》十卷。今不傳。《福建通志》卷七十六《經籍類略》載其序曰:"詩音舊有九家,唐陸德明以己見定爲一家之學,《釋文》

---

① 參見周祖謨《吳棫的古音學》,見《問學集》上册二一三至二一四頁。中華書局版。

是也。所補之音,皆陸氏未叶者,已叶者悉從陸氏。"這本書將前人所説毛詩叶音的例子匯集以講明詩韻,其中不免有臆度之辭,然工作有意義,朱熹作《詩集傳》,在韻讀上採用了吳棫的説法。

吳棫著《韻補》五卷。這部書非專爲詩作。他取《易》、《詩》、《書》以下至北宋歐、蘇的文集五十種書以考查古人用韻與韻書分韻不同之處。凡《集韻》所未載,都分條列出。吳才老從許多例證中看出古人用韻甚寬,韻書相去稍遠的部分,在古代詩文中往往通用;於是他歸納出一個粗疏的類別,把古韻分爲九部:

一東　　冬鍾通,江或轉入。

二支　　脂之微齊灰通,佳皆哈轉聲通。

三魚　　虞模通。

四真　　諄臻殷痕耕庚清青蒸登侵通,文元魂轉聲通。

五先　　僊鹽沾嚴凡通,寒桓刪山覃談咸銜轉聲通。

六蕭　　宵肴豪通。

七歌　　戈通,麻轉聲通。

八陽　　江唐通,庚耕清或轉入。

九尤　　侯幽通。

吳棫把古韻粗疏的歸納爲九部,在古音研究上有開路先鋒之功。只是過于粗疏,九部的概念不明確,韻字的排列不合他自己所訂的九部界限。例如東韻有登、唐、分、朋、務、尊,支韻有加、魚、逃、焯、春,先韻有宮、監、南、風、平、心、行、林等,不但不合他自定的通轉界限,就字論字,也不合於先秦古音。他引證歐陽修、蘇軾、蘇轍的詩,也爲後人所不滿。但是,他在古音學研究的歷史上,還是有功的。

吳棫以後有程迥作《音式》,其書不傳,《四庫全書總目提要·韻補》條中,談到程迥《音式》有三聲通用、雙聲互轉之説,其詳不可考。

（二）鄭庠《古音辨》

鄭庠著《古音辨》，早已不傳，他的古音學説見於戴震《聲韻考》，段玉裁《六書音均表》，夏炘的《詩古韻表廿二部集説》。他分古韻爲六部：

一，東、冬、江、陽、庚、青、蒸。
二，支、微、齊、佳、灰。
三，魚、虞、歌、麻。
四，真、文、元、寒、刪、先。
五，蕭、肴、豪、尤。
六，侵、覃、鹽、咸。

鄭庠的古音六部之分，甚有系統，尤以第一、第四、第六等三部，代表了-ŋ、-n、-m 三種陽聲，秩然不紊。古音學研究史上，正式列古音韻部，始於鄭庠。只是他的古音韻目，完全是《平水韻》的韻目，故後人或疑夏炘所載，恐非鄭庠原作。

從以上可知，古音學研究，開始於破除叶韻的迷障，陸德明提出古人韻緩，不煩改字。繼則有吳才老，同意陸德明韻緩説，并加以發揮，有古韻通轉之説。於是，吳才老粗分古音爲九部，鄭庠則進一步分古音爲六部，不過他們的古音分部，主要是把後代韻書上的韻部合并通用而來。儘管如此，在古音研究歷史上，他們還是起了重要的啓發作用。

3. 明代古音學家

明朝的古音學家有楊慎、陳第二人。

（一）楊慎《轉注古音略》

楊慎字用修，號升菴，成都人。年二十四，明正德間廷試第一，授修撰。世宗立，充經筵講官。楊慎博覽羣書，明世記誦之博，著述之富，推爲第一。詩文外,雜著至一百餘種,有《升菴集》八十一卷。卒年七十二。

楊慎在古音研究方面,著有《轉注古音略》、《古音叢目》、《古音略例》、《古音複字》、《古音駢字》、《古音餘》、《古音拾遺》等書,其中以《轉注古音略》爲主要,此書著成於公元 1532 年。楊慎不同意宋人叶韻之説,因爲宋人的叶韻是無標準的。他提出古人的叶韻是有標準的,是從轉注而來的。他在《轉注古音略題辭》中説:"《周官·保氏》六書,終於轉注。其訓曰'一字數音,必展轉注釋而後可知。'《虞典》謂之和聲,《樂書》謂之比音,小學家謂之動静字音。訓詁以定之,曰'讀作某',若'於戲'讀作'嗚呼'是也。……《毛詩》、《楚辭》悉謂之叶韻,其實不越《保氏》轉注之義耳。《易》注疏云:'貢有七音',實始發其例。宋吳才老作《韻補》始有成編;旁通曲貫,上下千載。朱晦翁《詩》傳《騷》訂,盡從其説。……余自舞象之年,究竟六書,不敢貪古人之成編爲不肖之捷徑,尤復根盤節解,條入葉貫。……乃作《轉注古音略》。大抵詳于經典而略於文集;詳于周漢而略於晉以下也。"

楊慎不同意宋人隨意叶韻是對的,不過,他提出古人叶韻是從轉注而來的看法,也是不妥的。楊慎在古音研究方面,對吳才老的《韻補》增訂,是有一定貢獻的。他在《轉注古音略序》中説:"私心竊病才老之書多雜宋人之作,而于經典注疏子史雜家尚多遺逸,其顯而易見者,如《左傳》之'鞫'音'芎',《毛詩》之'哇'音'戲',古音有在于是,特未押於句杪爾。……其才老所取已備者不復載;間有復者,或因其謬音誤解,改而正之;單文孤證,補而廣之,故非勦説雷同也。[①]"

(二) 陳第《毛詩古音考》

陳第(公元 1541—1617 年)字季立,號一齋,明音韻學家,福建連江人。明萬曆秀才。他研究古音,著有《毛詩古音考》、《讀詩拙言》、《屈宋

---

① 見楊慎《答李仁夫論轉注書》。

古音義》等。

《毛詩古音考》四卷(作于公元 1606 年),是古音研究的重要著作。陳第在《毛詩古音考·自序》中,破除所謂"叶韻"之説:

> 蓋時有古今,地有南北,字有更革,音有轉移,亦勢所必至,故以今之音讀古之作,不免乖刺而不入,于是悉委之叶。夫其果出於叶也,作之非一人,採之非一國,何"母"必讀"米",非韻"杞"韻"止",則韻"祉"韻"喜"矣;"馬"必讀"姥",非韻"組"韻"黼",則韻"旅"韻"土"矣;"京"必讀"疆",非韻"堂"韻"將",則韻"常"韻"王"矣;"福"必讀"偪",非韻"食"韻"翼",則韻"德"韻"億"矣。厥類實繁,難以殫舉;其矩律之嚴,即《唐韻》不啻,此其故何耶?又《左》、《國》、《易·象》、《離騷》、《楚辭》,秦碑、漢賦,以至上古歌謠箴銘贊誦,往往韻與《詩》合,實古音之證也。

陳第的《毛詩古音考》列《詩經》中韻字四百餘條,於各字下注明古讀,以《詩經》爲本證,本證之外,又以其他經書、子書上的用韻爲旁證。又作《屈宋古音義》一書和《毛詩古音考》進行比較研究,取《楚辭》上的韻語和《毛詩》相印證。在《讀詩拙言》一書中,他又提出《説文》形聲字從某得聲之例,其中很多可以用來證明《毛詩》的音讀。

楊慎雖然不贊成宋人的改字叶韻,却仍然相信《詩經》中有叶韻。到了陳第才把"叶韻"之説從根本上推翻。他以《詩經》爲本證,以其他古代韻語爲旁證,對古音進行研究。他認爲後人所謂叶韻的音,正好是古人本有的語音。例如"母"字古音本讀如"米",所以常與"杞"、"止"、"祉"、"喜"等字爲韻;如果説是偶然的叶音,爲什麼不叶其他音,而僅能叶音"米"呢?而且處處是音"米",没有一處讀如《廣韻》的莫厚切①。

---

① 王力《中國音韻學》下册 6 頁:上古"母"、"米"也不同音,當云"母"字古音屬之韻。

　　陳第對古音研究的成績,對古音的理論認識,都比吳棫、楊慎要高明多了。因爲他具有"時有古今,地有南北,字有更革,音有轉移"的時地發展的理論認識,這在語言學研究上是最爲重要的。他的《毛詩古音考·自序》中,有一段説明他研究古音的原因、方法以及他對古音的看法,很精彩,現抄採於下:

　　　　愚少受《詩》家庭,竊嘗留心于此。晚年獨居海上,慶弔盡廢;律絶近體既所不嫻,六朝古風,企之益遠,惟取三百篇日夕讀之。雖不能手舞足蹈,契古人之意,然可欣、可喜、可感、可悲之懷,一于讀詩洩之。又懼子姪之學詩,而不知古音也。于是稍爲考據,例本證、旁證二條。本證者,《詩》自相證也;旁證者,採之他書也。二者俱無,則宛轉以審其音,參錯以諧其韻,無非欲便于歌咏,可長言嗟嘆而已矣。蓋爲今之詩,古韻可不用也;讀古之詩,古韻可不察乎? 嗟夫! 古今一意,古今一聲;以吾之意而逆古人之意,其理不遠也;以吾之聲而調古人之聲,其韻不遠也。患在是今非古,執字泥音,則支離日甚,孔子所刪幾乎不可讀矣。

　　總之,在古音研究的歷史上,陳第對語音時地觀念的理論認識正確,他的研究方法也比較科學,因此,他對古音的研究成績,不僅超越了他的前輩,又啓迪了清代顧炎武、江永諸人的古音研究。

4. 晚明學術界的新現象

　　梁啓超在《中國近三百年學術史》一書中指出晚明二三十年間,學術界發生了以下一些新現象:一是王學(王陽明)自身的反動,即出現劉宗周一派,標"證人"主義,從"慎獨"入手,舍空談而趨實踐。二是對自然界的探索,有徐霞客著《徐霞客遊記》。他遊遍全國,描寫風景,研究山川脈絡,對于云、貴、蜀、桂等地地理,考證詳確,是實地調查地理書之始。宋應星著《天工開物》,用科學方法,研究食物、被服、用器以及冶金、機械、丹青、珠玉之原料工作,繪圖說明,詳確明備。梁啓超説:"二書一洗明人不讀書空談,且比清人'專讀書的實談'還勝幾籌。"三是歐洲曆算學之輸入,由于耶穌教傳入,利瑪竇、龐迪我、熊三拔、湯若望等,自明萬曆末年至天啓、崇禎間先後入中國,明朝學者如徐光啓等和他們合作研究,成績卓著,如曆法改革、譯述《泰西水法》、《幾何原本》等。總之,根據當時著譯目錄,可知他們對文化交流、新知識傳播是十分努力的。

明末法國耶穌會士金尼閣(Nicolas Trigault)著《西儒耳目資》共三册,明天啓六年(公元 1626 年)出版。這本書原本是爲西洋傳教士學習漢語、漢文而作,書中共採用了二十九個字母,其中元音五個,輔音二十個,又他國用而漢語不用的輔音四個。以漢語所用的二十五個字母拼合漢字的讀音,其拼法在當時有一定的影響;并且對後世我國的語文改革,也起了啓蒙的作用。四是藏書、刻書風氣漸盛。焦竑的《國史經籍志》,在目錄學上有相當價值。范欽創立天一閣,實爲全國或全世界最古最大的私人圖書館。毛子晉和其子毛斧季,他家的汲古閣專收藏宋元刻的善本書,所刻《津逮祕書》和單行本古籍,至今有價值。這些藏書、刻書的事業,給後來學習者有很大的幫助。例如黃宗羲,全祖望都曾讀天一閣藏書。又如汲古閣刻本書在流傳古籍方面有功,并且大有益于校勘家。五是在佛教方面也有新發展,宋、元、明三代,可説除禪宗外,別無佛教。晚明時代,忽出三位大師蓮池、憨山、澫益,他們反禪宗,提倡净土宗。他們一反禪宗不讀書,把全藏通讀,從平實處立定,做嚴肅踐履工夫,回到隋唐時代佛學的途徑,讀佛經,注佛經。

就以上五方面新現象,梁啓超又概括指出兩點:一爲文化交流,晉唐間佛學爲第一次,明末的曆算學便是第二次。在這種新現象下,學界空氣,爲之一變,後來清朝一代學者,對于曆算學都有興味,而且最喜經世致用之學,可説是受此影響。二爲晚明學術界所發生新現象,關係重大,後來清朝各方面的學術,都從此中孕育出來。

第五章　清代的語言研究

一、概　　述

　　梁啓超在《中國近三百年學術史》上説："有思潮之時代必文化昂進之時代也,其在我國自秦以后,確能成爲時代思潮者,則漢之經學、隋唐之佛學、宋及明之理學、清之考證學,四者而已。"

　　1644年三月十九日以前是明崇禎十七年,五月初十日之後便變成清順治元年了。清初政策可分爲三期:第一期,順治元年至十年,爲利用政策;第二期,順治十一年至康熙十年,約十七八年,爲高壓政策;第三期,康熙十一、二年以後,爲懷柔政策。康熙本人性格闊達大度,一變高壓爲懷柔,方法有三,一舉山林隱逸,二荐舉博學鴻儒,三於康熙十八年開明史館。開明史館一著相當成功,許多學者眷戀故國文獻,同意參加了。康熙時代的高壓和懷柔二政策,對當時學風很有影響。

　　清初學術界,完全爲明遺老支配。明末學者認爲明朝之亡,是學者社會大恥辱,於是抛棄陽明學派明心見性的空談,專講經世致用的實務。他們不是爲學問而做學問,是爲政治而做學問。到政治上無望,不得已才做學者的生活,黄宗羲、顧炎武、王夫之、朱舜水是這時代的代表人物。他們建設新學派方面多,而目的總在經世致用。他們元氣旺盛,大刀闊斧打開局面,但條理不免疏闊。

康熙二十年以後,形勢漸變,明末遺老大師,彫謝略盡,後起之秀,多半生長在新朝。他們感到先輩"經世致用"實已無望,而且經世時政,便觸忌諱,屢次文字獄,人人有戒心。當時社會安定,康熙後期開明史館,又極力提倡文化、科學。學術界雖沒有清初之波瀾壯闊,然而日趨於健實有條理。

自康熙、雍正以來,朝廷提倡宋學,但民間以江浙爲中心,"反宋學"的氣勢日盛,標出"漢學"與之抵抗。到乾隆時代,漢學全勝。乾隆三十八年開始編纂《四庫全書》,至四十七年完成,著録書三千四百五十七部,七萬九千七十卷,存目書六千七百六十六部,九萬三千五百五十六卷。當時四庫館中所有學者三百多,都是各門學科的專家。可以説,四庫館就是漢學家的大本營,《四庫提要》就是漢學思想的體現。

清乾隆、嘉慶兩朝,漢學思想達於高潮,主要分爲吳派和皖派,吳派以惠棟爲首,皖派以戴震爲首。此外還有揚州的焦循、汪中,浙東的全祖望和章學誠。他們從校訂經書擴大到史籍和諸子,從解釋經義擴大到考究歷史、地理、天文、曆法、音律、典章制度;對古籍和史料整理有較大貢獻。乾嘉學者,繼承古文經學的訓詁方法而加以條理發明,用于古籍整理和語言文字研究,形成所謂"樸學"。總之,乾嘉學者,自成一種學風,他們的研究方法比較科學,他們的學風比較樸實。他們在語言文字學方面的研究成績也是卓越的。

二、顧炎武的古音學研究

1. 顧炎武——清代古音學的奠基人

顧炎武初名絳,后改名炎武,字寧人,學者稱他爲亭林先生。明末清初思想家,語言學家。江蘇崑山人,生於明萬曆四十一年,卒於清康熙二十一年(公元 1613—1682 年)終年七十歲。

他曾參加抗清活動。公元 1644 年,清兵入關。顧炎武時年三十二歲,起義守吳江、保崑山失敗後,作長期大規模出遊,一則爲結識人物,二則爲考察山川形勢。四十五歲去南京謁明孝陵太祖墓,然後北上,山東、河北一帶,對山海關、居庸關、古北口、昌平、薊州等處作調查,又遍遊山西、陝西、河南三省,并擇沖要處墾荒,後定居陝西華陰,認爲此處地勢好,進可攻,退可守。公元 1681 年,即康熙二十年,他從華陰出遊河東,復至曲沃,明年(康熙二十一年,公元 1682)正月,死在曲沃韓姓家,終年七十歲。

抗清不成,後致力著述,探究國家典制,郡邑掌故,天文儀象、河漕、兵農以及經史百家、音韻訓詁之學。哲學上贊成張載關於"太虛"、"氣"、"萬物"三者統一的學説,承認"氣"是宇宙的實體。他提倡"經世致用",反對空談"心理性命"。他説:"古今安得別有所謂理學者,經學即理學也。舍經學以言理學者,而邪説以起。"又説:"今日只當著書,不當講學。"他的這些看法,改革晚明學風,對此後三百年思想、學術界影響很大,所以説他是清代朴學的開創人。

晚年治經側重考證,開清代朴學風氣。考訂古音,離析《唐韻》,分古韻爲十部。在闡明吾學源流和分析古韻部目上,都有承前啓後之功。著有《日知錄》、《天下郡國利病書》、《肇域志》、《音學五書》、《韻補正》、《亭林詩文集》等。

關於顧炎武的生平,可參看全祖望《鮚埼亭集·亭林先生神道碑銘》,張石州的《亭林先生年譜》,以及《亭林文集》中《與葉訒庵書》、《答原一公蕭兩甥書》、《與人書》、《又與潘次耕書》等。

2. 古 音 學 研 究

顧炎武是清代學術界的開創人,也是清代古音學研究的奠基人。

自從明代陳第首次闡明語音變化的時地理論的認識,古音研究開始有了正確的方法。陳第在《毛詩古音考》、《屈宋古音義》中,雖然以大量的證據證明古代一些字的古音,但是却没有能進一步概括出古韻分部。正如江有誥所指出:"然於古韻分部亦未之知也。"(見《古韻廿一部總目凡例》)因此,他看不到上古韻部的體系,也就不可能認識從上古到中古漢語韻部發展變化的規律。直到顧炎武,他在陳第的基礎上進一步研究,不僅研究出一些字的古音,并進一步概括成韻部,他首創分古韻爲十部。以顧氏的古韻十部和《廣韻》二百零六部比較研究,便可以看到從上古到中古漢語韻母系統發展變化的概况,從而初步揭示出語音發展的内部規律。后來的古音學家,就是在他的研究基礎上繼續研究,取得古音研究方面很大成績。顧氏還改變了《切韻》入聲配陽聲的系統,以入聲配陰聲,揭示了上古入聲韻和陰聲韻的關係,反映了上古語音的實際。

在《音學五書》的"序言"中,他認識到語音是逐漸發展變化的;因此,他把漢語語音的發展分成了幾個階段,每個階段又有與之相應的作品或韻書,他對語音的源流發展是十分重視的,在研究方法上,他提出了"沿流而溯源"的科學方法。(見江永《古音標準·例言》)他第一步"據唐人以正宋人之失",又稱"一變而至魯"(見《答李子德書》),即離析"平水韻",使之回到唐韻。第二步是"據古經以正沈氏唐人之失"又稱"一變而至道"(見《答李子德書》),"借今音離合、以求古音"(見江永《古韻標準·例言》),就是根據上古韻文如《詩經》協韻情况來離析《廣韻》,研究分析,再概括重新組合,歸納出古韻十部。這是顧氏在古音研究上的巨大貢獻。

"序言"也反映了顧氏在語言學上認識的一些局限,例如,他有今音不如古音的思想,他説:"舉今日之音而還之淳古",又説:上古語音"以十五國之遠,千數百年之久","未嘗有異""無弗同者",這樣就不承認上古語音的發展變化以及方音的存在。這和他語音流變的思想和承認上古有方言(見《唐韻正》卷三)的認識是有矛盾的。可見他一方面具有語言發展時地論的思想認識,但由於時代認識上的局限,在有些問題,又出現矛盾看法。

顧炎武研究古音，開始于公元 1643 年左右。他以三十餘年功夫著《音學五書》。《音學五書》凡五種：一《音論》，二《詩本音》，三《易音》，四《唐韻正》，五《古音表》。

《音論》分上中下三卷，是論古音的總綱及論古音學上一些重大問題。卷上論韻書之始，唐宋韻譜異同。卷中論爲古人韻緩不煩改字，贊同陳第古詩無叶音之説，另提出"古人四聲一貫"的主張。卷下論六書的轉注、先儒兩聲各義之説以及反切的問題。

《詩本音》是以《詩經》用韻爲主，以其他古書中韻語爲旁證，來考定《詩經》古音。其例將《詩經》抄下原詩，在每一韻脚下注明《廣韻》中屬於何韻，如不合，便加以説明。如《國風·周南》：

> 關關雎鳩十八尤，言十八尤者，此字在唐韻之十八尤部也，餘倣此。在河之洲十八尤，窈窕淑女，君子好逑十八尤。參差荇菜，左右流十八尤之，窈窕淑女，寤寐求十八尤之。凡詩中語助之辭，皆以上文一字爲韻也。

《易音》三卷，體例基本上和《詩本音》相同，是按《易經》中的一些韻語，來考定《易經》用韻。《詩》、《易》用韻大體一致，但顧炎武認爲《易經》中有方音。

《唐韻正》二十卷，是《音學五書》中最重要的一部，這本著作，表面上是按《唐韻》次第，逐字加以注釋，實際上是《詩本音》和《易音》的詳細注釋，顧氏的本意，是以先秦古音爲"正"，并以此來正《唐韻》之"失"，故名《唐韻正》。

《古音表》分上下兩卷，以平聲標目，其他三聲與平聲配合，對《唐韻》的韻部，變更次第，有分有合，并改變入聲的分配系統，將古韻分爲十部。顧氏首創離析《唐韻》以求古音，分古韻爲十部，其中論斷雖未盡精當，然奠定了清代古音學的基礎。

《古音表》變更《唐韻》次第，分古音爲十部：

東冬鍾江第一

支脂之微齊佳皆灰咍第二(尤半,去聲祭、泰、夬、廢,入聲質、術、櫛、昔半、職、物、迄、屑、薛、錫半、月、沒、曷、末、黠、鎋、麥半、德、屋半)

魚虞模侯第三(麻半,入聲屋半、沃半、燭、覺半、藥半、鐸半、陌、麥半、昔半)

真諄臻文殷元魂痕寒桓刪山先仙第四

蕭宵肴豪幽第五(尤半,入聲屋半、沃半、覺半、藥半、鐸半、錫半)

歌戈麻第六(支半)

陽唐第七(庚半)

耕清青第八(庚半)

蒸登第九

侵覃談鹽添咸銜嚴凡第十(入聲緝、合、盍、葉、帖、洽、狎、業、乏)

顧炎武分古韻爲十部,意義是很重要的。首先,他爲清代古音學奠定下基礎,如十部中的第六、七、八、九等四部,都得到後世的承認,另外六部也初具規模,後人只是在顧氏分部的基礎上,進一步分得更細。第二,他創造了"沿流而溯源","借今音離合以求古音"這個重要的考證方法①,首次離析唐韻,分古韻爲十部。他的研究方法分兩步,第一步是將"平水韻"中已合并的韻分開,先回到《唐韻》;第二步是分析《詩經》用韻,并參考先秦其他韻文的用韻,以及諧聲字的聲符等材料,離析《唐韻》,重新加以分合,例如:

　　支韻　"支枝卮祇兒疵卑雌知"等字歸第二部;"爲麾撝糜隳羸吹披陂羆隨虧窺奇犧義宜儀皮離罹施漪"等字歸第六部。

---

① 見江永《古韻標準·例言》。

麻韻　　"麻嗟瘥嘉加珈差沙"等字歸第六部;"蟆車奢賒邪遮華
　　　　瓜家瑕巴牙"等字歸第三部。

尤韻　　"憂留流秋猶由遊修周舟收鳩"等字歸第五部;"尤訧郵
　　　　牛丘紑裘謀"等字歸第二部。

顧炎武突破《唐韻》拘束,把一韻分爲兩半,這也是前所未有的。第三,顧氏改變了《廣韻》的入聲分配系統。如鄭庠分古韻爲六部,入聲配陽聲,而顧氏除第十部外,入聲字都配陰聲。在《古音表》中以入聲韻配陰聲,揭示出上古音中入聲和陰聲的關係,入聲配陰聲在上古韻部的劃分上有很大的價值,段玉裁《六書音均表》就是以此作爲支、脂、之三部分立的旁證。入聲配陰聲得到後世多數古音學家的承認。

　　總之,吳棫的《韻補》分古韻爲九部,鄭庠《古音辨》分古音爲六部,但究其性質來説,只能表示古代韻文押韻中的通轉關係,表示了叶音的一定程度的範圍,還并不能説是真正的古韻部;陳第的《毛詩古音考》雖然列出了四百四十四字的古音讀,但没有能進行歸納,也缺乏系統性。當然,他們對古韻的研究,對顧炎武也有啓發、參考的作用。應該説,首次歸納出上古韻部的是顧炎武,他根據《詩經》押韻,結合諧聲系統,進行研究,分析歸納出古韻十部。這樣,就爲上古音的韻部,首先研究出一個輪廓了。

　　同時,顧炎武在《音論》中,對中國語言學史上一些重大問題,進行了研究,提出看法,如《音論》卷上"韻書之始",探討了韻書的源流、發展,并對各家韻書,進行了比較研究。在《音論》中有"四聲之始"對上古聲調,提出了看法。在《音論》下有"反切之始",對反切名稱、來源、各種注音方法的局限,均能提出看法。這些,對後世的研究有一定的啓發和參考作用。

3. 治學精神和方法

　　顧炎武在清代學術界的地位很重要。首先,他是開一代學風的大師。

梁啓超評論説:"亭林學術之最大特色,在反對内向的主觀的學問,而提倡外向的客觀的學問。他一面指斥純主觀的王學不足爲學問,一面指出客觀方面許多學問途徑來,於是學界空氣一變,二三百年間跟着他所帶的路走去。"①第二,顧炎武所以能在清代學術界佔最重要的位置,其一他治學的態度,爲後人的模範;其二他治學的方法,給後人許多啓示;其三他研究的學科,爲後人開路。

例如在治學態度方面,清儒認爲大學者之態度,一曰精慎,二曰虛心。顧炎武治學的態度最能表現這種精神。他説:"著述之家,最不利乎以未定之書傳之于人。②"又説:"人之爲學,不可自小,又不可自大,……自小,少也;自大,亦少也。③"他不僅是這樣説,也是這樣做的。比如《日知録》,閻若璩駁正了若干條,他是欣然接受采納的④。他的《音學五書》也經張力臣改正了多處⑤。顧炎武在《日知録》中説:"時人之言,亦不敢没君子之謙也,然後可以進于學。"⑥這種治學問的態度,真永遠可爲學者模范了。

顧炎武治學的方法,首先十分重視第一手材料,收集資料精勤。有人問他《日知録》又成幾卷? 他回答説:

嘗謂今人纂輯之書,正如今人之鑄錢。古人採銅於山,今人則買舊錢名之曰廢銅以充鑄而已,所鑄之錢既已麤惡,而又將古人傳世之寶,舂剉碎散,不存於後,豈不兩失乎! 承問《日知録》又成幾卷,蓋期之以廢銅。而某自别來一載,早夜誦讀,反復尋究,僅得十餘條,然庶

---

① 參見梁啓超《中國近三百年學術史》。
② 見《顧炎武文集》卷四《與潘次耕書》。
③ 見《日知録》卷七"自視欿然"條。
④ 見趙執信所作《閻若璩墓志》。
⑤ 見《顧炎武文集》卷四《與潘次耕書》。
⑥ 見《日知録》卷二十"述古"條。

幾採山之銅也。①

顧炎武借採山之銅來説明搜集第一手資料的重要,他從原始材料中,加以精淘細啄,《日知録》每條短者數十字,最長亦不過一二千字,每年僅能成十數條,可見其治學態度何等認真嚴肅。後來王引之的《經傳釋詞》、《經義述聞》,陳澧《東塾讀書記》,都是受顧炎武的啓發,并學習他的治學方法而寫成的好著作。

顧炎武研究古音,首先重視先秦時代《詩經》押韻第一手資料,從語言發展的歷史觀點出發,創造了"沿流而溯源""借今音離合以求古音"的重要考證方法。

顧炎武治學方法之二是廣求證據。他對一個問題,不是主觀下結論,而是收集材料,廣求證據,進行比較研究,從而得出結論。

他研究古音,首先重視先秦時代《詩經》押韻以及其他韻文押韻的第一手材料,繼而又廣求證據,從諧聲、異文、異譯、異讀、讀若、音訓、方言、前代傳注等多方面廣求證據。例如,他爲了證明"行"字古代只有"杭"音,其材料竟有三百七十二條之多。

押韻材料是古音研究中最重要、最有系統的資料。陳第首先提出以《詩經》押韻材料爲"本證",其他古代韻文的押韻材料爲"旁證",顧炎武繼承發揚了這一研究方法。考證古音,除《詩經》押韻外,《説文》的諧聲字也是重要材料。吳棫、陳第都已用過,但大量的,比較有系統的運用《説文》諧聲材料,則始于顧炎武,他以《説文》諧聲字,作爲離析唐韻的重要依據。如《唐韻正》中的支、麻、鐸、錫諸韻,都是以諧聲作爲分離的重要證據。其他如異文,是指同一詞不同寫法,包括人名、地名、古書引文和通假字等。異譯是指同一借詞的不同譯名,不過借詞輸入大都在漢代以後,離《詩經》時代較遠,此類材料參考價值不高。讀若是古代注音方法之一。

---

① 見《顧炎武文集》卷四,《與人書》十。

又如音訓,《廣韻》異讀等,都可作古音研究的參考材料。顧氏還調查方音,收集前人傳注的材料。總之,他收集的證據很廣,從而得到較科學的結論。

4. 顧炎武古音研究的不足

陳第研究古音的目的在于存古,他主張"以今讀今,以古讀古",這是對的。顧炎武作《唐韻正》却是要以古音來"正"《廣韻》的。他一再批評周顒、沈約"不能上據《雅》、《南》,旁摭《騷》、子"來編製韻書。他對語音有復古思想,他在《音學五書序》中說:"天之未喪斯文,必有聖人復起,舉今日之音而還之淳古者。"他是想要用上古的淳古音讀,來糾正六朝、唐宋音讀的違失。江永批評他這種復古思想:"顧氏《音學五書》與愚之《古韻標準》皆考古、存古之書,非能使之復古也。①"顧氏對古音分十部,對清代古音研究有奠基之功,但有粗疏之處,江永評他"考古之功多,審音之功淺"。

總之,顧炎武的學術著述方面之多,氣象規模之大,乾嘉諸儒,恐無人能出其右者。

---

① 見江永《古韻標準·例言》。

音學五書序
顧炎武

《記》曰:"聲成文,謂之音。"[1]夫有文,斯有音,比音而爲詩,詩成然後被之樂,此皆出於天而非人之所能爲也。三代之時,其文皆本於六書,其人皆出於族黨庠序,其性皆馴化于中和,而發之爲音無不協於正。然而《周禮・大行人》之職:"九歲屬瞽、史[2],諭書名,聽聲音。"所以一道德而同風俗者,又不敢略也。是以《詩》三百五篇,上自《商頌》,下逮陳靈[3],以十五國之遠,千數百年之久,而其音未嘗有異。帝舜之歌[4],皋陶之賡[5],箕子之陳[6],文王周公之《繫》[7],無弗同者。故三百五篇,古人之音書也。魏晉以下,去古日遠,辭賦日繁,而後名之曰韻。至宋周顒[8]、梁沈約而《四聲》之譜作[9]。然自秦漢之文,其音已漸戾于古,至東京益甚,而休文作譜,乃不能上據《雅》、《南》[10],旁摭《騷》、子[11],以成不刊之典,而僅按班、張[12]以下諸人之賦,曹、劉[13]以下諸人之詩所用之音撰爲定本,於是今音[14]行而古音亡,爲音學之一變。下及唐時,以詩賦取士,其書一以陸法言《切韻》爲準,雖有獨用、同用之注[15],而其分部未嘗改也。至宋景祐之際,微有更定[16]。理宗末年平水劉淵始并二百六韻爲一百七[17]。元黃公紹作《韻會》[18]因之,以迄於今,於是宋韻行而唐韻亡,爲音學之再變。世日遠而傳日訛,此道之亡,蓋二千有餘歲矣。

炎武潛心有年,既得《廣韻》之書,乃始發寤於中而旁通其說。於是據唐人以正宋人之失,據古經以正沈氏唐人之失,而三代以上之音,部分秩如,至賾而不可亂。乃列古今音之變而究其所以不同,爲《音論》三卷[19]。考正三代以上之音,注三百五篇,爲《詩本音》十卷[20]。注《易》爲《易音》三卷[21]。辨沈氏分部之誤而一一以古音定之,爲《唐韻正》二十卷[22]。綜古音爲十部,爲《古音表》二卷[23]。自是而六經之文乃可讀。其他諸子之書,離合有之,而不甚遠也。天之未喪斯文,必有聖人復起,舉今日之音而還之淳古者。子曰:"吾自衛反魯,然後樂正,《雅》、《頌》各得其所[24]。"實有望于後之作者焉。

注：

[1] 聲成文，謂之音：見《禮記・樂記》，此處指宮、商、角、徵、羽五聲之調。

[2] 瞽：樂官。古代樂官以瞽者充當，故名。史：古代官名，管理官書和起草文書。

[3] 陳靈：指《陳風・株林》，此篇爲諷刺陳靈公荒淫而作。

[4] 帝舜之歌：《孔子家語・辯樂》："舜彈五絃之琴，造南風之詩。其詩曰：'南風之薰兮，可以解吾民之慍兮。南風之時兮，可以解吾民之財兮。'"

[5] 皐陶之賡：《書・益稷》："（皐陶）乃賡載歌曰：'元首明哉，股肱良哉，庶事康哉。'又歌曰：'元首叢脞哉，股肱惰哉，萬事墮哉。'"

[6] 箕子之陳：見《史記・宋微子世家》。

[7] 文王、周公之《繫》：指《周易・繫辭傳》。

[8] 周顒：南朝宋、齊間人，著有《四聲切韻》。

[9] 沈約：《梁書・沈約傳》："（約）撰《四聲譜》，以爲在昔詞人，累千載而不寤，獨得胸衿，窮其妙旨，自謂入神之作。"

[10]《雅》《南》：指大小《雅》和《周南》、《召南》，這里泛指《詩經》。

[11]《騷》、子：指《離騷》及先秦諸子。

[12] 班：指班固，東漢歷史家、辭賦家。張：指張衡。東漢文學家、科學家。

[13] 曹：指曹操、曹丕、曹植。劉：指劉楨。東漢末年詩人。

[14] 今音：指《切韻》系韻書所代表的中古音。

[15] 獨用、同用：由於語音發展，唐代實際語音和《切韻》已有不同，便於科舉用韻，根據實際語音情況，乃分"獨用""同用"。

[16] "至宋景祐之際"兩句：宋景祐四年（公元 1037 年）丁度等修訂《韻略》，改稱《禮部韻略》，專爲禮部科試之用。

[17] 理宗：南宋皇帝趙昀，公元 1225—1265 年在位。平水：今山西新絳縣。劉淵：著有《壬子新刊禮部韻略》今已不存，熊忠《古今韻會舉要》按其韻目，爲一百零七韻，乃歸并《禮部韻略》同用例而成。

[18] 黃公紹《韻會》：黃公紹，宋元之際音韻訓詁學家。《韻會》以《説文》爲本，參考韻書，今已不存。

[19]《音論》：是《音學五書》的總綱，論述古音學上重大問題。

[20]《詩本音》：在《詩經》韻脚下注明《廣韻》中屬何韻，和古音不合時，加以注釋，從而得出古音。

[21]《易音》：體例同《詩本音》，研究《易經》的用韻。

[22]《唐韻正》：爲《五書》中最重要的一部。本書收集大量材料以證古音。顧氏以古音爲正，正《廣韻》之失，故名《唐韻正》。

[23]《古音表》：本書通過《廣韻》來研究古音，分析歸納得出古音分爲十部的理論。這是顧氏在古音研究上的首創。

[24] "子曰"三句：見《論語・子罕》。

三、古音學研究的全盛時期

1.　概　　述

　　清代語言學,顧炎武開其端,其後人才輩出,語言學在深度和廣度上都有很大發展。過去學術界有一種説法,小學本經學附庸,音韻學又小學附庸。清儒在音韻研究方面,用力最勤,成績也最大,所以音韻研究到了清代,已"蔚爲大國"了。這和顧炎武提出:"讀九經自考文始,考文自知音始"的啓發有關,從而清儒重視古音韻的研究。

　　對上古音的研究,清儒的成績是十分出色的,王國維《周代金石文韻讀序》給予高度評價,他説:

　　　　古韻之學,自崑山顧氏,而婺源江氏,而休寧戴氏,而金壇段氏,而曲阜孔氏,而高郵王氏,而歙縣江氏。作者不過七人,然古音二十二部之目,遂令後世無可增損。故訓詁名物文字之學,有待於將來者甚多。至于古韻之學,謂之前無古人,後無來者可也。

王國維所列舉的顧炎武等七人,對上古音研究的成績,是十分傑出的。當然,也不能説後世無可增損。不過,漢字基本是表意文字,在沒有音標的困難情況下,清儒根據了《詩經》押韻,和諧聲字系統以及有關材料,能科學地研究出上古韻部,也確實是十分卓越的。

　　清代古音學家考證上古音主要據《詩經》押韻和諧聲系統。《詩經》大部分是口頭創作,大致是周初至春秋中葉時代的作品。每一篇都有韻,詩韻一般在句末,用韻的字稱"韻脚"。每一篇詩,至少有兩個"韻脚"是互相押韻的,押韻的字必須是韻母相同或者相近的。如《國風·桃夭》第二章:

　　桃之夭夭,灼灼其華,之子于歸,宜其室家。

"華"和"家"是韻脚。這兩個字,今天讀起來也還是押韻的。清儒就是把
《詩經》裏所有的韻脚加以分析研究,進行系統歸納,從而了解上古韻母系
統的情況。爲什麽他們對上古音韻部分部又不全同呢? 這是由於《詩經》
時代久遠,語音的發展變化,使得《詩經》用韻的情況很複雜,許多本來押
韻的字,後世讀起來却不押韻了。如《小雅·雨無正》末章云:

　　謂爾遷于王都,曰予未有室家。

"都"和"家"是韻脚,應該是韻母相同或相近,可以押韻。按現代普通話,
"都"的韻母是"u","家"的韻母是"ia",顯然是不押韻了。清儒注意到這
種現象,就對《詩經》押韻進一步分析研究,于是發現在《詩經》裏,"家"字
不僅同"都"字押韻,而且還和"帑、圖、乎"押韻。例如《小雅·棠棣》
七章:

　　宜爾室家,樂爾妻帑,是究是圖,亶其然乎?

和"徒"字押韻,如《大雅·緜》五章:

　　乃召司空,乃召司徒,俾立室家。

和"作、莫、故、居"等字押韻,如《小雅·采薇》一章:

　　采薇采薇,薇亦作止。曰歸曰歸,歲亦莫止。
　　靡室靡家,玁狁之故。不遑啓居,玁狁之故。

清代古音學家從以上《詩經》複雜的押韻現象,分析研究,認識到既然"家"和"華"押韻,"家"和"都"押韻,那麼"華"和"都"也應該可以押韻的。以此類推,和"華""都"等字押韻的別的字也應該可以和"家"字同韻。古音學家就是這樣把這些互相押韻的字找出來,歸納在一起,推斷它們在上古同屬一個韻部,并舉其中一個字作爲韻部的代表字。就這樣一步步求出上古韻的系統。

諧聲是"六書"之一,又叫做形聲。諧聲字是由兩部分構成的,一部分表意,另一部分表音。例如"江"字"河"字,"氵"旁表示這兩個字義屬于"水"的范疇,而"工""可"則分別表示二字的讀音。漢字中,這種諧聲字很多。漢代許慎在《説文解字》中分析這類字的結構爲:"江,從水,工聲。""河,從水,可聲"。"工""可"是表音,亦稱"聲符"。"江""河"是諧聲字,"江"和"工"、"河"和"可"是諧聲關係。凡是用"工"做聲符的一系列字,如:"工、江、訌、攻、貢、功、虹、紅、項、空、控、恐、……"等字,就構成了諧聲系統。

諧聲字是研究上古音的重要材料。因爲諧聲字在商代甲骨文時代就有了,諧聲字是從同一個聲符得聲的,那麼,在造字之初,同聲符得聲的字可能是音同或音近的。清代古音學家認識到這一點,所以他們充分利用諧聲字的材料,進行研究上古音,優秀的古音學家段玉裁,還研究出"同諧聲必同部"的科學論斷。

清代古音學家,他們往往先從《詩經》押韻開始,然後用諧聲來補充或校正。事實上,《詩經》韻腳的分析結果和諧聲系統往往是一致的。例如《詩經·豳風·東山》第三章:

> 鸛鳴于垤,婦嘆于室。灑掃穹窒,我征聿至。

韻腳是"垤、室、窒、至",而它們又都是以"至"得聲,從而可有力證明它們是同屬一個韻部了。

2. 江永的古音學研究

　　清代古音學研究的成績,自顧炎武開端,分古韻爲十部,奠定下基礎,繼之而起有江永等七人,研究成績十分出色,成爲全盛時代。

　　江永(公元1681—1762年)字慎修,婺源(今屬江西)人,清代經學家、音韻學家。通曉《三禮》、樂律,著有《周禮疑義舉要》、《禮書綱目》、《律呂闡微》等,這都是爲闡釋經學的著作。江永的學問以考據見長,開皖派經學研究的風氣。他又善于音理,注重審音,著有《古韻標準》,定古韻爲十三部。又著《音學辨微》、《四聲切韻表》,論述等韻學及韻書中分韻的原理。

　　《古韻標準》四卷,江永著,爲清代古音學的重要著作。這部書是繼承陳第《毛詩古音考》、顧炎武《音學五書》而作。卷首有《古韻標準例言》一篇很重要。江永在“例言”中談了他對古音研究的理論認識,以及對前輩古音研究得失的評價。例如,在古音考證取材方面,“以《詩》爲主,經、傳、騷、子爲證”,周秦以下韻語爲附,取材嚴格,界限分明。在評論前輩古音研究時説:“宋吳棫才老始作《韻補》,蒐集羣書之韻,異乎今音者別之爲古音。明楊慎用修又增益之爲《轉注古音》,言韻學者謂二家爲古韻權輿,而《韻補》尤《毛詩》功臣。余謂凡著述有三難:淹博難、識斷難、精審難。二家淹博有之,識斷、精審則未也。”對於顧炎武的古音研究,江永一方面肯定其卓越的見識、成績,他説:“近世音學數家,毛先舒稚黃、毛奇齡大可、柴紹炳虎臣,各有論著,而崑山顧炎武寧人爲特出。余最服其言曰孔子傳《易》亦不能考方音,又曰韓文公篤于好古而不知古音,非具特識能爲是言乎! 有此特識權度在胸,乃能上下古今考其同異,訂其是非否,則彼以爲韻則韻之,何異侏儒觀優乎。”但是,另一方面,他也指出顧炎武的不足之處,他説:“細考《音學五書》亦多滲漏,蓋過信古人韻緩不煩改字之説”,“顧氏《詩本音》改正舊叶之誤頗多,亦有求之太過,反生葛藤。”評論顧炎武“考古之功多,審音之功淺”。江永對顧氏在古音方面復古思想亦加批評,他説:"顧氏又曰天之未喪斯文,必有聖人復起,舉今日之音而還之淳古者。愚謂此説亦大難。……若廢令人之所日用者,而強易以古人之器,天下其誰從之？觀明初《洪武正韻》就今韻書稍有易置,猶不能使之通行,而況欲復古乎！顧氏《音學五書》與愚之《古音標準》皆考古存古之書,非能使之復古也。"從以上"例言"中可知江永對古音研究嚴格,對古音學家評論允當。

《古韻標準》卷首,有《詩韻舉例》一篇,《詩經》用韻較複雜,江永通篇加以研究後,歸納出《詩經》詩韻的體例,計有:連句韻,間句韻,一章易韻,隔韻,三句隔韻,四聲通韻,三句見韻,四句見韻,五句見韻,隔數句遙韻等等。江永説:"不明體例,將有誤讀韻者,故先舉此以發其凡,自是而古韻可求,其非韻者亦不致強叶誤讀矣。"

《古韻標準》分古韻爲十三部:

(一) 東冬鍾江
(二) 脂之微齊佳皆灰咍(分支尤韻字屬之)
(三) 魚虞模(分麻韻字屬之)
(四) 真諄臻文殷魂痕(分先韻字屬之)
(五) 元寒桓刪山仙(分先韻字屬之)
(六) 蕭宵肴豪(此四韻字分屬第十一部)
(七) 歌戈(分麻支韻字屬之)
(八) 陽唐(分庚韻字屬之)
(九) 耕清青(分庚韻字屬之)
(十) 蒸登
(十一) 尤侯幽(分虞蕭宵肴豪字屬之)
(十二) 侵(分覃談鹽韻字屬之)
(十三) 添嚴咸銜凡(分覃談鹽韻字屬之)

　　顧炎武分古韻爲十部,江永分古韻爲十三部,在《古韻標準·例言》中,江永是有所説明的:

　　　　第四部爲真、文、魂一類,第五部爲元、寒、仙一類,顧氏合爲一也。第六部爲蕭肴豪,分出一支,不與尤侯通;第十一部爲尤侯,一類,當分蕭、肴、豪之一支,不與第六部通,而顧氏亦合爲一也。第十二、十三自侵至凡九韻,當分兩部,而顧氏又合爲一也。

江永又於各部總論中,詳細説明其分別的理由。其中最足以使我們注意的是,除了以虞韻分屬魚、模和侯、幽以外,又依音的侈歛,把真以下的十四韻和侵以下的九韻各分爲兩部,這便足以表示江永的審音功夫。他説:

　　　　自十七真至下平二仙凡十四韻,説者皆云相通,愚獨以爲不然。真、諄、臻、文、殷與魂、痕爲一類口歛而聲細。元、寒、桓、刪、山與仙爲一類,口侈而聲大。而先韻者界乎兩類之間,一半從真諄,一半從元、寒者也。詩中用韻本截然不紊,讀者自紊之。

侵至凡,江永也認爲可分爲兩部。侵韻字與覃韻之“南”、“男”、“參”、“潭”,談韻之“三”,鹽韻之“潛”、“綅”等字共爲一類,口歛而聲細;添、嚴、咸、銜、凡與覃韻之“函”、“涵”,談韻之“甘”、“藍”、“談”,鹽韻之“詹”、“檐”等字另爲一類,口侈而聲大。歛侈,亦稱弇侈,就是現在的閉口元音和開口元音。江永根據音理,在尚未使用現代音標的清代,能把收-n的韻,收-m韻各分爲兩類,可見江永審音之功的精細。

　　顧炎武把侯韻歸入魚、虞、模的一類。江永把虞韻分爲兩半,以吳、無、于、瞿、夫、專、誇、吳諧聲的屬魚;另以禺、芻、句、區、需、須、朱、殳、俞、臾、婁、付、音、廚、取諧聲的屬侯。即魚、侯分爲二類。顧氏把蕭、宵、肴、豪、尤、幽爲一類。江永却把尤、幽歸侯。即顧氏的魚、蕭兩類,江永則分爲魚、蕭、侯三類。江永把侯從魚部分出,是一種進步。但他認爲的幽、尤歸侯,後世古音學家不同意。

關於入聲問題,江永主張"數韻共一入"。他在《四聲切韻表例言》中說:"除緝、合以下九部爲侵、覃九韻所專,不爲他韻借,他韻亦不能借;其餘二十五部諸韻,或合二三韻而共一入。無入者間有之,有入者爲多。諸家各持一說,此有彼無,彼有此無者,皆非也。顧氏之言曰:'天之生物,使之一本,文字亦然',不知言各有當,數韻共一入,猶之江漢共一流也,何嫌於二本乎?"所以他把入聲分爲八部:

(一) 屋燭(分沃覺韻屬之,又別收錫侯韻字)

(二) 質術櫛物迄没(分屑薛韻字屬之,又別收職韻字)

(三) 月曷末黠鎋(分屑薛韻字屬之)

(四) 藥鐸(分沃覺陌麥昔錫韻字屬之,又別收御禡韻字)

(五) 麥昔錫(此三韻分屬第四部,又別收燭韻字)

(六) 職德(別收屋志怪隊代咍沃韻字)

(七) 緝(分合葉洽韻屬之)

(八) 盍帖業狎乏(分合葉洽韻屬之)

江永所列入聲的八部,可屬陰聲韻,也可屬陽聲韻。可見,江永已開陰、陽、入通轉之說的端緒了。另外,江永對於古代聲調問題,大致和顧炎武"四聲一貫"之說相合。他認爲古人是有四聲的,不過押韻不甚嚴格,平仄可相通押。

3. 戴震的古音學研究

戴震(公元 1723—1777 年)字東原,安徽休寧人。他問學于江永。乾隆間修《四庫全書》,特召他爲纂修官,在館五年,病故。戴震博聞強記,對經學、天文、數學、歷史、地理都有深刻研究。他四十歲前致力於考據訓詁之學,成爲皖派考據大師;但在晚年他却又能突破考據的局限,提出"志存聞道",認爲考據只是手段,"由字以通其詞,由詞以通其道"目的在於明道,用現在的話來説,就是要探求客觀世界的規律性。同時,他有豐富的自然科學知識,對天文、曆法、數學、工程水利,均有研究。

戴震在語言研究上,也有突出的成績。他精通古音,立韻類正轉旁轉之例。從分析《廣韻》系統入手,區別等呼洪細與韻類異同,創古音九類二十五部之説及陰、陽、入對轉的理論。又善名物訓詁,從訓詁探討古書義理。他的主要著作有:《原善》、《原象》、《孟子字義疏證》、《聲韻考》、《聲類表》、《方言疏證》等。後人編有《戴氏遺書》。

戴震在音韻研究方面著有《聲韻考》與《聲類表》兩部書。在《聲類表》中,他開始分古韻爲七類二十部,後來又改爲九類二十五部。每類韻又分爲陰聲韻、陽聲韻和入聲韻三部。分韻部爲陰、陽、入三類,後世黄侃同戴説,而孔廣森、嚴可均、章太炎則主張分韻部爲陰陽兩類。凡韻尾是元音或没有韻尾的韻母,爲陰聲,如培[p'ei'],賽[sai],路[lu]。凡韻尾是鼻音的,爲陽聲,如光[kuaŋ],和廣州音的南[nam]。陽聲韻以鼻音收尾,有三種形式:

收[n]　　今北京話中讀真、諄、臻、文、殷、元、魂、痕、寒、桓、删、山、先、仙等字。

收[ŋ]　　今北京話中讀東、冬、鍾、江、陽、唐、庚、耕、青、清、蒸、登等字。

收[m]　　今廣州話中讀侵、覃、談、鹽、咸、添、銜、嚴等字。

戴震所分古韻九類二十五部,按王力先生考定之音值,列表抄録于下:

　　(一) 1. 阿　平聲　歌、戈、麻。　　　　　　　　o

2. 烏　平聲　魚、虞、模。　　　　　u

3. 浧　入聲　鐸。　　　　　　　　ok

(二) 4. 膺　平聲　蒸、登　　　　　　iŋ

5. 噫　平聲　之、咍。　　　　　　i

6. 億　入聲　職、德。　　　　　　ik

(三) 7. 翁　平聲　東、冬、鍾、江。　un

8. 謳　平聲　尤、侯、幽。　　　　ou

9. 屋　入聲　屋、沃、燭、覺。　　uk

(四) 10. 央　平聲　陽、唐。　　　　　aŋ

11. 夭　平聲　蕭、宵、肴、豪。　au

12. 約　入聲　藥。　　　　　　　ak

(五) 13. 嬰　平聲　庚、耕、清、青。　eŋ

14. 娃　平聲　支、佳。　　　　　e

15. 厄　入聲　陌、麥、昔、錫。　ek

(六) 16. 殷　平聲　真、諄、臻、文、欣、魂、痕。　in

17. 衣　平聲　脂、微、齊、皆、灰。　i

18. 乙　入聲　質、術、櫛、物、迄、沒。　it

(七) 19. 安　平聲　元、寒、桓、刪、山、先、仙。　an

20. 靄　平聲　祭、泰、夬、廢。　ai

21. 遏　入聲　月、曷、末、黠、鎋、屑。　at

(八) 22. 音　平聲　侵、鹽、添。　　im

23. 邑　入聲　緝。　　　　　　　ip

(九) 24. 醃　平聲　覃、談、咸、銜、嚴、凡。　am

25. 諜　入聲　合、盍、葉、帖、業、洽、狎、乏。　ap[1]

---

① 王力《漢語音韻學》321—322 頁。

阿、烏、堊……等是戴震自己定的韻目,他所選的韻目全是影母的字,因爲影母字的元音前都没有輔音,這表明戴東原音理的精通。

戴震是段玉裁的老師,但單就古音學研究來説,過去學術界認爲戴氏不及段氏。首先,戴震對古音有一根本觀念,他在《聲類表》卷首《答段若膺論韻書》中説:

> 僕謂審音本一類,而古人之文偶有相涉,有不相涉,不得舍其相涉者,而以不相涉者爲斷。審音非一類,而古人之文偶有相涉,始可以五方之音不同,斷爲合韻。

由於他有這一根本觀念,凡是他認爲應合的,就説是"審音本一類";凡是他認爲應分的,就説"審音非一類"。例如段玉裁第三部尤幽,第四部侯,分立甚爲合理;而戴氏强以"審音本一類"爲理由,把段氏幽、侯分立,合并爲"謳"部。又如段玉裁所分第十二部真臻先,十三部諄文欣魂痕分立也很合理;而戴氏又以"審音本一類",强加合并爲"殷"部。學術界認爲,在古音分部方面,段玉裁的優點在於他只客觀地根據《詩經》用韻,加以歸納,而戴氏則往往根據他心目中的音理,作主觀的演繹。因此,僅單就古音學而論,戴氏不及弟子段氏。

戴氏合并段氏幽、侯爲"謳",并真、文爲"殷",這是他從江永之説。江永和戴震都是以考古和審音并重,只是他們的審音,只能根據宋元以後的等韻,去推測周秦時代的古音,這樣的推測是很不可靠的。

戴氏的古韻分部中,將每一大類分爲三:一陽聲,一陰聲,一入聲。又謂陽聲字爲有入聲之韻,陰聲字爲無入聲之韻。這種陰、陽相配,是戴氏開的先河。又清代講古韻通轉的,也首推戴氏。在部目分析上,戴氏也有創見,如主張脂、祭當分,把段氏第十五部脂微齊皆灰祭泰夬廢分爲"衣""靄"兩部,這也是爲后來的古音學家所遵從的。

王國維在《韻學餘論五聲説》文中評論:

自明以來,古韻上之發明有三:一爲連江陳氏古本音不同今韻之説;二爲戴氏陰陽二聲相配之説;三爲段氏古四聲不同今韻之説;而部目之分析,其小者也。

總之,對於古音的考證,到了顧炎武、江永、戴震、段玉裁四家,已經完成了基礎。後起古音學家,大都承襲他們的餘緒,陸續加以補充修訂而已。

4. 段玉裁的古音學研究

段玉裁(公元 1735—1815 年)字若膺,號茂堂,江蘇金壇縣人。乾隆舉人。師事戴震。著《説文解字注》,爲研究文字、訓詁學的重要參考書。他研究古音,作《六書音均表》,分古韻爲六類十七部;"支"、"脂"、"之"三部分立,是他的創見。又有《古文尚書撰異》、《毛詩故訓傳定本》、《經韻樓集》等著作。

他的生平事迹,從王念孫《段君墓志銘》和陳奐《師友淵源録》可知梗概,另外,吳修《昭代名人尺牘小傳》和《清史稿·儒林傳》以及劉盼遂《段玉裁先生年譜》均可參考。

段玉裁十余歲就愛好音韻文字之學,二十六歲時,讀到顧炎武的《音學五書》,非常嚮往。二十九歲從戴震問學。這時,他知道戴震的老師江永有《古韻標準》一書,和顧炎武在古韻分部方面,有不同的地方,從而開擴了他的視野。他後來獨抒心得,區分《詩經》及羣經用字,分古音十七部,寫成《詩經韻譜》和《羣經韻譜》各一帙,這是他從事古韻研究著述的開始。書成后,當時學者邵晉涵曾向他借書抄録,錢大昕也爲這部著作作序,可見當時學術界的重視。

《六書音均表》是他四十二歲時,在《詩經韻譜》和《羣經韻譜》兩書基礎上,而加以訂補而成的。書成後,學術界評價很高,戴震的評價是"能發自唐以來講韻者所未發"。

《六書音均表》附于《説文解字注》後，共分爲五篇：《今韻古分十七部表》，《古十七部諧聲表》，《古十七部合用類分表》，《詩經韻分十七部表》，《羣經韻分十七部表》。他在《古十七部諧聲表》的前面説：

> 六書之有諧聲，文字之所以日滋也。考周秦有韻之文，某聲必在某部，至賾而不可亂；故視其偏旁以何字爲聲，而知其音在某部，易簡而天下之理得也。許叔重作《説文解字》時，未有反語，但云某聲某聲，即以爲韻書可也。自音有變轉，同一聲而分散于各部各韻。如一某聲，而某在厚韻，媒、腜在灰韻；一每聲，而悔、晦在隊韻，敏在軫韻，晦、痗在厚韻之類。參差不齊，承學多疑之。要其始則同諧聲必同部也。

段氏承顧炎武、江永之後，又依據古代文字上表音方法，本着這種同諧聲必同部的原則，考證出上古音韻部爲六類十七部如下：

第一類

　（一）之咍（入聲職德）

第二類

　（二）蕭宵肴豪

　（三）尤幽（入聲屋沃燭覺）

　（四）侯

　（五）魚虞模（入聲藥鐸）

第三類

　（六）蒸登

　（七）侵鹽添

　（八）覃談咸銜嚴凡（入聲合盍洽業狎乏）

第四類

（九）東冬鍾江

（十）陽唐

（十一）庚耕清青

第五類

（十二）真臻先（入聲質櫛屑）

（十三）諄文欣魂痕

（十四）元寒桓删山仙

第六類

（十五）脂微齊皆灰祭泰夬廢（入聲術物迄月没曷末黠鎋薛）

（十六）支佳（入聲陌麥昔錫）

（十七）歌戈麻

　　段氏所分十七部與顧氏、江氏所分别的，有三點重要的不同，即夏炘在《古韻表集説》中所指出的：

　　　段氏於支脂之微齊皆佳灰咍九韻，析支佳爲一部，脂微齊皆灰爲一部，之咍爲一部。於真臻先諄文殷魂痕八韻，析真臻先爲一部，諄文殷魂痕爲一部。又顧氏改侯從魚，江氏改侯從尤，段氏則以尤幽爲一部，侯與虞之半别爲一部，故得十七部。

　　段氏在古音分部上的貢獻有三，即一、分析支、脂、之三部；二、真、文分立；三、侯部獨立。其中，第一點支、脂、之三部分立，是段氏對于古音學上的重大貢獻，學術界給予很高評價。戴震在《六書音均表·序》上説：

　　　若夫五支異於六脂，猶清異於真也。七之又異於支脂，猶蒸又異於清真也。實千有餘年莫之或省者，一旦理解，按諸三百篇劃然，豈非稽古大快事歟。

段玉裁在《今韻古分十七部表》上説:

　　五支、六脂、七之三韻,自唐人功令同用,鮮有知其當分者矣。今試取《詩經》韻表第一部、第十五部、第十六部觀之,其分用乃截然。且自三百篇外,凡羣經有韻之文及楚騷諸子秦漢六朝詞章所用,皆分別謹嚴。

接着他舉了一些例證:

《詩·鄘風》:
　　相鼠有齒,人而無止。人而無止,不死何俟?
　　(齒、止、俟,屬第一部)
　　相鼠有體,人而無禮,人而無禮,胡不遄死?
　　(體、禮、死,屬第十五部)
《詩·小雅·鹿鳴之什》
　　魚麗于罶,魴鱧;君子有酒,多且旨。
　　(鱧、止,屬第十五部)
　　魚麗于罶,魴鯉;君子有酒,旨且有。
　　(鯉、有,屬第一部)
《詩·大雅·生民之什》
　　天之方懠無爲夸毗,威儀卒迷,善人載尸。
　　民之方殿屎,則莫我敢葵。喪亂蔑資,曾莫惠我師。(懠、毗、迷、尸、屎、葵、資、師,屬第十五部。)
　　天之牖民,如塤如篪,如璋如珪,如取如攜……(篪、圭、攜、屬第十六部)
《孟子·公孫丑篇》:
　　雖有智慧,不如乘勢(慧、勢屬第十五部)

雖有鎡基,不如乘時(基、時屬第一部)

《屈原·卜居》:

寧與騏驥抗軛乎? 將隨駑馬之乎迹?(軛、迹屬第十六部)。

寧與黃鵠比翼乎? 將與鷄鶩爭食乎?(翼、食屬第一部)

《秦琅邪台刻石文》:

維二十六年,皇帝作始。端平法度,萬物之紀;以明人事,合同父子;聖智仁義,顯白道理。東撫東土,以省卒士;事已大畢,乃臨於海。皇帝之功,勤勞本事;上農除末,黔首是富。普天之下,摶心揖志;器械一量,同書文字。日月所照,舟輿所載,皆終其命,莫不得意。(始、紀、子、理、士、海、事、富、志、字、載、意,屬第一部)。

應時動事,是維皇帝。匡飭異俗,陵水經地;

憂恤黔首,朝夕不懈。除疑定法,咸知所辟;

方伯分職,諸治經易。舉錯必當,莫不如畫。

(帝、地、懈、辟、易、畫,屬第十六部)。

這只是千百例中的幾個例子。段玉裁説:"這三部自唐以前分别最嚴。"這個科學論斷,爲當時及後世古音學家所公認。這是段玉裁古音研究中的卓越貢獻。

只是由於時代局限,當時還不能説明三部不同的音值。段玉裁晚年寫信給江有誥時説:"足下能知其所以分爲三乎? 僕老耄,倘得聞而死,豈非大幸。"①

另外,段氏對於入聲,他同意江永的主張,即"異平同入",例如,職德本是第一部的入聲,又同時可作第二部和第六部的入聲。他對四聲的看法是周秦時代沒有去聲,僅有平上入三聲,到了魏晉時代才漸漸有去聲

①　見陳澧《切韻考》卷六頁十引。

字,去聲字是由上聲、入聲而來。又説周秦時的平聲,後來漸漸成爲仄聲。又説古代平、上相近是一類,去、入相近是一類。四聲的問題比較複雜,把去聲字和入聲字的讀音完全混同是不對的;但是,他能指出中古時代大部分去聲字來自入聲(按即收音于-p、-t、-k),則是正確的。段氏認爲古無去聲,這也是一種新的發現。

關於韻部的次序,在段玉裁以前,如顧炎武離析《唐韻》,然次序不移動。段玉裁開始把次序改變了,他把古韻的韻部按韻母的性質來排列,十七部分爲六類: 第一類是之部;第二類是宵、幽、侯、魚四部;第三類是蒸、清、談三部;第四類是東、陽、耕三部;第五類是真、文、元三部;第六類是脂、支、歌三部。這樣,鄰韻的概念清楚了,合韻也就不是漫無標準了。

段玉裁建立了“同聲必同部”的理論認識。宋徐蕆在其《韻補序》中,已初步體會到諧聲和韻部的關係,他説:“如霾爲亡皆切,而當爲陵之切者,由其以貍得聲……”江永也認識到這種關係,他在《四聲切韻表》凡例中指出“熨蔚從尉,沸費從弗”。但是,作爲一種明確的原則肯定下來,則是段玉裁建立的“同聲必同韻”的理論。後來朱駿聲就在段氏“同聲必同韻”的理論啓發下,編成《説文通訓定聲》的。

清儒的小學研究的特點,就是把文字、訓詁、音韻融爲一體。他們認爲: 讀古籍必須先明訓詁,欲明訓詁,又須明文字六書原則,而六書中的諧聲、假借與音聲緊密聯繫,只有把上古音韻考證明白,才能搞清六書原則,這就是段玉裁作《六書音均表》的目的。

段玉裁是清代古音學考古一派的代表人物。這一派研究上古韻部的主要方法就是系聯周秦韻文的韻脚。段氏在作《六書音均表》之前,先寫成《詩經韻譜》、《羣經韻譜》,他對《詩經》和其他先秦韻文的用韻情況作了細致的考證研究,研究出上古音爲十七部。他又進一步作理論的探討和提高,把音韻研究的成果用到漢字的造字原則上,提出“同聲必同部”的理論,使上古音的研究同形聲、假借的理論結合起來。于是他又先后寫成

《今韻古分十七部表》、《古十七部諧聲表》、《古十七部合用類分表》,合上面寫的《詩經韻譜》、《羣經韻譜》爲一書,取名《六書音均表》。其師戴震爲之作序。

戴氏《六書音均表序》一文不長,却簡明扼要闡述了自曹魏到清代中葉的音韻學史。

漢末,在印度聲明學的影響下,一批學者開始了漢語的音韻研究,出現了反切的注音方法,又進一步出現了韻書。魏晉六朝的韻書除李登《聲類》外,《隋志》所録尚有十數家,可見當時音韻研究的盛況。不過,這時期的韻書,在編纂體例上不够成熟,分韻也較粗疏。隋朝統一中國以後,爲了適應南北詩人用韻的需要,陸法言參校方俗,酌古沿今,編纂了《切韻》一書。《切韻》一書集中了漢魏以來音韻學的研究成果,其體例一直爲以後的韻書所沿用。

語言是一種社會現象,隨着社會的發展而發展。語音也是有發展變化的,先秦時期的韻讀,有的語音的演變,變得不協韻了。南北朝的一些學者,當時還不能認識這一點。他們以爲,那些變得不協韻的韻脚,古人可能另有讀音,這就產生了協句説。如《詩·燕燕》:"燕燕于飛,上下其音,之子于歸,遠送于南","南"和"音"變得不協韻了。沈重的《毛詩音》就在"南"下注云:"協句,宜乃林反",即認爲這裏的"南"字應該讀作"誑"音。到了唐代,陸德明開始對協句説產生懷疑,他認爲"南""音"押韻是古人用韻寬緩,可以互相通用,不必改音協句。這種觀點對宋代吳棫有啓發,他在其《韻補》一書中根據古人用韻的情況,第一次把上古韻部分爲九大類,每一大類中所包括的《切韻》韻類,他認爲不是古讀不同,而是古人可以互相通用。吳棫所采用的材料,上始周秦下到歐陽修、蘇軾的詩韻,缺乏時代觀念,致使他的歸類產生不少錯誤。後來,鄭庠的《古音辨》也對上古音進行概括歸類。《古音辨》一書已佚,據夏炘所載,係把上古音分爲六大類,每類中各韻可以通用。如果夏炘記載可靠的話,鄭庠的上古音歸爲六大類,比起吳棫來要整齊有標準得多。

　　明代陳第提出"時有古今,地有南北,字有更革,音有轉移",以語言歷史發展觀點來研究古音學,爲以后的古音研究創立了新的理論認識。清代顧炎武作《音學五書》就是運用了這個觀點。他突破《唐韻》的界限,應用歸納法,按照《詩經》用韻,把古韻分爲十部。接着,江永更以審音與考古相互參證,定古韻爲十三部。江永的弟子戴震又把入聲韻部獨立出來,確立了陰陽入三分的原則。戴氏的弟子段玉裁在前人基礎上進一步研究,分古韻爲十七部。至此,上古韻部的主要輪廓已經劃出。此後各家不過在此基礎上有所增補而已。

　　漢字不是拼音文字,這給古代音韻學研究帶來困難。清代學者在缺乏音標和語音分析工具的情況下,能够對幾千年前的上古音進行科學分析,并能準確地分析出上古音的韻部系統,成績輝煌。

顧炎武、江永、段玉裁三家韻部分合簡表

附王力先生分類和各部所包括的《廣韻》

	韻部名稱												
顧	二	二	二	二	三	三	五	五	四	四	四	十	十
江永	三	二	二	二	四	十一	十一	七	六	五	五	十二	十三
段	一	十五	十五	十六	五	四	三	二	十四	十三	十二	七	八
王力	之	脂	微	支	魚	侯	幽	宵	元	文	真	侵	談
廣韻韻類	之咍灰尤皆脂	脂齊皆	灰咍皆微脂	齊佳支	模魚麻支	侯虞	豪肴尤幽蕭	豪肴宵蕭	寒刪山元仙先	痕魂山文先	真山先臻	侵鹽添咸覃	談覃咸銜嚴凡添

六書音均表序
戴　震

韻書始萌芽於魏李登《聲類》，積三百餘年，至隋陸法言《切韻》，梗概之法乃具[1]。然皆就其時之語言音讀，參校異同，定其遠近洪細，往往有意求密，而用意太過，強生區別[2]。至如虞夏商周之文，六書之假借諧聲，詩之比音協句，以成歌樂[3]，茫乎未之考也。

唐初因法言撰本爲選舉士人作律詩之用，視二百六韻中字數多者限以獨用，字數少者合比近兩韻或三韻同用[4]，苟計字多寡而已。宋吳棫作《韻補》，於韻目下始有古通某，古轉聲通某之云，其分合最爲疏舛。鄭庠作《古音辨》，僅分陽、支、先、虞、尤、覃六部。近崑山顧炎武更析東、陽、耕、蒸而四，析魚、歌而二，故列十部。吾郡老儒江慎修永，於真以下十四韻、侵以下九韻各析而二，蕭、宵、肴、豪及尤、侯、幽亦爲二，故列十三部。古音之學以漸加詳如是。

前九年段君若膺語余曰[5]："支佳一部也，脂微齊皆灰一部也，之哈一部也[6]。漢人猶未嘗淆借通用[7]，晉宋而後乃少有出入。迄乎唐之功令，支注脂之同用，佳注皆同用，灰注哈同用，於是古之截然爲三者，罕有知之。"余聞而偉其所學之精，好古有灼見卓識。又言真、臻，先與諄、文、殷，魂、痕爲二，尤幽與侯爲二，得十七部。

今官於蜀地且數年，政事之餘優而成是書，曰《六書音均表》[8]。凡爲表者五[9]，撰述之意，表各有序，說既詳之矣。其書始名《詩經韻譜》《羣經韻譜》，嘉定錢學士曉徵[10]爲之序。茲易其體例，且增以新知，十七部蓋如舊也。

余昔感於其言五支六脂七之有分，癸巳春寓居浙東，取顧氏《詩本音》，章辨句析而諷誦乎經文，歉始爲之之不易，後來加詳者之信足以補其未逮。顧氏轉侯韻入虞，江氏轉虞韻字入侯，此江優於顧[11]；然顧氏藥鐸有分，而江氏不分，此顧優於江。[12]若夫五支異於六脂，猶清異於真也；七之又異於支脂，猶蒸又異於清真也[13]。寔千有餘年莫之或省者，一旦理解，按諸三百篇劃然，豈非稽古大快事歟?

　　時余略記入聲之説,未暇卒業。[14]今樂睹是書之成也,不惟字得其古人音讀,抑又多通其古義。許叔重之論假借曰:"本無其字,依聲託事。"夫六經字多假借,音聲失而假借之意何以得。訓詁音聲相與表裏,[15]訓詁明,六經乃可明。後儒語言文字未知,而輕憑臆解以誣聖亂經,吾懼焉。段君又有《詩經小學》、《書經小學》、《説文考證》、《十七部古韻表》等書,將繼是而出,視逃其難相與鑿空者,於治經孰得孰失也。乾隆丁酉孟春月休寧戴震序。

注:

[1] "積三百餘年"兩句:隋陸法言《切韻》(公元601年)以前,各家韻書分韻粗疎,體例不一。《切韻》一書評議古今是非,南北通塞,綜括先前韻書的韻目内容,體例上先分四聲,再分韻部,取一字標目,各韻中同紐之字歸爲一小韻,以反切注音。自此,韻書規模初具,唐宋韻書多以此爲藍本。

[2] 強生區別:戴震認爲《切韻》音系是綜合體系,陸法言等參考各種韻書的分韻標準,從分不從合,在審音辨韻方面,強生區別,有意求密,而當時實際語音,并非完全如此。

[3] "詩之比音"句:《詩經》韻脚由於語音發展變化,有的變得不押韻了。後世人爲了押韻和諧,改讀字音。即"比音"、"叶韻",或稱"協句"。

[4] 同用、獨用:唐初取士以詩,士人苦《切韻》分部苛細。經許敬宗等評議,允許某些字數較少的韻,可以跟鄰近韻同用。但是,亦非如戴氏所説:"苟計字數多寡而已",要看音值接近才能同用。如江韻字少獨用,鍾韻字多,却與冬韻同用。

[5] 段君若膺:段玉裁字若膺。

[6] "支佳一部"四句:顧炎武和江永的第二部包括支佳脂微齊皆之灰咍諸韻,段玉裁第一個提出了支脂之三分説。他把支佳歸爲第十六部,脂微齊皆灰歸爲十五部,之咍歸爲第一部。這在古音研究上是一個重大的發現。

[7] "漢人猶未嘗"句:據羅常培、周祖謨先生《漢魏晉南北朝韻部演變研究》的韻譜所載,兩漢之脂合韻有十九例,脂支合韻有廿四例。但是,總的説來,支脂之三部的界限一直到漢代還是清楚的。

[8] 均:《説文解字》中無"韵""韻"二字,段玉裁假借"均"爲之。

[9] 凡爲表者五:《六書音均表》共包括五表:一、今韻古分十七部表,列出每一韻部所包含《廣韻》韻目,以及分部的理由和界限;二、古十七部諧聲表,根據"同聲必同部"原則,列出每一部所包含的諧聲偏旁;三、古十七部合用類分表,把六類十七部按照聲音的相近關係先後排列,説明相鄰部類以及與之相配的入聲可以諧聲、假借、通用;四、《詩經》韻分十七部表,即按十七部分韻的《詩經》韻譜;五、羣經韻分十七部表,即《詩經》以外的先秦韻文按十七部分韻的韻譜。

[10] 錢曉徵：錢大昕字曉徵。

[11] "此江優于顧"句：顧氏的第三部包括模魚虞侯諸韻，即魚侯二部不分。江永把侯韻字從魚部分了出來，又把部分虞韻字也分出來同侯韻合成一部。魚侯分立是江永對古音學的重要貢獻。

[12] "然顧氏藥鐸有分"三句：《廣韻》的藥鐸二韻有兩個來源：一來自上古的鐸部，一來自上古的藥部。顧氏已看到這兩個來源，把藥鐸部分立，分立爲第三部與第五部；而江永却把它們合作一部與他的第三部陰聲韻相配。這一點是顧優於江。

[13] "若夫五支異於六脂"四句：上古音系中，主元音相同而韻尾不同的各韻可以諧聲、通假、押韻。這就是通常所説的陰陽對轉。支與清、脂與真、之與蒸就是這種關係。在段玉裁以前，清、真、蒸屬於不同的韻部早已被語言學家認識到了；而對支、脂、之三部却一直混淆不清。文中，戴氏是用陰陽對轉的理論來説明支、脂、之也當分立爲三部。

[14] 入聲之説：戴氏分入聲韻獨立成部，這是他對古音研究的特出貢獻。

[15] 訓詁音聲相與表裏：我國的文字，在周秦兩漢之際，字形有的尚未固定，一字往往可用同音或近音字代替，後來字形漸固定，每字有固定常用意義。不明上古同音假借，讀古籍困難。再説由於語音發展變化，上古音同音近的字變得不同了，因此，不明上古音系，對古代假借字往往會產生曲解，或有時濫用所謂一聲之轉。所以戴震提出"訓詁音聲相與表裏"的主張。

5. 孔廣森的古音學研究

孔廣森(公元 1752—1786 年)清代經學家、音韻學家。字衆仲,一字㧑約,號㪍軒,山東曲阜人。著有《春秋公羊通義》、《大戴禮記補注》、《經學厄言》等。他又善文學,工駢文,有《儀鄭堂駢儷文》。并通數學,有《少廣正負術》內外篇。在古音研究方面,著有《詩聲類》,分古韻爲十八部,明確提出陰陽對轉之說,主張東、冬分部,是他的貢獻。陰陽對轉是指古音中常有陰聲字變成陽聲字,或陽聲字變成陰聲字的語音變化現象。古代音韻學家稱這種語音變化爲陰陽對轉。對轉是有一定原則和條件的,如陽聲變化爲陰聲,所變化的必定是與它相當的陰聲,反之亦然。例如:

陰聲的 a 相當于陽聲的 an aŋ am

陰聲的 o 相當于陽聲的 on oŋ om

陰聲的 e 相當于陽聲的 en eŋ em

陰聲的 i 相當于陽聲的 in iŋ im

凡是陰聲,可以變化成與它相當的陽聲,而陽聲也可以變化成與它相當的陰聲。

孔廣森是戴震的弟子,直承戴氏、段氏之學,其《詩聲類》和《詩聲分例》分古韻爲十八部,爲陽聲九部,陰聲九部。

陽聲九部:

(一)原類:元、寒、桓、刪、山、仙。

(二)丁類:耕、清、青。

(三)辰類:真、諄、臻、先、文、殷、魂、痕。

(四)陽類:陽、唐、庚。

（五）東類：東、鍾、江。

（六）冬類：冬。

（七）緩類：侵、覃、凡。

（八）蒸類：蒸、登。

（九）談類：談、鹽、添、"咸"、"銜"嚴。①

陰聲九部：

（一）歌類：歌、戈、麻。

（二）支類：支、佳，入聲麥、錫。

（三）脂類：脂、微、齊、皆、灰，入聲質、術、櫛、物、迄、月、沒、曷、末、黠、鎋、屑、薛。

（四）魚類：魚、模，入聲鐸、陌、昔。

（五）侯類：侯、"虞"，入聲屋、燭。

（六）幽類：幽、"尤"、蕭，入聲"沃"。

（七）宵類：宵、肴、豪，入聲"覺"、藥。

（八）之類：之、咍，入聲職、德。

（九）合類：入聲合、盍、緝、葉、"帖"、洽、狎、業、"乏"。

孔廣森在《詩聲類·序》中說：

竊嘗基於唐韻，階於漢魏，躋稽於二《雅》三《頌》十五《國風》之而釋之，而審之，而條分之，而類聚之，久而得之。有本韻，有通韻，有轉韻。通韻聚爲十二，取其收聲之大同；本韻分爲十八，乃又剖析於斂侈、清濁，毫釐纖眇之際。曰元之屬，耕之屬，真之屬，陽之屬，東之屬，冬之屬，侵之屬，蒸之屬，談之屬，是爲陽聲者九；曰歌之屬，支之屬，脂之屬，魚之屬，侯之屬，幽之屬，宵之屬，之之屬，合之屬，是爲陰

---

① 凡加""號之韻，表示韻目之字在他部。

聲者九。此九部者，各以陰陽相配，而可以對轉。其用韻疏者，或耕與真通，支與脂通，蒸侵與冬通，之宵與幽通；然所謂通者，非可全部混淆，間有數字借協而已。

孔氏分古韻爲十八部，用韻疏者，則耕與真通，支與脂通，蒸侵與冬通，之宵與幽通；如此，韻寬則僅有十二類。孔氏古韻分部的主要特點是：

（一）東、冬分韻。自有古音學以來，都是東、冬合韻，東、冬分韻自孔氏始。

（二）陰、陽對轉。這點是孔氏古音學的特出貢獻。戴東原的古韻分部爲九類二十五部，已有陰、陽相配、通轉的初步痕迹，發展到了孔廣森，才明確提出了陰、陽對轉。他説："此九部者各以陰陽相配而可以對轉"，并提出"入聲者陰陽互轉之樞紐"。例如，"之"爲平聲字，轉爲上聲"止"，再轉爲去聲"志"，再轉爲入聲"職"。由入聲"職"再轉成陽聲字"證"、"撜"、"蒸"。所以説入聲"職"是"之""蒸"陰、陽對轉的樞紐。

（三）孔氏認爲古代無入聲，他説："至於入聲，則自緝、合等閉口音外，悉當分隸自'支'至'之'七部，而轉爲去聲。蓋入聲創自江左，非中原舊韻。"沈約是江左人，因此他説：入聲創自江左。其實聲調乃是漢語的特點之一，沈約等不過是發現了漢語的聲調。另外，孔氏是北方人，當時北方話已沒有入聲，所以他又推想中原古音也是沒有入聲。他還主觀地解釋爲：古代有兩去聲，一是"長言之"，一是"短言之"；後來"短言之去"變成了入聲。孔氏對聲調、入聲等看法，主觀推想多，是不够科學的。

孔氏古音研究，把東冬分韻，陰陽對轉是有貢獻的，但是他的缺點，在于主觀上力求整齊，所謂陰聲有九類，則陽聲也爲九類，正好相配。陽聲第二與第三類通用，陰聲也是第二與第三類通用；陽聲第六、第七、第八類通用，陰聲也是第六、第七、第八類通用。這種過於整齊的分配法，是孔氏主觀想象的多，總有幾分勉强。

6. 王念孫的古音學研究

王念孫(公元 1744—1832 年)字懷祖,號石臞,江蘇高郵人。乾隆進士。他是清代著名的音韻學家、訓詁學家。在訓詁方面,他探求古書字義,從聲音以通訓詁。撰《廣雅疏證》二十卷,博搜漢以前古訓,詳加考釋,以形、音、義互相推求,由古音以求古義,頗多創見。又《廣雅》一書,向無善本,訛文脱字甚多,乃旁考諸書,加以訂正貢獻很大,此書在學術界,很受推崇。又撰《讀書雜志》八十二卷,所校古書有《逸周書》、《戰國策》、《史記》、《漢書》、《管子》、《晏子春秋》、《墨子》、《荀子》、《淮南内篇》九種。

在古音研究方面,王念孫有《詩經羣經楚辭韻譜》,見於羅振玉所輯《高郵王氏遺書》。又有《韻譜》與《合韻譜》未刊行,可參看陸宗達《王石臞先生韻譜合韻譜稿後記》①。王引之《經義述聞》卷三十一《古韻廿一部》條記述王念孫古韻分廿一部説,他説:"某嘗留心古韻,特以顧氏五書已得其十之六七,所未備者,江氏《古韻標準》、段氏《六書音均表》皆已補正之,唯入聲與某所考者小異,故不復更有撰述。"接着他詳細説明了所考不合的四條。最後,他提出主張分古韻爲二十一部,"分爲二類:自東至歌之十部爲一類,皆有平上去而無入;自支至宵之十一部爲一類,或四聲皆備,或有去入而無平上,或有入而無平上去;而入聲則十一部皆有之,正與前十類之無入者相反。此皆以九經、楚辭用韻之文爲準,而不從《切韻》之例。"現將二十一部抄録於下:

東第一(平上去)

蒸第二(平上去)

侵第三(平上去)

---

① 見北京大學國學季刊五卷二號。

談第四(平上去)

陽第五(平上去)

耕第六(平上去)

真第七(平上去)

諄第八(平上去)

元第九(平上去)

歌第十(平上去)

支第十一(平上去入)

至第十二(去入)

脂第十三(平上去入)

祭第十四(去入)

盍第十五(入)

緝第十六(入)

之第十七(平上去入)

魚第十八(平上去入)

侯第十九(平上去入)

幽第二十(平上去入)

宵第二十一(平上去入)

以上二十一部,自東至歌十部爲一類,皆有平上去而無入;自支至宵十一部爲一類,皆有入聲。王念孫在考定二十一部以前,只見過顧炎武的《音學五書》和江永的《古韻標準》。等到考定二十一部之後,他又見到了段玉裁的《六書音均表》。所以,王念孫分古韻爲二十一部中的支脂之分爲三、真諄分爲二、尤侯分爲二,實際上是和段玉裁所分不約而同。從這裏反映出他們取材、方法都比較科學,所以所分相同。

王念孫在寫給李方伯信中,對顧炎武、江永、段玉裁的古韻分部,評論了得失,如他對顧氏評論説:"顧氏一以《九經》《楚辭》所用之韻爲韻,而不用《切韻》以屋承東,以德承登之例,可稱卓識;獨於二十六緝至三十四乏仍從《切韻》以緝承侵,以乏承凡,此兩歧之見也。"這時,他已見到段玉裁的《六書音均表》,因此,在信中他也提出了看法:"《切韻》以質承真,以術承諄,以月承元;《音均表》以術月二部爲脂部之入聲,則諄元二部無入聲矣,而又以質爲真之入聲,是自亂其例也。"又對《六書音均表》中,"祭泰夬廢"四部之字皆與入聲之月曷末黠鎋薛同用提出不同意見。

　　總之,王念孫在信中提出他與顧、江、段三家不同之處,所考不合有四條,即(一)緝不宜承侵,乏不宜承凡;(二)至部宜從脂部分出,自成一部;(三)祭泰夬廢亦宜從脂部分出,自成一部;(四)屋、沃、覺、燭四部中,凡從屋、從谷、從木、從卜等字,皆宜認爲侯部之入聲。有趣的是王念孫所考的四條,除第二條至部獨立以外,其他三條,又與江有誥不約而同了。王氏著《韻譜》時,同意段氏古無去聲説,至祭兩部改稱質月。晚年改定《合韻譜》認爲古代有四聲,並增冬部,爲二十二部。

7. 江有誥的古音學研究

　　江有誥(公元? —1851 年)字晉三,安徽歙縣人。撰《音學十書》,分先秦古韻爲二十一部。《音學十書》爲《詩經韻讀》、《羣經韻讀》、《楚辭韻讀》、《漢魏韻讀》(未刻)、《二十一部韻讀》(未刻)、《諧聲表》、《入聲表》、《四聲韻譜》、《唐韻四聲正》。[①] 此外又有《説文彙聲》、《等韻叢説》、《音學辨訛》;僅《等韻叢説》一文附《入聲表》後外,餘皆未刊。

　　在經學研究上,江有誥不及戴東原和段玉裁等,然而在清儒中,他對古韻確有很深的研究,深受段玉裁、王念孫等的器重。他對古韻的分部,近似王念孫,也分古韻爲二十一部:

　　第一　　之部(平聲之咍,入聲職德,又灰尤屋三分之一)

---

　　① 江有誥《音學十書》總目屢有更改。此處參考王力《中國音韻學》。

第二　　幽部（平聲尤幽，又蕭肴豪之半，沃之半，屋覺錫三分之一）

第三　　宵部（平聲宵，又蕭肴豪之半，沃藥鐸之半，覺錫三分之一）

第四　　侯部（平聲侯，入聲燭，又虞之半，屋覺三分之一）

第五　　魚部（平聲魚模，入陌，又虞麻之半，藥鐸麥昔之半）

第六　　歌部（平聲歌戈，又麻之半，支三分之一，無入聲）

第七　　支部（平聲佳，又齊之半，支紙寘三分之一，麥昔之半，錫三分之一）

第八　　脂部（平聲脂微皆灰，入聲質術櫛物迄沒屑，又齊與黠之半，支三分之一）

第九　　祭部（去聲祭泰夬廢，入聲月曷末鎋薛，又黠之半，無平上聲）

第十　　元部（平聲元寒桓山刪僊，又先三分之一，無入聲）

第十一　文部（平聲文欣魂痕，又真三分之一，諄之半無入聲）

第十二　真部（平聲真臻先，又諄之半，無入聲）

第十三　耕部（平聲耕清青，又庚之半，無入聲）

第十四　陽部（平聲陽唐，又庚之半，無入聲）

第十五　東部（平聲鍾江，又東之半，無入聲）

第十六　中部（平聲冬，又東之半，無上入）

第十七　蒸部（平聲蒸登，無入聲）

第十八　侵部（平聲侵覃，又咸凡之半，無入聲）

第十九　談部（平聲談鹽添嚴銜，又咸凡之半，無入聲）

第二十　葉部（入聲葉帖業狎乏，又盍洽之半，無平上去）

第二十一　緝部（入聲緝合，又盍洽之半，無平上去）。

江氏在《音學十書》凡例上說："拙著既成後，始得見休寧戴氏《聲類表》。"由此可見江有誥古韻分部中祭部脂部分立,是與戴東原的古韻分部不謀而合,并非江有誥採自戴氏也。又緝部、葉部分立,侯部獨立,又與王念孫不約而同。江有誥在"凡例"中又説:"拙著既成後,始得見曲阜孔氏《詩聲類》,因依孔氏畫分東冬(今改爲中)爲二,得二十一。"江有誥改冬爲中,是因爲"冬部甚窄,故用中字標目"。總之,江有誥的古韻分部,在段玉裁十七部基礎上,和戴氏相同,分例脂、祭二部,又依孔廣森之説,分列冬東二部,此外,另立入聲葉、緝二部,所以共爲二十一部。王念孫的古韻分部,東、冬不分,另立至部,其他和江有誥相同,所以也是分古韻爲二十一部。

　　聲調方面,江氏在《诗經韻讀》初刻時,尚同意顧炎武四聲一貫之説,到了著《唐韻四聲正》時,他進一步提出:"古人實有四聲,特古人所讀之聲與後人不同。"他在寫給王念孫的書信中説:

　　　　古韻一事,至今日幾如日麗中天矣;然四聲一説尚無定論。顧氏謂古人四聲一貫,又謂入爲閏聲;陈季立謂古無四聲;江晉齋申明其説者,不一而足,然所撰《古韻標準》仍分平上去入四卷,則亦未有定見;段氏謂有平上入而無去,孔氏謂古有平上去而無入。有誥初見亦謂古無四聲,説載初刻凡例。至今反覆紬繹,始知古人實有四聲,特古人所讀之聲與后人不同,陸氏編韻時不能審明古訓,特就當時之聲誤爲分析。①

信中還列舉了一些例字,看來江有誥所説"古人所讀之聲與後人不同"的意思,不是説"調值"不同,只是説古人的字所歸的"調類",與《廣韻》中字所歸的"調類"不同。

　　江有誥的朋友夏炘,當塗人,著《詩古韻表二十二部集説》,書中首列

_____

① 見江有誥《再寄王石臞先生書》。

鄭庠所分古韻六部,又依次敍述了顧炎武、江永、段玉裁、王念孫、江有誥五人的古韻分部的學說。最後,夏炘表示贊成江有誥的古韻分二十一部,又贊同王念孫的至部獨立,如此,則定古韻爲二十二部。

　　王國維對清儒古韻研究曾做過一個總結。王國維(公元 1877—1927年)字静安,一字伯隅,號觀堂,浙江海寧人。他主張古韻應分爲二十二部。他在《周代金石文韻讀序》中説:

　　　　古韻之學,自崑山顧氏,而婺源江氏,而休寧戴氏,而金壇段氏,而曲阜孔氏,而高郵王氏,而歙縣江氏,作者不過七人,然古音二十二部之目遂令後世無可增損。故訓故名物文字之學有待於將來者甚多;至古韻之學,謂之前無古人,後無來者,可也。原斯學所以能完密至此者,以其材料不過羣經諸文及漢魏有韻之文,其方法則皆因乎古人用韻之自然,而不容以後説私意參乎其間;其道至簡,而其事有涯,以至簡入有涯,故不數傳而遂臻其極也。……惟昔人於有周一代韻文,除羣經諸子楚辭外,所見無多。余更蒐其見於金石者得四十餘篇,其時代則自宗周以迄戰國之初;其國別如杞、鄶、邾、婁、徐、許等,并出國風十五之外;然求其用韻,與三百篇無乎不合。故即王、江二家部目譜而讀之。非徒補諸家古韻書之所未詳,亦以證國朝古韻之學之精確無以易也。①

　　王國維對清儒古韻研究,從材料、方法、成就等方面進行評論,總結。今天來看,單就尋求古韻系統,顧、江、段、王、江諸氏的研究方法,可以説是科學的方法。因爲他們能就其所要研究的時代的史料作客觀的歸納,所以他們能得出共同的結論。就古韻分部的成績,王國維的評論是對的,

---

　　① 見《觀堂集林》卷八。

清儒在古韻分部上的成績是十分卓越的。只是因爲漢字不表音,當時没有音標的時代局限,對古韻的音值的説明有所局限,如段玉裁創之、脂、支三部分立,當時學術界爲之傾倒,但是段氏寫信給江有誥時却説:"足下能知其所以分爲三乎? 僕老耄,倘得聞而死,豈非大幸。"不過,反過來説,漢字不表音,清儒對古韻研究,尚能得到如此傑出成績,實屬不易。另外,清儒古韻研究中,取材的嚴謹,研究方法科學,戴、段、王、江諸氏之間書信往來,學術討論所表現的實事求是學風,也值得發揚光大。

8. 錢大昕對古聲母的研究

錢大昕(公元 1728—1804 年)字曉徵,號辛楣,又號竹汀,江蘇嘉定人(今屬上海市)。乾隆進士。乾隆四十年(公元 1775 年)以後主講鍾山、婁東、紫陽等書院。他治學方面頗廣,在音韻訓詁方面尤多創見,首先注意古聲母的研究,證明古無輕唇音,古無舌上音。其説見于《潛研堂文集》和《十駕齋養新錄》中。所著《恒言錄》搜列漢語中常用詞匯、成語方言,追溯源流所自,分十九類計八百餘條。又撰《廿二史考異》,考訂諸史文字、典章、史實。又補《元史》中的《藝文志》、《氏族表》,并以所得資料,撰成《元詩紀事》。此外尚著有《潛研堂金石文跋尾》等。

在錢大昕以前,研究古音的,如陳第、顧炎武、江永、戴震、段玉裁等,都只注意古韻部的研究,没有討論到古聲母。首先注意研究古聲母的,當推錢氏。錢氏的研究成績,主要有以下幾點:

一、提出古無輕唇音。這是錢大昕的創見,已爲學術界所公認。他在《潛研堂文集》卷十五《答問》中説:

　　問:輕唇之音,何以知古人必讀重唇也? 曰:《廣韻》平聲五十七部,有輕唇者僅九部,去其無字者,僅二十餘紐。證以經典,皆可讀重唇。如伏羲即庖羲,伯服即伯犕,士魴即士彭,扶服即匍匐,……凡今人所謂輕唇者,漢魏以前,皆讀重唇,知輕唇之非古矣,吕忱《字林》

反"穚"爲方遙，反"禣"爲方沃，反"邸"爲方代。"穚"、"禣"皆重脣，
則方之爲重脣可知也。忱，魏人，其時反切初行，正欲人之共曉，豈有
故設類隔之例，以惑人者乎？神珙《五音九弄反紐圖》有重脣，無輕
脣；即《涅槃經》所列脣吻聲，亦無輕脣。輕脣之名大約出于齊梁以
後，而陸法言《切韻》因之，相承至今。然非數兩母，分之則無可分，亦
可知其不出于自然矣。

　　文中所説的紐，也有稱之曰聲紐、字母。古代所謂紐、韻，與現代所謂聲
母、韻不全相同。據高本漢研究，古人所謂"紐"（或母）是包括同輔音的
顎化音與非顎化音的。例如顎化的 ki，與非顎化的 k，現代認爲是兩個聲
母，而古代認爲同紐。又古人所謂韻，多數從主要元音算起，主要元音前
弱元音不算在内的。

　　二、提出古無舌上音。錢大昕《十駕齋養新録》卷五有《舌音類隔之
説不可信》一條，專論古代舌上音與舌頭音不分。錢氏列舉了許多例字。
例如古音"趙"讀如"掉"，"直"讀如"特"，"竹"讀如"篤"，"襯"讀如"檮"
等。以上所舉，"掉""特""篤""檮"等字都是舌頭音，可見舌上音在古代
是與舌頭音不分的。所以他説："古無舌頭舌上之分，'知''徹''澄'三
母，以今音讀之，與'照''穿'無别也，求之古音，則與'端''透''定'
無異。"①

　　錢大昕所以能有如此卓越的兩大發現，是和他對字母的看法分不開
的。他的思想比較開拓，他在《十駕齋養新録》中談了他對"字母"的看
法，他説：

　　　　古人因雙聲疊韻而制翻切，以兩字切一音；上一字必同聲，下一
　　字必同韻。聲同者互相切，本無字母之别。今於同聲之中偶舉一字

以爲例,而尊之爲母,此名不正而言不順者也。故言字母不如言雙聲,知雙聲而後能反語。①

又認爲字母數目的排列無定,他説:

　　言字母者,謂牙舌脣之音必四,齒音必五,不知聲音有出、送、收三等;出聲一而已,送聲有清濁之歧,收聲又有内外之歧。試即牙舌脣之音,引而伸之,曰基、欺、奇、疑、伊可也;基、欺、奇、希、奚亦可也;東、通、同、農、隆可也;幫、滂、旁、茫、房亦可也,未見其必爲四也。即齒音斂而縮之,曰昭超、潮、饒可也、將、鏘、牂、詳亦可也。未見其必爲五也。②

　　錢大昕對"字母"的看法,未必正確。例如他説"言字母不如言雙聲",應該説字母的産生是對雙聲進一步的概括,是認識的進一步,不過他認爲所列舉的"字母",不過是同聲之中偶舉一字以爲例。這種不拘泥而富有開拓精神的思想認識,促使他能大胆提出古無輕脣音,古無舌上音這樣兩大馳名的創見。他雖然看不上字母,而實際上,他的發現,正是以等韻學家的三十六字母爲出發點的。

　　另外他還提出古人多舌音。他説:"古人多舌音,後代多變齒音,不獨知、徹、澄三母爲然。"他認爲照、穿、牀等母的字在古代也有不少歸舌音的,他舉例:如"舟"古讀"雕","至"古讀"躓","專"古讀"耑","支"古讀"鞮"等③。還提出上古影喻曉匣雙聲。錢大昕論"曉匣影喻"古音説:

───────────

① 見《十駕齋養新録》卷五《字母》。
② 見《十駕齋養新録》卷五《字母》。
③ 見《十駕齋養新録》卷五。

　　問：古音於曉匣影喻，似不分別。曰：凡影母之字，引而長之，即爲喻母；曉母之字，引長之，稍濁即爲匣母，匣母三四等字，輕讀，亦有似喻母者。故古人於此四母，不甚區別。如"榮懷"與"杌隉"均爲變聲，今人則有匣、喻之別矣。"噫嘻"、"於戲"、"於乎"、"嗚呼"，皆疊韻兼雙聲，今則以"噫、於、嗚"屬影母，"嘻、戲、呼"屬曉母，"乎"屬匣母。"于""於"同聲亦同義，今則以"于"屬喻母，"於"屬影母矣。此等分別，大約始於東晉。考顏之推《家訓》云："字書，'焉'者鳥名，或云語辭，皆音於愆反。自葛洪《字苑》分'焉'字音：訓若、訓何、訓安，當音於愆反；若送句及助詞，當音矣愆反。江南至今行此分別，而河北混同一音。雖依古讀，不可行于今也。"據顏氏説，知古無影喻之分，葛洪強生分別，江南學者靡然從之，翻謂古讀不可行於今，失之甚矣。①

　　以上四點，是錢大昕對古聲母研究的主要貢獻，尤以一、二兩點爲最，即古無輕脣、古無舌上音，學術界評價很高，是錢氏的卓越發現。
　　錢氏對于古音研究，主要一點是提出了《詩經》有正音、有轉音。錢氏在其《答問》文中説：

　　問：顧氏論古音皆以偏旁得聲，合於《説文》之旨。然亦有自相矛盾者：如"旂、沂、圻"皆以从"斤"爲古音，則"近"亦从"斤"也，乃援《詩》"會言近止"與"偕""邇"韻，謂古音"記"，當改入"志"韻，何邪？曰：凡字有正音，有轉音。"近"既从"斤"，當以其隱切爲正，其讀如"幾"者轉音，非正音也。如"碩人其頎"，亦"頎"之轉音。《禮記》"頎乎其至"，讀"頎"爲"懇"者，乃其正音耳。

　　①《潛研堂文集》卷十五《答問》。

所謂"正音",就是從偏旁得聲;"轉音",就是"聲隨義轉"或"雙聲假借"。
聲隨義轉之例如《詩・小雅・節南山之什・小旻》第三章:

> 我龜既厭,不我告猶。謀夫孔多,是用不集。發言盈庭,誰敢執
> 其咎?如匪行邁謀,是用不得于道。

錢氏説:"《小旻》之'是用不集',訓'集'爲'就'即轉從'就'音。"

雙聲假借之例如《易・屯象》以"民"與"正"爲韻,因爲"民""冥"雙
聲,所以讀"民"爲"冥"。《觀象》以"平"與"賓"、"民"爲韻,因爲"平"
"便"雙聲,所以讀"平"爲"便"。

以上所舉是清儒研究古音中最有成績的,其實清代研究古音的很多,
如在顧炎武先後的古音學家有方日升、毛先舒、柴紹炳、邵長蘅、李因篤、
毛奇齡等。和段玉裁同時的古音學家,計有段玉裁弟子江沅,著《說文解
字音韻表》;其後有傅壽彤著《古音類表》,又有朱駿聲著《說文通訓定
聲》,分古韻爲十八部。和孔廣森同時的音韻學家有洪亮吉,著有《漢魏
音》;孔氏以後有嚴可均,著有《說文聲類》,將古韻分爲十六部;姚文田著
有《古音諧》及《說文聲系》,分古韻平上去十七部,入聲九部;再後有劉逢
禄,著有《詩聲衍》(未成書),分古韻爲二十六部。可見清儒研究古音學
的昌盛。

四、古代語言學的繼承和發展

清代是中國古代語言學全面發展的時期,在文字學、音韻學、訓詁學
等方面,都有優秀的語言學家,他們進行比較全面深入的研究,并做出傑
出的成績。中國古代語言學,始建立于漢代,發展到了清代,更加發揚光
大。如漢代語言學專著《爾雅》、《方言》、《說文解字》、《釋名》等,由於清
儒的辛勤整理校勘,深入考證研究,得以發揚光大,研究成績是十分豐富、

卓越的。

1.《方言》的研究

　　揚雄《方言》是中國古代語言學早在西漢時代的傑出語言學專著,今本《方言》是晉郭璞的注本,凡十三卷。《方言》的刻本,北宋有國子監本,南宋有蜀本、閩本、贛本。監本、閩本、蜀本現在都沒有看到。現今能看到的宋本是南宋寧宗慶元六年(公元 1200 年)潯陽太守李吾傳的刻本。李本可能就是重刻的蜀本,也就是北宋監本的第二次傳刻本①。後來許多明本都是翻刻李本的。《方言》經過多次寫刻,產生出一些錯誤。

(一) 戴震《方言疏證》

　　到了清朝,戴震首先重視《方言》這部書,并進行研究。他根據《永樂大典》的《方言》,和明本《方言》校勘,進一步更搜集古書引到《方言》和郭注的文字,來和《永樂大典》本互相參訂,正譌補漏,逐條疏證。戴震撰《方言疏證》十三卷,他在《序》中說:"廣按羣籍之引用方言及注者,交互參訂,改正偽字二百八十一,補脫字二十七,刪衍字十七,逐條詳證之。"段玉裁所著《戴東原年譜》上說:戴震曾將《方言》分寫於《說文》每字之上。可見其用功之深。《永樂大典》是根據宋本的,明本的錯誤可以根據《永樂大典》本改正,《永樂大典》本的錯誤可以用宋以前古書所引來訂正。《四庫全書》和武英殿聚珍版叢書的《方言》都是戴震的校本,這是清人第一個校刻本,是一個善本。後來,他又題名爲《方言疏證》,經人重刻,流傳更廣。學術界評價很高,認爲得此校本,然後《方言》可讀。

(二) 盧文弨《重校方言》

　　盧文弨《重校方言》,根據不同的刻本和校本增訂很多,這是清人第二

---

① 參看周祖謨《方言校箋·序》。

個校本。盧文弨,字召弓,餘姚人。乾隆十七年一甲進士,授翰林院編修,上書房行走。文弨潛心漢學,與戴震、段玉裁友善。好校書,"所校《逸周書》、《孟子音義》、《荀子》、《吕氏春秋》、《賈誼新書》、《韓詩外傳》、《春秋繁露》、《方言》、《白虎通》、《獨斷》、《經典釋文》諸善本,鏤板惠學者。"①

戴本和盧本,學術界認爲互有短長,論學識盧不如戴,論詳審則戴不如盧。盧文弨對注疏、釋文合刻,認爲反而會産生齟齬,他説:"唐人之爲義疏也,本單行,不與經注合。單行經注,唐以後尚多善本,自宋後附疏于經注,而所附之經注非必孔、賈諸人所據之本也,則兩相齟齬矣。南宋後又附《經典釋文》於注疏間,而陸氏所據之經注,又非孔、賈諸人所據也,則齟齬更多矣。淺人必比而同之,則彼此互改,多失其真,幸有改之不盡,以滋其齟齬,啓人考核者。故注疏、釋文合刻,似便而非古法也。②"

在戴、盧兩家之後,有劉台拱的《方言補校》。劉台拱字端臨,寶應人。乾隆三十五年舉人。朝廷開四庫館,台拱在都,與朱筠、戴震、邵晉涵、任大椿、王念孫等交遊,稽經考古,且夕討論。自天文、律吕至於聲音、文字,靡不該貫。段玉裁每謂"潛心《三禮》,吾所不如"③。劉校最精,可惜僅有幾十條。

(三) 錢繹《方言箋疏》

錢繹《方言箋疏》,除參考戴、盧兩家以外,又用玄應《一切經音義》參校,他在"凡例"中説:"《方言》舊本刻于各種叢書者多有舛譌,即《永樂大典》本亦間有之。近時惟戴東原、盧文弨兩家本校訂稍精,而亦互有所見,不免參差,今參衆家本而詳究之,以折其衷,擇善而從,則戴、盧兩本居多。"

---

① 《清史稿》列傳二百六十八《儒林》二。

② 均見《清史稿》列傳二百六十八《儒林》二。

③ 均見《清史稿》列傳二百六十八《儒林》二。

錢繹在《方言箋疏·序》中,説這部書開始是他弟弟首創,後由他續成。他説:

> 《方言箋疏》之作也,余弟同人實首創之,未及成而即世。其本藏之篋笥者十有餘年,及賦梅姪弱冠後始出以示余。余閲其本,簡眉牘尾如黑蟻攢集,相襍於白蟫趦趄之中,幾不可復辨,余憫其用力之勤,而懼其久而散佚也。乃取而件繫之條録之,凡未及者補之,復出者刪之,未盡者詳之,未安者辨之,或因此而及彼者則觸類而引申之。……竭數年心力始得脱稿。……昔毛西河有弟纂《易傳》,未卒業而歿,西河爲續成之,今所傳《仲氏易》即其本也。余之學視西河無能爲役,而事適相類,亦愈以增鳹原之戚矣。爰述其緣起及成書之本末如此,時咸豐建元辛亥仲春。

可見《方言箋疏》乃錢繹兄弟二人接力完成,錢繹用力頗勤,《箋疏》材料豐富。

另外,王念孫《方言疏證補》一卷,常有很精到的見解。

清代在方言著作方面還有杭世駿《續方言》二卷。這部書搜集唐宋以前經、史、傳、注字書裏的古代方言詞語,補揚雄《方言》所未備。本書依《爾雅》門類編次,但不標明其目。續補《方言》的,杭世駿外,還有戴震、程際盛、徐乃昌、程先甲、張慎儀各家。

以各地方言爲書的,有胡文英《吳下方言考》。胡文英字繩崖,江蘇武進人。《吳下方言考》凡二十卷,是書約始撰于乾隆十八、九年(公元1753—1754年),乾隆二十五年(1760年)成書,由錢鑄庵(字人麟)作序。乾隆四十八年付梓。此書保存了清雍正、乾隆年間吳地的方言俗語一千條以上,證以古訓,凡其他方言可與吳語互相證明者,亦一并附入。書按平水韻編次。胡氏書中有考釋精當的例子,如:

　　佾（香松）　揚子《方言》：“隴右人名嬾曰佾。”案“佾”，爲人作事不用力也。吴中謂作事不用力曰“佾”，所作之物甚平常亦曰“佾”。

又如：

　　黨（音董）　《方言》：“黨、曉、哲，知也。”案“黨”，曉也。今諺通謂不曉爲“不黨”。
　　胡氏注：“音董”，今通作懂。“不黨”即“不懂”。

　　胡氏生卒年不詳，生平事迹亦未能詳考，他很可能是一介布衣，一生景況不好。王鳴盛爲其《屈騷指掌》書稿序文，對胡氏的書極力稱道，對胡氏生活則説他“食貧居賤，東西游走”。正因爲胡氏“東西游走”，才能實地了解江南吴地的方言俗語。

　　以各地方言爲書的，《吴下方言考》外，尚有孫錦標《南通方言疏證》，毛奇齡《越語肯綮録》，茹敦和《越言釋》，范寅《越諺》等。另外，考證方言俗語的有錢大昕《恒言録》、陳鱣《恒言廣證》、翟灏《通俗編》等。

2. 《爾雅》的研究

　　《爾雅》一書，疏通故訓，爲經典的鈐鍵，戴震説：“儒者治經，宜自《爾雅》始。①”漢武帝時，選取經學博士必須精通《爾雅》，于是朝野誦習，盛極一時，樊光、李巡之注應時而生。到了晉代，注家蜂起，郭璞博稽羣籍匯成一注，力排衆家。宋初邢昺爲《爾雅》作疏，雖與郭注同列十三經注疏，而創獲未出郭右。元明兩代，由于在經學方面踵繼二宋的性理，《爾雅》之學，不絕如縷。清朝考據學勃興，清儒朴學家們，十分重視《爾雅》的研究。

――――――――――

　　① 見《戴震集》卷三《爾雅文字考序》。

從戴震《爾雅文字考》和盧文弨《爾雅音義考證》開始，一直到清末劉師培《爾雅逸文考》和王國維《爾雅草木蟲魚鳥獸釋例》，其間疏證補箋，考釋輯佚，或釋名物或探體例，或訓音讀，或解字義，方面之廣，卷帙之多，足稱偉觀。

清儒諸家對《爾雅》的研究，各有不同的貢獻；其中對《爾雅》能作較全面詳盡的疏解，并能自成一家的，主要有邵晉涵的《爾雅正義》和郝懿行的《爾雅義疏》。郝書較邵著晚出四十年，二書各有優點，《爾雅義疏》比《爾雅正義》流傳較廣。

（一）邵晉涵《爾雅正義》

邵晉涵著《爾雅正義》二十卷。"晉涵，字二雲，餘姚人。乾隆三十六年進士。會開四庫館，特詔徵晉涵及歷城周永年、休寧戴震、仁和余集等入館編纂，改翰林院庶吉士，授編修。""晉涵左目眚，清羸。善讀書，四部七錄，靡不研究。嘗謂：《爾雅》者，六藝之津梁，而邢疏淺陋不稱，乃別爲《正義》二十卷，以郭璞爲宗，而兼采舍人、樊、劉、李、孫諸家，郭有未詳者，摭他書附之。自是承學之士，多舍邢而從邵。""嘉慶元年卒，年五十有四。①"

《爾雅正義》是清代第一個對《爾雅》作新疏的著作。邵晉涵在《爾雅正義序》中指出："邢疏多遮拾《毛詩正義》，掩爲己說，南宋已不滿此書，後采列諸經之疏，聊取備數而已。"邵晉涵的《爾雅正義》仍疏郭注。由於舊本中經文有訛舛，注亦多脫落，邵晉涵先據唐石經及宋槧本，詳爲增校，又博采漢舍人、劉歆、樊光、李巡、孫炎、梁沈旋、陳顧野王、唐裴瑜諸人佚注，以郭璞注爲主，而分疏諸家於下。郭璞注未詳處，則博徵其他經書中漢人注來補充。又《爾雅》中，緣音訓義者頗少，邵晉涵則取聲近之字，旁推交通，申明其說。這部書始著于乾隆四十年，五十年完成；前後經過十

---

① 見於《清史稿》列傳二百六十八《儒林》二。

年,三四易稿乃定。

邵晉涵《爾雅正義》二十卷完成後,學術界評價頗高:"邵二雲學士作《爾雅正義》,……然後郭注未詳未聞之説,皆可疏通證明。"從此,研究《爾雅》之學的,則"多舍邢而從邵"。

《清史稿·儒林傳》中説:"晉涵性狷介,尤長於史,嘗與會稽章學誠論修《宋史》宗旨,晉涵曰:'宋人門户之習,語録庸陋之風,誠可鄙也。然其立身制行,出於倫常日用,何可廢耶? 士大夫博學工文,雄出當世,而於辭受取與、出處進退之間,不能無籩豆萬鐘之擇。本心既失,其又何議焉! 此著宋史之宗旨也。'學誠聞而聳然。著有《孟子述義》、《穀梁正義》、《韓詩內傳考》,並足正趙岐、范寧及王應麟之失,而補其所遺。"

(二)郝懿行《爾雅義疏》

郝懿行(公元 1755—1823 年)清經學家、訓詁學家。字恂九,號蘭皋,山東棲霞人。嘉慶四年進士,授户部主事。二十五年,補江南司主事。道光三年卒,年六十九。

據《清史稿》記載:"懿行爲人謙退,訥若不出口,然自守廉介,不輕與人晉接。遇非素知者,相對竟日無一語,迨談論經義,則喋喋忘倦。所居四壁蕭然,庭院蓬蒿常滿,僮僕不備,懿行處之晏如。浮沉郎署,視官之榮悴,若無與於己者,而一肆力於著述,漏下四鼓者四十年。所著有《爾雅義疏》十九卷,《春秋説略》十二卷,《春秋比》一卷,《山海經箋疏》十八卷,《易説》十二卷,《書説》二卷。①"

《爾雅義疏》共十九卷,三十七萬餘字,是郝懿行畢生精力的著作。許維遹《郝蘭皋先生著作考》一文中説,《爾雅義疏》一書"始于嘉慶十三年戊辰,落成于道光二年壬午,歷時正十五年。中因養疴廢業三年,舉實數

---

① 《清史稿》列傳二百六十九《儒林》三。

言,則云十二年也①"。其實,他開始研究《爾雅》要更早一些。《爾雅義疏》本名《爾雅略義》或《爾雅略》。在其《山海經箋疏》中,屢見"説見《爾雅》"字樣。由此推知,郝懿行在嘉慶四年前後就開始撰《爾雅略義》了,至嘉慶八年,或成初稿,暫停而著《山海經箋疏》,十三年完成。復修整《爾雅》,作《義疏》,至道光二年完成,前後經歷二十四年,除去撰《箋疏》和養病的歲月,也有十六年之久。他博采廣證,細心研析,將《爾雅略義》加以修訂補充,擴充爲《爾雅義疏》。撰寫過程中,每成一篇,他都與老師阮元,同門王引之、張澍,以及孫星衍、馬瑞辰、張聰咸等人反覆討論研究,如此寒暑往來,到他六十六歲時,才定稿完成。

　　郝懿行《爾雅義疏》比邵晉涵《爾雅正義》要晚出四十年,邵著是清儒第一個全面研究《爾雅》的佳作。郝懿行的《爾雅義疏》晚出,補綴一番,愈益精密。懿行將二書進行比較,提出兩點,他説:"邵晉涵《爾雅正義》蒐輯較廣,然聲音訓詁之原,尚多壅閼,故鮮發明。今余作《義疏》,於字借聲轉處,詞繁不殺,殆欲明其所以然。"又説:"余田居多載,遇草木蟲魚有弗知者,必詢其名,詳察其形,考之古書,以徵其然否。今兹疏中其異於舊説者,皆經目驗,非憑胸臆,此余書所以別乎邵氏也。②"

　　懿行之於《爾雅》,用力最久,於古訓同異,名物疑似,必詳加辨論,疏通證明,數易其稿。高郵王念孫爲之點閱,寄儀徵阮元刊行。嘉慶十四年,郝氏寫信給王引之時説到《爾雅義疏》"其中亦多佳處,爲前人所未發"。可見他對這本著作是自負的。

　　郝懿行曾反覆申述他的《爾雅義疏》有二大特點,即(一) 以聲音貫串訓詁,(二) 據目驗考釋名物。學術界認爲其"據目驗考釋名物"方面,成績出色;而"以聲音貫串訓詁"方面,認爲由于郝氏"疏于聲音",以致力不從心。

---

　　① 見《清華學報》第十卷第一期。
　　② 《清史稿》列傳二百六十九《儒林》三。

　　據目驗考釋草木蟲魚是《爾雅義疏》突出的優點。在清代小學家中專力訓詁者多，推求名物者少。所以，郝氏《義疏》在這方面的成績值得推重。郝氏《義疏》有以下幾個特點：

　　注重目驗、實事求是　《義疏》中對草木蟲魚的描述一般注重目驗，描述詳實、準確，勝過以往各家的注疏。《義疏》中，通過對生物現象的實際觀察，糾正歷代相傳的一些傳誤説法。他在《釋草》一篇中，明標"今驗"字樣的就近二十處。他在"女羅，菟絲"下説："舊説菟絲無根，以茯苓爲根，亦不必然。今驗菟絲初亦根生，及至蔓延，其根漸絶，因而附物以生。……"描述具體，細緻準確，非經長年累月的細心觀察是不能寫出的。在《釋蟲》《釋鳥》等篇中，還有不少類似的例子。《義疏》在有些條目中，注重目驗，實事求是，尚能廓清自漢儒以來的"符應""災異""祥瑞"等不科學的説法，如《釋獸》：麟，麕身，牛尾，一角。郝疏：按古書説麟不具録，大抵侈言德美與其徵應、惟《詩》及《爾雅》質實可信。至於言德，則《廣雅》備矣；説應則《禮運》詳矣。今既無可依據，亦無取焉。按《禮記·禮運》中以麟爲"四靈"之一。《廣雅·釋獸》中説"麟"含仁懷義、音中鐘吕、行步中規、游必擇土等，而郝疏却能指出"今既無可依據，亦無取焉"，是實事求是的態度。

　　因聲求義　郝氏生當乾嘉時代，深知訓詁聲音互爲表裏之理。故在《義疏》中多用"就古音以求古義"之法，不爲形體所限。例如《釋詁》"甫，大也"，郝疏："《詩》'東有甫草'，《文選·東都賦》注引《韓詩》作'東有圃草'。薛君曰：'圃，博也，有博大茂草也。'……博與圃俱從甫聲，故義皆爲大而字亦通矣。"由於郝氏對古音學造詣不甚精深，故往往有失。王念孫《義疏刊誤》、沈錫祚《義疏校補》及後人文章中，有駁正。

　　引口語方言，以今釋古　郝氏《義疏》除注重目驗、因聲求義外，多引用口語方言，并能繼郭璞注以今釋古的精神、在解釋名物時，常常引用今語和俗名，這樣往往能片言居要，使人一目了然。例如：

釋鳥：鷿，鷉。［郝疏］：今江蘇人謂之水老鴉。

釋獸：鼢，鼠。［郝疏］：此鼠，今呼地老鼠。

釋獸：鼬，鼠。［郝疏］：今俗通呼黃鼠狼。

釋詁：昝……病也。［郝疏］：昝者，《説文》云災也。災即病也，古人謂病曰災，故《公羊・莊廿年傳》："大災者何？大瘠也。"何休注："瘠，病也。齊人語也。"今東齊人謂病爲災，蓋古之遺言也。

引時賢説，不掠人美　郝氏在《義疏》中大量引述同時代學者們的見解，其贊同者引爲證據，提明姓氏，以示不掠人美；不同意的，則申述己意以明辨是非。引顧炎武、戴震一直到臧琳、王念孫、馬瑞辰計約四十家，各家引數不同，有多到四十條的，引邵晉涵《爾雅正義》三十多條，引段玉裁二十多條，引其妻王照圓的有六條①，不同意的有十幾條。

此外，有專釋《爾雅》名物之書，如程瑤田《通藝録》中釋宮、釋草、釋蟲諸小記；任大椿之釋繒；洪亮吉之釋舟；劉寶楠之釋穀；錢大昕之釋人等。有專輯《爾雅》古注之書，如臧庸之《爾雅漢注》；黃奭之《爾雅古義》等。有釋《爾雅》著作體例之書，如王國維之《爾雅草木鳥獸蟲魚釋例》等②。

---

① 懿行妻王照圓，字瑞玉。博涉經史，當時著書家，有"高郵王父子，棲霞郝夫婦"之目。著有《詩説》一卷，《列女傳補注》八卷，附《女録》一卷，《女校》一卷。又與懿行以詩答問，懿行録之爲《詩問》七卷。照圓又有《列仙傳校正》二卷。臧庸有過"有夫婦著述，一家兩先生者，郝蘭皋户部暨德配王婉佺安人也"的贊語。

② 《清史稿・藝文志》小學類記録有關《爾雅》研究的著作，計有：《爾雅補注》六卷，姜兆錫撰。《爾雅補郭》二卷，翟灝撰。《爾雅正義》二十卷，《音義》三卷，邵晉涵撰。《爾雅補注》四卷，周春撰。《爾雅漢注》三卷臧庸撰。《爾雅釋文補》三卷，錢大昭撰。《爾雅義疏》二十卷，郝懿行撰。《爾雅釋地以下四篇注四卷》，《爾雅古義》二卷，錢坫撰。《爾雅古義》二卷，胡承珙撰。《爾雅小箋》三卷，江藩撰。《爾雅古義》十二卷，黃奭撰。《爾雅注疏本證誤》五卷，張宗泰撰。《爾雅匡名》二十卷，嚴元照撰。《爾雅補注殘本》一卷，劉玉麐撰。《爾雅詁》二卷，徐孚吉撰。《爾雅郭注補正》三卷，戴瑩撰。《爾雅經注集證》三卷，龍啓瑞撰。《爾雅正郭》三卷，潘衍桐撰。《爾雅古注斠》三卷，閆秀葉蕙心撰。

　　總之，漢代《爾雅》這部語言學專著，經過清代學者諸家，前後二百年，從各方面進行探討研究，得到發揮，成績是很大的。

3.《説文解字》的研究

　　許慎《説文解字》是漢代一部卓越的語言學專著。其後研究的人不多。直到五代宋初有徐鉉（公元916—991年）徐鍇（公元920—974年）兄弟對《説文》進行研究。徐鉉與句中正等校訂《説文解字》，新補十九字于正文中，又以經典相承及時俗通用而爲《説文》所不載的四百零二字附于正文後，世稱"大徐本"。其弟徐鍇著有《説文解字繫傳》四十卷，已注意到形聲相生，音義相轉之理。又據孫愐《唐韻》著《説文解字篆韻譜》五卷。宋代王安石作《字説》，鄭樵著《六書略》，有不少附會之處，爲文字學家所不取。南宋戴侗著《六書故》，既非《説文》中的篆文，又非金文中之古文，且字多杜撰，也受到學者們的訾議。明末方以智著《通雅》五十二卷，多稱引《説文》，可算明末清初時，最初提倡《説文》研究者。

　　到了清朝康熙時代，經學家漸多，但是還没有興起對《説文》的研究。乾隆中葉，惠棟著《讀説文記》十五卷，可説是清儒研究《説文》專書的開始。其後，江永和戴震討論"六書"甚詳盡。戴震對《説文》這部書，從青年時代便用功研究，他自己雖然没有寫專著，但是，他却把《説文》研究心得傳授給弟子段玉裁，段玉裁對《説文》進行了全面深入的研究，成績十分突出。從此，《説文》研究風起雲涌，在學術界占了十分重要的位置。《説文解字》的研究，以乾嘉時代爲最盛。《説文》研究的專家有數十人之多，如果連稍有研究的人也計算在内，則多至二百餘人，如《説文解字詁林》的《引用諸書姓氏録》，從清初到清末羅振玉、王國維爲止，共有二百零三人。清代學者對《説文》衆多之研究，概括起來，大致可分爲四個方面：第一是對《説文》進行校刊和考證的研究工作，如嚴可均的《説文校議》、錢坫的《説文解字斠詮》、田吴炤的《説文二徐箋異》、承培元的《説文引經證例》等。第二是對《説文》有所匡正的研究，如孔廣居的《説文疑疑》、俞樾的

《兒笘録》等。第三是對《説文》作全面的研究,并多所闡發的,如段玉裁的《説文解字注》、桂馥《説文解字義證》、朱駿聲《説文通訓定聲》、王筠《説文句讀》等。第四是對先輩或同時代《説文》研究著作的補充訂正,如嚴章福《説文校議議》、王紹蘭《説文段注訂補》、鈕樹玉《段氏説文注訂》、徐承慶《説文解字注匡謬》、徐灝《説文解字注箋》等。其中又以段玉裁、桂馥、朱駿聲、王筠的《説文》研究最爲重要,最有成績。他們四位,學術界稱爲《説文》四大家。其中又以段玉裁、朱駿聲最爲傑出。①

(一) 段玉裁的《説文》研究

段玉裁(公元 1735—1815 年)字若膺,號茂堂,江蘇金壇縣人,乾隆舉人。他早年師事戴震,是乾嘉學派中的著名學者,傑出的文字、訓詁學家。段玉裁精通典籍,特別在音韻、訓詁方面,有深刻的研究。他一生著述甚富,計有《古文尚書撰異》、《毛詩故訓傳定本》、《詩經小學》、《周禮漢讀考》、《春秋左傳古經》、《汲古閣説文訂》、《六書音均表》、《説文解字注》、《經韻樓集》等三十餘種,其中,《説文解字注》則是他的代表作,凝聚了他大半生的心血。他認爲"向來治《説文》者多不能通其條貫,考其文理",即未得許書要旨,所以他下大工夫注《説文》。他於乾隆四十一年(公元1776 年)開始編纂長編性質的《説文解字讀》,歷時十九載,至乾隆五十九年告成,共五百四十卷。繼而以此爲基礎,加工精煉,又歷時十三載,於嘉慶十二年(公元 1807 年)終於寫成了《説文解字注》這部語言學巨著。以後又過了八年,直到嘉慶二十年(公元 1815 年)才得以刊行。從屬稿到付印,前後達四十年之久。

段玉裁《説文解字注》問世以後,很快就贏得了學術界很高的聲譽。王念孫在《説文解字注·序》中說:"《説文》之爲書,以文字而兼聲音訓詁者也。……吾友段氏若膺,於古音之條理,察之精,剖之密,嘗爲《六書音

---

① 參考王力《中國語言學史》第十一節《説文》的研究。

均表》立十七部以綜核之。因是爲《説文注》,形聲讀若,一以十七部之遠近分合求之,而聲音之道大明;於許氏之説、正義借義,知其典要,觀其會通,而引經與今本異者,不以本字廢借字,不以借字易本字,揆諸經義,例以本書,若合符節,而訓詁之道大明。訓詁聲音明而小學明,小學明而經學明,蓋千七百年來無此作矣。"按許慎《説文解字》成于公元 100 年,王念孫的意思是説段玉裁的《説文解字注》,超越了研究《説文》的所有著作,可以直追許慎的《説文解字》本書了。事實上,段注一出,就被學術界公認爲是注釋《説文》的權威性著作了。

盧文弨在《説文解字讀序》中説:

我朝文明大啓,前輩往往以是書提倡後學,於是二徐《説文》本學者多知珍重。然其書多古言古義,往往有不易得解者,則又或以其難通而疑之。夫不通衆經則不能治一經,況此書爲義理事物之所統彙,而以寡聞勘見之胸,用其私智小慧妄爲穿鑿,可乎?吾友金壇段若膺明府,於周秦兩漢之書無所不讀,於諸家小學之書靡不博覽,而別擇其是非。於是積數十年之精力,專説《説文》。以鼎臣之本頗有更易,不若楚金爲不失許氏之舊。顧其中尚有爲後人竄改者,漏落者,失其次者,一一考而復之,悉有左證,不同肊説。詳稽博辨,則其文不得不繁,然如楚金之書,以繁爲病,而若膺之書則不以繁爲病也。何也? 一虛辭,一實證也。蓋自有《説文》以來未有善於此書者。

《説文》自唐宋以來,有後人竄改,或傳抄漏落顛倒之處不少。段玉裁以徐鍇本爲主,加以研究考訂,王筠在《説文句讀・序》中説:"苟非段茂堂氏力辟榛蕪,與許君心心相印,天下亦安知所謂《説文》哉!"由此可知段注對《説文》學發揚光大所起的決定性的作用。

《説文解字注》的學術價值是多方面的,主要有以下幾點:

（1）闡明許書體例

關於分部。例如：

一部，凡一之屬皆从一。　段注：凡云"凡某之屬皆从某"者，自序所謂分別部居，不相雜廁也。

關於列字次序。例如：

一部，文五，重一。　段注：此蓋許所記也。每部記之，以得其凡若干字也。凡部之先後，以形之相近爲次，凡每部中字之先後，以義之相引爲次，《顏氏家訓》所謂櫽栝有條例也。

關於説解。例如：

元，始也，从一，兀聲。　段注：凡言"从某，某聲"者，謂於六書爲形聲也。凡文字有義、有形、有音。……凡篆一字，先訓其義，若"始也"、"顛也"是；次釋其形，若"从某、某聲"是；次釋其音，若"某聲"及"讀若"是。合三者以完一篆，故曰形書也。

關於聲訓。例如：

天，顛也。　段注：此以同部疊韻爲訓也。凡"門，聞也"、"戶，護也"，"尾，微也"，"髮，拔也"，皆此例。

旁，溥也。　段注：按旁讀如滂，與溥雙聲。

關於古籀。例如：

式,古文一。　段注:凡言古文者,謂倉頡所作古文也。此書法後王,尊漢制,以小篆爲質,而兼録古文、籀文,所謂"今敍篆文,合以古籀"也。小篆之於古籀,或仍之,或省改之,仍者十之八九,省改者十之一二而已。仍,則小篆皆古籀也,故不更出;古籀省改,則古籀非小篆也,故更出之。一二三之本古文明矣,何以更出弌弍弎也? 蓋所謂"即古文而異"者,當謂之"古文奇字"。

關於讀若。例如:

祡,燒祭也。从示,此聲,讀若春麥爲桑之桑(此芮切)。　段注:凡言"讀若"者,皆擬其音也。凡傳注言"讀爲"者,皆易其字也。注經必兼兹二者,故有"讀爲",有"讀若"。"讀爲"亦言"讀曰";"讀若"亦言"讀如"。字書但言其本字本音,故有"讀若",無"讀爲"也。"讀爲"、"讀若"之分,唐人作正義,已不知"爲"與"若"兩字,注中時有譌亂。[1]

(2)段注在詞匯研究方面,對《説文》能進一步有所闡發。

段注的特色、成就,不僅在於"究其微恉,通其大例"[2],對許慎《説文》作了細密全面的校勘整理,更在於他通過對許書的注釋,提出并初步解決了一些有關漢語音韻學、文字學、訓詁學以及詞匯學方面的重大問題,他能比較科學地研究這些重要的語言問題,可以説段注《説文》,已使《説文》研究從校訂、考證的基礎上再深入一步,研究規律性的語言學問題。比較突出的是在詞匯學研究方面,段注已討論到字與詞的關係,詞的音義關係,對同義詞的辨析,詞的本義、引申義、假借義以及詞

___

① 以上見王力《中國語言學史·説文的研究》。
② 見孫詒讓《札迻·序》。

義的發展變化等問題。段玉裁的分析研究、理論認識的水平,在清代當時研究中,達到了很高水平,就是對今天漢語史、漢語詞匯學研究,也有參考價值。

　　古代學者由于分不清字與詞的關係,往往因此造成訓詁上的錯誤。而段玉裁能正確的提出"凡單字爲名者不得與雙字爲名者相牽混"這一條訓詁的原則。如:

> 蛁,蟲也。　段注:謂蟲名也。按《玉篇》以蛁蟟釋之,非也。蛁自蟲名。下文蚨下蛁蟧,別一蟲名。凡單字爲名者,不得與雙字爲名者相牽混。蛁蟟即蛁蟧,不得以釋蛁也。

又提出:"凡物以兩字爲名者,不可因一字與他物同,謂爲一 物。"例如:

> 鸈,鴟鴞、寧鴂也。从鳥、虖聲。　段注:鴟當作雌,雌,雖也,鴟鴞則爲寧鴂。……雖舊不可單言雌,雌鴞不可單言鴞。凡物以兩字爲名,不可因一字與他物同謂爲一物。
>
> 琰,璧上起美色也。从王,炎聲。段注:……琬琰美玉名,此當合二字爲一名。別是一物。《尚書》玉五重、琬琰亦是一物,非《周禮》之二圭也。

其他,在《説文》黽、豬等字下,段注都説明這種觀點。今天看來,段玉裁對"連綿字不可分釋"有明確認識,也説明他對漢語中字與詞的區別、漢語構詞法,有比較科學的認識。

　　在《説文》段注中,段氏注意到音譯的外來詞:

> 珣,醫無閭之珣玗琪。周書所謂夷玉也。从王,旬聲。一曰玉器。　段注:《爾雅》曰:東北之美者,有醫無閭之珣玗琪焉。琪與琪

同。醫無閭,山名。在今盛京錦州府廣寧縣西十里。屈原賦謂之微閭,珣玗琪合三字爲玉名。玗琪二字又各有本義,故不連舉其篆也。蓋醫無閭、珣玗琪,皆東夷語。

　　珋,石之有光者,璧珋也。出西胡中,从王,丣聲。段注:璧珋,即璧流離也。《地理志》曰,入海市明珠、璧流離。《西域傳》曰,罽賓國出璧流離。璧流離三字爲名,胡語也。猶珣玗琪之爲夷語。……今人省言之曰流離,改其字爲瑠璃。古人省言之曰璧珋,珋與流、瑠音同。揚雄《羽獵賦》:椎夜光之流離。是古亦省作流離也。

《説文》段注中注意到連語。古代訓詁往往把連語錯爲合成詞組,段注中凡是連語,都指出各種變體。如:

　　猗,猗施、旗貌。从放,奇聲。　段注:猗施,疊韻字。在十七部。許於旗曰猗施,於木曰橲施,於禾曰倚移,皆讀如阿那。《檜風》:猗儺其枝。傳曰猗儺,柔順也。《楚辭・九辨》、《九歎》則皆作旖旎。《上林賦》:旖旎從風。張揖曰旖旎猶阿那也。《文選》作猗狔,《漢書》作椅柅,《考工記》則作倚移,與許書禾部合。知以音爲用,制字日多。《廣韻》、《集韻》曰婀娜、曰妸𣥯……皆其俗體耳,本謂旌旗柔順之皃,引申爲凡柔順之稱。倚移與猗施同。許以从放、从禾別之。

《説文》段注,對於詞義問題,也有較深的考察。如關于引申義和假借義,《説文》只講本義,段注則兼講引申義和假借義,説明詞的多義性。段玉裁的弟子江沅在《説文解字注》後序中説:"許書之要在明文字之本義而已,先生發明許書之要,在善推許書每字之本義而已矣。經史百家字多假借,許書以説解名,不得不專言本義者也。本義明而後餘義明,引申之義亦明,假借之義亦明。形以經之,聲以緯之。凡引古以證者,于本義、于餘義、于引申、于假借、于形、于聲,如指所之,罔不就理。"例如：

> 理,治玉也。从王,里聲。　段注：《戰國策》：鄭人謂玉之未理
> 者爲璞,是理爲剖析也。玉雖至堅,而治之得其鰓理以成器不難,謂
> 之理。凡天下一事一物,必推其情至於無憾而後即安是之謂天理。
> 是之謂善治,此引申之義也。戴先生《孟子字義疏證》曰：理者,察之
> 而幾微必區以別之名也,是故謂之分理。在物之質曰肌理,曰腠理,
> 曰文理。得其分則有條而不紊,謂之條理。鄭注《樂記》曰：理者,分
> 也。許叔重曰知分理之可相別異也。古人之言天理何謂也？曰理也
> 者,情之不爽失也。未有情不得而理得者也。天理云者,言乎自然之
> 分理也。自然之分理,以我之情絜人之情,而無不得其平是也。

段氏參考其師戴震的看法,對"理"的字義進行研究分析,首先以許書爲基
礎,以字形偏旁爲依據來求本義,故能探本溯源;又以本義爲出發點推求
引申義;分析引申義層層深入,最後又博稽文獻,以《説文》與羣書互證,條
理秩然地分析歸納出六層引申義,即"天理"、"分理"、"肌理"、"腠理"、
"文理"和"條理"等。

　　《説文》一書中,許慎已注意到了近義詞的詞義辨析工作,其後,一般
研究《説文》的著作,不注意這一點,而段玉裁獨能注意到許慎《説文》中
近義詞辨析,并加以發揚。如：

> 觀,求視也。段注：求視者,求索之視也,
> 覛,好視也。段注：如好之視也,
> 覹,笑視也。段注：嬉笑之視也,
> 覢,察視也。段注：密察之視也。

又如,《説文》皿部,盈,滿器也。水部：溢,器滿也。　段注：滿器,人滿貯

之。　　器滿,謂器中已滿。按滿器之滿,是動詞。如現在北方話中尚有
"滿上一碗"的説法。器滿之滿,乃形容詞。"溢"象水滿而溢出之狀也。

《説文》段注,對一些常用詞,訓釋精確,如:

> 牙,壯齒也。　　段注:……壯,大也。壯齒者,齒之大者也。統
> 言之皆稱齒,稱牙。析言之則前當脣者稱齒,後在輔車者稱牙,牙較
> 大於齒。

> 稻,稴也。　　段注:今俗概謂黏者,不黏者未去糠曰稻。稴(糯)
> 稻、秈稻、秔(粳)稻,皆未去糠之稱也。既去糠則曰稴米、曰秈米、曰
> 秔米。古謂黏者爲稻,謂黏米爲稻,《九穀考》曰:"……孔子曰:'食
> 夫稻',亦不必專指黏者言……"玉裁謂"稻"其渾言之稱,"秔"與
> "稻"對,爲析言之稱。

《説文》段注,能以歷史發展觀點,來看待詞義的發展變遷。這是段玉
裁比別的小學家高明之處,例如:

> 堂,殿也。从土,尚聲。段注:許以殿釋堂者,以今釋古也。古
> 曰堂,漢以後曰殿。古上下皆稱殿,至唐以後,人臣無有稱殿者矣。

> 代,更也。从人,弋聲。段注:更者,改也。《士喪禮》、《喪大記》
> 注同。凡以此易彼謂之"代",次第相易謂之"遞代",凡以異語相易,
> 謂之"代語"。假"代"字爲"世"字,起于唐人避諱。"世"與"代",義
> 不同也。唐諱言"世",故有代宗;明既有世宗,又有代宗,斯失之矣。

段玉裁還敢于對許慎提出批評,例如:

> 哭,哀聲也。从吅,从獄省聲。段注:按許書言省聲,多有可疑
> 者,取一偏旁,不載全字,指爲某字之省,若"家"之爲"豭"省,"哭"之

從"獄"省,皆不可信。……竊謂从犬之字如狡、獪、狂、默、猝、猥、狮、狠、獷、狀……卅字皆从犬而移以言人,安見非"哭"本謂犬嗥而移以言人也? 凡造字之本意有不可得者,如"禿"之从禾;用字之本義,亦有不可知者,如"家"之从"豕","哭"之从"犬"。愚以爲"家"从豕部,从豕宀,"哭"入犬部,从犬吅,皆會意而移以言人,庶可正省聲之勉强皮傅乎!

對于段玉裁在《説文注》中,敢于如此批評許慎,當時學術界有不同的反映,如徐承慶則嚴厲加以反駁,認爲段氏"剛愎不遜,自許太過"[①];而徐灝却表示贊同,認爲"段説是也";王筠在《説文釋例》中提出看法,認爲"凡類此者皆字形失傳而許君强爲之解"。

《説文》是以形爲主的字書,而段玉裁作注,并不只限于形,就字論字,而是力求從語言實際出發,分析文字的形音義。清代小學大盛,素有《説文》四大家之稱,王筠《説文釋例》、《説文句讀》較重于形,桂馥《説文義證》偏於義,朱駿聲《説文通訓定聲》側重于聲,唯段玉裁《説文解字》一書,形音義三者并重,"能三者互推求",這一點在《説文》四大家中是突出的。段注除分別注明各字的形音義外,還能從理論上加以闡説和概括。例如:

> 禎,以真受福也。从示,真聲。段注:此亦當云从示、從真,真亦聲,不言者,省也。聲與義同原,故諧聲之偏旁多與字義相近。此會意、形聲兩兼之字致多也。《説文》或稱其會意、略其形聲;或稱其形聲、略其會意。雖則消文,實欲互見,不知此則聲與義隔。……

總之,段氏小學修養高深,他的《説文注》,不僅僅是爲《説文》作注,而是

---

① 見徐承慶《段注匡謬》十五卷。

寓"作"于"述"。從注中,反映了段氏的語言學理論觀點。他以許注許,概括出許書的體例;他區別字和詞,對詞義的辨析、詞義的歷史發展均有精深見解;由于他精通古音學,提出"諧聲之偏旁與字義相近"、"同諧聲者必同部也"等理論看法。這些都反映段氏已能突破小學家注釋、校訂、考證的框子,走上了科學語言學的研究道路。

　　當然,段氏《説文》注,也是有缺點的。段氏在注中敢于提出自己的觀點看法這是優點,但是,有的失之於主觀武斷則變成缺點了。段注主要缺點,在于沒有充分證據而擅改《説文》。例如:

　　　　鈐,鈐鐬,大犂也。一日類枱,从金,今聲。　段注:各本作枱,誤,今正。枱,耒端也。耒者手耕曲木也。耒枱與犂之別,一以人,一以牛也。

王筠《説文釋例》批評段氏説:"犂枱一物也,段氏不察,而強以人牛分之,誤。"

　　段注在注釋《説文》字形方面,也有主觀的誤解處。例如:

　　　　厢,日在西方時側也,从日,仄聲。段注:此舉形聲包會意。隸作昃,亦作昊,小徐本矢部又出昊字,則復矣,夫制字各有意義,晏、景、暑、旱之日在上,皆不可易也。日在上而干聲則爲不雨,日在旁而干聲則爲晚,然則厢訓爲日在西方,豈容易日在上? 形聲之內,非無象形也。

徐灝批評他説:"形聲之字固有以偏旁上下爲義者,然亦有取其字體相配,不可拘墟。若如段説:'厢'訓日在西方,不容移日在上,然則晢訓爲明,晉訓爲進,啓訓爲晝晴,昝爲日晞乾肉,其日皆當在上,何以置于下乎?"

　　總之,段玉裁《説文解字注》是一部體大思精卓越的語言學專著,雖有缺點,終是瑕不掩瑜。

(二) 桂馥的《説文》研究

桂馥(公元 1736—1806 年)字冬卉,號未谷,曲阜人。乾隆五十五年進士。《清史稿·儒林傳》上記載:"馥博涉羣書,尤潛心小學,精通聲義。嘗謂:'士不通經,不足致用;而訓詁不明,不足以通經。'故自諸生以至通籍,四十年間,日取許氏《説文》與諸經之義相疏證,爲《説文義證》五十卷。力窮根柢,爲一生精力所在。"

桂馥《説文解字義證》五十卷,多徵引古書以推尋《説文》的説解根源,前後各説,相互補正,排比有秩,資料豐富。桂氏的《義證》主要有兩個部分,第一部分舉例證明某字的本義,第二部分參證許慎的説解;主要是博引古籍的説解來證實許書的説解,或補充許書的説解,或引古籍所引許書以相參證。桂書在許書每個字下,博引古籍,羅列羣説,頗似《經籍籑詁》,觸類旁通。例如:

> 穎,禾末也,从禾,頃聲。《詩》曰:禾穎穟穟。
> 桂馥《義證》:《漢書·禮樂志》:"含秀垂穎。"《文選·應貞詩》:"嘉禾重穎。"《思玄賦》:"發昔夢於木禾,既乘穎而顧本。"蔡邕《篆勢》:"穎若黍稷之垂穎。"《小爾雅》:"截顛謂之桎",《爾雅》釋文引作"截穎"。"禾末也"者,《廣韻》同,又曰穗也。李善注《魏都賦》引本書作穗也。《文選·西都賦》:"五穀垂穎",五臣注:"穎,穗也。"《詩·生民》:"實穎實栗",傳云:"穎,垂穎也。"正義:"言其穗重而穎垂也。"《詩》曰"禾穎穟穟"者,《大雅·生民》文。彼作"役",傳云:"役,列也",非本書義。

由上可知,桂馥《説文解字義證》一書,例證材料十分豐富,經史子集,無所不包,以個人精力,成此巨著,實在是難能可貴。

據《清史稿·儒林傳》記載:"馥與段玉裁生同時,同治《説文》,學者以桂、段并稱,而兩人從不相見,書亦未見,亦異事也。"并對桂馥的《説文解字義證》和段玉裁的《説文解字注》進行比較:

> 蓋段氏之書,聲義兼明,而尤邃於聲;桂氏之書,聲亦并及,而尤博於義。段氏鉤索比傅,自以爲能冥合許君之旨,勇於自信,自成一家之言,故破字創義爲多;桂氏專佐許説,發揮旁通,令學者引申貫注,自得其義之所歸。故段書約而猝難通闖,桂書繁而尋省易了。夫語其得於心,則段勝矣;語其便於人,則段或未之先也。

桂書與段書,雖然都是研究《説文》的著作,但二書的性質不同,段書是述中有作,故能破字創義,自成一家之言;而桂書則述而不作,專臚古籍,不下己意。

桂氏的《義證》是一部重視材料的書,王筠在《説文釋例·自序》中評論説:"桂氏徵引雖富,脈絡貫通,前説未盡,則以後説補苴之;前説有誤,則以後説辨正之。凡所稱引,皆有次第,取是達許説而止,故專臚古籍,不下己意也。讀者乃視爲類書,不亦昧乎!"可見桂氏的《義證》雖然是一部以材料爲主的書,但不是材料的簡單堆積,而是經過作者精心篩選,有次序、有條理的安排。可以説段氏的《説文注》與桂氏的《説文義證》,相得益彰,對後世研究《説文》都是有價值的參考書。

桂氏的《説文解字義證》主要的缺點,在於桂氏的著作思想,首先認定許慎《説文解字》中所講的,都是對的。他只是從羣書古籍中,找出例證來。這樣一種指導思想,引用例證必然是勉強而爲。例如《説文》:"爲,母猴也。"桂氏在《義證》中説:"母猴也者,陸機云'楚人謂之沐猴',馥謂'沐''母'聲近。"按"沐""母"聲近,并不能證明"爲"訓母猴。這樣的例證,就比較勉強。

總之,段玉裁的《説文解字注》,桂馥的《説文解字義證》,兩家的研究

《説文》之學,在學術界,享有盛譽,對後人的《説文》研究有很大的影響。

(三) 王筠的《説文》研究

王筠(公元 1784—1854 年) 字貫山,號箓友,山東安丘人,道光元年(公元 1821 年)舉人。在《説文》研究上,能綜合分析諸家之説,爲後人指示門徑。著有《説文句讀》、《説文釋例》、《説文繫傳校録》、《文字蒙求》等。

王筠的時代,比段玉裁、桂馥晚三十多年,當時,研究《説文》的人已很多,段書已廣爲流傳,段、桂《説文》之學,已享有盛名。王筠研究《説文》,是在前人成就的基礎上,再進一步研究,王筠在《説文釋例·序》中,對當時《説文》研究,提出自己的看法,他説:

今天下之治《説文》者多矣,莫不窮思畢精以求,不可加矣。就吾所見論之,桂氏未谷《説文義證》,段氏茂堂《説文解字注》最盛也。桂氏書徵引雖富,脈絡貫通,前説未盡則以後説補苴之,前説有誤則以後説辨正之,凡所稱引皆有次弟,取足達許説而止,故專臚古籍,不下己意也,讀者乃視爲類書,不亦昧乎。惟是引據之典,時代失於限斷,且泛及藻績之詞而又未盡加校改,不皆如其初怡,則其蔽也。段氏書體大思精,所謂通例,又前人所未知;惟是武斷支離,時或不免,則其蔽也。大徐之識遜於小徐,小徐之識又遜二家,治《説文》者以二書爲津梁,其亦可矣。

王筠在序言中,分析了當時《説文》研究的情況,指出段書、桂書在衆多《説文》研究中最盛,是治《説文》的"津梁";同時,他也指出段書、桂書的不足之處。

王筠説:

筠少喜篆籀，不辨正俗，年近三十，讀《説文》而樂之。每見一本
必讀一過，即俗刻《五音韻譜》亦必讀也。羊棗膾炙積二十年，然後於
古人制作之意，許君著書之體，千餘年傳寫變亂之故，鼎臣以私意竄
改之謬，犁然辨晰具於胸中，爰始條分縷析爲之疏通其意，體例所拘
無由沿襲前人，爲吾一家之言而已。

王筠就是在這樣認識的基礎上，獨闢門徑，對《説文》進行研究，成爲
《説文》四大家之一。

《説文釋例》二十卷。前十四卷説明"六書"及《説文》的條例、體制；
後六卷列出對於《説文》的一些疑問。各卷後附有"補正"，常用金石古文
補正《説文》的形體和説解。

卷一至卷五主要説明"六書"條例，例如卷三《形聲》，王筠説：

許君敍曰：三曰形聲。形聲者，以事爲名，取譬相成，江河是也。
案工可第取其聲，毫無意義，此例之最純者。推廣之，則有兼意者矣。
亦聲必兼意，省聲及但言聲者，亦多兼意。形聲字而有意，謂之聲兼意，聲爲
主也。會意字而有聲，謂之意兼聲，意爲主也。説解之詞雖同，而意
固有不同矣。

王筠還進一步指出了語言和文字的關係，他説：

夫聲之來也，與天地同始，未有文字以前，先有是聲，依聲以造
字，而聲即寓文字之内。故不獨形聲一門然也。先有日月之名，因造
日月之文。先有上下之詞，因造上下之文。

《説文釋例》卷六至卷十一，主要説明"重文"、"疊文"、"列文"、"説解"、
"讀若"等條例，例如卷十：

　　説解正例：許君説解，必先字義而後字形。

　　説解變例：説解之例，必先説字義，再説字形，即不待説而自明者，亦必説之，體例固然也。如天，顛也。帝，諦也。天、帝人所共知，故説以雙聲疊韻之法。

《説文釋例》卷十二至十四，主要説明"挩文"、"衍文"、"誤字"、"補篆"、"删篆"、"改篆"、"糾徐"等校勘方面。卷十五至卷二十全部是"存疑"。由以上可知王筠的《説文釋例》的大致内容，在説明《説文》條例、體例等方面，對後世研究《説文》有指導意義。

　　《説文句讀》三十卷，主要是采掇段玉裁的《説文解字注》、桂馥的《説文義證》以及其他諸家研究《説文》的書，删複舉要，便于初學。王筠在序中説：

　　　　惟既創爲通例(指段氏《説文注》)，而體裁所拘，未能詳備。余故輯爲專書(指《説文釋例》)，與之分道揚鑣，冀少明許君之奥旨，補茂堂所未備，其亦可矣。道光辛丑(公元 1841 年)，余又以《説文》傳寫多非其人，羣書所引有可補苴，遂取茂堂及嚴鐵橋、桂未谷三君子所輯，加之手集者，或增，或删，或改，以便初學誦習。故名之曰"句讀"，不加疏解，猶初志也。

王筠在凡例中説：

　　　　此書之初輯也，第欲明其句讀而已。已及三卷，而陳雪堂、陳頌南迫使通纂，乃取《説文義證》、《説文解字注》，删繁舉要以成此書。其或二家説同，則多用桂氏説。以其書未行，冀少存其梗概；且分肌擘理，未谷尤長也。惟兩家未合者，乃自考以説之，亦不過一千一百餘事。惟是二家所引，檢視原書或不符，此改舊文以就己説也。然所引浩如烟海,統俟它日覆核之。

王筠研究《説文》,在"釋例"方面,即概括《説文》體例方面,是十分精彩的;另外在解釋字形、字義方面也有創見。例如《説文》"甘,从口含一。一,道也"。王筠在《釋例》和《蒙求》二書中指出"一"是象所含之物,是以會意定指事。這個字形的解釋,比許慎明確、高明。又如《説文》:底,山居也,一曰下也。王筠《説文句讀》指出"下也"的"底","即高低之'低'"。《説文》段注認爲"山居"應改爲"止居",王筠同意段注的意見。段注又認爲"下也"一義,是"下爲底,上爲蓋,今俗語如是,與一義相足",王筠没有接受這個看法。可見王筠對當時研究《説文》的大家,既能尊重他們,也能提出自己的看法。

王筠又有《説文繫傳校録》三十卷,《文字蒙求》四卷。《文字蒙求》是爲童蒙初學文字而編寫的。王筠在序中引陳雪堂的話説:"人之不識字也,病于不能分;苟能分一字爲數字,則點畫必不可以增減,且易記而難忘矣。苟于童蒙時,先令知某爲象形、某爲指事,且會意字即合此二者以成之,形聲字則合此三者而成之,豈非執簡御繁之法乎?"因此,《文字蒙求》四卷,卷一講象形,卷二講指事,卷三講會意,卷四講形聲。這是一本學習文字的入門書。可見王筠研究《説文》,注意到文字學的通俗好懂、普及工作。

王筠治《説文》之學垂三十年,《清史稿》説他是"其書獨闢門徑,折衷一是,不依傍於人。論者以爲許氏之功臣,桂、段之勁敵。"

(四) 朱駿聲的《説文》研究

朱駿聲(公元 1788—1858 年),字豐芑,號允倩,江蘇吳縣人。《清史稿·儒林傳》記載:"朱駿聲,字豐芑,吳縣人。年十三,受許氏《説文》,一讀即通曉。從錢大昕游,錢一見奇之,曰:'衣鉢之傳,將在子矣!'嘉慶二十三年舉人,官黟縣訓導。咸豐元年,以截取知縣入都,進呈所著《説文通訓定聲》及《古今韻準》、《柬韻》、《説雅》共四十卷。文宗披覽,嘉其洽,賞國子監博士銜。旋遷揚州府學教授,引疾,未之官。八年,卒,年七十一。"①

　　朱駿聲博通諸子百家,於學無所不窺,他的弟子朱鏡蓉在《説文通訓定聲》序中説他"七百八十三座之星能指而名之,九章之術能推而衍之,十經之義則淹而通之,三史十子騷選皆孰而誦之。"他的孫子朱師轍也説他"于經史詞章,百家九流,靡不探賾。……其修學次第,始其小學,縱以經史,緯以詞章,旁及天文、地理、曆算、醫卜之屬,皆歸于實用"②。

　　朱駿聲一生著述約百餘種,已刊廿餘種,其中部分收入《傳經室文集》,多爲研治四書五經、天算曆象、訓詁名物之作。小學方面著述有《小學識餘》、《説解商》、《經韻樓説文注商》、《假借經徵》等。他的畢生精力,主要用在他所著的《説文通訓定聲》上。

　　《説文通訓定聲》十八卷,又《柬韻》一卷。道光十三年成書,時已四十六歲。他在《自敍》上説:"竭半生之目力,精漸銷亡;殫十載之心稽,業才草創。"直到他六十二歲,即道光二十九年(公元 1849 年)《説文通訓定聲》方鏤版于黟縣學舍,印數較少,流傳未廣。公元 1851 年(咸豐元年)朱氏進呈《説文通訓定聲》、《古今韻準》、《柬韻》和《説雅》共四十卷,文宗(咸豐)披覽,賞國子監博士銜。同治九年(公元 1870 年)朱氏已故十二年後,其子在友人資助下重刊此書,稍得流傳。《説文通訓定聲》刊版之後,朱氏手自校勘考訂,增删改易,共補訂八百餘條,光緒八年由其子孔彰稽核刊行爲《説文通訓定聲補遺》二卷。

　　《説文通訓定聲》主要是根據《説文》九千多字,又增附七千多字,從中分析形聲聲符一千一百三十七;再依古韻歸并爲十八部,變更了《説文》的體例,按古韻及形聲聲符排比。《説文通訓定聲》在考釋方面,先就字形構造考明本義,次以古書中通用之義,分列爲"轉注"、"假借"、"別義"等

---

① 《清史稿·儒林傳》卷四百八十一。
② 見《傳經室文集》跋。

項,兼載"聲訓"、"古韻"。朱氏認爲轉注即屬字義的引申,與《説文》解釋不同,而以聲音、訓詁相通之理來闡明《説文》。

作者在卷首説明《説文通訓定聲》這個書名,包含着三個內容:第一是説文,第二是通訓,第三是定聲。

第一個內容"説文"。朱氏的《説文通訓定聲》根據《説文》九千多字,是以《説文解字》的內容爲基礎,又增附了七千多字,加以補充并舉例。《説文》收字九千三百五十三,據朱氏統計,其中諧聲字八千零五十七,朱氏從中分析形聲聲符一千一百三十七。許慎《説文》講的是本義,朱氏《説文通訓定聲》講的是本訓,即本義。另有別義,即《説文》中的"一曰",就是另一個本義。朱氏《説文通訓定聲》書中,有些"別義"是《説文》中未提到的。因爲重在本訓,這部分內容主要講的是六書中的四書:即象形、指事、會意、形聲。

第二個內容"通訓"。通訓,即通釋訓詁,主要講的是轉注、假借。朱氏説:"不知叚借者,不可與讀古書。不明古音者不足以識叚借。"這是朱氏《説文通訓定聲》最精彩部分。朱氏講的轉注、假借,與許慎講的不同。許慎説:"建類一首,同意相受,考老是也";"本無其字,依聲托事,令長是也。"朱駿聲説:"轉注者,體不改造,引意相受,令長是也;假借者,本無其意,依聲托字,朋來是也。"按朱氏的看法,轉注就是引申,而假借則是同音通假,包括"重言形況字"(即疊字)、"連語"(即聯綿字與"托名標識字",即專有名詞),并把"聲訓"也算是假借之類。朱氏認爲《説文》、《爾雅》没有講轉注、假借,他就着重這個部分,他説:"專輯此書,以苴《説文》轉注、假借之隱略,以稽羣經子史用字之通融。"①

第三個內容"定聲"。定聲,即分韻。朱氏根據《説文》收字九千三百五十三,其中諧聲字八千零五十七,又增附七千多字,從中分析形聲聲符一千一百三十七。(朱氏稱爲"聲母")再依古韻歸并爲十八部。《説文通

① 語見朱駿聲上《説文通訓定聲》的奏折。轉引自王力《中國語言學史》123頁。

訓定聲》的編排自成體系,他變更了《説文》的體例,即不采用《説文》五百四十部,而是用古韻十八部來排列一萬零三百二十四字。朱氏這種新的排列體系是爲了便于安排諧聲字和闡述轉注和假借字。他在《自敘》中説:"部標十八,派以析而支分;母列一千,聲爲經而義緯。將使讀古書者應弦合節,無聲牙詰詘之疑;治經者討葉沿根,有掉臂游行之樂。"他用《易經》卦名來命名十八韻部,脱離了當時古韻研究的現實,并給使用者造成查找的不方便。這一點,他後來也認識到了。朱氏在他《古今韻準自敘》中,批評南宋劉淵《韻略》、元陰氏《韻府羣玉》有乖古韻和紊亂《廣韻》,"幾令後之學者欲由《廣韻》以上溯古音而并不可得,豈非千古之罪人哉"。

總之,朱氏的"説文"、"通訓"、"定聲",實際上是包括字形、字義、字音三方面,是從形、音、義三方面來綜合研究詞義的。試舉一例如下:

> 紟 紟 紟　衣系也。从系,今聲。籀文从金聲,字亦作"絵"。《禮記·內則》:"紟纓綦屨。"注:"猶結也。"字亦以"衿"爲之。"衿"者"襟"之俗,與"衾"別。《儀禮·士昏禮記》:"毋施紟結悅。"謂系佩帶也。《漢書·揚雄傳》:"衿芰茄之綠衣兮。"注:"帶也。"《荀子·非十二子》:"其纓禁緩。"以"禁"爲之。《禮記·玉藻》:"紳韠結三齊。"以"結"爲之。"紟""結"一聲之轉。[別義]《儀禮·士喪禮》:"績綌紟衾二",注:"單被也。"《禮記·喪大記》:"布衿",皇氏曰:"禪被也。"[聲訓]《釋名·釋衣服》:"紟亦禁也,禁使不得解散也。"

朱駿聲的《説文通訓定聲》在解釋詞義方面最有貢獻。一詞多義,本是語言中常見事實,而許慎《説文解字》是講字形爲主的書,專講本義。而朱氏的《説文》研究,"似因實創"。表現在詞義解釋上,他雖是遵循《説文》的本義,而又有所發展,朱氏認識到引申義與假借義的重要。他説:"夫叔重萬字,發明本訓,而轉注假借則難言;《爾雅》一經,詮釋全《詩》,

而轉注假借亦終晦。欲顯厥旨，貴有專書。"所以他著《說文通訓定聲》，既是研究《說文》的著作，又是在《說文》的基礎上，發展成爲有自己特色的專著。

朱氏著作的重點在詞義方面，他對詞義的解釋，都是有根據的，一爲例證，二是前人的訓詁。他把古代經史子集的訓詁都收集了。其豐富可比阮元主編的《經籍籑詁》，而《經籍籑詁》只是材料堆積，未能進一步研究；而朱氏的《說文通訓定聲》則對故訓加以研究，能進一步指出，哪些是本義，哪些是別義，哪些是轉注、引申義，哪些是假借義，哪些是聲訓。所以朱氏的《說文》研究，在詞義方面的研究，是科學的，是最有貢獻的。

朱駿聲的缺點：第一，朱氏對于假借的認識欠正確。許慎說："假借者，本無其字，依聲托事，令長是也。"用"令""長"二字爲例，雖然不妥，但是"本無其字，依聲托事"的定義却是對的。朱氏改定義爲"本無其意，依聲托字"反而不如許慎的定義明確。許慎對假借的認識是從"字"來說明，"本無其字"對的。朱氏則從"意"來說明，某一個字"本無其意"，假借爲另一意；如此，則使人感到"本有其字"了。實際上，造字之初，文字較少，同音假借常常是本無其字的。

第二，朱書對于轉注、假借、別義、聲訓之間的界限有時是劃分得不够清楚的。王力先生在《中國語言學史》中指出："主要還是'本字'的觀念在作怪。例如'狗'字別義欄引《爾雅·釋獸》：'熊虎醜，其子狗'，并說'字亦作豿'。這本來應該歸入假借一欄的，只因《說文》沒有'豿'字，不好說'狗'是'豿'的假借，就只能算作別義了。"王力先生又進一步指出："其實本義之外，只有兩種情况：一種是字不改造，同意相受，這是朱氏所謂轉注，我們所謂引申；一種是'本無其字，托聲托事'，這是我們所謂假借，與許、朱都不相同（許舉例不當，未定義不當）。朱氏所謂別義，其實就是一種缺乏本字的假借。實際上，我們認爲'本字'在多數情况下不是後起字，就是硬指的'本字'，所以別義與假借不該分爲兩類。至於聲訓，如果是有道理的,就應該歸入轉注或假借,如果是向壁虚造的,就可以不管它了。"

第三,正如王力先生在《中國語言學史》中指出的:朱氏對于《説文》的修訂,如關于"省聲"的理論是欠妥當的。例如,《説文》:"宋,居也,从宀,从木,讀若送。"朱氏加按語説:"按,松省聲。"王力先生認爲"省聲"之説常常是主觀臆測的結果,段玉裁批評許慎的話是對的。朱駿聲變本加厲,常常在字形不好解釋時,依靠"省聲"來解决,這在研究方法上是錯誤的。

4. 王念孫、王引之的語言研究

王念孫字懷祖,高郵州人。父安國,官吏部尚書,謚文肅,有傳。八歲讀《十三經》畢,旁涉史鑑。高宗南巡,以大臣子迎鑾,獻文册,賜舉人。乾隆四十年進士,選翰林院庶吉士,散館,改工部主事。……嘉慶四年,仁宗親政,……是年授直隷永定河道。……尋授山東運河道,在任六年,調永定河道。會東河總督與山東巡撫以引黄利運異議,召入都决其是非。念孫奏引黄入湖,不能不少淤,然暫行無害,詔許之。已而永定河水復異漲,如六年之溢,念孫自引罪,得旨休致。道光五年,重宴鹿鳴,卒,年八十有九。①

王念孫幼年從休寧戴震受聲音、文字、訓詁之學,戴震稱贊他"君之才竟無不可"。"既罷官,日以著述自娱,著《讀書雜志》,分《逸周書》、《戰國策》、《管子》、《荀子》、《晏子春秋》、《墨子》、《淮南子》、《史記》、《漢書》、《漢隷拾遺》都八十二卷。於古義之晦,於鈔之誤寫,校之妄改,皆一一正之。一字之證,博及萬卷,其精于校讎如此。"②

---

① 見《清史稿》列傳二百六十八《儒林》二。
② 見《清史稿》列傳二百六十八《儒林》二。

（一）王念孫《廣雅疏證》

王念孫著《廣雅疏證》二十卷，以《廣雅》向無善本，訛文脱字甚多，乃旁考諸書，加以訂正。復博搜漢以前古訓，由古音以求古義，頗多創見。

王念孫是一位學養深厚、治學精專的大學者，他所以爲《廣雅》作疏證，是從當時實際情況出發的。他和段玉裁同時代，正是乾嘉極盛時代，當時學者，人才輩出，對漢學的繼承發展，研究成績碩果累累。由于段玉裁研究《説文》，著《説文解字注》，因而王念孫捨去了他原來的《説文考正》的研究工作；邵晉涵殫思十年，完成的《爾雅正義》于乾隆五十三年付刻，因而王念孫也不再在《爾雅》方面措意；王念孫也曾經研究校正過《方言》，也因老師戴震的《方言疏證》在前，後來，他只作了《方言疏證補》一卷。《説文》、《爾雅》、《方言》是漢代三部極重要的語言學專著，因爲已經有專家學者進行研究了，所以王念孫致力于《廣雅》的疏證。《清史稿》上説："又以邵晉涵先爲《爾雅正義》，乃撰《廣雅疏證》。日三字爲程，閲十年而書成，凡三十二卷。其書就古音以求古義，引申觸類，擴充於《爾雅》、《説文》無所不達。然聲音文字部分之嚴，一絲不亂。蓋藉張揖之書以納諸説，而實多揖所未知，及同時惠棟、戴震所未及。"[1]王念孫爲《廣雅》作疏證，從乾隆五十三年（公元 1788 年）他四十五歲時開始。他把疏證《廣雅》作爲日課，每天三個字，寒暑不斷，直到乾隆六十年冬完成（第十卷用兒子引之的稿子）。嘉慶元年（公元 1796 年）正月，他爲《廣雅疏證》作序，此序是他疏證《廣雅》的小結。

王念孫《廣雅疏證自序》論述了他注《廣雅》的原則：

> 竊以詁訓之旨，本于聲音。故有聲同字異，聲近義同；雖或類聚羣分，實亦同條共貫。譬如振裘必提其領，舉網必挈其綱，故曰"本立而道生"，"知天下之至賾而不可亂也"。此之不寤，則有字别爲音，

---

① 見《清史稿》列傳二百六十八《儒林》二。

音別爲義,或望文虛造而違古義,或墨守成訓而愍會通,易簡之理既失,而大道多歧矣。今則就古音以求古義,引伸觸類,不限形體。

　　王念孫的《廣雅疏證》,首先對《廣雅》作了詳細的校勘工作。王氏在"自序"中説:"蓋是書之訛脱久矣,今據耳目所及,旁考諸書,以校此本,凡字之訛者五百八十,脱者四百九十,衍者三十九,先後錯亂者百二十三,正文誤入音内者十九,音内字誤入正文者五十七,輒復隨條補正,詳舉所由。"

　　校勘以後,王氏依據豐富文獻,對《廣雅》進行詳明的疏證。《廣雅》原書,據江式《古今文字表》,只一萬八千一百五十字。《廣雅疏證》加上《廣雅疏證補正》(補正有二百九十三條)共計不下五十萬字。王氏父子在材料上對唐以前的文獻,作過普遍考察,又參用唐以後的類書和《一切經音義》等。在《疏證》裏,所取諸説,但求其是,不佞古,不薄今。大量運用古代文獻,對同時代學者,凡立説有可取之處,無不採攬。如方以智《通雅》、顧炎武《杜注補正》、惠棟《毛詩古義》、戴震《方言疏證》、《毛鄭詩考證》、《屈原賦注》、邵晉涵《爾雅正義》、程瑤田《通藝録》,都在徵引之列。又如錢大昕、段玉裁、阮元等人之説,也被徵引。

　　王氏的《疏證》,重視目驗。例如《廣雅·釋草》:"土瓜,芴也。"《疏證》:"案《陸疏》説菲芴似葍,與鄭氏《詩箋》,孫氏《爾雅注》合,又考之《方言》,得之目驗爲可據也。"① 劉岳雲在《食舊德齋雜著·答潘伯琴書》中説:"聞王氏作《廣雅疏證》,花草竹木鳥獸蟲魚皆購列于所居,視其初生與其長大,以校對昔人所言形狀。"② 劉説未必完全是事實,但可以證明王念孫重視親自觀察。

　　王氏的《疏證》,不僅考證精確,疏證詳明,并在訓詁學研究上有突破、

─────────────

① 見《廣雅疏證》卷十上。
② 轉引自殷孟倫《王念孫父子〈廣雅疏證〉在漢語研究史上的地位》一文。

有創見。他提出"就古音以求古義,引申觸類,不限形體。"例如:

> 躊躇,猶豫也。[疏證]:此雙聲之相近者也。"躊""猶"、"躇""豫"爲疊韻;"躊""躇"、"猶""豫"爲雙聲。《說文》:"籌,籌箸也。"《楚辭‧九辯》"塞淹留而躊躇"。《七諫》注云:"躊躇,不行貌。""猶豫",字或作"猶與",單言之則曰"猶"、曰"豫"。《楚辭‧九歌》:"壹心而不豫兮。"王注云:"豫,猶豫也。"《老子》云:"與兮若冬涉川,猶兮若畏四鄰。"《淮南子‧兵略訓》云:"擊其猶猶,陵其與與。"合言之則曰"猶豫",轉之則曰"夷猶"曰"容與"。《楚辭‧九歌》:"君不行兮夷猶。"王注云:"夷猶,猶豫也。"《九章》云:"然容與而狐疑。""容與",亦"猶豫"也。案《曲禮》云:"卜筮者,先聖王之所以使民決嫌疑,定猶與也。"《離騷》云:"心猶豫而狐疑兮。"《史記‧淮陰侯傳》云:"猛虎之猶豫,不如蜂蠆之致螫;騏驥之踟躕,不如駑馬之安步;孟賁之狐疑,不如庸夫之必至也。""嫌疑""狐疑""猶豫""踟躕",皆雙聲字。"狐疑"與"嫌疑"一聲之轉耳。後人誤讀"狐疑"二字,以爲狐性多疑,故曰"狐疑";又因《離騷》"猶豫""狐疑"相對成文,而謂"猶"是犬名,犬隨人行,每豫在前,待人不得,又來迎候,故曰"猶豫"。或又謂"猶"是獸名,每聞人聲,即豫上樹,久之復下,故曰"猶豫"。或又以"豫"字從"象",而謂"猶""豫"俱是多疑之獸。以上諸說,具見于《水經注》、《顏氏家訓》、《禮記正義》及《漢書注》、《文選注》、《史記索引》等書。夫雙聲之字,本因聲以見義;不求諸聲而求諸字,固宜其說之多鑿也。(卷第六上)

由上可見王氏的疏證,能突破字形,從有聲語言本身來觀察,因聲求義。這在訓詁學上是有貢獻的。王念孫和段玉裁是同時代人,同師戴震,當時是乾嘉極盛時代而"段王之學"可說是乾嘉時代的代表,段玉裁的《說文解字注》和王念孫《廣雅疏證》,標志十八世紀中國語言學的研究發

展,已進入新的階段。段玉裁在《廣雅疏證序》上説:

> 小學有形、有音、有義,三者互相求,舉一可得其二。有古形、有今形、有古音、有今音、有古義、有今義,六者互相求,舉一可得其五……《爾雅》、《方言》、《釋名》、《廣雅》者,轉注、假借之條目也。義屬于形,是爲轉注;義屬于聲,是爲假借。稚讓爲魏博士,作《廣雅》,蓋魏以前經傳謡俗之形音義匯絟于是。不執于古形、古音、古義,則其説之存者,無由甄綜;其説之已亡者,無由此推測,形失則謂《説文》之外字皆可廢,音失則惑于字母七音,猶治絲棼之;義失則梏于《説文》所説之本義而廢其假借,又或言假借而昧其古音,是皆無與于小學者也。懷祖氏能以三者互求,以六者互求,尤能以古音得經義,蓋天下一人而已矣!

所謂就古音以求古義,引申觸類,實清儒治小學之最大成功處,而這種研究,又以高郵王氏父子做得最爲精通。《廣雅疏證》這部書,王念孫傾注了旺盛的精力和深厚的學識,他是"假《廣雅》以證其所得",實爲"高郵王氏學"之精華。

(二) 王引之《經義述聞》

王引之(公元 1766—1834 年)字伯申,號曼卿,念孫子,嘉慶進士,官至工部尚書。繼承其父音韻訓詁之學,世稱高郵王氏父子。著有《經義述聞》、《經傳釋詞》等。《清史稿》記載王念孫:"嘗語子引之曰:'訓詁之旨,存乎聲音,字之聲同、聲近者,經傳往往假借。學者以聲求義,破其假借之字而讀本字,則渙然冰釋。如因假借之字強爲之解,則詰籬不通矣。毛公《詩傳》多易假借之字而訓以本字,已開改讀之先。至康成箋《詩》注《禮》,屢云某讀爲某,假借之例大明。後人或病康成破字者,不知古字之多假借也。'又曰:'説經者,期得經意而已,不必墨守一家。'引之因推廣庭訓,成《經義述聞》三十二卷,《經傳釋詞》十卷,《周秦古字解詁》,《字典考證》。論者謂有清經術獨絕千古,高郵王氏一家之學,三世相承,與長州惠氏相埒云。①"

王引之是阮元的弟子,他繼承了家學,主張以古音求古義。他説:

> 許氏《説文》論六書假借曰:"本无其字,依聲托事,令長是也。"蓋無本字而後假借他字,此謂造作文字之始也。至于經典古字,聲近而通,則有不限于無字之假借者。往往本字見存,而古本則不用本字而用同聲之字。學者改本字讀之,則怡然理順;依借字解之,則以文害辭。是以漢世經師作注,有"讀爲"之例,有"當作"之條,皆由聲同聲近者,以意逆之而得其本字。所謂好學深思,心知其意也。然亦有改之不盡者,迄今考之文義,參之古音,猶得更而正之,以求一心之安,而補前人之闕。②

《經義述聞》三十二卷,成于嘉慶二年(公元 1797 年)。本書將《周易》、《尚書》、《毛詩》、《周禮》、《儀禮》、《大戴禮記》、《左傳》、《國語》、《公羊傳》、《穀梁傳》、《爾雅》諸書,審定句讀、訛字、衍文、脱簡。其中訓釋大都述其父王念孫之説,故名《經義述聞》,是研究文字、訓詁、音韻的重要參考書。書中凡引用其父王念孫之説,則稱"家大人曰";他自己的看法,則稱"引之謹案",有時也不明稱。舉例如下:

> 聳之以行③杜注曰:"聳,懼也。"《漢書·刑法志》"聳"作"慫",

---

① 《清史稿》列傳二百六十八、《儒林》二。

② 王引之《經義述聞》卷三十二,《經文假借》條。

③ 《左傳》昭公六年:"故誨之以忠,聳之以行,教之以務,使之以和,臨之以敬,涖之以彊,斷之以剛。"

師古注曰："慢，謂獎也。"家大人曰：顏説是也。"聳之以行"，謂舉善行以獎勸之，故《楚語》："教之春秋，而爲之聳善而抑惡焉，以戒勸其心。"韋注曰："聳，獎也。"《方言》曰："自關而西，秦晉之間，相勸曰：'聳'，或曰'漿'（同獎）。……"①

　　弔　　引之謹案："弔"字有祥善之義，而學者皆弗之察。……"淑""弔"古字通。哀十六年《左傳》"旻天不弔"，鄭仲師注《周官·大祝》引作"旻天不淑"。……後人，"弔"音丁擊反者訓爲"至"，多嘯反者訓爲"閔傷"，強加分別，而"弔"之爲"善"，卒無知之者。②

（三）王引之《經傳釋詞》

《經傳釋詞》十卷，搜集周、秦、西漢古書中虛字一百六十個，對各字先説用法，後引例證，追溯其原始，闡明其演變，論斷多正確。本書對語法研究有啓發。清孫經世有《經傳釋詞補》與《再補》，吳昌瑩有《經詞衍釋》都對此書有所補充。

王引之在《經傳釋詞·自序》中説：

　　引之自庚戌歲入都，侍大人質問經義，始取《尚書》廿八篇紬繹之，而見其詞之發句、助句者，昔人以實義釋之，往往詰籍爲病；竊嘗私爲之説，而未敢定也。及聞大人論《毛詩》："終風且暴"，《禮記》"此若義也"諸條，發明意恉，渙若冰釋，益復得所遵循，奉爲稽式，乃遂引而伸之，以盡其義類。自《九經》、《三傳》及周、秦、西漢之書，凡助語之文，編爲搜討，分字編次，以爲《經傳釋詞》十卷，凡百六十字。前人所未及者補之，誤解者正之，其易曉者則略而不論。非敢舍舊説而尚新奇，亦欲窺測古人之意，以備學者之採擇云爾。

---

① 《經義述聞》卷十九。
② 《經義述聞》卷三十一。

引之老師阮元，爲《經傳釋詞》作"序"説：

經傳中實字易訓，虛詞難釋。《顔氏家訓》雖有《音辭篇》，於古訓罕有發明，賴《爾雅》、《説文》二書，解説古聖賢經傳之詞氣，最爲近古。然《説文》惟解特造之字（如"虧"、"白"。）而不及假借之字；（如"而""雖"。）《爾雅》所釋未全，讀者多誤。是以但知"攸"訓"所"，而不知同"迪"；但見"言"訓"我"，而忘其訓"間"。雖以毛、鄭之精，猶多誤解，何况其餘。高郵王氏喬梓，貫通經訓，兼及詞氣。昔聆其"終風"諸説每爲解頤，乃勸伯申勒成一書；今二十年，伯申侍郎始刻成《釋詞》十卷。元讀之，恨不能起毛、孔、鄭諸儒而共證此快論也。

現將阮元所舉例如下：

與　　鄭注《禮記·檀弓》曰："與，及也。"常語也。與，猶以也。《易繫辭傳》曰："是故可與酬酢，可與祐神矣。"言可以酬酢，可以祐神也。《禮記·檀弓》曰："殷人殯於兩楹之間，則與賓主夾之也。"言以賓主夾之也。《玉藻》曰："大夫有所往，必與公士爲賓也。"言必以公士爲擯也。《中庸》曰："知遠之近，知風之自，知微之顯，可與入德矣。"言可以入德也。《論語·陽貨》篇曰："鄙夫可與事君也與哉！"言不可以事君也。

家大人曰：與，猶"爲"也。此"爲"字讀平聲。《韓子外儲説左》篇曰："名與多與之，其實少。"言名爲多與之，而其實少也。《西周策》曰："秦與天下罷，則令不横行於周矣。"言秦爲天下所疲也。《秦策》曰："吳王夫差棲越於會稽，勝齊於艾陵，遂與句踐禽，死于干隧。"言爲句踐所禽也。

　　王引之《經傳釋詞》，從漢代以前古文獻中收集資料，對虛詞的性質、作用，進行綜合性研究，對于其後以《馬氏文通》爲首的古漢語語法研究，有很大的影響。

　　《經傳釋詞》中，亦有欠妥處，章炳麟在《王伯申新定助詞辯》文中，多有指出，可參考。例如：

　　　　謂，奈也。《召南·行露》曰：“豈不夙夜，謂行多露。”言豈不欲夙夜而行，奈道中多露何哉！《小雅·節南山》曰：“赫赫師尹，不平謂何。”言師尹不平，其奈之何也！　　炳麟案：以“奈”訓“謂”，雖見《齊策》高注，然《節南山》箋訓“謂何”爲“云何”，辭氣本無不順，不知王何故易之？若《行露》之“謂”當訓爲“曰”，亦與訓“云”略同，此乃自作問答，言豈不欲夙夜而行邪？曰道中多露耳。道中多露，則不可行之意自見。又凡言“何謂”者，據名而求其實也；凡言“謂何”者，據實而求其名也；凡言“謂之”者，據實而定其名也。王於“謂之何”悉解爲“奈之何”，然則“何謂”、“謂之”又將何解邪①？

----

① 章炳麟《王伯申新定助詞辯》，見于《章太炎文録》續編卷一。

廣雅疏證序[1]

段玉裁

小學有形有音有義，三者互相求，舉一可得其二；有古形，有今形，有古音，有今音，有古義，有今義，六者互相求，舉一可得其五。古今者，不定之名也。三代爲古，則漢爲今；漢魏晉爲古，則唐宋以下爲今。聖人之製字，有義而後有音，有音而後有形。學者之考字，因形以得其音，因音以得其義；治經莫重於得義，得義莫切於得音。

《周官》六書[2]：指事、象形、形聲、會意四者，形也；轉注、假借二者[3]，馭形者也，音與義也。三代小學之書不傳，今之存者：形書《説文》爲之首，《玉篇》以下次之；音書《廣韻》爲之首，《集韻》以下次之；義書《爾雅》爲之首，《方言》、《釋名》、《廣雅》以下次之。《爾雅》、《方言》、《釋名》、《廣雅》者，轉注[4]、假借之條目也。義屬於形，是爲轉注；義屬於聲，是爲假借。

稚讓爲魏博士，作《廣雅》。蓋魏以前經傳謠俗之形音義彙綷於是。不執於古形、古音、古義，則其説之存者無由甄綜，其説之已亡者，無由此例推測。形失，則謂《説文》以外字皆可廢[5]；音失，則惑於字母七音猶治絲棼之[6]；義失則梏於《説文》所説之本義而廢其假借，又或言假借而昧其古音[7]，是皆無與於小學者也。

懷祖氏以三者互求，以六者互求，尤能以古音得經義，蓋天下一人而已矣。假《廣雅》以證其所得，其注之精粹，再有子雲必能知之[8]。敢以是質於懷祖氏并質諸天下後世言小學者。乾隆辛亥八月金壇段玉裁撰。

注：

[1] 這篇是段玉裁爲王念孫（字懷祖）所著《廣雅疏證》而作的序。

段玉裁在古音研究方面作《六書音韻表》，以《説文》諧聲系統證古韻分部，得六類十七部。又研究出“支”“脂”“之”三部分立，“真”“文”二部分立，“侯”部獨立，都是他的創見。

清代古音學研究，顧炎武奠定基礎，經過江永、戴震、段玉裁、王念孫等人的繼續研究，已基本完成。段玉裁又進一步以音韻貫穿文字，王念孫以音韻貫穿訓詁，他們分別把古音學的研究成果運用于文字學、訓詁學,都取得了很大的成績。因此,小學的鼎盛時期乾嘉時代以"段王之學"著稱于世。

在序文中,段玉裁明確指出文字的形、音、義三方面都有古今之別,且相互之間關係密切,研究時應互相推求,其中尤以"得音"爲切。他認爲《廣雅》的價值在于保存了魏以前的古形、古音、古義。而王念孫的"疏證"的主要成就在"以古音得經義"。陳第、顧炎武認識到字音有古今之別、批評了宋人的詩叶音説。而段玉裁則進一步認識到不僅字音古今有別;字形、字義也古今有別。可以説他已樹立了文字的形、音、義的歷史發展的觀點,從而推進了語言科學的研究。王念孫以音韻貫穿訓詁的研究方法,對訓詁學研究也起推進作用,這種方法從語音上研究同義字、反義字之間關係,解決了訓詁學上一些疑難問題,使訓詁學從古代較零碎的故訓而發展成比較系統的研究。不過,有一點要注意,語音與語義沒有必然聯繫,所以,如果用得不恰當,也會産生主觀臆説,這在《廣雅疏證》中也難免,後世有些濫用此法的訓詁著作,問題就更多了。

[2]《周官》: 即《周禮》、儒家經典之一。

[3] 轉注:《説文序》:"轉注者,建類一首,同意相受,考、老是也。"段玉裁認爲,轉注字是由字形聯繫的,故曰"義屬于形"。假借:《説文序》:"假借者,本無其字,依聲托事。"段玉裁認爲,假借字是由字音來聯繫的,故曰"義屬於音"。

[4] 轉注、假借之條目也: 即通過轉注、假借等來釋義的書。

[5] "形失"兩句: 段氏認爲,不懂古形,就會誤以《説文》不載的字都是錯字,可以廢除。

[6] "音失"兩句: 段氏認爲,不懂古音,就會將中古音(以字母七音爲代表)誤認爲上古音。

[7] "義失"兩句: 段氏認爲,不懂古義,就會受《説文》所講的本義束縛,而不通假借。或者雖然也能講假借,但不是根據古音關係來認識假借。

[8] 子雲: 揚雄字子雲。

五、語法研究的興起

1. 概　　述

　　文法研究,在中國也早就有萌芽,如《春秋》僖公元年"邢遷于陳儀",《公羊傳》説:

> 遷者何? 其意也。遷之者何? 非其意也。

可以算是文法上自動和他動的辨別的提示。這裏説的"遷"是邢自己願意的,是自動;倘使説遷什麼,例如仿莊公十年"宋人遷宿"的例説"遷邢",那就不是邢自己願意遷的,邢就是他動所及的對象。又如《墨子·小取》篇説:

> 一馬,馬也;二馬,馬也。馬四足者,一馬而四足也,非兩馬而四足也。馬或白者,二馬而或白也,非一馬而或白。

這可以算是文法上名詞單數複數的辨別。①
　　到了漢代,訓詁學研究興起,其中把古代文獻中位于句首、句末或語頭而難以解釋的字叫做"詞"或"辭",并加以説明;也就是對古代漢語語法的"虛字"或"助字"開始了研究。例如:

> 《大雅·文王》:思皇多士,此生王國。《毛傳》:思,辭也。《鄭風·山有扶蘇》:不見子都,乃見狂且。《毛傳》:且,辭也。

---

① 參考《陳望道文集》第三卷,347 頁。

《書·金縢》:對曰,信,噫。[孔安國傳]:噫,恨辭也。

《禮記·檀弓上》:檀弓曰,何居。[鄭玄注]:居,語助也。

許慎《説文解字》中的"者,別事詞也"。"矣,語矣詞也"。

到了魏晉以後,又進一步將"助字"分成若干類,然後加以總括的説明,同時對各類"助字"相互間的差異也開始注意研究了。例如,張揖《廣雅釋詁》"曰、欥、惟……也、乎、些、只,詞也。"周興嗣《千字文》卷下:"謂語助者,焉哉乎也。"劉勰《文心雕龍》卷七《章句篇》:"至于夫、惟、蓋、故者,發端之首唱;之、而、于以者,劄句之舊體;乎、哉、矣、也亦送末之常科。"可見劉勰已能注意到虛字的作用了。

唐代柳宗元《覆杜温夫書》中説:

> 但見生用助字,不當律令,惟以此奉告。所謂乎、歟、耶、哉、夫者,疑辭也;矣、爾、焉、也者,決辭也。今生則一之。宜考前人所使用,與吾類且異,慎思之,則一益也。

把"助字"分成了"疑"、"決"兩類,就仿佛已經有《馬氏文通》分助字爲"傳信"、"傳疑"兩類的影子了。

在宋朝,又曾一時流行所謂"實字""虛字"的研究。在當時的各種詩話、詞話裏,可以看到把字的虛實類別做基礎的討論。如張炎的《詞源》"虛字"條説:

> 詞與詩不同,詞之句語有二字三字四字至六字七八字者。若堆疊"實字",讀且不通,况付之雪兒乎?合用"虛字"呼唤,單字如"正""但""甚""任"之類,兩字如"莫是""還又""那堪"之類,……此等虛字都要用之得其所。

這把所有的字分作"實""虛"兩類,是《馬氏文通》等虛實兩分法的先驅。所論不但眼界開闊,涉及字語的全部就是實虛兩類字的功用,也頗看得清楚。這在中國語法研究史上,是一大進步。其後元朝劉鑒有動静字研究,也對語法研究有一定影響①。

　　元代還出現了漢語語法學史上第一部虛字研究的專著,盧以緯的《語助》。盧以緯,字允武,元永嘉(今浙江温州)人。他搜集了語助辭百餘,闡釋其意義,分析其用法,爲中國研究虛字用法最早的專書。今傳有明嘉靖年間刊行的《奚囊廣要》叢書本和萬曆年間胡文焕編輯的《格致叢書》本。奚囊本有泰定元年(公元 1324 年)胡長孺序,格致本更名《新刻助語辭》,删去胡序,内容亦略有删節。

　　清代小學鼎盛,乾嘉樸學大師把我國古代語言學研究推向興盛時期。清儒對語言、文字的研究,涉及文字、訓詁、音韻諸方面。在語法研究方面,表現在對"助字"的研究,其廣度和深度都遠遠超過以往。出現了像劉淇、袁仁林、段玉裁、王引之,俞樾等一批著名學者,著作數十部,其中以劉淇《助字辨略》、王引之《經傳釋詞》和俞樾《古書疑義舉例》最爲代表。

　　《助字辨略》五卷,清劉淇著。淇字武仲,一字龍田,號南泉,確山(今屬河南)人。此書博採宋元以前經傳、子、史及俗語中的虛詞四百多個,分四聲編排。用正訓、反訓、通訓、借訓、互訓、轉訓等方法加以解釋,爲研究虛詞的重要資料。

　　劉淇在《助字辨略》自序中説:

　　　構文之道,不過實字、虛字兩端;實字其體骨,而虛字其性情也。蓋文以代言,取肖神理,抗墜之際,軒輊異情,虛字一乖,判於燕越,柳柳州所由發咶于杜温夫者邪?且夫一字之失,一句爲之蹉跎;一句之誤,通篇爲之梗塞。討論可闕如乎! 蒙愧頏愚,義存識小,閒嘗博求

----

① 參考《陳望道文集》第三卷, 348 頁。

衆書,捃拾助字,都爲一集,題曰《助字辨略》。

劉淇對《助字》研究,比前人進了一步,他收字較多,凡四百七十六字,并能加以綜合研究,他在"自序"中説:"《助字辨略》,其類凡三十:曰重言、曰省文、曰助語、曰斷辭、曰疑辭、曰急辭、曰緩辭、曰發語辭、曰語已辭、曰設辭、曰別異之辭、曰繼事之辭、曰或然之辭、曰原起之辭、曰終竟之辭、曰頓挫之辭、曰承上、曰轉下、曰語辭、曰通用、曰專辭、曰僅辭、曰難辭、曰幾辭、曰極辭、曰總括之辭、曰方言、曰倒文、曰實字虛用。"他能認識到:"一字之失,一句爲之蹉跎;一句之誤,通篇爲之梗塞。"是認識到"助字"在組句成篇中的重要。

王引之《經傳釋詞》十卷,取材以經書爲主,子書及其他書籍爲從,時代以漢代以前爲限,研究這些古書中虛字一百六十個,根據經傳本文、注文的"互文"、"連語"及其他材料來説明各個字的意義和用法,後引例證,追溯其原始,再明其演變,論斷多正確,對語法研究有啓發。胡適《國語文法概論》中説:"清朝王引之的《經傳釋詞》,用歸納的方法來研究古書中'詞'的用法,可稱得一部文法書。但王氏究竟缺乏文法學的術語和條理,故《經傳釋詞》只是文法學未成立以前的一種參考書,還不曾到文法學的地位。直到馬建忠的《文通》出世,方才有中國的文法學。"郭紹虞説:"《經傳釋詞》雖則是研究重在配置意義的虛字的書,但是稱之曰'釋',可見只是訓詁學方面的著作,稱之曰'經傳',更可見得此書是重在解釋經傳之詞,爲讀古書服務,并不是爲寫作服務的。所以對于虛字的解釋也只是求它的個別意義,并不重在求它的配置意義。儘管他的方法,是歸納了很多同類的句型再去推求它的意義,但是目標所在,只是這個虛字在語句的組織配置中的個別意義,并不重在配置關係。這是一個很重要的分別。①"

---

① 《從"馬氏文通"所想起的一些問題》,見《復旦學報》1959 年第 3 期。

從以上所論，可見《經傳釋詞》在虛字研究方面很有成績，只是還不是
"語法"著作，不過，這部書對以後的語法研究，有啓發、參考作用。

清代俞樾《古書疑義舉例》七卷。他看到周、秦、兩漢之書，在造句用
詞方面，多與後世不同，他在《古書疑義舉例序》中說："夫周、秦、兩漢，至
於今遠矣。執今人尋行數墨之文法，而以讀周、秦、兩漢之書，譬猶執山野
之夫，而與言甘泉建章之巨麗也。"因此，他從疏通文義，涉及一些句法規
則，并約取其例，使讀者可以舉一反三，例如倒句例：

> 古人多有以倒句成文者，順讀之則失其解矣。僖二十三年《左
> 傳》：其人能靖者與有幾。昭十九年，諺所謂：室於怒、市於色者，皆
> 倒句也。

總之，以上一些著作，作爲語法研究來說，還是片斷的，不成體系，可
以說是語法研究的萌芽階段、直到一八九八年，中國語言學史上，第一部
語法研究專著《馬氏文通》問世以後，漢語語法研究才開始了劃時代的新
的一頁。

2. 馬建忠《馬氏文通》

馬建忠(1845—1900年)字眉叔，江蘇丹徒人。於公元1875年被派往
法國留學，畢業于法國巴黎大學，任駐法使館翻譯。回國後幫李鴻章辦洋
務，主張廢除釐金，提高關稅，振興工商業。在學術上，他的"小學"根柢很
好，又通拉丁語和法語。他受了西洋語法的啓發，著《馬氏文通》，爲中國
第一部較全面系統的語法著作，對中國語言學史，在語法研究方面，作出
了開創性的傑出貢獻。

《清史稿》上記載馬建忠著《馬氏文通》的原因：

> 建忠博學，善古文辭；尤精歐文，自英、法現行文字以至希臘、拉

丁古文,無不兼通。以泰西各國皆有學文程式之書,中文經籍雖有規矩隱寓其中,特無有爲之比儗而揭示之,遂使學者論文困於句解,知其然而不能知其所以然。乃發憤創爲《文通》一書,因西文已有之規矩,於經籍中求其所同所不同者,曲證繁引,以確知中文義例之所在,務令學者明所區別,而後施之於文,各得其當,不唯執筆學爲古文詞有左宜右有之妙,即學泰西古今一切文字,亦不難精求而會通焉。書出,學者皆稱其精,推爲古今特創之作。①

(一)《馬氏文通》的内容和體例

《馬氏文通》十卷,全書分爲四部分:第一部分界説,是對各種語法術語所下的定義,總共有二十三個界説;第二部分實字,共分五類:名字、代字、動字、靜字、狀字;第三部分虛字,共分四類:介字、連字、助字、嘆字;第四部分是句、讀(讀音 dòu,今寫作逗)。

(二)《馬氏文通》的成就及其影響

第一是他對于語法研究的努力和成就。他的"積十餘年之勤求探討以成此編"的持久研究精神,以及他的研究成果比之過去深入完密,向來極其受人尊敬,現在也應當加以肯定。《文通》的影響極大,可以説,對于語法的認識是從 1898 年馬建忠的《馬氏文通》的出版之後開始的。《文通》是中國第一部有系統的語法書,影響很大,它使一般人認識到語法研究的重要,開拓了後來研究漢語語法的風氣。《文通》是第一部揭示出古代漢語語法構造的著作,使人們初步樹立"語法"的觀念。過去讀書人,没有意識到語言和文章裏有什麼"法",他們只是從背誦熟讀中來體會文章的意義和寫作方法,這就是所謂"書讀千遍,其義自見";"熟讀唐詩三百首,不會吟詩也會吟"。馬建忠在《馬氏文通·前序》中説:

---

① 《清史稿》列傳二百三十三。

　　慨夫蒙子入塾，首授以四子書，聽其終日伊吾；及少長也，則爲之師者，就書衍說，至于逐字之部分類別，與夫字與字相配成句之義，且同一字也，有弁于句首者，有殿于句尾者，以及句讀先後參差之所以然，塾師固昧然也。而一二經師自命與攻乎古文詞者，語之及此，罔不曰此在神而明之耳，未可以言傳也。噫戲！此豈非循其當然而不求其所以然之教也哉！後生學者，將何考藝而問道焉！

馬建忠不同意這種“神而明之，未可言傳”的傳統看法，他認爲：“有一成之律貫乎其中。”因此，他要揭示語文組織的奧祕。於是，“積十餘年之勤求探討”，“上稽經史，旁及諸子百家，……爲之字櫛句比”，從而“探夫自有文字以來至今未宣的祕奧，啓其緘縢，導後人以先路”。正因爲他的認識比較科學，又有執着的探求精神，所以他能開拓研究領域，成爲語法研究的第一人。

　　第二，他研究的目的和方法。他研究語法的目的很明確，爲的是揭示語文的規則，以利于語文學習。他在《文通‧後序》中說得很清楚：

　　天下無一非道，而文以載之；人心莫不有理，而文以明之。然文以載道而非道，文以明理而非理。文者所以循是而至于所止，而非所止也，故君子學以致其道。余觀泰西童子入學，循序而進，未及志學之年，而觀書爲文，無不明習。而後視其性之所近，肆力于數度、格致、法律、理性諸學而專精焉。故其國無不學之人，而人各學有用之學。計吾國童年能讀書者固少，讀書而能文者又加少焉。能及時爲文，而以其余年講道明理，以備他日之用者，蓋萬無一焉。夫華文之點畫結構，視西文之切音雖難，而華文之字法句法，視西文之部分類別，且可以先後倒置，以達其意度波瀾者則易。西文本難也，而易學如彼，華文本易也，而難學如此者，則以西文有一定之規矩，學者可循序漸近，而知所止境，華文雖經籍亦有規矩隱寓其中，特無有爲之比

擬而揭示之。遂使結繩而後,積四千餘載之智慧材力,無不一一消磨
于所以載道所以明理之文,而道無由載,理不暇明。以與夫達道明理
者之西人相角逐焉,其賢愚優劣,有不待言矣。

從以上看來,馬建忠把漢文和西文進行了對比研究,并觀察了西方兒童因
有語文規則,學習時可循序漸進,效果好。因此,他要揭示漢文的組織規
則,從而有利于漢文的學習,這樣的研究目的,今天看來,也應該加以
肯定。

由於馬建忠留學法國,因此西方語法對他撰寫《文通》頗有啓發作用,
他把漢語和西方語言進行比較研究,聯繫語文學習的實際,開拓了漢語語
法研究的領域。他在《例言》中説:

> 此書在泰西名爲葛郎瑪(grammar)。葛郎瑪者,音原希臘,訓曰
> 字式,猶云學文之程式也。各國皆有本國之葛郎瑪,大旨相似;所異
> 者音韻與字形耳。……此書係仿葛郎瑪而作。

由於文化交流的作用,馬建忠仿葛郎瑪而著《文通》,他一反傳統的分字排
列,首創了按詞法、句法分類論述的近代型語法體系,以新穎的篇章結構
出現,是中國語言學史上語法研究方面的首創。

馬建忠雖然是模仿西文語法而撰著《文通》,但是他在對比研究中,也
看到了漢語的一些特點。他在詞類區分中,一方面指出中西共有的名、
代、動、靜、狀、介、連、嘆八種字類;另一方面他又建立了"華文所獨"的
"助字"一類,馬氏又按作用把"助字"分成兩類,對十三個常用助字以及
若干合助字進行研究,這在漢語語法學史上是一大貢獻,助字成爲獨立一
類,其後爲中國語法學界普遍承認。

馬建忠設立"助字"這一類,是比較了中西文法的。他給助字下的定
義爲:"凡虛字用以結煞實字與句讀者,曰'助字'。"又解釋説:"泰西文

字,原于切音,故因聲以見意,凡一切動字之尾音,則隨語氣而爲之變。……唯其動字之有變,故無助字一門。助字者,華文所獨,所以濟夫動字不變之窮。①"從馬氏對助字所下定義來看基本上繼承了前人對助字的看法,只是馬氏所立"助字"不包括句(語)首的。從馬氏對助字的解釋來看,他提出助字有"濟夫動字不變之窮"的作用,這是前人沒有說到的,是他的創新。馬氏認識到助字完善句子語氣的實質,是符合漢語實際的。因爲漢語的結構關係和語意細微的差別,往往是用詞序和虛詞的語法形式來表示的。馬氏這種從語法組織來觀察助字的方法,比起以前從訓詁來求個別助字的用法要進步得多了。另外,漢語助字所助者,不只動字一種,還有静字等,單說"濟夫動字不變之窮",實際上是受印歐語"動字中心説"的影響。可見馬建忠,既有繼承創新的一面,又有模仿的一面。

馬建忠比較中西文法,聯繫漢語實際,還肯定了漢文介字的特殊作用,并分析了介字與動字的異同。馬建忠説:"泰西文字,若希臘、拉丁,于主賓兩次之外,更立四次,以濟實字相關之情,故名代諸字各變六次。中國文字無變也,乃以介字濟其窮。②"馬氏看到西文中"實字相關之情",可以用形態變化等語法形式來表示,例如實字的領有,德語以第二格表示,英語用"'s"、和介詞"of"來表示,而漢文以介字"之"來表示(馬氏把"之"字列爲介字)。實字本身是表現不出"領有之情"的。馬氏能指出漢文介字這種濟實字之窮的重要作用,是他比較漢文西文,并能聯繫漢語實際的結果。

馬氏還進一步分析了介字與動字的關係。介字由動字虛化而成。在古漢語中,有些動字、介字可以混用,例如《史記・項羽本紀》:"當是時,楚兵冠諸侯。"《漢書・高帝紀》:"前有大蛇當徑。"前例"當"爲介字,後例

---

① 引文均據章錫琛校注本《馬氏文通》(下同)。本注見于412頁。

②《馬氏文通》313頁。

"當"爲動字。馬氏説:"介字用法與外動字大較相似。故外動字有用如介字者;反是,而介字用如動字者,亦有之。①"又説:"介字除'之'字外,其本義皆可用如動字,'與'等字是也。……故'以''與'兩字,用爲動字,與本義無異。惟'之'字之爲動字,則解往也,至也,與本義遠矣。又'用''由'等字,介、動兩用者,往往而有。②"

　　西文中動字與介字的分別很清楚,不能混用。馬氏從漢語實際出發,指出了一些介字混用的事實。

　　馬氏又指出了漢文中的無主句。

　　馬建忠把句的成分稱作詞,在《文通》中,主要論説了起詞、語詞、止詞和轉詞四個。關於起詞,馬氏説:"凡以言所爲語之事物者,曰'起詞'③"。又説:"凡句讀各有起詞,爲起詞者,名、代、頓、讀皆習見焉。④"馬氏關於起詞,進行西文、漢文比較,他指出:"泰西古今方言,凡句讀未有無起詞者。"⑤而漢文,一般情況下,句讀各有起詞,特殊情況下,漢語的句讀可以沒有起詞。馬氏根據漢語的實際情況,指出漢語特有的三種無起詞句,即議事論道之句讀,記變句,"有""無"句。

　　馬氏説:"議事論道之句讀,如對語然,起詞可省。"例如《論語・學而》:"子曰:道千乘之國,敬事而信,節用而愛人,使民以時。"馬氏説:"大抵論議句讀皆泛指,故無起詞。此則華文所獨也。……史籍凡議事論道,其句讀概無起詞也。"又如《論語・公冶長》:"子曰:'忠矣。'曰:'仁矣乎?'曰:'未知,焉得仁!'"皆對語答問之句,起詞在上,故本句起詞可省。

　　《文通》卷四"無屬動字"章説:"動字所以記行,行必有所自;所自者,

---

① 《馬氏文通》352 頁。
② 《馬氏文通》367 頁。
③ 《馬氏文通》10 頁。
④ 《馬氏文通》490 頁。
⑤ 《馬氏文通》492 頁。

起詞也。然有見其行而莫識其所自者,則謂之'無屬動字',言其動之無自發也,凡記變,概皆無屬動字。"又説:"無屬動字,本無起詞;'有''無'兩字,間亦同焉。①"他舉《公羊傳》隱公九年三月癸酉,大雨震電例。又,庚辰,大雨雪。雨、電、雪三字,皆天變也,然莫識變之所由起,故無起詞;無起詞,則動之行無所屬矣②。

卷四"同動字"章説:"有、無兩字,用法不一。若記人物之有無,而不明言其爲何者所有,何者所無,則有止詞而無起詞者常也。③"

馬建忠指出:以上三種無起詞句是漢文的特點。西文中除祈使句之外,句子必有起詞。馬氏根據漢語實際,進行對比研究,發現了以上三種漢文所特有的三種無主句。

《馬氏文通》問世以後,影響很大。後人也對《文通》有批評,主要説《文通》模仿西洋語法。王力先生説得好"本來,在語法學的初期,以西洋語法作爲模特兒來研究語法,是不可避免的事。我們所要注意的是:在當時的歷史條件下,馬建忠的著作算是傑出的。"王力先生并具體指出三點:(1)馬氏精通拉丁語和法語,他拿西洋語言來跟漢語比較,是全面而精到的;(2)馬氏精通古代漢語,此書以古代漢語爲對象;(3)馬氏在著作中有許多獨到之處,《馬氏文通》可以説是富于創造性的一部語法書。

總之,馬建忠的《馬氏文通》是第一部語法學著作,雖然有一些缺點,如模仿西洋語法較多,厚古薄今的態度,他在《例言》中説:"爲文之道,古人遠勝今人。"但總的説來,他開拓了語法研究領域,寫出中國語言學史上第一部語法學專著,他的貢獻是很大的。

其後,語法學研究蓬勃興起,有許多語法書出版,其中較好的、影響較大的是陳承澤《國文法草創》,楊樹達《高等國文法》、《詞詮》、《馬氏文通

---

① 《馬氏文通》496 頁。
② 《馬氏文通》241 頁。
③ 《馬氏文通》229 頁。

刊誤》和黎錦熙《新著國語文法》等。

　　清代是中國語言學發展的隆盛時期,出現了許多傑出的"小學"家和語言學專著,真是碩果累累,并形成了以段、王之學爲代表的乾嘉學派。

　　清代語言學所以能繼承古代語言學,并發揚光大,得到空前的發展,主要有以下一些原因:

　　其一是由于社會的發展,思想認識的提高。

　　首開清代朴學風氣的顧炎武,他不僅是"小學"家,而且是明末清初傑出的思想家。他提倡"經世致用",反對空談"心、理、性、名"。他反對宋明理學中主觀唯心的學問,提倡客觀的學問,重視實踐,資料從量的方面,要求豐富、完備,從質的方面,要求精勤、確實。由于他思想認識的提高,在做學問的態度方法上,給後人以楷模,在研究的學科上,給後人開拓出新路來,所以當時學術界風氣爲之一變,二三百年間,跟着他所開拓的路走。

　　戴震不僅是考據大師,而且是傑出的思想家。戴震所處的時代是公元 1723—1777 年,是清乾隆時代。當時生產發展、在絲、茶、瓷器出產地如浙江、安徽、江西等地區,商品經濟活躍,有資本主義萌芽。另外,當時學者對自然科學有興趣,如戴震對天文、數學、歷史、地理均有深刻研究。《清史稿》記載,"其測算書《原象》一卷,《迎日推策記》一卷,《句股割圜記》三卷,《曆問》一卷,《古曆考》二卷,《續天文略》三卷,《策算》一卷"①。天文、數學的研究,有利於思想認識的發展,戴震在他一生中,四十歲以前致力于考據、訓詁之學,成爲考據大師,但在晚年,他能突破考據的局限,而"志存聞道",進一步注意到關于哲學理論的追求。戴震之學,由聲音、文字以求訓詁,由訓詁以尋義理。即"由字以通其辭,由辭以通其道",目的在明道,用現在的話來說,就是探討客觀世界的規律性。

---

　　①《清史稿》列傳二百六十八,儒林二。

　　戴震還培養了許多傑出的弟子,"其小學,則高郵王念孫、金壇段玉裁傳之;測算之學,則曲阜孔廣森傳之;典章制度之學,則興化任大椿傳之,皆其弟子也"①。王力先生在《中國語言學史》説:

　　　　清代研究"漢學師承",這是很有道理的。就小學方面説:江永的弟子有戴震,戴震的弟子有段玉裁、孔廣森、王念孫,而王引之與王念孫則是父子關係。俞樾是私淑王氏父子的,俞樾的弟子有章炳麟,章炳麟的弟子有黃侃。其他各人,即使是没有師生關係,也是在學術上遞相接受了深刻影響的。這樣一脈相傳,有利于把優良的東西繼承下來;爲學如積薪,後來居上,所以弟子不必不如師,師不必賢于弟子。清代學術的發達,這也是原因之一。

因此,乾嘉學者研究學問,在理論認識上提高了。段玉裁説:"有古形,有今形,有古音,有今音;有古義,有今義"②,説明已具有歷史發展的觀點。王念孫指出,"就古音以求古義","訓詁之旨,本于聲音",説明已能認識到語言和文字的關係,有聲語言是文字的物質基礎,所以要"就古音求古義,引申觸類,不限形體"。錢大昕説:"有文字而後有詁訓,有詁訓而後有義理。詁訓者,義理之所由出,非别有義理出乎詁訓之外者也。③"説明已認識到必須通過詁訓來理解古人的思想,一反"宋賢喜頓悟,笑問學爲支離,棄注疏爲糟粕"的態度,而主張朴實的學風。

　　總之,由于理論認識的提高,學術上優良傳統遞相接受,這是清代語言學昌盛的重要原因。

　　其二,清代語言學昌盛,碩果累累,是由于清儒具有民主討論的優良

────────────

① 《清史稿》卷四八一列傳二六八《儒林》二。
② 段玉裁:《廣雅疏證序》。
③ 錢大昕:《經籍籑詁序》。

學風。如顧炎武著《音學五書》，經張力臣改正數十處，他説："時人之言亦不敢没其人，君子之謙也，然後可與進于學。①" 戴震是段玉裁老師，二人相與論韻，先後十五年，段氏分古韻支脂之三部之説，戴震開始不同意，他定古韻爲九類二十五部，寫信給段玉裁説："顧及大著未刻，或降心相從而參酌焉。"是平等商量的口氣。後來，戴氏"將古韻考訂一番"，又能"斷從此説爲確論"。又如段玉裁、王念孫和江有誥書信往返，討論古韻，當時段、王已是大師，而他們對江有誥是獎勵後進，不遺餘力。并且，江有誥修訂了段氏的古韻十七部，段氏也能"降心相從"。這種民主討論的學風，服從真理的精神，是值得學習的。

其三，清儒的研究方法是比較科學的。

自顧炎武開清代樸學風氣，做學問重視精勤搜集材料，重視從實際出發，聯繫實際，如郝懿行《爾雅義疏》、王念孫《廣雅疏證》的重視目驗等。在充分掌握材料的基礎上進行比較研究，從而得出結論，如對古韻部的研究，方法是比較科學的，因此結論也是正確的。清儒治學，還有一股數十年如一日堅持探索的精神。梁啓超在《清代學術概論》論乾嘉學風説：

1. 凡立一義，必憑證據。
2. 選擇證據，以漢唐難宋明，不以宋明證據難漢唐，以經證經，可難一切傳。
3. 孤證不立説。
4. 隱匿證據或曲解證據，不德。
5. 最喜羅列事項之同類者，爲比較的研究，而求得其公則。
6. 凡採用舊説，必明引之，勦説認爲大不德。
7. 所見不合，則相辯詰，雖弟子駁難本師，亦所不避，受之者從不以爲忤。

---

① 《日知録》卷二十"述古"條。

8. 辯詰以本問題爲範圍,詞旨務篤實温厚,尊重別人意見。有盛氣凌轢,支離牽涉,或影射譏笑者,認爲不德。

9. 專喜治一業,爲窄而深的研究。

10. 文體貴朴實簡潔,忌言有枝葉。

中國古代語言,自漢代開始,發展到了清代,得到全面的發展。對清代語言學著作,應進一步分析研究;對清儒治學精神、優良的學風,應發揚光大。

第六章 "五四"運動後的 中國現代語言學

"五四"運動的影響是寬廣深遠的。毛澤東在《新民主主義論》裏,對于"五四"以來的文化,作了這樣的概括:"二十年來,這個文化新軍的鋒芒所向,從思想到形式(文字等),無不起了極大的革命。其聲勢之浩大,威力之猛烈,簡直是所向無敵的。其動員之廣大,超過中國任何歷史時代。"在語言學方面,"五四"運動時期所產生的影響也是很大的。

一、"五四"運動和中國現代 語言學的產生

中國語言研究,從清朝末年的"小學"發展到了"五四"時期,受到了"五四"運動的衝擊,起了較大的變化和發展。我們一般稱"五四"以後的語言學爲中國現代語言學。

1. 中國現代語言學的產生

我國語言研究有悠久的歷史,長期以來把古代語言研究統稱爲小學。所謂"小學",漢代稱文字學爲小學。隋唐以後,範圍擴大,成爲文字學、訓詁學、音韻學的總稱。

在清末,章炳麟認爲"小學"之名不確切,主張改稱爲"語言文字之學"。章氏在論述文字、訓詁、音韻三方面之後,他說:"合此三種乃成語言文字之學。此固非兒童占畢所能盡者,然猶名爲小學,則以襲用古稱,便于指示,其實當名語言文字之學,方爲塙切。①"這不僅僅是一個名稱上的改變問題,而是反映了當時的語言學家,在思想上、理論上對語言學這門學科有了"現代化"的認識。這就標誌着中國現代語言學的開始,而太炎先生則被公認爲"語言文字之學"的開山大師。

中國古代語言學,即"小學",歷史悠久,歷代均有語言學家、語言學專著。但是,長期以來,在古代語言學家的思想認識上,"小學"是爲經學服務的,即識字爲了明經,明經爲了致用。這樣就在客觀上影響了語言學研究對象的明確,也限制了語言學研究的範圍。我國的語言研究,發展到了清代,得到了很大的發展,成績也很顯著,如"乾嘉學派"是很有聲譽的。但是,到了乾嘉學派後期,段玉裁、王念孫以下,只重考據,雖然也做出一定成績,但終因嚴重脫離實際,加上繁瑣的考證,使中國古代語言學走向了"終結"。而代之以起的,是由於"五四"運動時期的衝擊,使中國古代語言學以新的面貌,繼續向前發展。章炳麟提出的以"語言文字之學"代替"小學",正標誌着傳統"小學"的終結和中國現代語言學的開始。

章炳麟所以能提"小學"爲"語言文字之學",也不是偶然的,是有其社會發展和語言學發展的歷史原因的。十九世紀末到"五四"前,我國正處在舊民主主義的革命時代,當時一些旅居日本的學者和一些留日的學生在日本開始接觸到西方的普通語言學學說,于是西方普通語言學開始對我國語言學界發生影響,並首先反映在語言學理論研究的興起上。例如西方普通語言學中,關于語言起源于摹聲和語言起源于感歎的論點,在章炳麟、劉師培以及後來的一些文章中,都有所反映。如章炳麟《國故論衡》中有"語言緣起說",劉師培的《正名隅論》一文中也寫了有關語言起

---

① 見1906年《國粹學報》載《論語言文字之學》。

源問題。公元1913年,胡以魯《國語學草創》寫成,這是我國第一部語言學理論著作,論述了語言的起源發展、方言、共同語以及國語在語言學上的地位等理論問題。這些事實具體説明了,當時的一些語言學家,對語言學中的理論問題,開始研究了。正由于當時語言學界,從思想上、理論上提高了認識,所以章炳麟才能感到"小學"名稱不確切,并提出改"小學"爲"語言文字之學"的主張來。

名稱確切了,中國現代語言學研究對象就更加明確了。傳統"小學"主要爲的是識字、明經、致用,所以基本上以書面文字爲研究對象。而"語言文字之學"就不同了,這名稱本身就明確指出,中國現代語言學研究的對象,不僅是文字,而且是語言。這一點改動意義是十分重大的。"五四"以後,中國現代語言學,一方面繼承了中國古代語言學的優良傳統,另一方面,開展了語言學理論研究,重視活語言的研究,這就開拓了中國現代語言學的研究範圍,使得中國現代語言學在"五四"時期,出現了一個百花初放的繁榮局面。

2. 中國現代語言學研究方法的進步

我國古代的語音研究有古音學、今音學和等韻學之分,發展到了清代,重視古音研究,并取得很大的成績。古代音韻學家,他們根據經典古籍中的韻文和漢字的諧聲偏旁,來考證古韻的分部,從顧炎武到章炳麟、黄侃,越分越細。他們對古韻分部的成績是顯著的。古代音韻學重考據,提倡"樸學"精神。"樸學"在研究方法上,重視材料,重視考據,有實事求是的優點,值得我們學習。但是,由于漢字不表音,使得古代音韻學在解釋音理方面,有一些玄虛含混之處,不够科學,因而,也就束縛了古代音韻學的發展。因此,傳統音韻學的研究,到了章炳麟、黄侃時,對古韻分部,可以説到了頂點,但也就到了終結。

"五四"運動,帶來了"科學"與"民主",當時的語言學界也顯得比較活躍。西方語言學理論和研究方法,開始大量流入中國,以高本漢爲代表的西方語言學家,他們帶來了"音標",并運用歷史比較語言學的理論和方法,來研究漢語音韻學。這對于中國現代語言學的研究,產生了很大的影響。

例如,由于有了"音標",在研究音韻,研究音值,尤其是擬構古音(《切韻》音系)的音值系統方面,有了很大的突破和進步。如錢玄同、汪榮寶、羅常培、魏建功等,他們一方面師承章炳麟、黃侃的"樸學"精神,謹嚴的治學態度;同時受到"五四"運動的影響,思想解放,吸收了西方語言學的研究方法。因此,在現代音韻學研究方面,做出了新成績。如錢玄同《文字學音篇》、汪榮寶《歌戈魚虞模古讀考》、魏建功《古音系研究》等。如傳統古音研究認爲漢語中開始沒有低元音[a];後來所以出現[a]音,那是來自西域。汪榮寶不同意這種看法,他認爲,人生最初之發聲爲"阿"(a),世界各國字母多以"阿"爲建首,提出"阿音爲一切音之根本,此語言學之公論也"的看法。他還進一步求證于魏晉六朝時的梵、漢對音,日文假名中之漢音,以及古代西方人所著遊記中所譯漢字的讀音。這樣對比研究,汪榮寶發現:"同一語音,而在唐宋以上用歌、戈韻字譯對音者,在魏晉以上多用魚、虞、模韻字爲之;因恍然于漢魏時代之魚、虞、模,即唐宋以上之歌、戈、麻,亦皆收 a 而并收 u ü 者也。①"

汪榮寶《古讀考》一文發表後,雖有不同意見,汪文在取材上也有弱點,即漢譯梵音、日譯吳音大體屬魏晉六朝時期,日譯漢音大致在隋唐時期,以此來考先秦歌戈魚虞模古讀,有一定弱點。但是,汪氏《古讀考》一文的發表,畢竟使漢語音韻研究出現新面貌:其一,爲清儒分出的韻部擬測具體音值;其二,在研究材料上,已能進一步取材于漢語、外語對音和譯音;其三,在研究方法上,在前人考證基礎上,又能進一步用譯音的對勘,提出"華梵對勘,尤考訂古音之無上法門"②。

---

① 見《國學季刊》第一卷,二期。
② 見《國學季刊》第一卷,二期。

又如,劉復留學法國,專攻語音學,提倡實驗語音學。他著的《四聲實驗録》,首述音高、音强、音長、音質四要素與聲音變化的關係,次述所用實驗方法及實驗結果,又列出北京、南京等十二種方言四聲的實驗記録,并據以定漢語聲調的特徵。運用實驗語音學的方法,來研究漢語聲調,是前所未有的。

總之,比起傳統音韻學,現代語音學的研究,在理論和方法上有很大的進步。在研究材料上,開始注意現代方言、外來借詞、譯音等,用它來研究歷史音韻。在研究方法上,開始學習西方歷史比較法,來擬測古漢語的音系、音值。他們用現代語音學的方法、音標,解釋那些傳統音韻學中比較玄虚、含混的名詞術語,如羅常培的《釋重輕》、《釋内外轉》等。他們還對音韻學上一些主要問題,進行了有益的討論。

在這一時期,高本漢和他的《中國音韻學研究》是起過較大影響的。高本漢是瑞典語言學家,他的《中國音韻學研究》,始于 1915 年,成于 1926 年,前後經歷了十年時間。這本書由趙元任、羅常培、李方桂三人合譯成漢語本。譯者之一羅常培曾評論這本書説:"高書的基本方法,就是融貫中國語言學史的舊材料,和現代方言的活材料,來構擬中國的古音。"

漢字是表意字體,本身没有確定的音值,我們要測定某個字的古音讀法,如果只依據書本上所注反切和所列韻部,也只能得到這個字和另外一些字的音同或音近的關係,而不能確定它在某個時期真實音值。因此,我們要擬構某個字在古音上的音值,在工具方面,要採用"音標";在材料方面,除了依據反切等以外,還應該重視現代各地方言。因爲現代方言,都是從古代語言演變發展而來的,根據現代方音比較研究,可以綜合爲古代的語言而構擬它的音讀系統。這種研究方法,正是從印歐比較語言學上得來的。西方語言學家,根據各種印歐語言的比較研究,來擬測原始印歐母語的音讀形式。而高本漢在研究漢語音韻方面的貢獻,正在于他運用了歷史比較語言學的方法,他從現代方音研究,進而擬測中國古音的系,更進而測定中國的上古音。

高本漢雖然是著名的語言學家、漢學家,不過,也有不足之處。他的《中國音韻學研究》一書,就有不少錯誤和欠妥的地方,過去也有不少人寫文章評論過。就以趙元任、羅常培、李方桂的譯本和高本漢的原文比較,譯本就修正了原文很多地方。另外,高本漢在《中國語與中國文》一書中,還錯誤地把漢語看成是單音節語、孤立語等。這些看法過去對西方語言學界有過不好的影響。儘管如此,我們所以還要提出高本漢和他的《中國音韻學研究》,主要是想説明,"五四"時期文化交流帶來的影響,在中國現代語言學的語音研究方面,由于以高本漢爲代表的諸語言學家、漢學家帶來了"音標",帶來了比較語言學的研究方法,使得漢語語音研究方面,有了很大的進步。

例如,清代段玉裁,他研究出"支、脂、之"在古音中應該是不同的三個韻部。但是,爲什麼不同,怎樣的不同? 他却無法加以説明。因此,當他近八十高齡時,他寫信給江有誥時説,他老了,若能知道"支、脂、之"爲什麼分成三個韻部,那該是多麼愉快的事。可惜,段玉裁到死也没能知道"支、脂、之"古音分三部的所以然。而到了"五四"時期,由于文化交流,由于有了音標,有了比較研究的方法,後世的語言學家,就可以用"音標"來標出"支、脂、之"三個韻部的不同音值了。

3. 中國現代語言學研究範圍的擴大

中國現代語言學,由于語言學理論研究的興起,明確了語言學研究的對象,又由于語言學研究方法的改進,因此"五四"時期的中國現代語言學在研究範圍方面,就大大開拓了,如語法學、修辭學的興起和建立,甲骨文、金文的研究,以及方言調查、國内少數民族語文調查等方面。

(一) 語法學的興起

馬建忠著《馬氏文通》,開始建立了我國的語法學。其後,在《馬氏文通》影響下,"五四"前後,廣泛興起了語法學的研究,出現了很多種語法著作。不過,開始主要以古代漢語作爲研究對象,直到"五四"時期,由于白話文運動的興起,語法學的研究對象,也就逐漸由古文(古代漢語)轉變爲"國語"(現代漢語),并陸續出現了許多現代漢語語法的著作。

其中,黎錦熙的《新著國語文法》影響最大。黎錦熙在"五四"時期,積極參加"國語運動",先後寫成了《國語學講義》(1919 年)、《新著國語學概説》(1922 年)和《新著國語文法》(1924 年)等,影響很大。

《新著國語文法》和《馬氏文通》不同,是一種偏重句法研究并且以現代漢語的語法結構作爲研究對象,這是一種重大的革新和進步。另外,這部書比較重視語法教學和語法的實踐。

總之,"五四"時期,由于語言學理論研究的興起,反映在語法研究上,就是反對機械模仿西方語法,要建立漢語自己的語法體系,這一點是很大的進步。其後,出現了一些較好的語法學著作,如王力《中國文法學初探》(1936 年)、呂叔湘《中國文法要略》。1938 年,陳望道在上海和幾位語文學者開展了"文法革新"的討論。另外,在研究古代漢語語法方面,楊樹達著《高等國文法》(1930 年)和《馬氏文通刊誤》(1931 年)等,這兩部著作,能在詳細訂正《馬氏文通》的同時,樹立了以劃分詞類爲中心的語法體系,在語法學上,有很好的價值。總之,從此以後,語法學的研究蓬勃興起、有很大的發展。

(二) 修辭學的興起

修辭學在我國也有悠久的歷史,不過在古籍中,只是有片段的有關修辭、文學語言的議論。梁代劉勰的《文心雕龍》中有一些篇章是討論修辭、風格和文學語言的。元代有《修辭鑒衡》是專講修辭的書。不過這些著作,始終没有能脱離文學理論、文學批評的範圍,也就是還没有能從語言學的角度來研究修辭,修辭學没有獨立成爲語言學中一門學科。

到了"五四"時期,出現了許多討論修辭的文章和書籍,可以唐鉞的《修辭格》和鄭奠的《中國修辭學研究法》爲代表。《修辭格》一書是用西方的修辭學説來説明漢語的修辭現象,對漢語本身的修辭規律很少研究。鄭奠的《中國修辭學研究法》則偏重輯録傳統的修辭學説,缺乏理論的概括。

影響最大的修辭學著作是陳望道的《修辭學發凡》。它體系完整,内容豐富。不單從漢語修辭實踐中總結出修辭規律,而且指出運用這些修辭規律的原則;不單對漢語修辭現象作静態的分析,而且指出漢語修辭動態的發展;不單有實例,而且有理論;在選例上,既有古代漢語,也有現代漢語。語音學界一向認爲,《馬氏文通》是我國第一部語法學著作,《修辭學發凡》是我國第一部修辭學著作。因爲,從此修辭學和文學評論分了家,也和語法學分了家,成爲一門獨立的學科。

(三) 古文字學的興起

古代稱文字、音韻、訓詁之學爲“小學”。文字學中以許慎的《説文解字》影響最大。唐宋以後,研究文字的都只墨守許慎的成説,考究“六書”的分類,很少有創造性的見解。宋代古器物出土,也引起研究鐘鼎文的風氣,由于墨守《説文》,成就不大。

由于“五四”時期前後,文化交流,思想解放。甲骨卜辭出土,揭開了漢字研究新的一頁,興起了古文字研究。章炳麟能改“小學”爲“語言文字之學”,但當時却信奉《説文》,懷疑甲骨卜辭不可靠。而他的學生錢玄同,在改“小學”爲“語言文字之學”問題上,是信奉太炎先生的。而在甲骨卜辭等古文字問題上,他以“吾愛吾師,吾尤愛真理”的態度,反其道而行,即運用出土的甲骨、鐘鼎文字,來考訂《説文》的謬誤之處。由此可見“五四”時期,學術思想的活躍。

研究甲骨文的,最早是孫詒讓,後來有羅振玉等,從此在文字學研究中,以甲骨文、金文作爲研究對象的古文字學,就成爲一門獨立的學科。此後,有關古文字的著述很多,其中郭沫若力圖用馬列主義、歷史唯物主義觀點來研究古文字,不停留在枝枝節節考釋一字一詞,而是聯繫殷商社會的考查,創見甚多。主要著作有《卜辭通纂》和《甲骨文字研究》。

（四）現代方言學的建立和少數民族語文調查的興起

方言研究在我國也有悠久的歷史。早在兩千多年前,就有揚雄《方言》。其後有杭世駿的《續方言》、張慎儀的《蜀方言》、翟灝的《通俗編》、錢大昕的《恒言錄》等。章炳麟的《新方言》可以説是傳統方言學的終結。

"五四"時期,在西方普通語言學的影響下,我國漢語方言研究,進入了新階段。趙元任的《現代吳語的研究》是運用現代語言研究的方法,進行現代漢語方言研究的開始。它比較全面地描寫了吳語的語音系統,并和古音、"國音"作了比較。這樣的研究方言,是前所未有的,影響很大。如羅常培《厦門音系》、《臨川音系》,丁聲樹等《湖北方言調查報告》等等,無不受其影響。從此,把方言作爲一門獨立研究對象,并結合運用中國傳統音韻學的成就,它爲中國現代方言學的建立,打下了基礎。

我國是一個統一的多民族國家。十九世紀末,大批西方傳教士深入我國西南少數民族地區,他們用拉丁字母（或稱羅馬字母）記錄過一些少數民族語言材料,編寫了一些書籍,雖然没有什麼科學價值,但總算開始了對少數民族語文進行調查。到了抗戰時期,我國一些語言學家,遷移西南內地,他們在西南少數民族地區,做了一些實地調查,也寫了一些文章。但總的説來,當時由于國民黨政府對少數民族態度不正確,又有種種限制,未能很好開展。只有到建國以後,在黨的領導下,對少數民族語文的調查研究,才得到很大的重視和發展。

總之"五四"運動時期,對語言學領域的影響是很大的。首先,改"小學"爲"語言文字之學",使中國現代語言學成爲一門獨立的學科。其次,在研究對象方面,從古漢語發展到現代漢語;在研究方法上,重視文化交流,採用"音標",運用西方比較語言學的研究領域,如語法學、修辭學的興起和建立,還有古文字學、方言調查和少數民族語文調查的興起等。以上這些事實,可以説由于"五四"運動時期的影響,建立了中國現代語言學,并帶來了一個百花初放的局面。

二、語文改革新領域的開拓

“五四”運動時期，不僅在語言科學研究上影響大，使傳統“小學”發展爲中國現代語言學；另一方面還推動了一場轟轟烈烈的語文改革運動，使中國現代語言學開拓了研究漢語文改革問題的新領域。

現代語文改革工作，并非就開始于“五四”時期。早在清朝末年，由于帝國主義侵略，進步的知識分子，痛感中國落後，民族意識和民主思想開始抬頭。他們提出要學習現代科學技術，普及教育，從而改進政治。于是在“教育救國”的口號下，語文改革運動也就應運而生了。提出“崇白話”、“廢文言”的主張，設立“正音書院”，推行“官話”的工作，就是現代“白話文運動”和“國語統一運動”的先聲。盧戇章的《一目了然初階》，（1892 年出版）王照的《官話合聲字母》（1900 年出版），可以説是漢語拼音文字史的開始。可是，那時的語文改革工作，限于當時的歷史條件，未能得到切實進行。到了“五四”運動時期，語文改革工作成爲新文化運動的一翼，這才蓬勃發展起來，并取得多方面的成果。

1. 書面語的改革

語言是人類最重要的交際和交流思想的工具，是隨着社會的發展而發展的，自從産生了文字，語言便以口語和書面語兩種形式爲社會服務。書面語是記録口語的，按理是應該在口語的基礎上不斷發展，然而，由於長期封建社會的原因，逐步形成書面語和口語嚴重脱節的現象。社會發展到了“五四”時期，作爲書面用語的文言文，已經嚴重地阻礙了教育普及和民族科學文化的發展。因此，對書面語的改革伴隨着新文化運動，提出來了。

中國的新文化運動，發生于“五四”運動的前夕，以《新青年》雜誌爲主要陣地而逐漸擴展開來。1915 年 9 月，陳獨秀在《新青年》創刊號上發表了《敬告青年》一文①,提出六項主張;1917 年 1 月胡適在《新青年》上發表了《文學改良芻議》;同年 2 月,陳獨秀發表了《文學革命論》,這才正式舉起了"文學革命"的旗幟;接着 1918 年 4 月,魯迅發表了他的第一篇創作——《狂人日記》(刊于 5 月出版的《新青年》上)。可見新文化運動是以新文學運動爲其主要内容,它以反對舊道德,提倡新道德;反對舊文學,提倡新文學爲文化革命的兩大旗幟。中國的新文學運動從此日益蓬勃地開展着、前進着。

　　"五四"時期的新文學運動,在内容上是反封建的,在形式上提出反對用文言文,要用白話文,也就是提出了漢語書面語的改革問題。《新青年》上發表陳獨秀、錢玄同等人有關文學革命的文章,其中一個重要方面,就是提出文學形式要用語體白話。所謂"白話文"有兩個含義:一是把白話文當作一種書寫文體,使更多的人能够掌握與口語基本一致的書面語;另一個是把白話文作爲一種文學語言,以利表達新思想,發展新文學。爲實現書面語的改革,推行白話文,"五四"新文化運動的旗手魯迅,作出了積極的貢獻,他對當時形形色色的封建復古主義思想派别,展開了激烈的論戰。

　　應用白話文體,廢止文言文體,是"五四"時期書面語改革的重大成果。現代的白話文,雖説導源于宋人的話本和明清的白話小説,但它們在當時的社會地位,畢竟還是不登大雅之堂的"小唱"、"小説"之類。到了"五四"這個新的歷史時期,白話文體才最終地躍居于漢語書面形式的領導地位。當時,文言文體被宣布爲"僵死的語言",它的使用率愈來愈小,并逐步爲言文基本一致的白話文體所代替。至此,白話文體不僅表現爲應用範圍的擴大,而它的體系也日益豐富發展起來。反映現代思想文化、科學技術的詞語大量湧現,外來語成分、方言詞成分也不斷增長。可以説,"五四"時期的"新白話",已經不同于明清小説式的"舊白話"了。由

---

　　① 《新青年》創刊號稱《青年雜誌》,從二號起改名《新青年》。

此可見,書面語的改革工作,對于漢民族共同語的豐富和發展,也創造了有利的條件。

2. 共同語標準的探索

現代漢語民族共同語的標準,在"五四"時期被稱爲"國語",它的音系稱爲"國音",故當時有"國音國語"的研究探索。(用"國語"、"國音"來表述漢語和漢語語音是不妥當的、這裏作爲歷史詞沿用。)這項工作,如果從 1913 年召開"讀音統一會"算起,到 1932 年發布以北京語音爲標準的《國音常用字彙》,前後歷時二十年。要實現"國語統一"或共同語的規範化,首先要確立明確的標準。當時的研究工作主要是努力解決"國語"的語音體系問題。關于"國音"的爭論焦點,是以南腔北調的"普通音"爲據呢,還是取單一的"北京音"作爲標準。1920年因雙方爭論不下,當時的教育部曾採用行政手段,推行以"普通音爲依據"的"國音"。并宣稱"普通音即舊日所謂官音,此種官音,即數百年來全國共同遵用之讀書正音,亦即官話所用之音"。當時,根據這樣的規定所編訂的《國音字典》,其中所注之音,就包含有北京音系所没有的音節,如"ㄞㄟ"、"ㄦㄛ"、"ㄗㄩ"、"ㄅㄛ"、"ㄙㄨㄥ"、"ㄐㄧㄞ"、"ㄐㄩㄛ"、"ㄓㄝ"等(據原用"注音字母")以及北京音系中所没有的入聲調類。

但是,共同語的語音標準,必須以某一自然語言的語音體系爲根據,才有可能建立起來,人爲地規定音系是行不通的。因此,關于共同語標準多年的研究、爭論,結果是語言的社會實踐啓發了人們的認識。對此,黎錦熙寫下了一段深有體會的話:"積三十年之經驗,接受了許多語文學、語音學專家的詔示,參證了許多教育家語文教學上的實驗,到了民國二十一年,我們才毅然決然公布這種地方語(按指北京話)爲國語的'活'標準,把那'莫須有'、'莫巴鼻'的普通話,給以調整、修改,讓它能有個確實的核心。"現在看來,他用北京話作爲漢民族共同語的全面標準,未免失之過窄,因爲北方方言是漢民族共同語的基礎方言;他説普通話是"莫須有"
"没巴鼻"也是不符合漢民族共同語詞匯和語法的實際。但是,就共同語
的語音體系來説,確認北京語音爲標準,是已經取得了規律性的認識,是
在數年研究探索下,取得了進步。因此,1920年"全國教育會聯合會"主
張"定北京音爲國音";1926年"全國國語運動大會"宣稱"採定北京語爲
標準國語";1932年,"國語統一籌備委員會"審定"概以北京的普通讀法
爲標準"的《國音常用字彙》,這些都是對現代漢語民族共同語普通話的
前期研究,做出了貢獻。

3. 拼音方案的研制

明朝和西洋各國通商頗盛,到了萬曆年間,一些天主教徒也因傳道相
繼來到中國。他們爲了學習中國語文,常用羅馬字母來注漢字的讀音。
這樣就引起了漢字可以用字母注音或拼音的啓發,逐漸演進,形成二百年
後製造推行注音字母或拼音字母的潮流。明末法國耶穌會士金尼閣于明
天啓六年(1626年)出版《西儒耳目資》可爲代表。

早在清末,拼音方案研制工作已經開始。光緒十八年(1892年)盧
戇章的第一部著作《一目了然初階》出版。這本書以講述廈門音爲主,
在廈門一帶頗爲風行,據説"旅閩西人亦多傳其學,稱爲簡易"。從《一
目了然初階》出版到辛亥革命,個人提出的字母方案就有二三十種之
多。字母形式,有漢字筆劃式的,有拉丁字母式,亦有速記等其他式的。
拼寫的音系,有"官話"的,也有各種方言的。可是,由于現代語文運動
尚未崛起,這些拼音方案,均無多大影響。到了"五四"時期,先後產生
的"注音字母"、"國語羅馬字"和"拉丁化新文字"就不同了,它們如異
峯突起,并取得實踐上的效果,影響相當大。對此,周恩來同志早有評
價:"對于近四十年來的拼音字母運動,注音字母也起了開創的作用。"
"拉丁化新文字和國語羅馬字是中國人自己創製的拉丁字母式的漢語
拼音方案中比較完善的兩個方案。在談到現在的拼音方案的時候,不

能不承認他們的功勞。"

　　"注音字母"(後改稱"注音符號"),1913 年製訂,1918 年由國家正式公布,這是我國第一套法定的漢語拼音字母,對于識字教育和讀音統一,以及普及拼音知識起過作用。它採用的是漢字筆劃式的自製字母,基本上是一個字母代表一個音素,然尚有"ㄞ"、"ㄟ"、"ㄠ"、"ㄡ"、"ㄢ"、"ㄣ"、"ㄤ"、"ㄥ"等表示多音素的字母,還沒有完全音素化。但是,"注音字母"所採用的聲、韻雙拼製,却是繼承我國傳統的"反切"拼法的。它適應漢語音系的特點,當時也不失爲一種有效的漢語拼音方法。

　　"國語羅馬字"由錢玄同、黎錦熙、趙元任等製訂,在 1928 年由南京的大學院正式公布,并被定爲"國音字母"的第二式(第一式爲"注音字母")。"拉丁化新文字"由瞿秋白、吳玉章等製訂,于 1931 年產生。這兩種拼音方案,雖然產生較晚,但由于採用的是音素化的字母,比"注音字母"又前進了一步。同時,由于採用拉丁字母,有利于作爲少數民族文字的共同基礎,以及國際文化交流的有利工具。總之,"五四"時期,關于拼音方案研制的經驗,爲建國後討論製定"漢語拼音方案"打下了基礎。

4. 現代漢語的規範化問題

　　"五四"時期,因文藝的大衆化而提出的大衆語,本是文學語言的問題。其中討論到"歐化"語法和方言詞語等,就已涉及現代漢語的規範化問題。雖然限于當時的認識條件,還不可能作系統的研究,但是一些實踐的經驗和有益的見解,對于現代漢語規範化起一定的作用。

　　由于西方文化的影響和翻譯作品的傳播,因而"歐化"語法不斷出現,這是外語對漢語的影響。"五四"時期,由于提倡白話文和重視文化交流,漢語中吸收了不少外語成分:在詞匯方面,如"邏輯"、"托辣斯"、"愛克斯光"等;在語法方面,如動詞後附加"着"、"了"的用法,"那"、"哪"的分用,"的"、"地"、"底"的分用,以及"他"、"她"、"牠"的書面區別等。但同時也出現了一些機械模仿,不顧漢語民族習慣,如有人將"他"、"她"、"牠"在口語上也分別讀爲"ta"、"yi"、"tuo",有人拼寫漢語姓名,竟將"姓"倒置在"名"後。還有人模仿歐化句法,把漢語習慣説的"她是一個寡婦,有兩個女兒一個兒子","歐化"成"有着兩個女兒一個兒子做着寡婦的她"。

對於這些不規範的語文現象,瞿秋白、魯迅都曾提出正確的意見。瞿秋白説:"現代普通化話的新中國文,應當用正確的方法實行歐洲化""應當明白中國言語自己的文法,根據中國文法來採用歐洲'印度日耳曼語族'的文法"。他還指責那些一味模仿而不顧漢語民族習慣的句法爲"極惡劣的中國話"。魯迅也提出可以"支持歐化式的文章",但那爲的是"立論的精密",而不是"故意胡鬧"。這些對如何吸收外語有用成分的看法,對現代漢語規範化是有指導意義的。

關于方言詞語的規範,魯迅舉過兩個典型的例子,來説明普通話和方言在運用上的取捨原則。他説:"上海叫'打'爲'吃生活',可以用于上海人的對話,却不必特用于作者的敍事中,因爲説'打'工人也一樣的能够聽懂。"再如"回到窩裹向罷",他也認爲"反不如説'回到家裹去'的清楚"。這就告訴我們,凡是普通話中有相當的詞語,可以表達同樣的效果,那就不必用方言了。至于方言中那些"很有意味深長的話",魯迅也主張可以吸收到普通話裹來的。事實上,"五四"時期,有些方言詞語已進入共同語詞匯了,如"擺設"、"甭"(北京方言),"垃圾"、"貨色"(上海方言),"哭鼻子"、"老伴兒"(東北方言)等。可見共同語要豐富發展,也必須不斷從各方言中吸收有用的成分。瞿秋白在提倡建設"現代普通話的新中國文"的同時,也指出"各地方的土話在特別需要的時候,應該加入普通話的文章裹,才更加能够表現現實的生活。"

現代漢語在如何吸收外語成分、如何吸收方言成分等問題上,以上一些意見,今天看來,對現代漢語規範化問題,還是有指導意義的。

綜上所述,儘管未能概括"五四"時期語文改革工作的全部,尚有一些語文改革工作，如漢字簡化問題，有劉復、李家瑞的《宋元以來俗字譜》等，譯名規範問題，有胡以魯的《論譯名》等，從以上四方面來看，"五四"以來的語文改革工作，已經展示出前所未有的新貌。

附録　揚雄《方言》的研究

　　《方言》一書，自博雅收録以來，學者幾忘其爲子雲考逸言、標絶語開創之作，所載非即訓詁，而是爲探研訓詁之資。此固從事我國語文學科研究者之所應察。諸家注疏，或釐正文字，取博雅以相讎，如休寧宿儒戴東原《疏證》；或微引羣籍，明指韻之所在，如嘉定錢子樂《箋疏》，皆未嘗析言成書體例。而本書作者，又復聚訟，無可適從。本作能自根本加以探究，討論辨章，不中不遠，儻加功力，益精益密，對於揚書不無闡明啓發。其特別貢獻於方言研究者，即爾雅爲其母本一事，實開訓詁文字學史與方言學史一特別論點。

　　《方言》本書作者，既成問題，而未有客觀論證。其純從語言學立場加以整理，惟有林語堂據作《前漢方(言)[音]區域考》而已。本作實繼起而爲下列各事之論述：

　　一、《方言》全書編著之釋例；

　　二、語言義類之蒙次；

　　三、《爾雅》、《方言》兩書詁類之比較。

　　特惜未及一一發揮！（第一事已極明盡。二、三兩事，則未臻完備。頁二十二[編者按：此評語中之頁數皆原論文之頁碼，非本書之頁碼]僅示第二事之一例。頁六、八、十四、五十九，皆爲第三事之例，於其所以《爾雅》多於《方言》、或《爾雅》少於《方言》以及《爾雅》《方言》全同之理,不及説明。)如更求全,本文已論及之事而未解釋其故,則有頁十八叙述方言區域分用三種標準之所以然,付諸闕如也;本文未及纂述,爲研究應有之事,則有各方言區域方言系統及其聲音意義間相關之情實,總而成《方言》書中之方音地圖,是也。

　　綜上所述,以作者所處時地及參考材料環境條件衡之,成就如此,實匪易易,自未可苛督矣。爰評等次分數如次:

　　等次　甲

　　分數　90

　　　　　中華民國卅四年國慶日魏建功

揚雄《方言》的研究

國文系 184 濮之珍

總目

揚雄《方言》的研究

一、本文的主要目的和工作大綱

研究的問題

關於《方言》這部書,歷來學者,曾經討論研究,還有好些不能解決的問題: 如《方言》的作者問題,《方言》這部書的時代問題等等。他們反覆討論,得不到一個正確結果。所以我覺得,在沒有得到有力的新旁證以前,這些問題,是不用再去談了。可是我這篇論文的題目,却叫做"揚雄《方言》的研究",所以需要先解釋一下,現在研究的範圍和研究的目的。我所研究的範圍: 不是《方言》作者的問題,也不是《方言》這部書的時代問題,因爲不問《方言》的作者是誰,《方言》本身有它自己的價值;那麼我爲什麼又稱其做"揚雄《方言》的研究"? 因爲我認爲,在沒有得到有力的證據,證明《方言》的作者不是揚雄以前,按照習慣,暫且放在揚雄名下,好在我不是討論《方言》作者問題;至於時代問題,不管是成帝時也好,不是成帝時也好,反正是在漢代的某一段時間。

一般所討論的問題,我既然不討論,那麼我所要討論的是什麼? 所要研究的是哪些? 簡單地說,我所要討論研究的,是《方言》這部書是怎樣做的? 是想推求作者如何寫成了這部《方言》。

研究的材料

爲了進行我預定的工作,我首先把研究的材料加以選擇。按《方言》今本凡十三卷,在這十三卷中,我取材於卷一、卷二、卷三、卷六、卷七、卷十、卷十二、卷十三。因爲卷四釋服制、卷五釋器物、卷八等釋虎貔等動物、卷九釋箭戟等兵器、卷十一釋昆蟲。這些是名物方面的材料,與我要討論的無關,所以暫且放在一邊不談。

我用數字標記了《方言》每卷的各條,以每一卷每一條作一單位,就是以數字來代表《方言》中每一卷的每一條,因爲這樣可以便於排列、檢查、稱引。十三卷《方言》,依思賢講舍刻本分條,一共是六百九十三條。我又假定了一些名詞,好作討論的標幟,"雅詁"、"羣詁例字"、"詁訓字"、"母題"、"方言"。關於這些名詞所代表的意義,用《方言》原文爲例,加以解釋。例如《方言》卷一第一條:"黨曉哲知也,楚謂之黨,或曰曉,齊宋之間謂之哲",用我們的名詞來表示,就成爲:

黨曉哲　知也　。楚謂之黨,或曰曉,齊宋之間謂之哲。
羣詁例字　詁訓字　　　　　　方言
　　　　即母題
　　雅詁

進一步我們觀察《方言》全書,可以發現一些現象:

第一:在《方言》的每條中,"雅詁"不全等於"方言",如《方言》卷一第三條:

　　娥嬿好也。秦曰娥,宋魏之間謂之嬿,秦晉之間,凡好而輕者謂之娥,自關而東,河濟之間謂之媌,或謂之姣,趙魏燕代之間曰姝,或曰妦,自關而西,秦晉之故都曰妍,好其通語也。

在這一條中,雅詁中的羣詁例字是娥嬿,詁訓字是好,但是在方言中,除列舉娥、嬿、好外,又提出了媌、姣、姝、妦、妍等,因此我們要檢討《方言》每一條的"雅詁"與"方言"的關係。

第二:"母題"有重見的事實,例如:

　　憮俺憐牟愛也。韓鄭曰憮,晉魏曰俺,汝潁之間曰憐,宋魯之間

曰年,或曰憐,憐通語也。(6／一)

　　亟憐憮俺愛也。東齊海岱之間曰亟,自關而西,秦晉之間凡相敬愛謂之亟,陳楚江淮之間曰憐,宋衛邠陶之間曰憮,或曰俺。(17／一)

　　憐職愛也。言相愛憐者,吳越之間謂之憐職。(26／七)

何以一個"母題",有這些次的重見的現象? 我覺得這不是偶然的,一定有他重見的道理。因此我要研究"母題"重見的原因。

第三:"母題"先後相次似乎與意義有關,例如《方言》卷一的前三條:

　　黨曉哲知也。楚謂之黨,或曰曉,齊宋之間謂之哲。

　　虔儇慧也。秦謂之謾,晉謂之懇,宋楚之間謂之倢,楚或謂之譜,自關而東,趙魏之間謂之黠,或謂之鬼。

　　娥嬴好也。秦曰娥,宋魏之間謂之嬴,秦晉之間,凡好而輕者謂之娥,自關而東河濟之間謂之媌,趙魏燕代之間曰姝,或曰姼,自關而西秦晉之故都曰妍,好其通語也。

爲什麼母題排列,"知"的下一條是"慧"? "慧"的下一條是"好"? 在我們仔細觀察下,覺得這樣排列先後,不是隨便安排的,前後有綫索可尋,所以我們要研究"母題"排列先後的關係。

　　爲了排比方便,我利用了符號和數字,爲了觀察現象,我也利用統計圖表。不過,在這裏我要聲明一句,就是在我的統計表裏,並不完全是以最多數字來決定一切的,因爲《方言》中有些問題是多方面原因,並且不問由《方言》本身組織看,或者由揚雄《答劉歆書》看,不可否認的,《方言》是一部未完成的作品,所以說,最多數字不能決定一切。

　　用我自己訂的符號,客觀地排比全書;由於排比所得的客觀現象,歸納成原則。根據這些原則,對於《方言》這部書,是怎樣的寫成,可以有一個大致的認識;對於作者如何寫《方言》這部書,也可以得到比較可靠的解釋。這樣研究《方言》,我覺得不是沒有意義的,或許對於學者們更進一步地研究《方言》,也不是沒有幫助的。

二、《方言》與《爾雅》(上)
——從收集方言成書方法觀察

《爾雅》可能是《方言》的母本

《方言》一向被列入小學訓詁類,所以明陳與郊作過《方言類聚》,是以《爾雅》組織,作方言內容的分類。清《四庫全書總目提要》説:

> 明陳與郊撰。與郊有《檀弓集注》已著録。是編取揚雄原本,依《爾雅》篇目,分爲《釋詁》、《釋言》等十六門,別爲編次,使以類相聚。如原本第三卷"昄民也"至"棖隨也"數語,移入卷首爲《釋詁》。其原本卷首"黨曉也"兩節,則列爲《釋言》,反載於"敦豐厖夽"一節之後。郭璞原注,則總附每節後,低一格以別之。間有雙行夾注,爲與郊所考訂者,僅畧及音切字畫之異同而已。

由此可知,陳與郊《方言類聚》的精神,是將《爾雅》的分類組織,應用到《方言》身上去,不過《方言》仍舊是《方言》,《爾雅》仍舊是《爾雅》,他沒有注意到《方言》與《爾雅》真正的關係。我們仔細注意,《方言》與《爾雅》,是有密切關係的。關於《方言》組織、《方言》內容,由《爾雅》組織與內容上,可以得到啓示。《爾雅》這部書,也不是一部沒有問題的書,《爾雅》的作者,就是一個糾纏不清的問題,好在我不是討論《爾雅》作者,《爾雅》作者究竟是誰與本文無關,只要知道,《爾雅》成書時代,的確是在《方言》前,而且揚雄也是一個奉守《爾雅》的訓詁學者就夠了。

現在放開一切不談,就只僅僅就《方言》這部書與《爾雅》這部書來談,我認爲《爾雅》可能是《方言》的母本,就是說《方言》的組織形式及内容,本之於《爾雅》。關於這個意見,我想由收集方言的方法上找旁證。

關於收集方言的記載

關於收集別國方言情形的記載如:

> 蓋聞方言之作,出乎輶軒之使,所以巡遊萬國,采覽異言,車軌之所交,人迹之所蹈,靡不畢載,以爲奏籍,周秦之季,其業隳廢莫有存者,暨乎揚生沈淡其志,歷載構綴,乃就斯文,是以三五之篇著,而獨鑒之功顯。(郭璞《方言序》)

> 三代周秦,軒車使者,遒人使者,以歲八月巡路宷代語僮謠歌戲,欲得其最目,因從事郝隆宷之有日,篇中但有其目無見文者。歆先君數爲孝成皇帝言,當使諸儒共集訓詁,《爾雅》所及,五經所詁,不合《爾雅》者,詁籀爲病。……會成帝未以爲意,先君又不能獨集。至于歆身,脩軌不暇,何偟更創。屬聞子雲獨採集先代絕言,異國殊語,以爲十五卷。(劉歆《與揚雄書》)

> 雄少不師章句,亦於五經之訓所不解,常聞先代輶軒之使,奏籍之書,皆藏於周秦之室。及其破也,遺棄無見之者。獨蜀人有嚴君平,臨邛林閭翁孺者,深好訓詁,猶見輶軒之使所奏言。(揚雄《答劉歆書》)

由以上引文可以知道,關於絕代語釋,別國方言的收集,早在三代的時候,國家特設置官吏,去專門管理這件事,就是郭璞《方言序》中所說:"蓋聞方言之作,出乎輶軒之使,所以巡遊萬國,采覽異言。"到了周秦時代,收集方言的工作,曾經中斷過,直到漢代,大家又注意到收集方言這個工作。由劉歆與揚雄往返書信中,知道劉向劉歆這兩父子就注意到這個收集方言的工作,但是劉向因爲"會成帝未以爲意……不能獨集"(劉歆《與揚雄

書》），結果是没有做，至於劉歆自己也因爲“脩軌不暇，何惶更創”（劉歆
《與揚雄書》）。由揚雄《答劉歆書》中知道，做方言收集工作的人，在揚雄
前，還有蜀人嚴君平及臨邛林閭翁孺。總之，僅僅由這兩封信裏，已經知
道，注意到方言收集的人，和親身作方言收集的人，有劉向、劉歆、嚴君平、
林閭翁孺、揚雄等五人，我想一定還有好些我們不知名的。何以在漢代，一
般人又注意到收集方言這個問題？我想主要原因是國君的提倡，在劉歆《與
揚雄書》中不是説：“今聖朝留心典誥，發精於殊語，欲以驗考四方之事，不勞
戎馬高車之使，坐知俗俚，適子雲攘意之秋也。”正因爲國君的重視，所以劉
歆那樣看重方言，揚雄也那樣寶貝自己的《方言》。而與揚雄同時的張伯松，
推崇《方言》是：“縣諸日月不刊之書也。”（揚雄《答劉歆書》）

注意收集方言的人與文字訓詁學及《爾雅》的關係

在漢代，一般人注意到收集方言，朝廷也重視這項工作，那麼收集方
言的人，是怎樣去收集？如何去工作？在揚雄《答劉歆書》中，説到收集方
言的嚴君平“財有千言”，説到收集方言的林閭翁孺是“梗概之法略有”。
至於説到他自己收集方言的情形是：

> 故天下上計孝廉，及内郡衛卒會者，雄常把三寸弱翰，齎油素四
> 尺，以問其異語，歸即以鉛摘次之於槧，二十七歲於今矣，而語言或交
> 錯相反，反覆論思，詳悉集之，燕其疑。

《西京雜記》也記載了揚雄作方言的情形：

> 揚子雲好事，常懷鉛提槧，從諸計吏，訪殊方絶域四方之語，以爲
> 裨補輶軒所載。

由以上記載，可以知道，收集方言時，並不是得一條，記一條，隨便零星的

散記,是有條理、有組織、有方法的,所謂"林閭翁孺有梗概之法"。林閭翁孺的梗概之法是無從知道,但是關於《方言》的如何收集,從《方言》本身,是可以推尋的。在揚雄《答劉歆書》中,說到收集方言的嚴君平、林閭翁孺,都是對訓詁有研究的。原文:"獨蜀人有嚴君平、臨邛林閭翁孺者,深好訓詁。"而揚雄自己,就是一位小學家,至於劉向劉歆也是對文字訓詁素有研究的人。由這裏我們得到一個共同現象,就是這五位注意到方言收集,和親身作方言收集的人,都是具備有文字訓詁知識的人。在《漢書·藝文志》,《爾雅》雖被列入孝經家,可是在書家中說:"古文應讀《爾雅》,故解古今語而可知也。"由此可知,漢人仍把爾雅看作是一部文字訓詁的書。無疑問的,他們五位當然都見過《爾雅》。《方言》是一向被列在小學訓詁類,所以明陳與郊作《方言類聚》,由於這些綫索,引起我對《方言》與《爾雅》的注意。

《方言》與《爾雅》編制的粗畧對照

再看《方言》本身組織,《方言》一共是十三卷,六百九十三條。每一條分成兩部分,上部分是雅詁,下部分是方言。方言就是作者所收集的。但是上面的雅詁,是從哪裏來的? 若說就是下部分的方言,爲什麼在有些條中,方言與雅詁又不符合呢? 有時方言多於雅詁。如:

> 娥嬴好也。秦曰娥,宋魏之間謂之嬴,秦晋之間,凡好而輕者謂之娥,自關而東,河濟之間謂之媌,或謂之姣,趙魏燕代之間曰姝,或曰姓,自關而西,秦晋之故都曰妍,好其通語也。(3/一)

有時又雅詁多於方言。如

> 慎濟睼愻濕桓憂也。宋衛或謂之慎,或曰睼,陳楚或曰濕,或曰

濟,自關而西,秦晉之間或曰愻,或曰濕,自關而西秦晉之間,凡志而不得,欲而不獲,高而有墜,得而中亡謂之濕。(10/一)

在卷十二、十三,又大多僅有雅詁。如

> 爰嗳哀也。(1/十二)
> 儒輸愚也。(2/十二)
> 裔歷相也。(1/十三)
> 裔旅末也。(2/十三)

這些雅詁究竟是哪裏來的?我們都知道,《方言》是一部未完成的作品。卷十二、十三,還遺留下著作痕跡,就是作者先有了雅詁,根據這些雅詁,再去求方言。因爲是一部未完成的作品,沒有經過作者重新整理,所以在有些條中,雅詁與方言不符合,以及卷十二、十三,竟僅有雅詁。作者先立下雅詁,再求方言,而雅詁的設立,是受了《爾雅》的啓示,也可以說,《方言》雅詁母題的設立,就是由《爾雅》中來的。陳與郊《方言類聚》,就表現了《方言》組織形式脫胎於《爾雅》,尤其是就《方言》內容看,有雅詁全同於《爾雅》。如

> 烈枿餘也。(《爾雅》94/二)
> 烈枿餘也。(《方言》4/一)

有雅詁部分相同,而母題同於《爾雅》。如

> 迨及也。(《爾雅》88/三)
> 迨遝及也。(《方言》18/三)

甚至於母題排列先後,也有同《爾雅》一樣的。如

迄臻到赴來弔艐格戾懷摧詹至也。(《爾雅》5/一)

如適之嫁徂逝往也。(《爾雅》6/一)

假徦懷摧詹戾艐至也。……(《方言》13/一)

嫁逝徂適往也。……(《方言》14/一)

所以説,《爾雅》與《方言》,是有密切的關係的。

三、《方言》與《爾雅》(下)

—— 從兩書内容觀察

在上一節《方言》與《爾雅》中,我們已説明了《爾雅》與《方言》有密切的關係。現在作更進一步具體的排比與對照,那麼《爾雅》與《方言》的關係,究竟如何密切,我們可以得到一個比較具體的認識。

名物分卷的對照

陳與郊《方言類聚》,是將《爾雅》的分類組織,應用到《方言》身上去。雖然他没有注意到《方言》與《爾雅》的真正關係,但是我們却因此得到:《方言》組織形式脱胎於《爾雅》的啓示。今據皇清經解本《爾雅正義》,按《爾雅》十九篇,第一篇《釋詁》分上下兩卷,所以一共是二十卷,除開首四卷外,其餘的十六卷,都是釋名物方面的。按《方言》凡十三卷,除卷一、卷二、卷三、卷六、卷七、卷十、卷十二、卷十三外,其餘的五卷,也都是釋名物方面的,現在就名物方面,作《方言》與《爾雅》的對照:

《爾雅》		《方言》
卷第七	釋器第六	卷五、卷九
卷十六	釋蟲第十五	卷十一
卷十八	釋鳥第十七……	
卷十九	釋獸第十八……	卷八
卷二十	釋畜第十九……	

這些名物方面的,與我所要討論的無關,所以就不再作詳細的排比,暫且放在一邊不談。

《爾雅》其餘的四卷是:"卷第一釋詁第一上","卷第二釋詁第一下","卷第三釋言第二","卷第四釋訓第三"。我們現在就以此四卷,與《方言》的雅詁,作具體的排比研究,由這個具體的排比,我們將可以知道《方言》與《爾雅》的真正關係。

雅詁形式的對照

陳與郊《方言類聚》,表現了《方言》的組織形式,脫胎於《爾雅》,那麼我們現在就從組織形式方面,作《方言》與《爾雅》排比研究的開始。在《爾雅·釋詁》、《釋言》、《釋訓》四卷中,雅詁形式組織的表現,歸納起來,大體可分爲三式:

（一）初、哉、首、基、肇、祖、元、胎、俶、落、權、輿,始也。（《釋詁》1）

　　如、適、之、嫁、徂、逝,往也。（《釋詁》6）

　　殷、齊,中也。（《釋言》1）

（二）明明、斤斤,察也。（《釋訓》1）

　　條條、秩秩,思也。（《釋訓》2）

（三）美女爲媛。（《釋訓》62）

　　鬼之爲言歸也。（《釋訓》78）

第一式是列舉羣詁例字,以母題作義類的統領,放在一句的最後,並且一定以語助詞"也"字作結束。第二式在母題形式方面,與第一式一樣,但是在羣詁例字方面就不同了,所舉的羣詁例字,都是重言的複合詞。第三式的形式最不劃一,羣詁例字與母題的形式,都不一定,整個一條,好像是一句文章。

我們再看方言的雅詁的組織形式,歸納起來,大體也可分爲三種形式:

(一) 鬃、曉、哲、知也。(1/一)
　　　悈、憮、矜、悼、憐、哀也。(17/一)
(二) 迹迹、屑屑,不安也。(20/十)
(三) 張小使大謂之廓。(25/一)
　　　東齊之間壻謂之倩。(2/三)

當然這三種形式,與《爾雅》的三種形式,是沒有什麼不同。至於三種形式的應用情形:《爾雅》的《釋詁》、《釋言》三卷中,完全是用第一式,《爾雅》的卷四《釋訓》中,大部分是用第二式,有一小部分是用第三式,在《方言》方面,十分之九是用第一式,用第三式的有十餘條,以第二式的應用最少。第二式,《爾雅》列入《釋訓》,朱駿聲《說雅》:"訓,說教也,或雙聲,或叠韻。……其字皆連文以爲誼,當口以說教,斯聆音而曉焉。"由此可知,釋訓中的連文詞,多半是以聲爲義。傅東華《文法稽古篇》:"訓字乃道物之形貌者也。"《毛詩關雎詁訓傳正義》:"訓者,道也,道物之貌以告人也。"由此可知,《釋訓》中的連文詞,在文法作用上,是用作"道物之貌",就是說用作形容名詞的形容詞,或用作形容動詞的副詞。中國字多單音,因此在語言上表現一種求偶的現象。於是有雙聲、叠韻、重言,都非常發達。所謂"灼灼狀桃花之容,依依盡楊柳之貌"。在古人已早有應用重言連文的現象了。可是因爲時代的變遷,語言也隨着社會需要而變遷。古人的

重言,不一定就是今人所應用的重言,翻開《爾雅・釋訓》看,大都不存在
於今人的語言中,不但不存在今人語言中,即漢代揚雄時,也找不出《爾
雅》中的釋例了。就是説《爾雅・釋訓》的重言,到了漢代已變遷成爲另
外一批重言,所以説第二式應用特別少。由以上我們知道,《方言》的雅詁
組織形式與《爾雅》的大體相同。

母題重見的對照

第二步,我們來作《方言》與《爾雅》母題排比的研究,在排比研究以
前,我們先將《爾雅》的母題情形説明一下,《爾雅》卷一《釋詁》上凡四四
條,卷二《釋詁》下凡一〇九條,卷三《釋言》凡二五二條,卷四《釋訓》凡七
八條,四卷總共是四八三條。在這四八三條中,並不是有四八三個不同的
母題,因爲有七個母題重見了:

（一）急戮溢蟄慎貉謐顗顡密寧静也。(《釋詁》上22)

　　　密康静也。(《釋詁》下33)

（二）怡懌悦欣衎喜愉豫愷康妭般樂也。(《釋詁》上10)

　　　毗劉暴樂也。(《釋詁》下39)

（三）永羕引延融駿長也。(《釋詁》上30)

　　　有孟耆艾正伯長也。(《釋詁》下70)

（四）蠲明也。(《釋言》82)

　　　翌明也。(《釋言》182)

（五）逸諐過也。(《釋言》21)

　　　郵過也。(《釋言》155)

（六）迨及也。(《釋言》87)

　　　逮及也。(《釋言》117)

（七）檢同也。（《釋言》154）

　　　弇同也。（《釋言》189）

同在《釋詁》或《釋言》的範圍下，同樣的母題，爲什麼不合放在一條，而分開於兩處？我們稱這種現象叫做母題重見。在這裏我們要説明一下，就是母題的重見，並不一定是作者失誤。同樣母題，在同一範圍下，卻分置成兩條，是有他分置的道理，就像上面所舉的母題"長"，見於《釋詁》上30，又重見於《釋詁》下70，由字形看，《釋詁》上30的母題"長"，與《釋詁》下70的母題"長"是完全一樣的，但是由音及義類去看，兩個母題"長"，的確是不同的。見於《釋詁》上30的母題"長"，是長大久遠的意思，而見於《釋詁》下70的母題"長"，是長官長輩的意思。像這樣情形，在《方言》中有很多，後面我們有專門一節去討論《方言》的母題重見，現在暫且不談。

母題相同的對照

　　另外還有二六個母題是相同的。母題的重見，與母題相同的含義，是有些不同。在同一性質範圍下，同樣母題，分置成兩條，稱做"母題重見"。同樣母題，分置在不同性質範圍下，這只能稱做"母題相同"。就是説，同樣一個母題，見於《釋詁》，又見於《釋言》或《釋訓》中。像這樣情形，在《爾雅》中，有二六個母題是如此的，總共是五二條，我想不必逐條抄録，現在按《爾雅》卷數條數，將母題相同的情形，列表於下：

母題	條數/卷數	母題	條數/卷數	母題	條數/卷數
大	3/一、21/四	和	42/一、6/四	思	11/二、13/四
勉	33/一、23/四	衆	5/二、15/四	敬	14/二、3/四
美	40/一、17/四	病	8/二、38/四	危	17/二、10/四

母題	條數/卷數	母題	條數/卷數	母題	條數/卷數
言	22/二、214/三	愛	63/二、18/四	忘	125/三、56/四
止	28/二、12/四	動	64/二、8/四	毒	153/三、48/四
直	32/二、44/四	喜	80/二、26/四	智	174/三、2/四
安	34/二、20/四	正	87/二、176/三	緩	232/三、25/四
作	45/二、16/四	迎	95/二、65/三	小	239/三、36/四
清	53/二、61/三	食	40/三、58/四		

上面將《爾雅》母題情形,大概説明了一下,現在我們再來談《方言》的母題,按今本《方言》凡十三卷,我取材的是卷一、卷二、卷三、卷六、卷七、卷十、卷十二、卷十三等八卷,在這八卷中,據我們統計,卷一凡三二條,卷二凡三七條,卷三凡五二條,卷六凡六十條,卷七凡三四條,卷十凡四八條,卷十二凡一二〇條,卷十三凡一六五條,總共是五四八條。在這五四八條中,母題重見凡七八次。關於母題重見詳細情形,後面有專門一節去討論,暫且不談。現在僅就《方言》五四八條中母題與《爾雅》對照,統計結果,母題相同的有六八次,共計二二八條。現在將《方言》與《爾雅》母題相同的情形列表於下:

母題	《爾雅》條數/卷數	《方言》條數/卷數
大	3/一、21/四	12/一、21/一、24/一、103/十二、36/十三、137/十三
勉	33/一、23/四	32/一
美	41/一、17/四	3/二、130/十三、148/十三
和	42/一、6/四	111/十三
病	8/二、38/四	21/三、49/十三
思	11/二、13/四	11/一

母題	《爾雅》條數/卷數	《方言》條數/卷數
敬	14/二、3/四	28/六
危	17/二、10/四	37/六
止	28/二、12/四	25/十二、26/十二
作	45/二、16/四	51/六、19/十三
愛	63/二、18/四	6/一、17/一、26/七
清	53/二、61/三	19/十二、44/十二
動	64/二、8/四	170/十二、38/十三
喜	80/二、26/四	98/十三
正	87/二、176/三	35/三、4/六、79/十二
迎	95/二、65/三	29/一
食	40/三、58/四	31/一、27/七、74/十二
忘	125/二、56/四	14/十三
毒	153/三、48/四	42/十三
緩	232/三、25/四	60/六、45/十二
小	239/三、36/四	8/二、29/十二、91/十二、10/十三
始	1/一	24/十二、85/十二、74/十三、93/十三
至	5/一	13/一
往	6/一	14/一
謀	12/一	83/十三
法	13/一	32/三、5/七、47/十三
信	16/一	20/一、11/七
匹	20/一	10/二、8/十二

母題	《爾雅》條數/卷數	《方言》條數/卷數
遠	25/一	21/六、24/七
高	31/一	56/六、104/十二、117/十二
强	34/一	9/七、37/十二、77/十二
盡	43/一	49/三、82/十二、40/十三
豐	1/二	2/二
聚	2/二	50/三
疾	3/二	34/二、1/七、4/十二、36/十二
懼	7/二	15/一
憂	9/二	10/一
待	16/二	53/十二、128/十三
厚	20/二	86/十二、135/十三
見	24/二	124/十三
審	65/二	41/六
養	76/二	5/一、75/十三、85/十三
難	83/二	6/六
取	91/二	30/一、19/六、44/三、17/十、47/十、55/十三、64/十三
餘	94/二	4/一、30/二
續	98/二	26/一、48/六
定	104/二	27/六、71/十三
離	2/三	16/六、12/七
聲	9/三	16/十三
來	10/三	14/二

母題	《爾雅》條數/卷數	《方言》條數/卷數
然	14/三	43/十、56/十二
戾	22/三	37/三
隱	26/三	43/三
行	28/三	22/六、31/六、12/十二、20/十二、87/十二、66/十三、116/十三
發	56/三	55/十二
益	67/三	51/三、127/十三
試	77/三	60/十三
下	90/三	15/六、62/十三
暴	92/三	15/七
分	113/三	33/六
怒	114/三	20/二、33/三、53/六、18/七、54/十二、61/十三
重	119/三	9/六、118/十二
本	150/三	48/十三
能	181/三	23/十三
極	188/三	39/十三、91/十三
痛	190/三	8/一、21/二、73/十三
恨	193/三	57/十二
惡	34/四	29/十、35/十三

内容現象的對照

　　以上的排比,大體是屬於組織形式方面,現在第三步,我們作内容上的排比研究,就是在母題相同條件下,以《方言》雅詁的内容,與《爾雅》的雅詁内容對照、比較。在瞭解組織形式大概以後,進一步作内容上的排比研究,是加强我們對於《方言》與《爾雅》關係的認識。根據客觀排比研究的結果,有以下幾種現象:

第一種是雅詁完全相同:

烈枿餘也。(《爾雅》94/二)

烈枿餘也。(《方言》4/一)

第二種是雅詁部分相同:

(1) 弘廓宏溥介純夏幠厖墳嘏丕奕洪誕戎駿假京碩濯訏宇穹壬路淫甫景廢壯冢簡箌昄晊將業席大也。(《爾雅》3/一)

敦豐厖夯幠般嘏奕戎京奘將大也。(《方言》12/一)

碩沈巨濯訏敦夏于大也。(《方言》21/一)

墳地大也。(《方言》24/一)

(2) 追及也。(《爾雅》88/三)

追遝及也。(《方言》18/三)

(3) 逆迎也。(《爾雅》65/三)

逢逆迎也。(《方言》29/一)

(4) 迄臻到赴來弔艐格戾懷摧詹至也。(《爾雅》5/一)

假佫懷摧詹戾艐至也。(《方言》13/一)

(5) 如適之嫁徂逝往也。(《爾雅》6/一)

嫁逝徂適往也。(《方言》14/一)

(6) 允孚亶展諶誠亮詢信也。(《爾雅》16/一)

允訦怐展諒穆信也。(《方言》20/一)

展惇信也。(《方言》11/七)

(7) 劉獮斬刺殺也。(《爾雅》32/一)

虔劉慘㛥殺也。(《方言》16/一)

(8) 亹亹蠠没孟敦勖釗茂劭勔勉也。(《爾雅》33/一)

釗薄勉也。(《方言》32/一)

(9) 肅齊遄速亟屢數迅疾也。(《爾雅》3/二)

速逞搖扇疾也。(《方言》34/二)

(10) 悠傷憂思也。(《爾雅》11/二)

鬱悠懷怒惟慮願念靖慎思也。(《方言》11/一)

(11) 煤憐惠愛也。(《爾雅》63/二)

憮俺憐牟愛也。(《方言》6/一)

亟憐憮俺愛也。(《方言》17/一)

憐職愛也。(《方言》26/七)

(12) 淳肩搖動蠢迪俶厲作也。(《爾雅》45/二)

蠢作也。(《方言》19/十三)

(13) 饎餕食也。(《爾雅》40/三)

饎餷食也。(《方言》31/一)

以上兩類,是很顯明地表現了《方言》雅詁的內容與《爾雅》雅詁內容相同的情形。另外還有一類,現象是不明顯的,就是說,在這類現象中,母題雖然相同,而在羣詁例字方面,有一些字,若由字形去看,是兩個不同形體的字,若由字音或義類去看,這兩個不同形體的字,所表示的往往是相同的。如

迪繇訓道也。(《爾雅》68/二)

裕猷道也。(《方言》23/三)

在這兩條中,母題相同,在羣詁例字方面,似乎都不相同,可是只要仔細觀察,我們可以進一步認識它們的真正關係。如《爾雅》68/二的"繇",與《方言》23/三的"猷",由表面看,是兩個不同形體的字,可是我們應該進一步由音義方面去看,《廣韻》:猷,道也。尤韻,以周切;繇,猶也。尤韻,以周切。由《廣韻》我們知道,"猷"與"繇",同屬尤韻;由反切我們知道,"猷"與"繇",同屬喻母。就是說,在字音方面,"猷"與"繇",是完全相同。我們知道,字音相同的字,往往義類相通,所以《詩·小雅·巧言》"秩秩大猷",《漢書》注引作"大繇"。所以說,《方言》23/三的"猷",與《爾雅》68/二的"繇",是相同的。又如

格懷來也。(《爾雅》10/三)

儀徯來也。(《方言》14/二)

《方言疏證》戴震曰:"格、徯,古通用。"按"徯"與"格",《廣韻》:格,陌韻。古伯切;徯,陌韻。古伯切。由此可知,"徯"與"格"同屬陌韻見母。就是說,在音的方面,格與徯,是完全相同的。所以在《方言》14/二的"徯",與《爾雅》10/三的"格",是没有什麼兩樣的。又如:

熭火也。(《爾雅》196/三)

㷄火也。(《方言》6/十)

按《方言》注"㷄"呼隗反,按《廣韻》,"熭"紙韻,許委切。㷄與熭,韻部雖然不同,可是由反切上,我們知道,是同屬曉母。由於母題,及㷄與熭字形偏旁"火",我們知道二字的義類相同,在音的方面,㷄與熭是同聲,由於這

些,我們間接認識了《方言》6/十"㷒"與《爾雅》196/三"爤"的真正關係。像這類情形還有很多,我們現在只舉出三條,以表明這一類現象的大概罷了。

除了上三種現象外,在比較《方言》與《爾雅》雅詁内容時,還發現了一種現象:就是説,在兩條母題不同的雅詁中,羣詁例字,是往往有着牽聯的關係。如《方言》18/三"迨遝及也";《爾雅》卷三88"迨及也"。《方言》中"迨",可以看作是本之於《爾雅》,至於另一個羣詁例字"遝",是《方言》新創,還是有所本?又本之於何處?我們看《爾雅》卷三117"逮及也"。母題雖與《方言》18/三相同,可是羣詁例字似乎不相干。《爾雅》卷三109"逮遝也"。這一條,與《方言》18/三母題雖是不同,可是母題"遝",却與《方言》18/三的羣詁例字相同,我們現在將這四條平列着看:

> 迨及也。(《爾雅》88/三)
>
> 逮及也。(《爾雅》117/三)
>
> 逮遝也。(《爾雅》109/三)
>
> 迨遝及也。(《方言》18/三)

由平列四條展轉牽涉的關係上,我們可以看出,《方言》雅詁,本之於《爾雅》的又一種方式。

總之,由於《方言》與《爾雅》,組織形式的排比,及母題雅詁對照的研究,我們知道,《方言》與《爾雅》,關係的密切,是不可否認的。並且我們具體認識了《方言》與《爾雅》的關係。所以,《方言》雅詁本之於《爾雅》,這個結論,是因有客觀排比的現象作實證,而將其賦有真實性的存在。

四、分卷記録各地方言

《方言》中引舉地域的分類

劉歆《與揚雄書》："屬聞子雲獨採先代絶言,異國殊語,以爲十五卷,……今聖朝留心典誥,發精於殊語,欲以驗考四方之事,不勞戎馬高車之使,坐知儌俗,適子雲攘意之秋也。"又郭璞《方言序》,"是以三五之篇著,而獨鑒之功顯,故可不出户庭,而坐照四表,不勞疇咨,而物來能名,考九服之逸言,標六代之絶語"。由以上可見,在漢晋的時代,因估計《方言》中地域的廣大,而加重了《方言》的價值。我們現在看《方言》中所引的地域,有時是秦晋,東齊海岱,有時是南楚江湘,朝鮮洌水,……真是時東時西,時南時北,可謂廣大。《方言》全書,所引地域,有五十餘地,從表面看,似乎是雜亂無條理,可是在仔細觀察下,是可以看出一些有條理的現象:

第一:歸納《方言》中所引的地域,不外三類:一類是用古方國分區,如秦、晋、齊、宋、楚、趙、魏等。《方言》卷一:

> 黨曉哲知也。楚謂之黨,或曰曉,齊宋之間謂之哲。(1/一)
> 虔儇慧也。秦謂之謾,晋謂之㦗,宋楚之間謂之倢,楚或謂之㦟,自關而東,趙魏之間謂之黠,或謂之鬼。(2/一)

一類是以自然區劃——"關"、"山"、"水流",作地域標準。如《方言》:

> 悼惄悴憖傷也。自關而東,汝潁陳楚之間通語也,汝謂之惄,秦謂之悼,宋謂之悴,楚潁之間謂之憖。(9/一)
> 奕僷容也。自關而西,凡美容謂之奕,或謂之僷,宋衛曰僷,陳楚

汝潁之間謂之奕。(4/二)

謇展難也。齊晋曰謇,山之東西,凡難貌曰展,荆吴之人,相難謂之展,若秦晋之言相憚矣,齊魯曰燀。(6/六)

蘇芥草也。江淮南楚之間曰蘇,自關而西或曰草,或曰芥,南楚江湘之間謂之莽,蘇亦荏也。關之東西,或謂之蘇,或謂之荏,周鄭之間謂之公蕡,沅湘之南,或謂之䔰,其小者謂之蘸葇。(8/三)

一類就是漢代行政區域。如

私策纖葆穉杪小也。自關而西秦晋之郊,梁益之間,凡物小者謂之私,或曰纖,繒帛之細者謂之纖,東齊言布帛之細者曰綾,秦晋曰靡。(8/二)

瞷睇睎略眄也。陳楚之間,南楚之外曰睇,東齊青徐之間曰睎,吴揚江淮之間或曰瞷,或曰略,自關而西,秦晋之間曰眄。(24/二)

嘳哰謰謱拏也。東齊周晋之鄙曰嘳哰,嘳哰亦通語也,南楚曰謰謱,或謂之支註,或謂之詀謕,轉語也。拏揚州會稽之語也,或謂之惹。(9/十)

啙矲短也。江湘之會謂之啙,凡物生而不長大亦謂之鮆,又曰瘠、桂林之中謂短矲,矲通語也。東陽之間謂之府。(28/十)

第二個現象,就是《方言》中所舉地域,大都是好幾個地名同時並舉,如秦晋,齊魯,燕代……都是常被並列在一起的,如《方言》:

烈枿餘也。陳鄭之間曰枿,晋衛之間曰烈,秦晋之間曰肄。(4/一)

悢憮矜悼憐哀也。齊魯之間曰矜,陳楚間曰悼,趙魏燕代之間曰
悢,自楚之北郊曰憮,秦晉之間或曰矜,或曰悼。(7/一)

這些同時並舉的地域,在語言系統上,是有密切的關係,林語堂《語言學論
叢‧前漢方音區域考》,就是根據了這個現象,將《方言》中地域,分成十
四個語言系統:

(1)秦晉爲一系。

(2)梁及楚之西部爲一系。

(3)趙魏自河以北爲一系。

(4)宋衛及魏之一部爲一系(與第10系近)。

(5)鄭韓周自爲一系。

(6)齊魯爲一系(魯亦近第4系)。

(7)燕代爲一系。

(8)燕代北鄙朝鮮洌水爲一系。

(9)東齊海岱之間淮泗(亦名青徐)爲一系(雜入夷語)。

(10)陳汝潁江淮(楚)爲一系荊楚亦可另分爲一系。

(11)南楚自爲一系(雜入蠻語)。

(12)吳揚越爲一系而揚尤近淮楚。

(13)西秦爲一系(雜入羌語)。

(14)秦晉北鄙爲一系(雜入狄語)。

(録自林語堂《語言學論叢》)

《方言》中引舉地域的分配

林語堂的研究,是綜合《方言》全書,由地域並舉的現象中推論,劃分
出十四個《方言》區域。現在我們按《方言》每一卷所引的地域研究,發現

了一個現象,就是往往某卷引某地《方言》特別多,例如在卷一、卷二中,以秦晋的方言最多,可是在卷五中,秦地方言只引了兩次,晋地方言則一次也沒有,而引用楚地方言有二十三次之多,引用魏地方言有二十五次之多。由這個現象上,我們覺得,《方言》的分卷,似乎與地域有關。就是説某卷以某地方言爲主。現在以每一卷爲單位,統計全書引用方言地域情形。列表於下:

地域＼卷數／引用次數	卷一	卷二	卷三	卷四	卷五	卷六	卷七	卷八	卷九	卷十	卷十一	卷十二	卷十三
秦	22	21	4	4	2	22	8	1	3	1	6		2
晋	22	24	3	3		24	8		3	1	6		2
楚	19		9	2	23	18	4	4		6	3		1
陳	14	9	5	3	15	2	7	3	3		1		1
宋	17	10	4	2	17	6	5	4	2		2		1
衛	10	6			1	2	1				1		
魏	9	2	4	6	25	1	3	4	2		3		1
趙	3	4	2	3	6	5	5		2		2		
齊	13	5	4	3	6	11	8	1	1		2		
魯	6	3		3	1	6		1			1		
鄭	7	3	2		2			1	1				
韓	3	3	1		2			1	2				
周	3	3			5	2		2	1				
燕	4	3	5			2	7	1					
代	4	3											
東齊、海岱	1	3	8	5	14	104	3	1	1	1			

續　表

地域 ＼ 卷數 ＼ 引用次數	卷一	卷二	卷三	卷四	卷五	卷六	卷七	卷八	卷九	卷十	卷十一	卷十二	卷十三
淮泗、青徐			8	7	5	4	4						
朝鮮、洌水	1	3	4	1	4	1	5	5					
北　燕					5		7	7	1		3		
關之東西		7		7	11 16	1	4	10	5 9	4 2	2		
南　楚			10	7			1	5	5	15	3	1	3
江　湘				4	2	1				9			
吳	2	4			3	13	4	2	1				
揚		1			1	8	1	2	1	1			
越					1	8	4			2			
荊	2	1				9	1		2				
梁	1	1		2	3	4	3	1		4			2
西　楚										2			
河　汾					1								
河　濟	1												
江　沔													
沅　湘					1								
五　湖									1				
丹　陽									1				
會　稽									2				
湘　潭										3			

地域＼引用次數＼卷數	卷一	卷二	卷三	卷四	卷五	卷六	卷七	卷八	卷九	卷十	卷十一	卷十二	卷十三
沅澧										3			
揚州										2			
楚郢										2			
桂林										2			
山之東西						4	3						

　　附注：邊框加黑的表示在某卷中，所引方言次數較多的。邊框爲虛線的表示上、下或上、中、下那幾個地域，常被並引，成一語系。

　　在這個表裏，數字的統計，不敢説十分精確，但是也可以由此見到大概情形：卷一以秦晋方言爲主，卷二以秦晋方言爲主，卷三以東齊、海岱、淮泗、青徐方言爲主，卷四以趙魏方言爲主，卷五以趙魏、陳楚方言爲主，卷六以秦晋、東齊、海岱方言爲主，卷七以朝鮮、洌水、北燕方言爲主，卷八以關之東、西方言爲主，卷九以關之東、西方言爲主，卷十以南楚、江湘方言爲主，卷十一以秦晋方言爲主。在卷十二、卷十三兩卷中，十之八九是没有方言記載的。就僅有的方言記載看，在卷十二中，僅有一條南楚方言，在卷十三中，有三條南楚方言，兩條梁益方言，兩條秦晋方言，陳楚方言各一條，宋地方言一條、魏地方言一條。可是卷十二有一百二十條、卷十三有一百六十二條。在一百二十條中，只有一條有方言；在一百六十二條中，只有十一條有方言，而這十一條中，方言地域又不集中，有北方的秦晋，有南方的南楚，又有中部的陳楚，所以在卷十二、十三兩卷中，究竟以何地方言爲主無從捉摸。不過我們知道，《方言》是一部未完成的作品。在前面我們已經說過：《方言》這一部書，在著作時，是先有了雅詁，再求方言。在卷十二、十三中，遺留了著作情形的痕跡。現在我們不妨作進一步推想,卷十二、十三正表現了《方言》著作時,先有了大批雅詁,然後再求方言,將找到了方言的雅詁移出。按着方言地域,作一個大體上的分類。要是這樣的話,那麼卷十二、十三,就是一批還没有找到方言的雅詁,因此没有被分配到某卷中去。可是爲什麽在卷三中,從 27 條到 45 條,也是僅有雅詁,没有方言? 我們知道,在《方言》中,没有任何一卷,是單純地屬於某一個方言地區,就是説卷一雖以秦晋方言爲主,可是在卷一中,却也有陳楚、東齊、海岱等地方言,又如卷十以南楚、江湘方言爲主,可是在卷十中,却也有秦晋方言。由此可知,《方言》確是一部未完成的作品,没有經過作者再度整理。同時知道,《方言》分卷,不僅以方言地域爲主,母題前後排列的義類聯繫,可能也是《方言》分卷的標準。例如卷一 1 母題"知"、卷一 2 母題"慧"、卷一 3 是母題"好",在義類上看得出前後是聯繫相關的。"知"有着"慧"的意思,"知"、"慧"與"好"的意思,也是相近的。我們若將卷一每題,按着義類聯繫關係排列起來,雖然不十分精確,也可以看一個大概的關係。現在仿照文字學家排比篆文形體在《説文解字》部首上蒙次的辦法,將義類相關的列在一起,别有新義的,另列一行,前後有關聯,再作符號表示:

```
知慧好
☆
餘養　　　(《方言》:台胎……養也。……梁宋之間曰胎,或曰艾)
愛哀痛傷憂思
□
大
○
至往
×
懼殺
□
愛
老長　　　　　　　　　　　(《方言》55/六:俊艾長老也)
△
信　　　(《方言》20/一:允訦恂展諒穆信也;3/十二:諒知也)
☆
```

　　大會感大續
　　○
　　跳登迎
　　×
　　取食
　　×
　　勉　　　　　　　（《方言》21/一：……敦大也；32/一：敦剄勉也）
　　○

所以在卷三中,爲什麼將一批没有方言的雅詁放了進去,母題前後排列義
類上的聯繫,可能是一個原因,同時這十八條没有方言的雅詁,不分散在
各處,却集中排在一起,此現象正與卷十二、十三一樣。對於作者,先排列
雅詁,再求方言的推測,更有力地加強了我們的信心。最後我要再説一
次,就是《方言》是一部未完成的作品,是没有經過作者重新整理的。

五、母題重見的原因

　　在我們看完《方言》全書後,我想我們會立刻產生一個問題,就是《方
言》中每一條雅詁,有一個母題,作義類的統計,那麼同樣的母題,爲什麼
不合放在一條,而分置在兩處？ 就是説卷一6：

　　恦恀憐㝓愛也。韓鄭曰恦,晋衛曰恀,汝潁之間曰憐,宋魯之間
　　曰㝓,或曰憐,憐通語也。

爲什麼在卷一17 及卷七21 又有：

　　亟憐恦恀愛也。東齊海岱之間曰亟,自關而西,秦晋之間,凡相
　　敬愛謂之亟,陳楚江淮之間曰憐,宋衛邠陶之間曰恦,或曰恀。
　　（17/一）
　　憐職愛也。言相愛憐者,吴越之間,謂之憐職。（26/七）

像這樣情形,在《方言》中是很常見的,這當然不是偶然的,一定有他重見分置的道理。

在上一節中我們已統計過,《方言》卷一凡三十二條、卷二凡三十七條、卷三凡五十二條、卷六凡六十條、卷七凡三十四條、卷十凡四十八條、卷十二凡一百二十條、卷十三凡一百六十五條,總共是五百四十八條。在這五百四十八條中,母題重見七十八次,凡二百十四條。由統計數字上,我們知道,在我們取材的八卷五百四十八條中,母題重見的條數,差不多占了二分之一,像這樣一個普遍的現象,當然不是偶然的,重見有他重見的道理,分置有他分置的原因。

重見形式的歸納

觀察二百十四條母題重見的情形,歸納起來,有以下幾種形式:

(A) 母題重見的兩條或數條中,各皆有雅詁,有方言。例如:

> 虔劉慘㨆殺也。秦晋宋衛之間,謂殺曰劉,晋之北鄙亦曰劉,秦晋之北鄙,燕之北郊,翟縣之郊,謂賊為虔,晋魏河內之北謂㨆曰殘,楚謂之貪,南楚江湘之間謂之獣。(16/一)
> 虔散殺也。東齊曰散,青徐淮楚之間曰虔。(24/三)

(B) 母題重見兩條或數條中,有的是有雅詁有方言,有的是僅有雅詁,沒有方言。例如:

> 脩駿融繹尋延長也。陳楚之間曰脩,海岱大野之間曰尋,宋衛荆吳之間曰融,自關而西,秦晋梁益之間,凡物長謂之尋,周官之法度廣為尋,幅廣為充,延永長也,凡施於年者謂之延,施於衆長謂之永。(19/一)
> 㑣呂長也。東齊曰㑣,宋魯曰呂。(39/六)

鬱迟長也。（6／十二）
远長也。（107／十三）

（C）母題重見的兩條或數條中，各皆僅有雅詁，沒有方言，例如：

椡隨也。（45／三）
追末隨也。（39／十二）
崖隨也。（59／十三）

（D）母題重見的兩條中，一條僅有雅詁；一條有雅詁，有方言是通語，不指明地域，例如：

埋墊下也，凡柱而下曰埋，屋而下曰墊。（15／六）
埝下也。（26／十三）

除了以上四種形式外，還有一個普遍現象，就是在母題重見各條中，卷數前的，大都是有雅詁，有方言；而僅有雅詁，沒有方言的，大都是後幾卷的，例如：

（1）台胎陶鞠養也，晋衛燕魏曰台，陳楚韓鄭之間曰鞠，秦或曰陶，汝潁梁宋之間曰胎，或曰艾。（5／一）
　　充養也。（75／十三）
　　陶養也。（84／十三）

（2）悽憮矜悼憐哀也，齊魯之間曰矜，陳楚之間曰悼，趙魏燕代之間曰悽，自楚之北郊曰憮，秦晋之間或曰矜，或曰悼。（7／一）
　　爰嗳哀也。（1／十二）

（3）華荂晠也。齊楚之間，或謂之華，或謂之荂。（23/一）

　　焜畢晠也。（94/十二）

　　蕰晠也。（81/十三）

這個現象，表明了《方言》是一部未完成的作品，同時也遺留了作者作《方言》程序的痕跡，就是先有了雅詁，然後記錄各地方言。

重見原因的追尋

以上是歸納母題重見的形式，現在進一步討論母題重見的內容，追尋母題重見的原因，母題重見的原因，大體有三：

1. 方言區域的不同：

① 由各條中方言記載而知。如：

　　虔劉慘摋殺也。秦晉宋衛之間，謂殺曰劉，晉之北鄙亦曰劉，秦晉之北鄙，燕之北郊，翟縣之郊，謂賊爲虔。晉魏河內之北，謂摋曰殘，楚謂之貪，南楚江湘之間，謂之歐。（16/一）

　　虔散殺也，東齊曰散，青徐淮楚之間曰虔。（24/三）

② 由分卷記錄方言推測而知。如：

　　悽慔憐也。（58/六）

　　嘖無寫憐也。沅澧之原，凡言相憐哀謂之嘖，或謂之無寫，江濱謂之思，皆相見雕喜有得亡之意也；九嶷湘潭之間謂之人兮。（7/十）

以上所舉兩條，母題相同。卷六58是僅有雅詁，沒有方言，而卷十7是有雅詁有方言。根據本文第四節《分卷記錄各地方言》，我們知道，卷六

是以秦晉、東齊、海岱方言爲主,而卷十是以南楚、江湘方言爲主。卷六58
雖然没有方言的記載,但是根據《方言》卷六記載方言的情形推測,可能是
秦晉、東齊、海岱一帶的方言,那麼就與卷十記載南楚、江湘一帶方言的地
域不同了。由此可知,由分卷記録方言,可以間接知道,方言地域的不同,
而找到母題重見的解答。在利用分卷記録方言,而推測方言地域,那麼卷
十二、十三是應該除外的。在上一節我們已説過,卷十二、十三,是一批没
有找到方言的雅詁,因此没有被分配到某卷中去。所以凡是母題重見於
卷十二、十三,那麼"方言地域的不同"這個原因,是無能爲力了。假若在
義類、音類及其他方面也找不出差異,只好存疑。

2. 義類的不同:

① 母題本身的訓義不同。如:

　　杼柚作也。東齊土作謂之杼,木作謂之柚。(51/六)
　　蠢作也。(19/十三)

卷六51,錢繹《方言箋疏》"此釋工作之名也",就是由《方言》原文
"東齊土作謂之杼,木作謂之柚",也很明白地表示了,杼、柚是工作名稱的
專指。至於卷十三19"蠢作也",郭璞注:"謂動作也。"《左傳》昭公廿四年
傳"今王室實蠢蠢焉",杜注云:"蠢蠢,動擾貌。"由以上我們知道,卷六51
與卷十三19,母題雖然相同,可是母題本身的訓義是不同的,卷六51是工
作名稱的專指,而卷十三19則是動作,一種動擾貌的泛指。

② 由別條詁訓字牽聯而知母題的訓義不同。如

　　幠臧厚也。(86/十二)
　　腴厚也。(135/十三)

母題"厚"重見凡二。卷十二86,《文十年左傳》"訓卒利兵秣馬蓐

食”，杜注：“蓐食，早食於寢蓐中。”《漢書·韓信傳》“亭長妻晨炊蓐食”，張宴注：“未起而床蓐中食。”按訓卒利兵秣馬，是非寢之時，而亭長妻晨炊則已經起身了，若是解作早食於寢蓐，或説未起身坐在牀蓐中食，是不合理的。我們知道，緊接着卷十二86的有88與89兩條，母題是餽也，飽也，《方言》母題先後排列，在義類上是有綫索可尋的。那麼蓐解作厚，是指食物豐厚。兩軍相攻，必先厚食使不致飢餓，亭長妻欲不給飯韓信吃，所以也厚食一頓。至於臧，《廣雅》：臧，厚也。卷十三135“腜厚也”，《方言》卷六“銟重也”，《説文》“重厚也”。由此可知，“腜厚也”，是指重量方面，厚重的意思，而卷十二86“蓐臧厚也”，則是指厚食、飽食一頓的意思。在義類方面，卷十二86與卷十三135是不同的。

③ 母題本身訓義由文法作用分別的不同。

　　侔莫强也，北燕之外郊，凡勞而相勉，若言努力者，謂之侔莫。（9/七）
　　虜鈔强也。（77/十二）
　　鞅侼强也。（37/十二）

　　母題“强”重見凡三：卷七是以朝鮮洌水北燕方言爲主，可是卷十二却是方言地域未定的一卷，所以在方言地域方面，是無從比較。在義類方面，卷七9“凡勞而相勉，若言努力者，謂之侔莫”，很明白表示“强”的含義是“努力”。而卷十二37郭璞《方言注》：“謂强庚也。”由此可知是指人的態度。至於卷十二77，郭注：“皆强取物也。”是指人强取的動作。在文法上我們知道，侔莫是一個複合詞，虜鈔是動詞，鞅侼是形容詞。由知文法作用的分別，告訴了我們母題本身訓義的不同。

　　3. 羣詁例字音類的不同。如

　　蘇芥草也，江淮南楚之間曰蘇，自關而西或曰草，或曰芥。

南楚江湘之間,謂之芥,蘇亦荏也。關之東西,或謂之蘇,或謂之荏,
周鄭之間,謂之公蕡,沅湘之南,或謂之蘁,其小者,謂之蘸
菜。(8/三)

　　屮莽草也。東越揚州之間曰屮,南楚曰莽。(39/十)

　　這兩條母題相同,方言地域相同,義類也没有什麽差別,那麽這兩條
重見的原因在哪裏? 我們若從羣詁例字音類上看,可以找到一些綫索。
卷三 8"蘇"素姑切、心母、模韻;"芥"古拜切、見母、怪韻。而卷十 39"屮"
許貴切、曉母、未韻;"莽"模朗切、明母、蕩韻。在音韻學上,我們知道,明
母、曉母可以相通。至於心母、見母,雖然没有相通的説法,可是却有一種
現象:如公與松,介與蘇,高與嵩。公、介、高是屬見母,松、蘇、嵩是屬心
母。由此可知,這兩類字在音上是有着相承的關係,所以説母題"草"重見
的原因,是因爲羣詁例字音類的不同。

　　4. 其他——版本歧異文字的不同。如

　　　　萃離待也。(53/十二)
　　　　空待也。(128/十三)

　　母題"待"重見凡二,卷十三 128"空待也",郭注:"來則實也。"至於卷
十二 53 思賢講舍校刊本作:"萃離待也。"而《方言箋疏》本作:"萃離時
也。""時",《玉篇》引作"跱",止也。《王風‧君子于役》"雞棲於塒",《釋
文》"塒"引作"時"。由此可知"時"與"待"義類相近,而在方言地域上又
找不出差異,若是根據校刊,卷十二 53 可能是"萃離時也"。那麽重見的
問題,就不成問題了。

分類逐條原因的解釋

現在我們以這四個原因,按着前面形式的分類,以母題第一見的卷數

前後爲次第標準，逐條研究《方言》母題的重見。第一類母題重見的形式
是：重見的兩條或數條中，各皆有雅詁有方言，這一類凡九條，重見原因
是因爲方言地域的不同。

(1) 憮俺憐牟愛也。韓鄭曰憮，晋衛曰俺，汝潁之間曰憐，宋魯之間
曰牟，或曰憐，憐語也。(6/一)
亟憐憮俺愛也。東齊海岱之間曰亟，自關而西秦晋之間，凡相敬
愛謂之亟，陳楚江淮之間曰憐，宋衛邠陶之間曰憮，或曰俺。
(17/一)
憐職愛也。言相愛憐者，吳越之間謂之憐職。(26/七)

(2) 虔劉慘棃殺也。秦晋宋衛之間，謂殺曰劉，晋之北鄙亦曰劉，秦
晋之北鄙，燕之北郊，翟縣之郊，謂賊爲虔，晋魏河内之北，謂棃
曰殘，楚謂之貪，南楚江湘之間謂之欺。(16/一)
虔散殺也。東晋曰散，青徐淮楚之間曰虔。(24/三)

(3) 逞苦了快也。自山而東或曰逞，楚曰苦，秦曰了。(17/二)
逞曉悆苦快也。自關而東，或曰曉，或曰逞，江淮陳楚之間曰逞，
宋鄭周洛韓魏之間曰苦，東齊海岱之間，曰悆，自關而西，曰快。
(13/三)

(4) 伆邈離也。楚謂之越，或謂之遠，吳越曰伆。(16/六)
斯掬離也。齊陳曰斯，燕之外郊，朝鮮洌水之間曰掬。(12/七)

(5) 瞷略視也，東齊曰瞷，吳揚曰略，凡以目相戲曰瞷。(20/六)
瞷䀩矖貼占覗視也，凡相竊視，南楚謂之闚，或謂之瞷，或謂之
貼，或謂之占，或謂之矖，矖中夏語也，闚其通語也。自江而北謂
之貼，或謂之覗。凡相候謂之占，占猶瞻也。

(6) 遙廣遠也，梁楚曰遙。(21/六)
剑超遠也，燕之北郊曰剑，東齊曰超。

(7) 坁坥場也，梁宋之間，蚍蜉犂鼠之場，謂之坁，螾場謂之

坦。(30/六)

　　垺封場也,楚郢以南,蟻土謂之封,垺中齊語也。

(8)烈桥餘也,陳鄭之間曰桥,晋衛之間曰烈,秦晋之間曰肄,或曰烈。(4/一)

　　子蓋餘也,周鄭之間曰蓋,或曰子,青徐楚之間曰子,自關而西,秦晋之間,炊薪不盡曰蓋,子俊也,遵俊也。(30/二)

(9)允訦恂展諒穆信也,齊魯之間曰允,燕代東齊曰訦,宋衛汝潁之間曰恂,荆吳淮汭之間曰展,西甌毒屋黄石野之間曰穆,衆信曰諒,周南召南衛之語也。(20/一)

　　展悖信也,東齊海岱之間曰展,燕曰悖。(11/七)

以上是由方言記載上看出地域不同,解答了母題重見。另外有一種母題重見,形式屬於本類,就是有方言有雅詁,可是記載的方言地域,却是相同的。如

　　蘇芥草也。江淮南楚之間曰蘇,自關而西或曰草,或曰芥,南楚江湘之間謂之莽,蘇亦茬也,關之東西或謂之蘇,或謂之茬,周鄭之間謂之公蕡,沅湘之南或謂之薔,其小者謂之蘸菜。(8/三)

　　茁芥草也,東越揚州之間曰茁,南楚曰莽。(39/十)

母題"草"重見凡二,形式類第一類,就是母題重見的兩條,有雅詁有方言,可是重見的原因,由方言地域看,是相同的。在前面"重見原因的追尋"一節中,我們已說明過,在羣詁例字音類上,可以找出重見原因的綫索。在這裏不再重述了。

　　第二類是母題重見的兩條或數條中,有的是有雅詁有方言,有的是僅有雅詁,沒有方言。這一類一共有四十二個母題,在這四十二個母題中,又可分爲兩類:一類是母題重見數條中,有兩條或兩條以上有方言有雅

詁。由《方言》記載上,我們可以看出,是因爲方言地域的不同而將同樣母
題分置成兩條。至於那些僅有雅詁,沒有方言的,我們只好由義類、音類,
及分卷記錄方言上,去找尋重見的原因,現在以母題爲單位,以母題第一
見的卷數爲次第標準,逐條研究:

(1) 娥䈊好也。秦曰娥,宋魏之間謂之䈊,秦晋之間,凡好而輕者謂
之娥,自關而東河濟之間謂之媌,或謂之姣,趙魏燕代之間曰姝,
或曰妦,自關而西,秦晋之故都曰妍,好其通語也。(3/一)
釥嫽好也。青徐海岱之間曰釥,或謂之嫽,好凡通語也。(1/二)
婟嫽鮮好也。南楚之外通語也。(8/十)
純睪好也。(4/十三)
姚娙好也。(32/十三)
珇好也。(129/十三)

母題"好",重見凡五條,卷一 3 與卷二 1 兩條,由方言記載上,是知道
因爲地域的不同,而分置成兩條。至於卷十三中三條,我們從義類上去
看:卷十三 129"珇好也",《説文》:"珇,琮玉之瑑。"瑑爲文飾,珇可讀爲
組,組是用來繫玉的,文飾與美好義相正,珇就是一根繫玉的漂亮索子的
名稱,引申而爲美好。卷十三 4"純睪好也",郭璞注:"睪睪,小好兒也。"
《楚辭·離騒》:"昔三后之純粹兮。"王逸曰:純,美也。《漢書·地理志》
師古注:"純,精好也。"卷十三 32"姚娙好也",郭璞注:"謂姅娙也。"錢繹
《方言箋疏》:"注謂姅娙也者,姅同丰。《鄭風》'子之丰兮',《毛傳》'丰,
豐滿也'。"由以上我們知道,卷十三 4 與卷十三 32,雖然都是美好的意
思,可是在義類上是稍有差別,卷十三 4 是言精小的美好,而卷十三 32 是
表示豐滿的美好,所以分置成兩條。

(2) 敦豐厖夽幠般嘏奕戎京奘將大也。凡物之大貌曰豐,厖深之大

也,東齊海岱之間曰奔,或曰憮,宋魯陳衛之間謂之嘏,或曰戎,秦晋之間,凡物壯大謂之嘏,或曰夏,秦晋之間,凡人之大謂之奘,或謂之壯,燕之北鄙、齊楚之郊,或曰京,或曰將,皆古今語也,初別國不相往來之言也,今或同,而舊書雅記,故俗語不失其方,而後人不知,故爲之作釋也。(12/一)

碩沈巨濯訐敦夏于大也。齊宋之間曰巨,曰碩,凡物盛多謂之寇,齊宋之郊,楚魏之際曰夥,自關而西秦晋之間,凡人語而過謂之過,或曰僉,東齊謂之劍或謂之弩,弩猶怒也,陳鄭之間曰敦,荆吳揚歐之郊曰濯,中齊西楚之間曰訐,自關而西秦晋之間,凡物之壯大者而愛偉之,謂之夏,周鄭之間謂之嘏。郴,齊語也。于,通語也。(21/一)

墳地大也,青幽之間,凡土而高且大者,謂之墳。(24/一)

岑龕大也。(103/十二)

吳大也。(36/十三)

芋大也。(137/十三)

母題"大"重見凡六條,前三條由方言地域的不同,可以知道重見的原因,至於後三條,我們可從義類上研究,卷十二 103"岑龕大也",《淮南子·地形訓》:"九州之外,乃有八龕。"高注:"龕猶遠也。"緊接着這一條下面的 104 條是"岑高也"。所以本條的意思。是高大、遠大的意思。卷十三 36"吳大也",按"吳"篆文作吳,《説文》"从矢口",按"矢",《説文》"傾頭也,从大象形",頭向左右傾屈,是舞的姿態,所以"吳"就是畫了一個舞蹈的人。《詩》"碩人俁俁"。錢繹《方言箋疏》:"吳聲轉爲俁。"《毛傳》:"俁俁,容貌大也。"就是説以俁俁來形容舞蹈人的健壯魁武。所以我們知道,在本條大的含義,是形容一個人的相貌魁武高大。卷十三 137"芋大也",《小雅·斯干》"君子攸芋"。《毛傳》:"芋,大也。"《衆經音義》卷四引《聲類》曰:"芋,大葉著根之菜,見之驚人,故曰芋。"《説文》:"芋,大葉實根駭人,故謂之芋也。"由以上我們知道,芋本是一種植物的名稱,同時也以芋來描摹人類因爲芋葉特大而發出的驚訝聲音。因此知道,母題雖然相同,但是義類是有差別的,至於前三條與後三條重見的原因,我想可以分卷記録方言去解釋,前三條屬卷一,卷一是以秦晋方言爲主,後三條是卷十二、十三,我們知道,卷十二、十三是方言地域未定的兩卷,所以也可能是地域不同。

(3) 眉黎耇鮐老也,東齊曰眉,燕代之北鄙曰黎,宋衛兗豫之内曰耇,
　　秦晋之郊,陳兗之會曰耇鮐。(18/一)
　　俊艾長老也,東齊魯衛之間,凡尊老謂之俊,或謂之艾,周晋秦隴
　　謂之公,或謂之翁,南楚謂之父,或謂之父老,南楚瀑洭之間,母
　　謂之媓,謂婦妣曰母妿,稱婦考曰父妿。(55/六)
　　偁鰓乾都耇革老也,皆南楚江湘之間代語也。(40/十)
　　麋黎老也。(52/十二)

　　母題"老"重見凡四條,前三條看得出因爲方言地域不同。至於卷十二52"麋黎老也",郭璞注"麋猶眉也",所以戴震《方言疏證》:"案前卷一内作'眉黎',古字'眉'通用'麋',《廣雅》麋黎老也。"思賢講舍校刊本的《方言》十三卷,盧文弨曰:"眉麋黎黎,實同一字,比複出。"錢繹《方言箋疏》:"前卷一眉黎老也,古字並通,説見前。"由以上我們知道,卷十二52條,在戴震、盧文弨、錢繹三家眼光中,是與卷一眉黎重複。因爲在其他方面,找不出適當原因,所以究竟是複出? 是重見? 而重見的原因是什麼? 只好存疑。

(4) 脩駿融繹尋延長也。陳楚之間曰脩,海岱大野之間曰尋,宋衛荆
　　吳之間曰融,自關而西秦晋梁益之間,凡物長謂之尋,周官之法
　　度,廣爲尋,幅廣爲充,延永長也,凡施於年者謂之延,施於衆長

謂之永。(19/一)

姈吕長也。東齊曰姈,宋魯曰吕。(39/六)

鬱郁長也。(6/十二)

远長也。(107/十三)

母題"長"重見凡四,卷一19與卷六39的重見,是因爲方言地域的不同。卷十二6"鬱郁長也",郭璞注:"謂壯大也。"《長門賦》:"鬱並起而穹崇。"班固《西都賦》:"神明鬱其特起。"都是高出的意思。高與長義是相近的。錢繹《方言箋疏》:從舊本郁作熙。《書》"庶績咸熙",《孔傳》:"熙廣也。"所以在卷十二6中,長的含義是高廣的意思。卷十三107"远長也",郭璞注:"謂長短也。"所以我們知道,卷十二6與卷十三107的重見,是因爲義類的不同。

(5) 餥飵食也,陳楚之内,相謁而食麥饘謂之餥,楚曰飵,凡陳楚之郊,南楚之外,相謁而餐,或曰飵,或曰鉆,秦晋之際,河陰之間曰餲、餚,此秦語也。(31/一)

茹食也,吴越之間,凡貪飲食者謂之茹。(27/七)

噬食也。(74/十二)

母題"食"重見凡三條,卷一31與卷七27,方言地域不同,義類也不同,卷七27是"凡貪飲食者謂之茹",卷一31是"相謁而食麥饘謂之餥","相謁而餐,或曰飵,或曰鉆"。卷十二74"噬食也",《説文》"噬,啗也",《易·象傳》曰"頤中有物曰噬"。所以我們知道,卷一31"餥"、"飵"是專指,是名詞,而卷七27"茹"亦是專指,至於卷十二74"噬",則是泛指,是動詞。

(6) 跂蹬陛企立也,東齊海岱北燕之郊,跪謂之跂蹬,委痿謂之陛企。

（19/七）

樹植立也，燕之外郊，朝鮮洌水之間，凡言置立者謂之樹植。

（31/七）

蒔殖立也。（80/十二）

　　母題“立”，重見凡三條，卷七的 19 條與 31 條，就地域言，方言地域不同，就義類言，19 條是“跪謂之跂踅，委痿謂之隓企”，而 31 條是“凡置立者謂之樹植”。並且 19 條是兩個複合詞：跂踅，隓企。卷七以朝鮮洌水北燕方言爲主，而卷十二方言地域未定，也可能是因爲地域不同。錢繹《方言箋疏》：今吳俗謂插秧爲蒔。所以我們知道，在義類上，卷十二 80“蒔”，又別具新義。

（7）捋攓摣挺取也。南楚曰攓，陳宋之間曰摣，衛魯揚徐荆衡之郊曰捋，自關而西秦晉之間，凡取物而逆謂之篡，楚部或謂之挺。
（30/一）

銛取也。（44/三）

掩索取也，自關而東曰掩，自關而西曰索，或曰狙。（19/六）

攓取也，楚謂之攓。（17/十）

挻擄取也，南楚之間，凡取物溝泥中，謂之挻，或謂之擄。（47/十）

撈取也。（55/十三）

賴取也。（64/十三）

　　母題“取”重見凡七條，這七條分配在卷一、卷三、卷六、卷十、卷十三。我們知道，卷一 30、卷六 19、卷十 17 及 47 四條是方言地域不同，而其餘三條，皆僅有雅詁没有方言，不過我們可以根據分卷記録方言推測而知，卷三以東齊、海岱、淮泗、青徐方言爲主，那麽卷三 44 可能是這一帶的方言，至於卷十三 55、64 兩條,因方言地域未定,而義類上又找不出差異,究竟重見原因何在? 只好存疑。

(8) 眗貌治也。吳越飾貌爲眗,或謂之巧。(28/七)

別治也。(31/三)

愮療治也。江湘郊會謂醫治之曰愮,愮又憂也,或曰療。(38/十)

母題"治"重見凡三條。卷七 28 與卷十 38,是方言地域不同。而卷三 31 條,雖沒有方言記載,但是根據分卷記錄方言,我們知道,卷三是以東齊、海岱、淮泗、青徐方言爲主,而卷七以朝鮮、冽水、北燕方言爲主,卷十以南楚、江湘方言爲主。再由義類看,卷七 28"治"的含義是"飾貌",卷十 38"治"的含義是"醫治",而卷三 31"別治也",戴震《方言疏證》,"辨別不淆紊,故爲治之義",所以就是就義類看,三條也是不同的。

(9) 馮齘苛怒也。楚曰馮,小怒曰齘,陳謂之苛。(20/二)

譴怒也。(33/三)

戲憚怒也。齊曰戲,楚曰憚。(53/六)

嬰盈怒也。燕之外郊,朝鮮冽水之間,凡言呵叱者謂之嬰盈。(18/七)

漢赫怒也。(54/十二)

顙怒也。(61/十三)

母題"怒"重見凡六條。這六條分屬的卷數是: 卷二、卷三、卷六、卷七、卷十二、卷十三。六條中有三條是有方言記載,根據方言記載,我們知道,重見的原因,是因爲方言地域不同。還有三條是僅有雅話,沒有方言,當然我們是無從由方言地域上考查重見的原因。不過我們還可以由分卷記録方言去推測,我們知道,卷三以東齊、海岱、淮泗、青徐方言爲主,那麽卷三33可能是這一帶的方言,與卷二20、卷六53、卷七18方言地域不同。至於卷十二54與卷十三61兩條,因方言地域未定,義類上又無差別,重見原因何在? 只好存疑。

另一類是母題重見數條中,只有一條有雅詁、有方言,並且這一條的卷數,在數條中,是卷數最前的一條;而母題重見的他條,皆僅有雅詁没有方言。在這一類中,我們當然不能直接看到方言地域的不同,只能由分卷記録方言及義類方面及音類方面,去追尋重見的原因。

(1) 黨曉哲知也。楚謂之黨,或曰曉,齊宋之間謂之哲。(1/一)
　　愋諒知也。(3/十二)

母類"知",重見凡兩條。從分卷記録方言看,因卷十二方言地域未定,所以無從知道,只有由義類看。卷十二3"愋諒知也"。戴震《方言疏證》"知讀爲智",由此知道,義類上是稍有差異的。

(2) 台胎陶鞠養也。晉衛燕魏曰台,陳楚韓鄭之間曰鞠,秦或曰陶,汝潁梁宋之間曰胎,或曰艾。(5/一)
　　充養也。(75/十三)
　　陶養也。(84/十三)

母題"養"重見凡三條。由分卷記録看,卷一以秦晉方言爲主,而卷十三却方言地域未定。由義類看,錢繹《方言箋疏》:"台之言頤也,《序卦傳》頤者養也,……動于下,止于上,上下咀物以養人也。……胎從台聲,台訓爲養,故胎亦訓養也。"《廣雅》:陶,養也。《太玄·玄攡》"資陶虚無而生乎規",范望注:"陶,養也。"《小雅·蓼莪篇·毛傳》:"鞠養也。"卷十三75"充養也",錢繹《方言箋疏》:"《周官·充人》,鄭注:'充猶肥也,養繫牲而肥之。'案充人養牲之官也。"由知卷一5與卷十三75義類亦不同，至於卷十三"陶養也"，戴震《方言箋疏》，"陶養也，已見前卷一內"，所以這一條究竟是重出？或是有其他原因？只好存疑。

(3) 悽憮矜悼憐哀也。齊魯之間曰矜，陳楚之間曰悼，趙魏燕代之間曰悽，自楚之北郊曰憮，秦晉之間或曰矜，或曰悼。(7/一)
　　　爰嗳哀也。(1/十二)

　　母題"哀"重見凡二。因卷十二方言地域未定，所以在方言地域上，無從比較。現在從義類方面看，《說文》："朝鮮謂兒泣不止曰咺。"案：爰通作咺，《戰國策·齊策》狐咺，《漢書·古今人表》作狐爰。由知"爰"似爲哀哭之聲，而卷一7在母題排列上，緊接著的上一條是"憮俺憐牟愛也"，所以卷一7"哀"的含義，是哀憐，愛憐的意思。

(4) 華荂晠也。齊楚之間或謂之華，或謂之荂。(23/一)
　　　焜晃晠也。(94/十二)
　　　蘊晠也。(81/十三)

　　母題"晠"，重見凡三。由義類看，錢繹《方言箋疏》："晠即盛之異文。"《說文》：華，艸木華也，或从草从夸作荂。所以卷一23是草木的茂盛，而卷十二94"焜晃晠也"，郭注："轞曅焜燿盛貌也"。《說文》：焜，煌也。《左傳》昭公三年服虔注：焜，明也。《說文》：晃，光也。所以本條是光耀盛大的意思。卷十三81"蘊晠也"，郭璞注"蘊藹茂盛"，所以就義類看，是稍有不同的。惟卷十三81與卷一23義類近似，可是因卷十三方言地域未定，所以此兩條重見原因何在？不能作肯定解答。

(5) 娃嫷窕豔美也。吳楚衡淮之間曰娃，南楚之外曰嫷，宋衛晉鄭之

間曰豔，陳楚周南之間曰窕，自關而西，秦晉之間，凡美色或謂之
好，或謂之窕，故吳有館娃之宮，秦有榛娥之臺，秦晉之間，美貌
謂之娥，美狀爲窕，美色爲豔，美心爲窈。（3/二）

珇美也。（130/十三）

暀美也。（148/十三）

　　母題"美"重見凡三條。由義類去看，卷十三 130"珇美也"，緊接着這
一條的上一條是"珇好也"，美、好意本相近，在前面我們已説過，珇就是
組，是繫玉的一條漂亮索子，引申爲美好的意思。而卷十三 148"暀美
也"，郭注"暀，美德也"，由知 130 與 148 同卷而分條，是因爲義類不同的
緣故。至於與卷二 3 重見的原因，我們知道，在卷二 3 原文上，已表現得
很明白："美貌謂之娥，美狀爲窕，美色爲豔。"這與卷十三 130、148 義類也
是不同的。在卷二 3 羣詁例字中，還剩有一個"嫽"字、一個"娃"字。在
義類方面是美好的泛指，就地域而言，是南楚吳地的方言，與卷十三兩條，
義類稍有差別，也可能是因方言地域不同，因卷十三是方言地域未定的
一卷。

(6) 私策纖筱稍杪小也。自關而西，秦晉之郊，梁益之間，凡物小者
　　謂之私，或曰纖，繒帛之細者謂之纖，東齊言布帛之細者曰綾，秦
　　晉曰麻，凡草生而初達，謂之筱，稍年小也，木細枝謂之杪，江淮
　　陳楚之內謂之蔑，青齊兗冀之間，謂之蔑，燕之北鄙，朝鮮洌水之
　　間，謂之策，故傳曰：慈母之怒子也，雖折葼苔之，其惠存焉。
　　(8/二)

　　尐杪小也。（29/十二）

　　趙肖小也。（91/十二）

　　杪眇小也。（10/十三）

　　母題"小"重見凡四。僅卷二 8 有方言記載,其餘三條,皆僅有雅詁,
沒有方言,且皆屬卷十二、十三,所以只好由義類去看。卷二 8 原文已很
明顯表現:"凡物小者謂之私,或曰纖,繒帛之細者謂之纖,……凡草生而
初達,謂之薍,稊年小也,木細枝謂之杪。"由此可能小的含義是各有專指。
再看卷十二 29"尐杪小也","尐"就是少的意思。"杪",郭注:"樹細枝爲
杪也。"與卷二 8 雅詁重出。卷十二 91"趙肖小也",錢繹《方言箋疏》:"趙
從肖聲,蓋以聲爲義也,《廣雅》肖,小也。"《莊子・列禦寇》:"達生之情者
傀,達于知者肖。"傀者大也,肖者小也。卷十三 10"杪眇小也",《方言箋
疏》:"杪訓小見前卷二,卷十二,説見前,《説文》眇,一目小也。"由以上
我們知道,卷二 8"小"之含義各有專指,與卷十二"尐",卷十三"眇"義類
不同,而卷十二 91"趙肖小也","趙"、"肖"以聲爲義,惟"杪"在母題重見
四條中曾三見,重見原因何在? 可能是因爲地域不同,因爲卷十二、十三
方言地域未定,所以就不能得到肯定的解答。

(7)　臺敵匹也。東齊海岱之間曰臺,自關而西秦晉之間,物力同者謂
　　　之臺。敵,耦也。(10/二)
　　　築娌匹也。(8/十二)

　　母題"匹"重見凡二。由義類去看,在卷二 10 中説:"物力同者謂之
臺。敵,耦也。"而卷十二 8 郭璞注:"今關西兄弟婦相呼爲築娌。"築娌就
是妯娌。由此可知,兩條的義類是不同的。

(8)　違狢迻驚也。自關而西,秦晉之間,凡蹇者或謂之迻,體而偏長
　　　短,亦謂之迻,宋衛南楚,凡相驚曰狢,或曰迻。(13/二)
　　　灼驚也。(37/十三)
　　　懼驚也。(50/十三)

母題"驚"重見凡三。卷二 13 原文:"凡蹇者或謂之遷,……凡相驚曰
猣,或曰逖。"而卷十三 37"灼驚也",郭璞注"猶云恐燸也";50"懼驚也",
《方言箋疏》:"《後漢書・申屠剛傳》:'懼然自刻者也。'李賢注:'驚也。'
字通作'懼',《莊子・庚桑楚》'懼然',《釋文》本作'懼',又通作'瞿',
《玉藻》'視容瞿瞿梅梅',正義:'驚遽之貌。'"由上可知,卷二 13 與卷十
三 37 及 50,義類不同,而卷十三中兩條,則義類正似,重見原因何在? 可
能是因爲地域不同,但是因爲卷十三方言地域未定,只好存疑。

(9)　謝託庇寓麗寄也。齊魯宋衛陳晉汝潁荆州江淮之間曰庇,或曰
　　　寓,寄食爲謝,凡寄爲託,寄物爲麗。(16/二)
　　　寓寄也。(29/三)

　　母題"寄",重見凡二。卷二 16 條有方言,卷三 29 僅有雅詁,沒有方
言。戴震《方言疏證》:"寓訓寄,已見前卷二內。"錢繹《方言箋疏》:"寓寄
已見前卷二",戴震、錢繹兩家,在字形字義觀點下,認爲卷三 9"寓寄"是
複出,可是根據本書第四節《分卷記録各地方言》,我們知道,卷二的方言
地域與卷三的方言地域,是全然不同的,卷二以秦晉方言爲主,而卷三以
東齊、海岱、淮泗、青徐方言爲主,就是説"寓寄也"一條,雖沒有方言記載,
也可能是東齊、海岱、淮泗、青徐等地方言,那麼就與卷二地域不同了,所
以別置一條於卷三內。

(10)　錯鐥堅也。自關而西,秦晉之間曰錯,吴揚江淮之間曰鐥。
　　　(28/二)
　　　艮磑堅也。(58/十二)

　　母題"堅",重見凡兩條。由地域言,因卷十二方言地域未定,不能比
較,由義類看,卷二 28《方言箋疏》"九江謂鐵爲錯",卷十二 58 郭注"艮磑

皆名石物也"。由以上我們知道,卷二 28 是指金屬的堅,卷十二 58 是指石堅,因爲義類不同,所以分置成兩條。

(11) 速逞搖扇疾也。東齊海岱之間曰速,燕之北鄙,朝鮮洌水之間曰搖扇,楚曰逞。(34/二)

枹撫疾也。(4/十二)

佻疾也。(36/十二)

母題"疾",重見凡三條。由《分卷記録各地方言》看,因卷十二方言地域未定,無從比較。不過也可能是方言地域不同。至於卷十二 4"枹撫疾也",郭璞注"謂急疾也",36 條"佻疾也",郭璞注"謂輕急也",所以 4 與 36 同屬卷十二,分置成兩條,是因爲義類的不同。

(12) 剿蹶獪也。秦晉之間曰獪,楚謂之剿,或曰蹶,楚鄭曰蔦,或曰姡。(37/二)

屑怟獪也。(31/十二)

母題"獪"重見凡二。由義類看:卷二 37 郭璞注:"言黠姡也,今建平人呼狡爲姡。"由知本條"獪"的含義,是狡獪的意思,而卷十二 31 郭璞注"市儈",可見義類上,是有差異的。

(13) 萃雜集也。東齊曰聚。(17/三)

萃集也。(145/十三)

母題"集"重見凡二。這兩條由義類上去看,無大差別,且卷十三 145 "萃"與卷三 17"萃"相重,那麼爲何重見？可能是方言地域的關係,就是説卷十三 145 可能與卷三 17 的方言地域不同,因爲卷十三是方言地域未定的一卷。

> （14）攈擢拂戎拔也。自關而西或曰拔，或曰擢，自關而東，江淮南楚
> 　　之間或曰戎，東齊海岱之間曰攈。（15/三）
> 　　蹶扚拔也，出水爲扚，出火爲蹶也。（7/十三）

　　母題"拔"重見凡二。卷十三是方言地域未定的一卷，而卷十三7原
文"出水爲扚，出火爲蹶"，未指明地域，可能是通語。就義類方面説，卷十
三7是屬專指，與卷三15是不同的，所以分置成兩條。

> （15）瘼瘇病也。東齊海岱之間曰瘼，或曰瘇，秦曰瘎。（21/三）
> 　　懼病也。（49/十三）

　　母題"病"重見凡二。一條在卷三，一條在卷十三，因爲卷十三方言地
域未定，所以只好就義類看。卷三21"瘼瘇"是病的意思，而卷十三49"懼
病也"，《荀子・解蔽篇》："故有知非以慮，是則謂之懼。"楊倞注："自知其
非以圖慮，於是則謂之能戒懼也。"所以這條"懼病也"，是含有毛病缺點
的意思，與卷三21不同。

> （16）根法也。（32/三）
> 　　肖類法也。齊曰類，西楚梁益之間曰肖，秦晉之西鄙，自冀隴而
> 　　西，伇犬曰哨，西南梁益之間，凡言相類者，亦謂之肖。（5/七）
> 　　類法也。（47/十三）

　　母題"法"重見凡三。一條在卷三，一條在卷七，一條在卷十三，由分
卷記録方言，我們知道，卷三以東齊、海岱、淮泗、青徐方言爲主，那麼卷三
32可能是這一帶的地域方言，那麼就與卷七5方言地域不同了。至於卷

十三47,羣詁例字"類"與卷七5重出,何以重見? 也可能是因爲方言地域不同,因爲卷十三是方言地域未定的一卷。

(17) 攦鋌漸盡也。南楚凡物盡生者曰攦生,物空盡者曰鋌,鋌賜也,鋌賜攦漸皆盡也。鋌空也,語之轉也。(49/三)

鬐尾梢盡也。(82/十二)

煎盡也。(40/十三)

母題"盡"重見凡三。卷十二82郭璞注:"鬐,毛物漸落去之名。"卷十三40錢繹《方言箋疏》:"卷七煎,火乾也,凡有汁而乾謂之煎,是煎爲汁之盡也。"至於卷三49,原文很明白表示:"凡物盡生者曰攦生,物空盡者曰鋌。"可見三條義類稍有不同,所以分置,當然也可能是方言地域不同,因爲卷十二、十三,是方言地域未定的兩卷。

(18) 斟益也。南楚凡相益而又少謂之不斟,凡病少愈而加劇,亦謂之不斟,或謂之何斟。(51/三)

隅益也。(127/十三)

母題"益"重見凡二。卷三51雅詁是斟益,而方言中却説到"不斟"、"何斟",雖然是相反爲訓,却也表現了義類的專指,與卷十三127是不同的。至於方言地域方面,也可能不同,因爲卷十三方言地域未定,所以不能作肯定的解説。

(19) 由迪正也。東齊青徐之間,相正謂之由迪。(4/六)

格正也。(35/三)

鎘正也。(79/十二)

　　母題"正"重見凡三。卷六4説:"東齊青徐之間,相正謂之由迪。"卷三35與卷十二79兩條,都是没有方言記載,不過由分卷記録方言,我們知道,卷三以東齊、海岱、淮泗、青徐方言爲主,那麽就與卷六方言地域差不多,不過由"相正謂之由迪",我們知道義類是有差異的,因爲卷三、卷十二表現的是"格正也"、"鑭正也",而卷六4不是由正也、迪正也,是"由迪正也",而正的含義是"相正"的意思。至於卷三35與卷十二79的重見,可能是因爲地域不同,因爲卷十二方言地域未定。

　　(20) 鍈錘重也。東齊之間曰鍈,宋魯曰錘。(9/六)
　　　　　上重也。(118/十二)

　　母題"重"重見凡二。因爲卷十二方言地域未定,所以只好由義類看,卷六9"鍈錘重也",鍈本亦腴,《衆經音義》十三引《方言》: 腴重也,東齊之間謂之腴。《方言》卷十三135條"腴厚也。"是厚與重義近。《釋名》:錘謂之權。《廣雅》:權錘重也。由此可知鍈錘訓重,是厚重,重量的意思。至於卷十二118條"上重也",趙歧注《孟子》:"上刑,重刑也。"《漢書·匡衡傳》:"治天下者,審所上而已。"上通作尚。《廣雅》:尚,上也。由此可知,"上重也","重"的含義是上、是尚,與卷六9重的義類是不同的。

　　(21) 踞簥力也,東齊曰踞,宋魯曰簥,簥田力也。(40/六)
　　　　　墾力也。(21/十二)

　　母題"力"重見凡二。卷六40郭璞注"律踞多力貌",卷十二21郭璞注"耕墾用力",由此可知在義類上没有多大差别,可是在文法作用上是有分别的,前者用作形容詞,後者用作動詞。至於方言地域,是不是不同?不敢説,因爲卷十二是方言地域未定的一卷。

（22）絚筵竟也。秦晉或曰絚，或曰竟，楚曰筵。（47/六）

　　　擷挺竟也。（30/十三）

　　母題"竟"重見凡二。卷六47錢繹《方言箋疏》：《説文》，絚，竟也。《楚辭·九歌》"絚瑟兮交鼓"；《招魂》"絚洞房些"。王逸注：絚一作絙。絚竟也。《考工記·弓人》："恒角而短。"鄭注：恒讀爲絚。絚竟也。"筵"與挺通。卷十三30《方言箋疏》：《廣雅》擷挺竟也。《玉篇》擷竟也。《説文》挺長也。由以上引文我們知道，前者用作動詞，後者用作形容詞。筵、挺可以相通，那麼何以雅詁重出？可能是因爲方言地域不同。因爲卷十三是方言地域未定的一卷。

（23）杼柚作也。東齊土作謂之杼。作謂之柚。（51/六）

　　　蠹作也。（19/十三）

　　母題"作"重見凡二。解説已見本節"重見原因的追尋"下，不再重述。

（24）悽愴憐也。（58/六）

　　　噴無寫憐也。沅澧之原凡言相憐哀謂之噴，或謂之無寫，江濱謂之思，皆相見驩喜有得亡之意也，九嶷湘潭之間，謂之人兮。（7/十）

　　母題"憐"重見凡二。解説見前，不再重復。

（25）侔莫强也。北燕之外郊，凡勞而相勉，若言努力者，謂之侔莫。（9/七）

　　　虜鈔强也。（77/十二）

鞅侼强也。（37/十二）

母題"强"重見凡三。解説見前，不再重復。

(26) 脈飪亨爤糣酋酷熟也。自關而西，秦晉之間郊曰脈，徐揚之間
曰飪，嵩嶽以南陳潁之間曰亨，自河以北，趙魏之間，火熟曰爤，
氣熟曰糣，久熟曰酋，穀熟曰酷。熟，其通語也。（17/七）
羞屬熟也。（71/十二）

母題"熟"重見凡二。卷七17："熟其通語也。"而其他羣詁例字，由原
文"火熟曰爤……"我們知道，各是一種熟的專指。至於卷十二71，郭璞
注："熟食爲羞。"可見二條義類不同，就是在文法方面也不同，前者用作動
詞，後者用作名詞。惟卷十二71"屬"，《方言箋疏》："屬之言烈也……烈
之言爤。"義類與卷七17羣詁例字"爤"近似，何以重見？可能是因爲方言
地域不同。因爲卷十二是方言地域未定的一卷。

(27) 漢漫眠眩懣也。朝鮮洌水之間，煩懣謂之漢漫，顚眴謂之眠眩。
（25/七）
毗顈懣也。（43/十二）

母題"懣"，重見凡二。因卷十二方言地域未定，所以在地域方面，不
好比較。由原文我們知道，漢漫、眠眩是兩個複合詞，與卷十二單字是不
同的，這也可能是分置的原因。

(28) 亂䚢貪也。荆汝江湘之郊，凡貪而不施謂之亂，或謂之䚢，或謂
之悋，悋恨也。（10/十）
鑾梅貪也。（29/十三）

　　母題"貪"重見凡二。卷十 10："凡貪而不施謂之凱,或謂之㜻,或謂之悇,悇恨也。"由此可知"凱"與"㜻",是形容"貪"的人,是以形容詞當作名詞用的;至於卷十三 29《方言箋疏》:"王逸《離騷》注:愛財曰貪,愛食曰婪。婪與惏同,鼇、惏一聲之轉。"錢繹的意思,指鼇爲貪食,又認爲:"每與梅通。司馬貞《索隱》曰:每者冒也。每、冒亦聲之轉,貪梅猶貪冒也。"由以上我們知道,"凱"、"㜻"、"鼇"是義類各有專指,至於"梅"的含義,是貪的泛指,因爲義類不同,所以分置了。

　　(29) 寂安静也,江湘九嶷之郊謂之寂。(13/十)
　　　　恬静也。(96/十三)

　　母題"静"重見凡二。卷十 13"寂安静也",寂音寂。《楚辭·遠遊》:"野寂漠其無人。"《莊子·齊物論》郭象注:槁木取其寂莫無情耳。《説文》安静也,《釋名》安宴也。《方言箋疏》:"宴宴然和喜無動懼也。"由上可知"静"的含義,是寂莫無情,是死一般的静。至於卷十三 96"恬静也",郭璞注:恬淡安静。可見在義類上是稍有差異的。

　　(30) 譎過也。南楚以南。凡相非議人謂之譎,或謂之哌,哌又慧也。
　　　　(25/十)
　　　　爽過也。(41/十三)
　　　　曉過也。(103/十三)

　　母題"過"重見凡三。卷十 25 郭璞注:"謂罪過也。"卷十三 41 郭注:"謂過差也。"卷十三 103"曉過也",郭無注。惟緊接下一條是"曉贏也",所以這一條過的含義是超過。是多的意思。由知母題"過"重見三條,而三條的義類是稍有不同的。

(31) 啙媞短也。江湘之會謂之啙。凡物生而不長大亦謂之鮆。又
　　曰瘠,桂林之中謂短媞,媞通語也。東陽之間謂之府。(28/十)
　　膔短也。(52/十三)
　　魝短也。(105/十三)

　　母題"短"重見凡三。卷十28"啙媞短也",原條文:"凡物生而不長
大……桂林之中謂短媞。"《漢書·地理志》:"啙窳媮生。"師古曰:"啙短
也。"卷十三52"膔短也",郭注:"便旋痺小貌也。"卷十三105"魝短也",
郭注:"蹶魝短小貌。"由知重見三條在義類方面,没有什麽不同。至於地
域方面,因卷十三方言地域未定,可能是地域不同。

(32) 鉗憸惡也。南楚凡人殘罵謂之鉗,又謂之疲。(29/十)
　　憚怛惡也。(35/十三)
　　愲惡也。(44/十三)

　　母題"惡"重見凡三,卷十29,在原條文中已說明了:"凡人殘罵謂之
鉗。"又《荀子·解蔽篇》:"彊鉗而利口。"是"鉗"爲口惡也。至於憸,郭
注:"憸怸急性也。"卷十三35"憚怛惡也",郭注:"心怛懷亦惡難也。"是指
心情的厭惡。卷十三44"愲惡也",郭注:"慘悴惡事也。"由知母題"惡"重
見三條在義類方面是不同的。

(33) 欸譬然也。南楚凡言然者曰欸,或曰譬。(43/十)
　　謱吁然也。(56/十二)

　　母題"然"重見凡二。因卷十二方言地域未定,所以從方言地域上,找
不出母題重見的原因。卷十二56郭璞注:"皆應聲也。"《方言箋疏》:《說
文》嘫,語聲也。經傳作"然"。在卷十43條下,《方言箋疏》也說:"《說

文》嚥,語聲也,經傳通作然。"又説:"《楚詞·九章》'欸秋冬之緒風',洪
氏《補注》:欸,然也。通作譀、唉。《説文》唉,應也。"由以上我們知道,欸
䁯、誇吁在字義上與母題"然"無關。而是用欸䁯、誇吁,來描摹表示"然"
的應聲。這四種聲音,欸䁯是屬於影母,誇吁是屬於匣母。因爲音類的不
同,所以分置成兩條。

（34）奞始也。（24/十二）

　　鼃律始也。（85/十二）

　　鼻始也。嘼之初生謂之鼻,人之初生謂之首,梁益之間,謂鼻爲
初,或謂之祖,祖居也。（74/十三）

　　昒始也。（93/十三）

　　母題"始"重見凡四條。四條分配在卷十二、十三。因爲卷十二、卷十
三,方言地域未定,所以只好由義類去看。卷十二24"奞始也",而25條
是"奞化也"。所以始有化的含義,化就是造化。卷十二85,《方言箋疏》
引王懷祖云:"凡事之始,即爲事之法,故始謂之方。亦謂之律。"至於卷十
三74,"始"的含義,已經説得很清楚。卷十三93郭注"昒代更始",由此
可知,在義類上,是各有差別的。所以分置成四條。

　　現在我們討論母題重見的第三類,這一類母題重見的形式是:母題
重見兩條或數條中,各皆僅有雅詁,沒有方言。因爲是僅有雅詁,沒有方
言,所以討論起來,比較不好捉摸。在本類中有一普遍的現象,就是重見
的兩條或數條中,大都不是同一卷的,因此我們可以從《方言》分卷記録方
言中,間接知道方言地域,而追求重見的原因,當然在義類、音類方面,也
可以幫助我們去了解母題重見。

（1）梱就也。（41/三）

　　即圍就也。（61/十二）

　　母題"就"重見凡二。分配卷數是卷三,卷十二。在義類方面,没有什麼分別。在方言地域方面,由分卷記録方言,我們知道,卷三以東齊、海岱、淮泗、青徐方言爲主,卷三 41 雖没有方言記載,那麼就可能是這一帶的方言。因爲卷十二方言地域未定,所以母題"就"的重見也可能是因爲方言地域不同。

　　(2) 根隨也。(45/三)
　　　　追末隨也。(39/十二)
　　　　蓷隨也。(59/十三)

　　母題"隨"重見凡三。分配在卷三、卷十二、卷十三等三卷中,由分卷記録方言,我們知道,卷三以東齊、海岱、淮泗、青徐方言爲主,就是説卷三 45 可能是這一帶的方言。那麼就與卷十二 39 及卷十三 59 方言地域不同了,因爲卷十二、十三方言地域未定。

　　(3) 息阤壞也。(14/六)
　　　　擳陸壞也。(99/十三)

　　母題"壞"重見凡二,由分卷記録方言知道,卷六以秦晉、東齊、海岱方言爲主,就是説卷六 14 可能是這一帶的方言,那麼就與卷十三 99 方言地域不同了,因爲卷十三是方言地域未定的一卷。在音類方面,息屬定母,阤屬澄母,擳屬來母,陸屬曉母,在音韻學上,我們知道,舌頭、舌上不分,就是説定母與澄母是不分的,曉母、來母雖然看不出系統上的關係,但是與定母、澄母是截然不同的。這也可能是重見的原因。

　　(4) 顛頂上也。(17/六)
　　　　搖祖上也。(66/十二)

　　母題"上"重見凡二。卷六 17"顛頂上也",《釋言》：顛,頂也。就是頭上的意思,在文法上是用作名詞,而卷十二 66"搖祖上也",緊接着的下兩條是"祖搖也","祖轉也",由此可知,"搖祖上也",在文法上是用作動詞,這可能是重見的原因。

　　（5）既隱據定也。（27／六）
　　　　衎定也。（71／十三）

　　母題"定"重見凡二。卷六 27"既隱據定也",《方言箋疏》："既猶已也。凡已然者,皆定之意也。《檀弓》：'其高可隱也。'郭注：'隱據也。'……據居也。……皆定的之意也。"卷十三 71"衎定也",《方言箋疏》："通作刊。《廣雅》：刊,定也。刊者削之定也。今人言刊定宋人書,刊定曰看定,是其義也。"因此我們知道,衎定也。在義類方面是屬專指。與卷六 27 泛指不同。

　　（6）巍嶢崝嶸高也。（56／六）
　　　　岑高也。（104／十二）
　　　　弼高也。（117／十二）

　　母題"高"重見凡三。卷六 56"巍嶢崝嶸高也,"郭璞注："皆高峻之貌也。"就是說形容"高"的樣子。在文法上,是形容詞。卷十二 104"岑高也",郭注："岑崟峻貌也。"由此可知"岑"也是形容詞。卷十二 117"弼高也",《爾雅·釋詁》："弼崇重也。"緊接着的下一條 118 是"上重也",由此可知,弼高也,是崇高尊敬的意思,是用作名詞。由以上我們知道：卷六 56、卷十二 104 與卷十二 117,是有着文法上形容詞與名詞的差別,義類亦稍有不同。不過卷六 56 與卷十二 104,在文法上、義類上,都沒有什麼不同,或許是因爲方言地域不同,因卷十二方言地域未定,所以不能作具體的説明。

（7）猒塞安也。（57/六）
　　湛安也。（68/十三）
　　抑安也。（101/十三）

　　母題"安"重見凡三。卷六57"猒塞安也"，"猒"，《説文》：飽也。塞也有充足的含義。所以郭璞注："物足則定。"卷十三68"湛安也"，郭注："湛然安貌。"卷十三101"抑安也"，《墨子·親士篇》："三子之能達名成功于天下也，皆於其國抑而大醜也。"案："抑而大醜"，即其安其大衆也。由以上我們知道，在義類方面，三條是稍有不同。在文法上，卷十三68"湛"，用作形容詞，而卷六57與卷十三101，是用作動詞。

（8）佚惕緩也。（60/六）
　　紓逞緩也。（45/十二）

　　母題"緩"重見凡二，卷六60"佚惕緩也"，《方言箋疏》："佚惕跌唐兩音，佚惕雙聲字，亦作跌踢。"《説文》：跌，踢也。踢，跌也。《漢書·揚雄傳》："爲人簡易佚蕩。"張宴曰："佚音鐵，蕩音讜。"晉灼曰："佚蕩緩也。"《文選》李善注《恨賦》引《揚雄傳》作"跌宕"。由以上我們知道，"佚惕緩也"是以"佚惕"二字音形容一種"緩"的動作，因爲是假借字音，所以無定字，可寫作佚惕、跌唐、佚蕩、跌宕等等。所以佚惕二字，是没有緩的含義，而是假借二字的音，來表示緩的意思。再看卷十二45"紓逞緩也"，郭注："謂寬緩也。"《左傳》莊三十年："以紓楚國之難。"杜注："緩也。"由此可知，在義類，"紓"作"緩"解，與"佚惕緩也"是不同的。至於"逞"作"緩"解，"逞"即退。《廣雅》：退，緩也。《聘禮》："退負右房而立。"鄭注："退謂大夫降逡遁。""逡遁"與"逡巡"同，皆舒緩也。由此可知，"退"與"佚愓"皆是形容人的一種舒緩動作,可是二者是不同的,"退"是形容一種恭敬貌,由《聘禮》鄭注可知。而《揚雄傳》:"爲人簡易佚蕩。"一看就知與"大夫降逡遁"是不同的。

(9) 衝俶動也。(70/十二)

　　賦動也。(38/十三)

母題"動"重見凡二。卷十二 70"衝俶動也",《廣雅》:衝,動也。"衝"與"衡"同,"俶"、"衝"聲之轉,《釋詁》:動俶,作也。是"動"與"俶"同義。重言之曰"衝衝"、曰"俶俶"。《詩·召南》:"憂心忡忡。"《毛傳》:猶衝衝也。《方言箋疏》:"《孟子·梁惠王篇》"戚戚然心有動也"。戚與俶亦聲正義同。"由此可知"衝俶動也"是指人内心的不安定。再看卷十三 38"賦動也",郭注:"賦斂所以擾動民也。"在《方言》卷十二有:"賦與操也。"卷十三:"賦臧也。"《箋疏》曰"賦者謂取而藏之"。因此知道,賦,動也、操也、臧也,皆是由賦斂引申,與卷十二 70"動"的含義是不同的。因此分置成兩條。

(10) 澂澂清也。(19/十二)

　　　熒激清也。(44/十二)

母題"清"重見凡二。兩條都在卷十二。我們知道,卷十二是一批没有找到方言的雅詁。所以這兩條,可能是方言地域不同,但是却無從證實。現在就義類看,卷十二 44"熒激清也",緊接着下面的 46 條是:"清躋急也。"再者《説文》:熒,回疾也。从氾。氾,疾飛也。司馬彪《莊子》注:流急曰激。所以我們知道,"熒激清也",是含着清急的意思。就是説一種清亮而激流的水,稱爲熒、激。至於第 19 條"澂澂清也",《方言箋疏》音義:澂音澄。《上林賦》:轉騰潎洌。《説文》:洌,水清也。"潎洌"猶言

"澄列"。《考工記·帆氏》"清其灰",鄭注:清,澂也,澄與澂同。由此可知,卷十二 19"瀞澂清也"是指澄清的水,沒有"急"的含義。與卷十二 44正相反,因爲 44 條是指激流的水清,而 19 條指水的澄清。

(11) 鋪脾止也。(25/十二)

　　　攘掩止也。(26/十二)

　　母題"止"重見凡二。卷十二 25"鋪"、"脾"是一聲之轉。《詩·大雅》:"匪安匪舒,淮夷來鋪。"《方言箋疏》:"爲淮夷之故來止。"這樣看來,那麼止字,不是作動詞禁止的意思用的,止字古文字作ⴘ,是畫了一個人的足趾形,由止的本義看,是一個名詞,是指人的足趾,而後世引申作禁止、靜止用,是由名詞變成了動詞。所以《詩·大雅》:"淮夷來鋪。"鋪作止解。就是說淮夷的足趾侵犯進來了。就是說止的含義是足趾,是作名詞用的止。而卷十二 26"攘掩止也"很明顯的是止的動詞用法,是禁止、停止、止住的用法。《廣雅》:攘,止也。《曲禮》:"左右攘辟。"鄭注:攘,却也。宣十二年《左傳》:"二三子無淹久。"杜注:"淹,留也。"掩、淹同。止與留義亦相近,由此可知攘掩是停止的意思,是用作動詞,與 25 條不同。

(12) 炗眼明也。(59/十二)

　　　皦炷明也。(32/十二)

　　　黤曉明也。(86/十三)

　　　晥暉明也。(145/十三)

　　母題"明"重見凡四。卷十二有兩條,卷十三有兩條,我們知道,卷十二、十三,是一批沒有找到方言的雅詁。他們可能是因爲方言地域不同,因爲沒有方言記載,所以無從知道。現在就義類上看,卷十二 32:《詩·王風》:"有如皦日。"《釋文》本作"皎"。又潘岳《寡婦賦》,李善注引《韓

詩》作"皎"。《廣雅》：較、皎，明也。《玉篇》：皎，明也。《廣雅》：炷，明
也。《説文》：炷讀若同，又云炯光也。至於 59 條"夭眼明也"，《説文》：
夭，小熱也。《詩》：憂心如夭。《釋文》引《韓詩》作"炎"。《説文》：炎，
火光上也。而眼，《玉篇》：眼，目病貌。卷十三 86"毗曉明也"，卷十三
145"睍睅明也"，《説文》：睍，衺視也。《方言箋疏》："合一目以一目視
物，則用力專而視益明。《中庸》'睍而視之'是也。今世木工猶然也。"
《廣雅》：睅，明也。王延壽《魯靈光殿賦》："赫燡燡而燭坤。"李善注：燡
燡，光明貌。《方言箋疏》："是凡與睅同聲皆光明之意也。"由以上各條解
説，我們知道，卷十二 59"夭"與 32 條"炷"義類近似，以火光引申爲光明
的意思，而卷十二 59"眼"與卷十三 145"睍"義類近似，由目明引申爲光明
的意思，卷十二 32"曒"與卷十三 86"毗曉"義類近似，是光明貌的泛指。
爲什麼義類近似却分成兩條？而義類相異的却放在一條？我想或許是因
爲方言地域的關係，因爲没有方言記載，所以這四條重見的原因，只好暫
時存疑。

（13）抒癒解也。（47/十二）
　　　葴逞解也。（48/十二）
　　　劇劃解也。（22/十三）
　　　讚解也。（63/十三）

　　母題"解"重見凡四。在義類方面，卷十三 22 條"劇"與 63 條及卷十
二 47 條中之"癒"，是屬專指，而卷十二 47 之"抒"及 48 條"逞"，及卷十
三 22 條"劃"，則是屬泛指，至於卷十二 48"葴"，有問題。郭注：葴訓敕
復，言解錯用其義。我們看"抒"與"逞"。《廣雅》：紓，解也。紓與抒同。
隱九年《左傳》"乃可以逞"，杜注：逞，解也。《玉篇》：劃，解也，分割也。
我們知道，"抒"與"逞"及"劃"是解的泛指。再看專指一類，卷十二 47
"癒解也"，《方言箋疏》認爲癒，豸也。《説文》：豸，獸長脊行豸豸然，欲

有所伺殺形。古多借苳爲解廌之廌。《説文》：廌，解廌獸也。似牛一角，古者決訟，令觸不直者。由此可知，瘛訓解，是指解廌獸，決訟觸不直者言。卷十三 22"劚劙解也"，《廣韻》：劚，解木也。卷十三 63"讚解也"，郭注：讚頌所以解釋理物也。由以上我們知道，卷十三 22 與 63 條，及卷十二 47，是義類不同，劙與抒，雖然同屬泛指，但是義類上仍稍有差別，劙是分割解剖的意思，與抒解也是不同的，在四條中，抒與逞義類近似，而分成兩條的原因，也許是因爲方言地域的不同，因卷十二、十三無方言記載，遂無從知道。

(14) 萃離待也。（53/十二）
　　　空待也。（125/十三）

母題"待"重見凡二。解説見前"重見原因的追尋"一節中。

(15) 蓐葴厚也。（86/十二）
　　　腴厚也。（135/十三）

母題"厚"重見凡二。解説見前"重見原因的追尋"一節中。

(16) 蘊曾積也。（97/十二）
　　　還積也。（45/十三）

母題"積"重見凡二。卷十二 97，郭注：嗇者貪，故爲積也。至於"蘊"，卷十三 81"蘊贓也"，郭注：蘊，蔿茂貌，茂盛與積意相近。卷十三 45"還積也"，襄十年《左傳》："還鄭而南。"杜注："繞也。"又鄭注《士喪禮》："古文環作還。"所以"還積也"就是環繞積聚的意思。由以上我們知道，母題"積"重見兩條，在義類上是稍有差別的。

（17）効旷文也。（105/十二）
　　　純文也。（78/十三）

母題"文"重見凡二。卷十二105郭注："旷旷,文采皃也。"《方言箋
疏》:効之言交也,其文相交錯也。卷十三78:《漢書·地理志》:"織作冰
紈綺繡純麗之物。""純麗"猶"文麗"也。《廣雅》:純,文也。由此可知二
條義類相同,而方言地域又無從知道,重見的原因何在？只好存疑。

（18）瘃極也。（39/十三）
　　　漉極也。（91/十三）

母題"極"重見凡二。卷十三39"瘃極也",郭注："江東呼極爲瘃,倦
聲之轉也。"卷十二84條:"殢偀㑊也。"（"㑊"字,盧校本曰即"倦"字,本
作"券"）郭注:"今江東呼極爲殢,《外傳》曰:余病殢矣。"由以上我們知
道,"瘃極也"母題"極",是有病的含義,而重見的卷十三91"漉極也",是
指極盡的意思。郭注:"滲漉極盡也。"《方言箋疏》:盪、淥、盪、漉並同,
《釋詁》:盪,竭也。《方言》卷十二18:"盪歇涸也。"由此可知,兩條的義
類不同。

（19）藥薄也。（51/十三）
　　　菲薄也。（134/十三）

母題"薄"重見凡二,卷十三51"藥薄也",郭注謂薄裹物也,藥猶蘁
也。而卷十三134"菲薄也",郭注謂微薄也,由上可知,母題"薄"重見的
兩條,義類是不同的。

（20）攄邈張也。（102/十二）

搪張也。(82/十三)

母題"張"重見凡二。卷十二 102,《廣雅》: 攄,引也。引就是張的意
思,所以張弓亦稱爲引弓。《玉篇》: 邀,張也。由此可知張的含義是開
張,是用作動詞。至於卷十三 82,郭注: 謂穀張也。在 81 條是: 蘊昄也。
郭注: 蘊,藹茂貌。所以"搪張也",是指穀的漲滿,與卷十二 102 義類
不同。

第四類: 母題重見兩條中,一條僅有雅詁,一條有雅詁、有方言,而方
言部分是凡語(見下附文)。所謂凡語,是意義範圍的劃定。如:

(1) 埕墊下也。凡柱而下曰埕,屋而下曰墊。(15/六)
　　埝下也。(62/十三)

母題"下"重見凡二。我們知道,卷六是以秦晉、東齊、海岱方言爲主,
可是卷十三是方言未定的一卷,在方言地域方面,雖然不能得到重見的原
因,而在語言義類方面,是表現得很明顯,卷六 15 是凡語,而卷十三 62 是
屬某地方言,所以二者是不同的。

(2) 恫愊滿也。凡以器盛而滿謂之恫,腹滿曰愊。(36/六)
　　臆滿也。(126/十三)

母題"滿"重見情形。與母題"下"相同,由條文本身表現了二者的不
同,卷六 36 是凡語,而卷十三 126 不是凡語,是某地的方言。

附: 釋"通語"、"凡語"、"凡通語"、"別語"、"轉語"

按《方言》書中,按方言性質不同,而標出各樣名稱,有通語、凡語、凡
通語、別語、轉語等。所謂通語,如:

　　娥嫿好也。秦曰娥,宋魏之間謂之嫿。秦晉之間,凡好而輕者謂之娥。自關而東河濟之間謂之媌。或謂之姣,趙魏燕代之間曰姝,或曰嫷,自關而西秦晉之故都曰妍,好其通語也。(3/一)

通語可分兩種,一種是四方通語。如:

　　庸恣比佽偦佚代也,齊曰佚,江淮陳楚之間曰偦,餘四方之通語也。(26/三)

一種是某一地域的通語。如:

　　婵嫽鮮好也。南楚之外通語也。

　　凡是没有説明地域之範圍的,都是四方通語,成爲通語的,已經是少數,成爲四方通語,尤其是少數。《方言》中,通語凡 3/一、6/一、21/一、14/三、26/三、17/七、3/十、9/十、18/十、28/十、33/十一條,通語往往是母題,如卷一 3,而母題不一定是通語。
　　所謂"凡語",是意義範圍的劃定。如:

　　慎濟謐恣濕桓憂也。宋魏或謂之慎,或曰謐。陳楚或曰濕。或曰濟,自關而西,秦晉之間,或曰恣,或曰濕,自關而西,秦晉之間,凡志而不得,欲而不獲,高而有墜,得而中亡,謂之濕。(10/一)

　　由此可知,"濕"是自關而西,秦晉之間的方言,而濕的意義範圍是:"凡志而不得,欲而不獲,高而有墜,得而中亡。"所以凡是在意義範圍上加一劃定,就是凡語。《方言》中,凡語最多,全書十分之六七是凡語。

又有所謂"凡通語"。顧名思義,似乎是合通語凡語而言的。如:

　　　鈔嫽好也。青徐海岱之間曰鈔。或謂之嫽,好,凡通語也。
(1/二)

　　我們知道,卷二3:"娃嫷宛艷美也。……秦晉之間,凡美色或謂之好。"這樣看來,好應當是凡語,而在卷一3:"娥嬴好也。……好其通語也",那麽好又該是通語,在卷二1中,稱"好"是凡通語,由卷二1條文中,又看不出命名原因,我想由卷二3、卷一3,兩條合起來看,這或許就是"凡通語"名稱産生的來源吧!
　　所謂"別語",如:

　　　假佫懷摧詹戻艐至也,邠唐冀兗之間曰假,或曰佫,齊楚之會郊,或曰懷。摧詹戻楚語也。艐宋語也。皆古雅之別語也,今則或同。
(13/一)
　　　敦豐厖夽幠般嘏奕戎京奘將大也。凡物之大貌曰豐,厖深之大也。東齊海岱之間曰夽。或曰幠,宋魯陳衛之間,謂之嘏。或曰戎,秦晉之間,凡物壯大謂之嘏。或曰夏,秦晉之間,凡人之大,謂之奘,或謂之壯,燕之北鄙,齊楚之郊,或曰京,或曰將,皆古今語也。初別國不相往來之言也。今或同,而舊書雅記故俗語不失其方,而後人不知,故爲之作釋也。(12/一)

　　由此可知,所謂別語,是"初別國不相往來之言也","皆古雅之別語也"。
　　還有一種,稱做"轉語"。如:

　　煤火也。楚轉語也。猶齊言煁火也。(6/十)

　　由此可知,所謂轉語,轉是指語音的轉變。就是説,楚人把火轉音讀成煤,齊人則將火轉音讀成了煁,這就是一般小學家所謂"一聲之轉"的説法。

　　《方言》書中的方言,按性質分有通語、凡語、凡通語、別語,以及轉語,還有一些未加名稱的方言,全書中,以未加名稱的方言,及凡語爲最多,而通語、別語、轉語,都是占着極少數的。

六、對於《方言》成書的總觀察

六種現象

　　在第一節《本文的主要目的和工作大綱中》,我們已説過:就是《方言》中,每一條有兩部分,一部分是雅詁,一部分是方言。而方言與雅詁,不是全等的,就是説在有些條中,方言與雅詁相等。在有些條中,方言與雅詁不相等;或者是方言多於雅詁,或者是雅詁多於方言,還有些條中,僅有方言,或者是僅有雅詁,一共是六種現象,現在舉例説明:

　　(一)方言與雅詁相等。如:

　　　　黨曉哲知也。楚謂之黨,或曰曉。齊宋之間謂之哲。(1/一)
　　　　憮㤉憐牟愛也。韓鄭曰憮。晉衛曰㤉。汝潁之間曰憐。宋魯之間曰牟,或曰憐,憐通語也。(6/一)

　　(二)方言與雅詁完全不同。如:

　　　　虔儇慧也。秦謂之謾,晉謂之㥪,宋楚之間謂之倢,楚或謂之㦗,自關而東,趙魏之間謂之黠,或謂之鬼。(2/二)

萃雜集也。東齊曰聚。(17/三)

（三）雅詁多於方言：

慎濟瞤怒濕桓憂也。宋衛或謂之慎，或曰瞤。陳楚或曰濕。或曰濟。自關而西，秦晉之間，或曰怒。或曰濕。自關而西秦晉之間，凡志而不得，欲而不獲，高而有墜，得而中亡，謂之濕，或謂之怒。(10/一)

鬱悠懷怒惟慮願念靖慎思也。晉宋衛魯之間，謂之鬱悠。惟凡思也。慮謀思也。願欲思也。念常思也。東齊海岱之間曰靖。秦晉或曰慎。凡思之貌亦曰慎，或曰怒。(11/一)

以上所舉兩條中，卷一10，雅詁中"桓"，方言中没有。卷一11，雅詁中"懷"，方言中没有。

（四）方言多於雅詁：

娥嬿好也。秦曰娥。宋魏之間謂之嬿。秦晉之間，凡好而輕者謂之娥，自關而東，河濟之間，謂之媌，或謂之姣，趙魏燕代之間曰姝，或曰姘，自關而西，秦晉之故都曰妍，好其通語也。(3/一)

烈栦餘也，陳鄭之間曰栦。晉衛之間曰烈。秦晉之間曰肄。(4/一)

（五）僅有雅詁：

氓民也。(27/三)

　　杭仇也。(28/三)

（六）僅有方言：

　　陳楚之間,凡人嬰乳而雙産,謂之釐孿,秦晉之間,謂之健子。
　　自關而東,趙魏之間,謂之孿生,女謂之嫁子。(1/三)
　　燕齊之間,養馬者謂之娠,官婢女厮謂之娠。(3/三)

方言與雅詁的統計情形

　　根據以上六種現象,來統計《方言》各卷中,雅詁與方言的情形,爲了統計方便,用數字來表示卷數與條數,用符號來表示方言與雅詁的情形。如：

```
    ┌ ─ 1/一
    ┆  ┆
    ┆  ┆
    ┆  ┆
  條數  卷數
```

A＝雅詁　　B＝方言

A＝B：雅詁等於方言

A≠B：雅詁與方言完全不同

A＞B：雅詁多於方言

B＞A：方言多於雅詁

A＝B：1/一　　6/一　　7/一　　9/一　　13/一　　14/一　　17/一　　18/一
　　　　20/一　　22/一　　23/一　　24/一　　29/一　　1/二　　4/二　　9/二
　　　　10/二　　12/二　　13/二　　15/二　　16/二　　17/二　　18/二
　　　　20/二　　22/二　　23/二　　24/二　　25/二　　27/二　　28/二
　　　　29/二　　31/二　　33/二　　34/二　　36/二　　5/三　　7/三　　13/三
　　　　14/三　　18/三　　20/三　　22/三　　24/三　　25/三　　50/三

3/六　　4/六　　7/六　　8/六　　9/六　　11/六　　13/六　　15/六

20/六　　22/六　　23/六　　24/六　　28/六　　29/六　　30/六

35/六　　36/六　　37/六　　39/六　　40/六　　41/六　　42/六

43/六　　44/六　　45/六　　46/六　　47/六　　48/六　　49/六

51/六　　52/六　　53/六　　54/六　　2/七　　3/七　　7/七　　8/七

9/七　　10/七　　11/七　　12/七　　13/七　　14/七　　15/七

16/七　　17/七　　18/七　　19/七　　22/七　　24/七　　25/七

26/七　　27/七　　29/七　　31/七　　34/七　　2/十　　4/十　　8/十

11/十　　15/十　　17/十　　18/十　　21/十　　22/十　　24/十

32/十　　33/十　　34/十　　35/十　　37/十　　39/十　　40/十

42/十　　43/十　　45/十　　47/十　　48/十　　12/十二　　7/十三

28/十三。（凡一二六條）

A≠B：2/一　　17/三　　51/三　　30/十　　153/十三。（凡五條）

A＞B：10/一　　11/一　　12/一　　19/一　　26/一　　27/一　　28/一　　7/二

19/二　　35/二　　6/三　　15/三　　19/三　　26/三　　12/六

21/六　　26/六　　37/六　　38/六　　4/七　　6/七　　21/七　　30/七

13/十　　29/十　　41/十　　46/十　　120/十二　　17/十三

148/十三　　161/十三　　158/十三　　159/十三。（凡三三條）

B＞A：3/一　　4/一　　5/一　　8/一　　12/一　　15/一　　16/一　　19/一

21/一　　27/一　　30/一　　31/一　　32/一　　2/二　　3/二　　5/二

6/二　　8/二　　14/二　　21/二　　26/二　　30/二　　32/二　　37/二

8/三　　9/三　　10/三　　16/三　　19/三　　21/三　　46/三　　48/三

49/三　　52/三　　1/六　　2/六　　5/六　　6/六　　10/六　　16/六

18/六　　19/六　　32/六　　33/六　　34/六　　50/六　　55/六

1/七　　5/七　　21/七　　28/七　　30/七　　1/十　　2/十　　5/十

6/十　　7/十　　9/十　　12/十　　14/十　　16/十　　19/十　　20/十

23/十　　25/十　　26/十　　27/十　　28/十　　31/十　　36/十

38／十　41／十　44／十　73／十三　148／十三。（凡七五條）

A：27／三　28／三　29／三　30／三　31／三　32／三　33／三　34／三

35／三　36／三　37／三　38／三　39／三　40／三　41／三　42／三

43／三　44／三　45／三　47／三　14／六　17／六　27／六　56／六

57／六　58／六　59／六　60／六　1／十二　2／十二　3／十二

4／十二　5／十二　6／十二　7／十二　8／十二　9／十二　10／十二

11／十二　13／十二　14／十二　15／十二　16／十二　17／十二

18／十二　19／十二　20／十二　21／十二　22／十二　23／十二

24／十二　25／十二　26／十二　27／十二　28／十二　29／十二

30／十二　31／十二　32／十二　33／十二　34／十二　35／十二

36／十二　37／十二　38／十二　39／十二　40／十二　41／十二

42／十二　43／十二　44／十二　45／十二　46／十二　47／十二

48／十二　49／十二　50／十二　51／十二　52／十二　53／十二

54／十二　55／十二　56／十二　57／十二　58／十二　59／十二

60／十二　61／十二　62／十二　63／十二　64／十二　65／十二

66／十二　67／十二　68／十二　69／十二　70／十二　71／十二

72／十二　73／十二　74／十二　75／十二　76／十二　77／十二

78／十二　79／十二　80／十二　81／十二　82／十二　83／十二

84／十二　85／十二　86／十二　87／十二　88／十二　89／十二

90／十二　91／十二　92／十二　93／十二　94／十二　95／十二

96／十二　97／十二　98／十二　99／十二　100／十二　101／十二

102／十二　103／十二　104／十二　105／十二　106／十二　107／十二

109／十二　110／十二　116／十二　117／十二　118／十二　119／十二

1／十三　2／十三　3／十三　4／十三　5／十三　6／十三　7／十三

8／十三　9／十三　10／十三　11／十三　12／十三　13／十三

14／十三　15／十三　16／十三　17／十三　18／十三　19／十三

20／十三　21／十三　22／十三　23／十三　24／十三　25／十三

26/十三　27/十三　28/十三　29/十三　30/十三　31/十三
32/十三　33/十三　34/十三　35/十三　36/十三　37/十三
38/十三　39/十三　40/十三　41/十三　42/十三　43/十三
44/十三　45/十三　46/十三　47/十三　48/十三　49/十三
50/十三　51/十三　52/十三　53/十三　54/十三　55/十三
56/十三　57/十三　58/十三　59/十三　60/十三　61/十三
62/十三　63/十三　64/十三　65/十三　66/十三　67/十三
68/十三　69/十三　70/十三　71/十三　72/十三　73/十三
74/十三　75/十三　76/十三　77/十三　78/十三　79/十三
80/十三　81/十三　82/十三　83/十三　84/十三　85/十三
86/十三　87/十三　88/十三　89/十三　90/十三　91/十三
92/十三　93/十三　94/十三　95/十三　96/十三　97/十三
98/十三　99/十三　100/十三　101/十三　102/十三　103/十三
104/十三　105/十三　106/十三　107/十三　108/十三　109/十三
110/十三　111/十三　112/十三　113/十三　114/十三　115/十三
116/十三　117/十三　118/十三　119/十三　120/十三　121/十三
122/十三　123/十三　124/十三　125/十三　126/十三　127/十三
128/十三　129/十三　130/十三　131/十三　132/十三　133/十三
134/十三　135/十三　136/十三　137/十三　138/十三　139/十三
140/十三　141/十三　142/十三　143/十三　144/十三　145/十三
146/十三　147/十三。（凡二八七條）

B：11/二　1/三　2/三　3/三　4/三　11/三　12/三　47/三
25/六　20/七　23/七　32/七　33/七　108/十二　111/十二
112/十二　113/十二　114/十二　115/十二　148/十三　150/十三
151/十三　152/十三　154/十三　155/十三　156/十三　157/十三
160/十三　161/十三。（凡二九條）

在以上統計表裏,有一現象需要解釋一下,就是某卷某條,見於 A > B,又見於 B > A。例如卷一 19、27,就是列於 A > B 下,又列於 B > A 下,爲什麼這樣? 這是因爲在這條中,就雅詁言,是雅詁多於方言,可是就方言方面說,方言所説到的,在雅詁中沒有,那麼又應該是方言多於雅詁。所以統計排列時,只好列於 A > B 下,又列於 B > A 下。如:

> 脩駿融繹尋延長也。陳楚之間曰脩。海岱大野之間曰尋。宋衛荆吳之間曰融。自關而西,秦晉梁益之間,凡物長謂之尋,周官之法,度廣爲尋。幅廣爲充,延永長也。凡施於年者謂之延,施於衆者謂之永。(19/一)
> 踄踃蹄跳也。楚曰踄。陳鄭之間曰踃。楚曰蹄。自關而西,秦晉之間曰跳,或曰踄。(27/一)

以上所舉兩條,在卷一 19 中,就雅詁言,"駿"與"繹"不見於方言,若就方言方面看,方言中説到的"幅廣爲充"、"施於衆者謂之永",又不見於雅詁。在卷一 27 中,雅詁中"蹄",不見於方言,而方言中"踄"、"蹄",又不見於雅詁。凡是這樣情形的,統計排列時,是兩置的,就是説列於 A > B 下,又列於 B > A 下。

在前面我們已統計過,本文所取材的八卷是:卷一凡三十二條,卷二凡三十七條,卷三凡五十二條,卷六凡六十條,卷七凡三十四條,卷十凡四十八條,卷十二凡一百二十條,卷十三凡一百六十五條,總共是五百四十八條。每一條是由"方言"與"雅詁"兩部分構成的。但是五百四十八條中,並不是每一條都有方言與雅詁兩部分,有的僅有方言,有的僅有雅詁,關於這類情形,在前面我們已列表統計得很清楚,所得的結果是:A = B 凡一二六條,A≠B 凡五條,A > B 凡三三條,B > A 凡七五條,A 凡二八七條,B 凡二九條,總共是五五五條。前面説八卷一共是五四八條,這裏怎麼會變成五五五條? 那因爲是有七條兩見了,就是説有七條列於 A > B

下,又列於 B > A 下。如卷一 12、19、27 三條,卷三 19,卷七 21、30,卷十 41 等七條。

《方言》成書的推測

由上表中我們知道,有方言有雅詁的,大都是前幾卷,就是説卷一、卷二、卷三、卷六、卷七、卷十等六卷中,大都是有方言有雅詁,而僅有雅詁的,差不多集中在卷十二、十三兩卷中。《方言》是一部未完成的作品,究竟哪些是完成的? 哪些是未完成的? 完成的程度又如何? 根據上表的統計,我們知道,前數卷中的每一條,大都由方言與雅詁兩部分構成,極少數的是僅有方言,或者是僅有雅詁,而卷十二、十三大部是僅有雅詁,極少數的是有方言有雅詁,或者是僅有方言。我們知道。《方言》這部書是"採集先代絶言,異國殊語"。(劉歆《與揚雄書》)那麼當然是以"絶言"、"殊語"爲主,也就是説以方言爲主,以此觀點去觀察全書,凡是有方言記載的,就是已經完成成分比較多的,反過來説,凡是没有方言記載的,簡直就是未完成的。根據表中統計,我們知道,有方言記載的: A = B 凡一二六條,A ≠ B 凡五條,A > B 凡三三條,B > A 凡七五條,B 凡二九條,一共是二六八條,除去兩見的七條外,是二六一條,没有方言記載的是: A 凡二八七條。由以上我們知道,方言十三卷,除釋名物五卷外,在其餘八卷,五四八條中,二六一條是有方言有雅詁,就是説這二六一條,是可認爲比較完成的;另外二八七條,是没有方言記載,也就是説這二八七條,是没有完成的。所以我們知道,《方言》的確是一部未完成的作品。

《方言》以收集"絶言""殊語"爲任務,收集情形是:

故天下上計孝廉,及内郡衛卒會者,雄常把三寸弱翰,齎油素四尺,以問其異語,歸即以鉛摘次之於槧,二十七歲于今矣,而語言或交錯相反,反覆論思,詳悉集之,燕其疑。(揚雄《答劉歆書》)

　　由收集情形的記載,我們知道了《方言》書中方言收集的情形。可是每一條中的"雅詁"是怎麼來的,記載中並未提到,在本文第二節、第三節《方言與爾雅》中,已由訓詁立場及《方言》、《爾雅》本身組織上,詳細排比研究,得到結果是:"《方言》雅詁本之於《爾雅》,這個結論,是因有客觀排比的現象作實證,而將其有賦有真實性的存在。"

　　雅詁在方言中的位置,大都是在每一條的開首,方言的上面,可是在卷十二、十三中,却有大批雅詁,孤零零的放在那裏,這正表示着《方言》未完成的部分及《方言》著作痕跡的遺留,就是說作者先有了雅詁,再求方言。所以在本文第四節《分卷記錄各地方言》中,認爲卷十二、十三是一批沒有找到方言的雅詁,是方言地域未定的兩卷。

　　現在可以回答本文第一節《本文的主要目的和工作大綱》中所提出的問題,《方言》這部書是怎樣做的? 作者如何寫成了這部《方言》? 作者是先有了雅詁,這些雅詁本之於《爾雅》,再求方言,將找到方言的雅詁移出,有些時候將雅詁拆開①,按着方言地域,作一個大體上的分類②,卷十二、十三就是一批沒有找到方言的雅詁,這兩卷保存了著作初步的痕跡,也表現了《方言》是一部未完成的書,因爲《方言》是一部未完成的作品,所以有些問題,不能得到更澈底、更精確的解答,也正因爲《方言》是一部未完成的作品,在未完成的部分上,給了我們在探求作者如何寫成《方言》上的很大啓示。所以我們這樣整理一遍,對於學者們更進一步的研究《方言》,應該不是沒有幫助的了。

注釋:

① 在本文第三節《方言與爾雅(下)》,將《方言》與《爾雅》母題相同的情形列表對照,統計結果是母題相同的凡六八,共計二二八條;又作《方言》與《爾雅》內容現象的對照,所得結果是:有的雅詁完全相同,有的雅詁部分相同,所以我們說,《方言》雅詁本之於《爾雅》。在母題相同的對照中,《爾雅》僅只一條的凡四七,有二一母題是有兩條,而相同的母題多在卷四《釋訓》中,在前面已說過,《釋訓》與《釋詁》、《釋言》是截然不同的,《釋訓》中多半是以聲爲義的連文詞,就是說在母題相同的對照,《爾雅》大部分僅只一條,而《方言》

方面就不同的,有的僅只一條,而有的却有六七條之多,爲什麽《爾雅》一條,而方言却有六七條之多? 在内容現象的對照中,告訴我們,雅詁完全相同的,是《方言》一點不改變的抄襲了《爾雅》,在雅詁部分相同的現象中,一方面表現了《方言》某條雅詁,部分本之於爾雅,同時由"母題相同的對照"參比着看,雅詁部分相同,是表現了《方言》有時是將《爾雅》的雅詁拆開,分置成數條。就是説《方言》往往因爲方言地域的關係,以及其他種種原因,而將《爾雅》的雅詁拆開,分置成好幾條。如:

(1) 弘廓宏溥介純夏幠厖墳嘏丕奕洪誕戎駿假京碩濯訏宇穹壬路淫甫景廢壯冢簡箌昄晊將業蓆大也。(《爾雅》3/一)

　　敦豐厖夰幠般嘏奕戎京奘將大也。凡物之大貌曰豐,厖深之大也,東齊海岱之間曰夰,或曰幠,宋魯陳衛之間謂之嘏,或曰戎,秦晉之間,凡物壯大謂之嘏,或曰夏,秦晉之間,凡人之大謂之奘,或謂之壯,燕之北鄙,齊楚之郊,或曰京,或曰將,皆古今語也,初别國不相往來之言也,今或同,而舊書雅記,故俗語不失其方,而後人不知。故爲之作釋也。(《方言》12/一)

　　碩沈巨濯訏敦夏于大也,齊宋之間曰巨,曰碩,凡物盛多謂之寇,齊宋之郊,楚魏之際曰夥,自關而西秦晉之間,凡人語而過謂之禍,或曰僉,東齊謂之劍,或謂之弩,弩猶怒也,陳鄭之間曰敦,荆吳揚歐之郊曰濯,中齊西楚之間曰訏,自關而西秦晉之間,凡物之壯大者而愛偉之,謂之夏,周鄭之間謂之嘏、郴,齊語也。于,通語也。(《方言》21/一)

　　墳地大也,青幽之間,凡土而高且大者,謂之墳。(《方言》24/一)

(2) 允孚亶展諶誠亮詢信也。(《爾雅》16/一)

　　允訧恂展諒穆信也。齊魯之間曰允,燕代東齊曰訧,宋衛汝潁之間曰恂,荆吳淮汭之間曰展,西甌毒屋黄石野之間曰穆,衆信曰諒,《周南·召南》衛之語也。(《方言》20/一)

　　展悖信也。東齊海岱之間曰展,燕曰悖。(《方言》11/七)

　　母題"大",《爾雅》一條,而《方言》有三條;母題"信",《爾雅》一條,而《方言》有兩條。《方言》各條雅詁,與《爾雅》雅詁部分相同。《方言》何以將《爾雅》雅詁拆開分置數條? 由《方言》各條下的方言記載,我們知道,是因爲方言地域的不同。所以説《方言》雅詁本之於《爾雅》,將找到方言的雅詁移出,有些時候將雅詁拆開,分置數條,因此在《方言》中,有大批母題重見的現象。關於母題重見的現象,以及重見原因的追尋,在本文第五節中,已經作過很詳細的討論與研究。

② 如卷三、卷六有數條僅有雅詁,而卷十二、十三有數條有方言記載,就是説找到方言的雅詁反没有移出,而僅有雅詁的,又移出了,在本文第四節已加以解説,這都是因爲《方言》是一部未完成的作品,是没有經過作者再度整理的。

主要參考書目

《馬克思恩格斯全集》第 20 卷《自然辯證法》（人民出版社）
《毛澤東選集》（人民出版社）

《史記》（中華書局）
《漢書》（中華書局）
《後漢書》（中華書局）
《隋書·經籍志》（中華書局）
《舊唐書·經籍志》（中華書局）
《新唐書·藝文志》（中華書局）
《清史稿·儒林傳》（中華書局）
范文瀾《中國通史簡編》（人民出版社）
郭沫若《中國史稿》（人民出版社）

《尚書》（中華書局《十三經注疏》本）
《春秋》（同上）
《左傳》（同上）
《大戴禮記》（四部叢刊）
《毛詩注疏》（商務印書館）

《易經·繫辭》(中華書局《十三經注疏》)

《諸子集成》(中華書局)

《爾雅》(商務印書館·四部叢刊)

揚雄《方言》(商務印書館·萬有文庫)

許慎《説文解字》(中華書局)

劉熙《釋名》(商務印書館)

史游《急就篇》(四部叢刊續編)

張揖《廣雅》(商務印書館·叢書集成·小學類)

顧野王《玉篇》(四部叢刊)

王國維手抄唐寫本《切韻殘卷》(綫裝)

王仁煦《刊謬補缺切韻》

陸德明《經典釋文》(中華書局)

顏之推《顏氏家訓·音辭篇》(上海古籍出版社)

《廣韻》(中華書局·四部備要)

《集韻》(中華書局·四部備要)

周德清《中原音韻》(中華書局)

《韻鏡》(叢書集成·語文學類)

鄭樵《通志·七音略》(商務印書館)

《切韻指掌圖》(四部叢刊)

《四聲等子》(叢書集成)

勞乃宣《等韻一得》(木刻綫裝本)

王應麟《玉海》(《四庫全書》子部類書類)

封演《聞見記》(中華書局)

顧炎武《音學五書》(中華書局)
　　　《日知録》(上海古籍出版社)

戴　震《戴震集》(上海古籍出版社)

段玉裁《經韻樓集》(《皇清經解》)

　　　《六書音均表》(上海古籍出版社)

江　永《古韻標準》(渭南嚴氏用貸園叢書本)

孔廣森《詩聲類》(中華書局)

錢大昕《十駕齋養新録》(商務印書館)

王念孫《廣雅疏證》(中華書局)

陳　澧《切韻考》(成都書局用東塾叢書本校鐫)

　　　《切韻考外篇》(中國書店)

江有誥《音學十書》

《四庫全書總目提要》

謝啓昆《小學考》

戴　震《方言疏證》(萬有文庫)

盧文弨《重校方言》(叢書集成·語文學類)

錢　繹《方言箋疏》(積學齋刊本)

杭世駿《續方言》(萬有文庫)

邵晉涵《爾雅正義》(皇清經解)

郝懿行《爾雅義疏》

段玉裁《説文解字注》(上海古籍出版社)

桂　馥《説文解字義證》(連筠簃叢書)

王　筠《説文句讀》(萬有文庫)

　　　《説文釋例》(萬有文庫)

朱駿聲《説文通訓定聲》(世界書局)

畢　沅《釋名疏證》(萬有文庫)

王引之《經傳釋詞》(中華書局)

　　　《經義述聞》(中華書局)

劉　淇《助字辨略》(萬有文庫)

俞　樾《古書疑義舉例》(中華書局)

馬建忠《馬氏文通》(商務印書館)

章炳麟《國故論衡》(章氏叢書本)

梁启超《中國近三百年學術史》(中華書局)

王國維《觀堂集林》卷八(《王國維遺書》)

錢玄同《聲韻學講義·文字學音篇》(手抄影印本)

汪榮寶《歌戈魚虞模古讀考》(《國學季刊》一卷二號)

陳寅恪《從史實論切韻》(《嶺南學報》九卷二期)

　　　《四聲三問》

胡樸安《中國訓詁學史》(商務印書館)

　　　《中國文字學史》(商務印書館)

顧　實《中國文字學》(商務印書館《東南大學叢書》)

黃　侃《黃侃論學雜著》(上海古籍出版社)

　　　《文字聲韻訓詁筆記》(上海古籍出版社)

高本漢《中國音韻學研究》(商務印書館)

《羅常培語言學論文選集》(九思叢書)

魏建功《古音系研究》(北京大學出版社)

林語堂《語言學論叢》(開明書店)

羅常培、周祖謨合著《漢魏晉南北朝韻部演變研究》(科學出版社)

董同龢《漢語音韻學》(台北文史哲出版社)

王　力《中國語言學史》(山西人民出版社)

　　　《中國音韻學》(商務印書館)

　　　《龍蟲並雕齋文集》(中華書局)

陳望道《陳望道文集》(上海人民出版社)

　　　《修辭學發凡》(上海人民出版社、上海教育出版社)

張世禄《中國音韻學史》(上海書店)

　　　《廣韻研究》(香港太平書局)

　　　《張世禄語言學論文集》(學林出版社)

黃粹白《慧琳一切經音義反切聲類考》(中研院歷史語言研究所集刊
　　　第一本第二分冊)

趙蔭棠《中原音韻研究》(商務印書館)

　　　《等韻源流》(商務印書館)

周祖謨《問學集》(中華書局)

　　　《方言校箋》(科學出版社)

岑麒祥《語言學史概要》(科學出版社)

殷孟倫《子雲鄉人類稿》(齊魯書社)

洪　　誠《中國歷代語言文字學文選》(江蘇人民出版社)

湯姆遜(V. Tomsen)《十九世紀末以前的語言學史》

　　　(黃振華譯、科學出版社)

裴特生(H. Pedersen)《十九世紀歐洲語言學史》

　　　(錢晉華譯、科學出版社)

羅賓斯《語言學簡史》(趙世開《語言學動態》1977 年 2 期有簡介)

後　　記

　　六十年代初，我開始上"中國語言學史"課。當時，復旦大學中文系設有"語言專門化"，我們感到學習"語言專門化"的同學，理應對中國古代語言研究的歷史有所瞭解，教研組要我開課，這樣我就努力備課，開始上"中國語言學史"課了。

　　從多年教學工作中，我深深感到中國古代語言研究有豐富的遺産，歷代有許多優秀的語言學家和語言學著作，我們應該加以繼承并發揚光大。後來，在接待外國語言學家時，聽他們説：國外大學開"語言學史課"，就是缺少中國語言學史的部分，我聽了是十分感慨的。當時，我簡要向他們介紹中國古代語言研究的情況，他們聽了倒是非常感興趣，并提出希望多多向他們介紹。我有一個研究生，畢業後去美國進修學習，暑假回來晤面時對我説，他在美國進修學習時，做過幾次有關"中國古代語言研究"的學術報告，也頗受歡迎。

　　我國古代語言研究的歷史悠久，方面也多，而多年來研究中國語言學史的卻不多。在這樣基礎上，要編寫出一本《中國語言學史》來，是有較大難度的。但是，我想好在我國古代語言研究在文字、訓詁、音韻等方面的研究成果累累，王力先生又開創性地寫了《中國語言學史》在前，還有許多專家學者們的研究著作可供學習參考，因此，結合教學，編寫《中國語言學史》還是有一定條件的。

在編寫過程中,我感到不少困難,因爲歷史長,方面多,個人能力有限。又比如分期問題,既然是"史",理應按歷史發展的時代來分期,但從研究内容來看,按時代劃分是有一定困難。所以多年來,學術界研究古代"小學",總是按其内容分爲:文字學、訓詁學、音韻學。我編寫這本"中國語言學史",總想使學生對中國古代語言研究,能有一個歷史發展的概貌,所以仍舊按歷史發展時代來劃分章節。但是由于研究内容的關係,本書有的章節較長,而有的章節又較短,章節劃分不平衡。在編寫内容方面也是不平衡的,有的問題,我學習體會得深一些,就寫得充實一些;而有的問題則寫得簡略一些。關于第六章,我在復旦大學一次校慶科學報告會上,做過"五四運動和中國現代語言學"的報告,内容談到我國古代語言學如何發展成爲現代語言學,因此,我將這次學術報告的主要内容寫成第六章,作爲本書的結束。

多年來,我努力想教好"中國語言學史"這門課,也想努力編寫好"中國語言學史"這本書。因爲我深深感到中國古代語言研究的成績輝煌,就是放到世界語言學史上去比,也是毫不遜色的,而且,其中有的研究成果還是十分卓越的。例如西漢時代的揚雄(公元前58—公元18年)他就是世界上第一個調查研究西漢時代各地方言的語言學家,他的《方言》著作,學術界的評價很高。又如東漢時代的許慎(約公元58—147年),他的《説文解字》就是一部了不起的著作,他分析漢字的結構規律,創立了部首,至今已近兩千年了。我們現在查字典,還在用他所創立的部首。一部著作跨越了兩千年,還有生命力,這在世界語言學史上,也是少有的。又如清代的語言研究,顧炎武開一代學風,戴震、段玉裁、王念孫等,他們的理論認識比較進步,他們的研究方法比較科學,尤其是研究學術問題時平等討論、以理服人的優良學風,就值得我們學習。

總之,中國古代語言學是祖國燦爛文化寶庫中的一份寶貴遺産,只是研究得不夠,評介宣傳得也很不夠。記得一九八二年十月,"兩市一省理論語言學"第一次討論會在廣州召開,在討論會上,我發言談了有關中國語言學史的一些問題，當時反應是頗爲熱烈的。不少同志説，對中國古代語言研究的成績，是要多學習、研究，多評介宣傳，我們既要把外國的語言研究介紹進來，也要把中國的語言研究成績介紹出去。同志們的熱情發言，使我深受鼓舞。近年來，時常有兄弟院校邀請講學，每次我都講中國語言學史的問題，目的是期望有更多青年同學，能對中國語言學史進行學習研究，并發揚光大。

《中國語言學史》係原教育部“一九七八年至一九八三年文科教材編選計劃”内教材，并同意由上海古籍出版社出版。全稿於一九八四年秋初步完成，又經整理修改。回顧六十年代初初開此課，時光荏苒，不覺已有二十餘年了。

1986 年 7 月 20 日

再 版 後 記

　　《中國語言學史》，上海古籍出版社於 1987 年 10 月出第 1 版，2002 年
8 月又出新 1 版，后又多次重印。2008 年 3 月，古籍出版社高克勤、吳旭
民二位先生來我家談續簽《中國語言學史》再版合同事。我提出：把我早
年論文《揚雄〈方言〉的研究》（約五萬多字），附於全書第六章後。他們同
意了，并把論文帶去。

　　《揚雄〈方言〉的研究》是我大學畢業時的論文。抗日戰争時期，我跟
隨父兄逃難到了四川。1941 年，考進國立女子師範學院中文系。當時中
文系主任是胡小石先生，教中國語言學方面的有魏建功先生、黃粹白先
生，教文學方面的有臺靜農先生、吳白匋先生等。當時，我們上大學中文
系，語言、文學是不分的。我喜歡胡先生開的《楚辭》、唐詩課，吳先生開的
宋詞、元曲課，也喜歡臺先生開的小説史課。比較起來，魏先生開的文字
學課、音韵學課，不如文學課那麼有趣。但是，他爲我們展示了祖國傳統
學術文化的另一番天地。

　　後來，魏先生爲我們班上文字學、音韵學課時，課外還指導我讀一些
中國古代語言學專著。當時，我年輕，每每學習這些書時，好像面對嚴肅
的"老先生"，似懂非懂，又不甘心，總想能讀懂它們。回想起來，魏先生指
導培養學生的方法很好，循序漸進，啓發爲主。他指導我學習一部專著，
開始他多講一些，多指導一些，我學習起來容易些；後來，他少講一些，讓

我多讀一些,多想一些;再後來,他基本不講,由我自己去學習,去思考,他用提問來看我理解的程度。

快畢業了,要寫畢業論文。他啓發我:關於《方言》和《爾雅》的關係,可進一步學習研究。在他的啓發指導下,我對《方言》與《爾雅》的關係作了較深入的對比研究,提出了一點自己的體會,寫成了這篇:《揚雄〈方言〉的研究》論文。建功師對我的畢業論文作了評語,并鼓勵我繼續努力學習。

《揚雄〈方言〉的研究》,由於全文過長,未能刊登發表,其中部分專題研究發表過。如:《〈方言〉與〈爾雅〉的關系》,1957 年《學術月刊》12 期;《〈方言〉母題重見研究》,1966 年《中國語文》1 期;《揚雄〈方言〉研究》,2000 年《海上論叢》(三),復旦大學出版社。又 2006 年中華書局出版的《揚雄〈方言〉校釋匯證》中,收錄刊登了我的《〈方言〉與〈爾雅〉的關係》和《〈方言〉母題重見研究》兩篇已發表的論文。

以上所發表的論文,都是《揚雄〈方言〉研究》這篇論文的部分主要內容。我常想,最好能全文發表。因此,當古籍出版社再版《中國語言學史》時,我提出把這篇論文全文附於全書第六章之後。這樣,將有利於今後的參考和研究。

光陰似箭。現在,我已是高齡老人了。回想抗日戰爭時期讀大學時,生活很苦,學習很難,但各位老師對我的啓發、教育、培養,終生難忘。我把這篇大學畢業論文刊出,也是我對老師們的深切懷念。

濮之珍
2009 年 7 月 23 日